Griechische Geschichte
von 1204 bis heute

Apostolos Vakalopulos

Griechische Geschichte von 1204 bis heute

Übersetzt von Danae Coulmas
und Nonna Nielsen-Stokkeby

Romiosini

Aus dem Neugriechischen und aus dem Französischen übersetzt von Danae Coulmas und Nonna Nielsen-Stokkeby

Vertrieb:
Moll & Eckhardt
Zülpicher Str. 174
5000 Köln 41

Umschlagentwurf: Klaus Eckhardt
Gesamtherstellung: WB-Druck, Rieden b. Füssen

ISBN 3-923728-15-8

Inhaltsverzeichnis

Anm. d. Red.

Die vorliegende deutsche Ausgabe der »Griechischen Geschichte von 1204 bis heute« basiert in Absprache mit dem Autor sowohl auf dem griechischen, als auch auf dem französischen Original.
Wie üblich bereitete die Transkription der griechischen Namen große Schwierigkeiten. Um größere Verwirrung zu vermeiden, haben wir ältere Namen, die bereits in den deutschen Sprachgebrauch eingeflossen sind (z.B. Lesbos, Nauplia), in dieser Form beibehalten, während Namen, die aus der Zeit nach 1821 stammen, in ihre neugriechische Aussprache transkribiert wurden (z.B. Eleftherios Veniselos, K. Ikonomu).

Vorwort zur deutschen Ausgabe

Die »Neuere Geschichte Griechenlands 1204 – 1975«, erschienen 1975 auf französisch und 1979 auf griechisch, wird nun – in vervollständigter und erneuerter Auflage – dem deutschen Publikum vorgelegt. Abgesehen von dem neu hinzugefügten Kapitel über die Jahre 1975 – 1984 sind auch eine Reihe von Texten eingefügt worden (hier kursiv gedruckt), die etwas ausführlicher die vielfältigen wirtschaftlichen, politischen und geistigen Beziehungen zwischen Griechen und Deutschen im Laufe der Jahrhunderte behandeln. Zu geistigen Beziehungen kommt es in der zweiten Hälfte des 16. Jahrhunderts mit dem Dialog zwischen den protestantischen Theologen der Universität Tübingen, besonders des Martin Kraus – Martinus Crusius – und dem Patriarchen von Konstantinopel Jeremias II Tranos (ab 1573), während die wirtschaftlichen, politischen und kulturellen Beziehungen der griechischen Länder mit der Habsburger Monarchie, vor allem mit den großen Zentren Wien und Budapest, sich nach dem Abkommen von Passarowitz (1718) und der Gründung der Orientalischen Compagnie (1719) entfalten. Während zweier Jahrhunderte, von 1650 bis 1850, emigrieren tausende von Griechen aus den nördlichen Regionen des Landes, besonders aus dem Zentraleuropa näheren Makedonien, und lassen sich in den Ländern des Habsburgerreiches, sowie in anderen europäischen Ländern nieder. Wien und Budapest werden zu den großen Zentren der griechischen Aufklärung. In Wien erscheinen seit dem Ende des 18. Jahrhunderts die ersten griechischen Zeitungen und hunderte von griechischen Büchern, die in den unterworfenen griechischen Ländern verbreitet werden und das nationale Erwachen der Bevölkerung fördern.

Zudem entsteht in den Brennpunkten altgriechischer Studien der deutschen Universitäten im 16. und 17. Jahrhundert der deutsche Philhellenismus, der in der Mitte des 18. Jahrhunderts mit Winckelmann, Schiller, Goethe, Hölderlin u.a. seinen Gipfel erreicht. Durchdrungen von der Liebe zur Antike und den Idealen der Romantik des 18. und des frühen 19. Jahrhunderts zeigen die Deutschen den Nachkommen der alten Griechen rückhaltlos ihre begeisterte Sympathie, als diese sich 1821 gegen die osmanische Herrschaft erheben. Die deutschen Philhellenen eilen als erste zur Unterstützung der Griechen auf die Schlachtfelder.

Diese vielfältigen Beziehungen zwischen Griechen und Deutschen werden noch lebhafter mit der Ankunft von Otto, dem Sohn Ludwigs I von Bayern, als erstem König Griechenlands, und infolge der Organisierung des Staates durch die bayerische Regentschaft (1833–1835), vor allem durch Ludwig von Maurer, der noch heute bei den griechischen Juristen in hohem Ansehen steht. München wird seitdem zum wichtigsten Sammelpunkt für die in Deutschland studierenden Griechen, für die Philologen, Historiker, Künstler u.a.; hier wird auch gegen Ende des 19. Jahrhunderts der erste Lehrstuhl für Byzantinische Philologie mit Karl Krumbacher eingerichtet.

Die deutsch-griechischen Beziehungen bestehen bis heute ungemindert fort, trotz der kurzen Unterbrechungen durch gewaltsame politische Ereignisse; sie sind der Beweis der gegenseitigen Anerkennung und Sympathie beider Völker, die sich nun im Rahmen der Europäischen Gemeinschaft weiter entwickeln, im Schoße einer großen europäischen Familie, deren Fundamente auf dem altgriechischen Geist und der altgriechischen Kultur ruhen.

Thessaloniki, Dezember 1984 Apostolos Vakalopulos

Erster Teil

Das Neue Griechenland (1204 – 1821)

I. Kulturelle und politische Entwicklung der griechischen Regionen von ihrer Unterwerfung durch die Römer (146 v. Chr.) bis zum vierten Kreuzzug (1204)

Das Oströmische oder Byzantinische Reich und die Griechen

Wann das neue Griechentum entsteht, ist eine viel diskutierte Frage. Der Zeitpunkt kann nicht mit Genauigkeit bestimmt werden. Man kann lediglich wichtige Stationen bei diesem historischen Prozeß feststellen, der als langsam fließender Strom zu einer neuen Welt hinführt, über Jahrhunderte hinweg. Die Wurzeln liegen tief; sie reichen bis in die Antike.

Nach dem Zerfall der kurzlebigen Herrschaft Alexanders des Großen verwirklicht das immense Römische Reich, in stabilem und dauerhaftem Bestand, gewissermaßen die Idee der *Ökumene.*

Seine Zivilisation ist die Synthese des geistigen und politischen griechisch-römischen Erbes mit dem des Ostens. Das Aufkommen des Christentums, das sich rasch über diese neue *Ökumene* ausdehnt, trägt wesentlich zur gegenseitigen Durchdringung kultureller Elemente verschiedener großer Völker, sowie zur Assimilierung anderer durch die bedeutenderen und vorherrschenden, d.h. durch die Griechen und die Römer, bei. Das neuentstandene Amalgam wird zutiefst vom Christentum geprägt.

Nicht nur die Vorherrschaft der Römer, sondern vielmehr die Entstehung der *Ökumene* durch das Edikt des Caracalla um 212 n. Chr. bedeutet eine kritische Phase in der Geschichte der Griechen; das Recht, das Rom allen Unterworfenen gewährt, römische Bürger zu werden, ist die subtilste und zugleich die gefährlichste Waffe, die es je benutzt hat, um seine Prädominanz über das Völkermosaik, aus dem das Reich sich zusammensetzte, dauerhaft zu sichern: die griechische Welt lief Gefahr, in jenem großen Vielvölker-Reich aufzugehen, in dem die offizielle Sprache Latein war.

Sie überlebte, dank ihrer höheren Kultur, dank ihrer Sprache und anderer Faktoren, auf die später eingegangen werden wird. Aus diesem Eintauchen in das große Taufbecken der Völker behielten die Griechen den Namen »Römer« (Romäer) oder wie es heute heißt »Romii«. Diese Bezeichnung setzte sich relativ schnell durch und verdrängte ihren eigentlichen Namen »Hellenen« (Ellines), der an die heidnischen alten Griechen, an ihre Götter und ihre bunte Mythologie erinnerte. Durch die Verbreitung und Durchsetzung der Bezeichnung »Römer« wurde dem griechischen Volk etwas von seiner ethnischen Identität genommen, ja, mit der ethnischen Wesenheit anderer Völker vermengt. Ein Jahrhundert später jedoch, um 325, kommt es zur Gründung des Neuen Rom, Konstantinopels. Diese Gründung bedeutet die Verlegung der Hauptstadt des Reiches von Rom nach dem alten Byzanz, also aus dem lateinischen in den griechischen Raum. In diesem Ereignis, das für die unterworfenen Griechen von außerordentlicher Bedeutung gewesen ist, müssen wir einen Teil der Wurzeln suchen, die den neugriechischen Baum nährten. Mit der Gründung Konstantinopels überlebte das Griechentum und dadurch wurden die Schätze seiner Kultur für die Menschheit erhalten; so der deutsche Historiker Gregorovius.

Ein weiteres Ereignis, das ebenso hoch zu bewerten ist wie die Gründung Konstantinopels, findet gegen Ende des gleichen Jahrhunderts statt. Es ist die endgültige Trennung des östlichen vom westlichen Römischen Reich im Jahre 395. Von diesem Zeitpunkt an lösen sich die byzantinischen Kaiser und die hohen militärischen und politischen Würdenträger allmählich von Rom; Verwaltung, Gesetzgebung und die politische Tradition entfernen sich ebenfalls schrittweise von ihrem angestammten Zentrum. Fortan existieren zwei im Grunde getrennte Welten, die des Westens und die des Ostens. Die Unterschiede, die sie trennten, werden intensiviert nach der Zeit der großen Wanderungen zahlreicher Völkerstämme, die sich unaufhaltsam über das Westreich ergießen, sich auf der italischen Halbinsel niederlassen und, die alte römische Ordnung umstürtzend, ihre eigene Welt schaffen. Im Jahre 476 geht das westliche Römische Reich endgültig unter.

Allein die Tatsache, daß das Oströmische Reich weiterbesteht, trägt wesentlich zur allmählichen Prädominanz der griechischen Welt bei. Die Römer, Beamte und Siedler, die mit dem römischen Bürgerrecht versehenen Bewohner und andere autochthone Völkerschaften der balkanischen Halbinsel befinden sich jetzt mitten im Ausstrahlungsfeld der griechischen Zivilisation; sie stehen unter dem permanenten Einfluß der Kultur der großen griechischen Zentren. Während dieser ersten Jahrhunderte nach der Spaltung des Römischen Reiches (395) stoßen im Raum des Nahen Ostens verschiedene Stämme und Völker zusammen und bekämpfen einander. Nach dem Untergang des Weströmischen Reiches ist die Idee der *Ökumene* als politische Idee offensichtlich nicht mehr zu verwirklichen. Doch der andere Teil, das Oströmische oder Byzantinische Reich, wird noch etwa tausend Jahre bestehen.

Es folgt seiner eigenen Entwicklung, ohne jedoch in den ersten Jahrhunderten von der Bemühung abzulassen, die von den barbarischen Völkern überschwemmten Regionen des Westens wiederzugewinnen. Die griechisch-römische Welt ist nunmehr nur durch die Bande der christlichen Religion, durch den Pontifex Maximus in Rom und den Patriarchen in Konstantinopel verbunden. Der Papst paßt sich während und nach dieser schweren Zeit der Völkerwanderung den neuen Umständen an und es gelingt ihm am Ende, zu einem nicht nur religiösen, sondern auch weltlichen Machtfaktor zu werden, der von allen Fürsten des Westens respektiert wird. Als solcher beansprucht er den Vorrang in der Hierarchie der christlichen Kirche, was zum Bruch mit dem Oberhaupt der christlichen Welt im Osten, dem Ökumenischen Patriarchen, führt.

Aber auch andere, geistige, wirtschaftliche und ethnische Unterschiede zwischen Ost und West werden zunehmend bewußter, führen zur Entfernung beider Welten voneinander und lassen ihre Differenzen immer tiefer werden. Die Kluft konkretisiert sich mit dem Kirchlichen Schisma zur Zeit des Patriarchen Photios (858 – 867) und des Papstes Nikolaus I (858 – 867) und dem endgültigen Abbruch der Beziehungen zwischen der griechischen und der lateinischen Kirche (1054) unter Michail I Kerularios (1043 – 1058) und Leo IX (1049 – 1054). So löst sich die Idee der Ökumene auch im religiösen Sinne auf.

Nur noch eine Brücke sehen wir zwischen beiden Welten: Süditalien. In Apulien und Kalabrien bestehen noch die Überbleibsel altgriechischer Kolonien sowie andere, mittelalterliche griechische Gründungen, die von der griechisch-römischen Kultur geprägt sind. In diesen Regionen leben Griechen, die nie aufgehört hatten, griechisch zu sprechen seit der Zeit, in der Süditalien Groß-Griechenland hieß. In zahlreichen Klöstern wird dort während des ganzen Mittelalters klassische griechische Bildung gepflegt und tradiert.

Die Anfänge des neuen Griechentums (8. – 11. Jahrhundert)

Im Osten sind die Griechen und griechisch Sprechenden in der Mehrzahl. Sie steigen zunehmend in höhere Posten auf, wo sie einen wachsenden Einfluß ausüben und zur allgemeinen Gräzisierung beitragen. Dieser Assimilationsprozeß intensiviert sich vom 7. bis ins 9. Jahrhundert – also nach der Reduzierung des Ostreiches auf Kleinasien, das kontinentale Griechenland und die Inseln, d.h. auf Gebiete, in denen die Griechen und die Orthodoxie, griechische Sprache und Kultur beherrschend sind; die fremden ethnischen Bestandteile, die Reste von Invasionen, von friedlicher Migration oder von Umsiedlungsbewegungen werden immer geringer. Dieser Prozeß vollzieht sich stetig und wirkungsvoll. Der Weg zum Erwachen des Griechentums – zur Entstehung des neuen Griechentums – zeichnet sich jetzt deutlich am Horizont ab.

Anstöße in dieser Richtung haben die unablässigen Angriffe der Araber, besonders seit dem Anfang des 8. Jahrhunderts, gegeben. Die Araber sind Wegbereiter des Vordringens des Islam, Vorläufer der Seldschuken und der osmanischen Türken. Im Inneren Kleinasiens, zwischen Euphrat und Tigris, in Syrien, in den weiten Tälern und den wasserlosen Hochebenen Anatoliens und der wilden Schluchten des Taurus und Antitaurus branden jahrhundertelang die Wellen des Islam an. Jahrhundertelang werden Kämpfe epischen Ausmaßes von den Byzantinern ausgetragen, zunächst gegen die Araber, deren »Pferde die Winde jagen«, später gegen die Türken. Diese Kämpfe, so weit auch der Hufschlag der Pferde, das Waffenklirren und das Kriegsgeschrei entfernt sein mögen, bewegen das Volk im ganzen Byzantinischen Reich und werden zur Inspirationsquelle des griechischen Volksliedes oder besser des Epos. Wie die Araber ihren epischen Helden Seyyid Battal, so preisen die Griechen *Digenis Akritas* (Akritas = Grenzkämpfer) im gleichnamigen Volksepos und in den nach ihm benannten Volksliedern, den *Akritika.*

Die großen Gefahren, mit denen sich die »Romäer«, die Byzantiner, an den anatolischen Grenzen unablässig konfrontiert sehen, bewirken ihre Integration und erzeugen das Gefühl, der gleichen ethnischen Familie anzugehören. So werden, was besonders wichtig ist, ihre Lieder in der lebendigen Sprache des Volkes, der griechischen, gewissermaßen als sein Ureigentum, gesungen und überall verbreitet. Digenis, Konstantis, Armuris, Porfiris und andere akritische Helden sprengen die engen Grenzen der Landstriche, in welchen sie ihre Taten vollbrachten und werden zu nationalen Symbolen, Symbolen für den Heldenmut eines gemeinsamen Ganzen.

Die Entstehung der *Akritika* und die Ausstrahlungskraft der vom Volk gesprochenen Sprache können als Indizien für das Aufkommen des neuen Griechentums betrachtet werden. Parallel werden auch andere, heute fast unbekannte Volkslieder verbreitet, sowie Romane, von denen der Alexanderroman, eine byzantinische Variante des Pseudo-Kallisthenes (3. oder 4. Jahrhundert n. Chr.), zu erwähnen ist; diese sogenannte *Phyllada des Megalexandros,* ein Volksbuch in Prosa, ist eine Sage, durch die die historischen Gestalten des makedonischen Königs und seines Vaters Philipp in die Vorstellungswelt des Volkes rücken und die eine beliebte Unterhaltung vieler Generationen von Griechen bis in die jüngste Zeit hinein bildete.

Von diesen Indizien ausgehend setzen die Literarhistoriker den Beginn der neugriechischen Literatur etwa auf das Jahr 1000, in die Zeit also, in welcher die neugriechische Sprache – nach jahrhundertelanger, stiller Entwicklung unter der Kruste des Attizismus – Gestalt anzunehmen beginnt und sich auch als literarisches Ausdrucksmittel erprobt.

Sicherlich sind von nun an Voraussetzungen und Fakten, durch die die Anfänge des neuen Griechentums bestimmt werden können, vorhanden: das *Volk,* die *Sprache* und das neugriechische *Epos.* Auch der Historiker der politischen Entwicklung und der Geistesgeschichte sieht die Bedeutung dieses Zeitabschnittes um das Jahr 1000 als einen Meilenstein auf dem Wege zum neuen Griechentum an; doch weist er darüberhinaus auf signifikantere Faktoren, die das nationale Erwachen bedingen, hin, d.h. jenen Prozeß, der dazu führt, daß die Griechen ihre eigenen, alten Namen wiederfinden, den Namen »Hellenen« (Elines), der von den frühen Christen als Synonym für Heiden in Mißkredit gebracht worden war.

Die Griechen beginnen nun, sich der Bedeutung jenes Namens bewußt zu werden. Dieser Vorgang wird unterstützt nicht nur durch die fortlebende Erinnerung an die klassische Antike, sondern auch durch die zunehmend intensivere Beschäftigung der Gelehrten mit der altgriechischen Kultur, deren Einfluß besonders auf die byzantinische Philologie zunimmt – vor allem während der makedonischen Dynastie (867 – 1057), mit Photios und Arethas (9. und 10. Jahrhundert), mit Michail Psellos (11. Jahrhundert) und Efstathios von Thessaloniki (12. Jahrhundert). Gerade zu diesem Zeitpunkt, im Jahre 1204, bricht die große Erschütterung über das Reich herein, die das schlummernde nationale Bewußtsein weckt: Die Eroberung Konstantinopels durch die Franken*).

*) Franken: Mit diesem Namen bezeichnet das griechische Volk im Mittelalter und während der Türkenherrschaft die Westeuropäischen Völker, die an den Kreuzzügen teilgenommen und 1204 Konstantinopel erobert hatten.

II. Der vierte Kreuzzug (1204) und das nationale Erwachen der Griechen – Blüte von Literatur, Wissenschaften und Künsten im 13. und 14. Jahrhundert

Mitten aus den Ruinen und dem Chaos, das der Sturm des vierten Kreuzzuges hinterlassen hatte, sprießt das neue Griechentum kraftvoll hervor. Die griechischen Staaten, die sich nach der Besetzung von Konstantinopel nun aus dem zerstückelten Reich konstituierten – Nikaia, Trapezunt, Ioannina und später das Despotat von Morea, liegen umgeben von feindlichem Gebiet an der Peripherie und damit außerhalb des, im amtlichen Bereich noch römischen Einflusses von Konstantinopel. Nun kann sich die griechische Überlieferung in den neuen Hauptstädten frei entwickeln, in welchen die neuen griechischen Fürsten regieren; Volkstradition und -leben in den Provinzen können ihre schlummernden Kräfte entfalten, Dezentralisierungstendenzen werden wach, das Griechentum erstarkt. Die Ritter aus dem Westen in ihren zahlreichen Kleinfüstentümern sehen sich mit diesen Widerstandsherden der Byzantiner, der Griechen konfrontiert. Denn diese leisten von jetzt an, von 1204 und bis 1566, in den von den Franken besetzten Regionen einen aktiven oder passiven Widerstand, der mit der Zeit härter und wirkungsvoller wird. Die ad hoc angeworbenen Soldaten, die anfangs allein beim Anblick der stolzen, gepanzerten Ritter meist schon die Flucht ergriffen, werden innerhalb kurzer Zeit unter der erfahrenen militärischen Führung würdiger Fürsten, wie z.B. der Brüder Konstantin und Theodoros Laskaris von Nikaia oder Michail Dukas Komninos vom Epirus zu geübten Kämpfern, die ihren Feinden schwere Verluste zufügten.

Villehardouin spricht in seiner Beschreibung der Ereignisse von der allmählich schwindenden Kampfmoral der Franken und von Schiffen voll fahnenflüchtiger Soldaten, die heimlich gen Westen auslaufen.

In entgegengesetzte Richtung bewegt sich ein Strom griechischer Freiwilliger – einfacher Leute und Höhergestellter – aus dem von Franken besetzten Konstantinopel nach der neuen Hauptstadt Nikaia in Kleinasien, ein Strom, der sich umso mehr verbreitert, je stärker die Ausstrahlung dieses neuen griechischen Staates wird. Bei ihrem Aufruf zum Widerstand gegen die Eroberer suchen die neuen politischen, militärischen und geistigen Führer nach Vorbildern, um den Kampfgeist des Volkes zu stärken. Und wo sollten sie diese Vorbilder suchen, wenn nicht bei ihren eigenen Vorfahren, den alten Griechen? Hier finden sie die Beispiele für Vaterlandsliebe und Heldentum, denen sie nacheifern müssen, wenn sie überleben wollen. Denn jene Hellenen, die »Heiden«, hatten auf jedem Gebiet Bewundernswertes geleistet. Diese Bezeichnung wirkt nun nicht mehr diffamierend und von 1204 an taucht »Hellene« als nationale Identifikation wieder auf: Gelehrte und Könige wenden ihn an, seiner Bedeutung voll bewußt; das Volk findet sich zu jener Zeit selbst in diesem Namen wieder. Eine wichtige Rolle bei dieser Entwicklung spielt Nikaia unter Theodoros I Laskaris, der zum nationalen Widerstand aufruft und ihn organisiert. Sein Ziel ist es, die Franken aus den besetzten Gebieten zu verjagen und Konstantinopel, das Erbe Konstantins des Großen, zu befreien. »Dieses Erbe«, schreibt sein Nachfolger Ioannis III Dukas Batatsis um 1237 an Papst Gregor IX, »werden die Griechen niemals aufgeben und bis zur Befreiung ihrer Länder nicht aufhören, gegen die Eroberer zu kämpfen.« Die Kaiser von Nikaia werden also von genau der gleichen Idee angefeuert, die später, während der osmanischen Herrschaft, die versklavten Griechen beseelen und die in neuerer Zeit als »Große Idee« (Megali Idea) fortleben sollte. Dort, in Nikaia nach 1204, müssen wir ihren Ursprung suchen.

Während die fränkischen Eroberungszüge das Land überschwemmen, gründet im westlichen Griechenland Michail I Komninos Dukas das Despotat von Epirus mit der Hauptstadt Ioannina (1204 – 1215). Er erscheint als »neuer Noah«, wie es in einem Text aus jener Zeit heißt, als Retter der verfolgten Byzantiner, die bei ihm Zuflucht finden; von der Burg von Ioannina aus führt er, und besonders auch sein Sohn Theodoros Komninos Dukas (1215 – 1230) unablässige Kämpfe zum Schutz des Griechentums in Epirus und außerhalb. Theodoros fegt die Bastionen der Franken eine nach der anderen hinweg und zielt, ebenso wie die Kaiser von Nikaia, auf Konstantinopel. In diesem Wettlauf werden diese die Gewinner sein: Der Gründer der Paläologendynastie, Michail VIII Paläologos (1259 – 1282) erobert 1261 Konstantinopel zurück, danach Mistras, Monemvassia und Mani (1262), und baut damit einen starken Brückenkopf in der von den Franken besetzten Peloponnes auf. Allerdings wird dadurch seine Aufmerksamkeit von Kleinasien abgelenkt, das von anderen Eroberern bedroht wird, die gefährlicher als die Franken sind: Den Türken.

Kulturelle Aspekte

Folge dieses gemeinsamen Widerstandes und des neuen Selbstbewußtseins, ist eine Belebung der griechischen Bildung, der Kunst und der Philologie. Auch die Naturwissenschaften werden sorgfältig gepflegt, insbesondere die Astronomie. In dieser Zeit orientiert sich die byzantinische Welt mehr denn je an der griechischen Antike. Die Griechen trachten offensichtlich danach, die Bande, die sich durch den Sieg der Römer und die Durchsetzung des Christentums gelockert hatten, wieder zu festigen.

Eine Reihe namhafter Philologen arbeitet mit Erfolg auf dem Gebiet der altgriechischen Literatur und erhöht das Ansehen des Faches. Besonders vier von ihnen ragen hervor, unter Michail VIII Paläologos (1259 – 1282), Andronikos II (1282 – 1328) und Andronikos III (1328 – 1341): der Mönch Maximos Planudis und sein Schüler Manuil Moschopulos in Konstantinopel, sowie Thomas Magistros und sein Schüler Dimitrios Triklinios in Thessaloniki. Sie repräsentieren die beiden Schulen der zwei großen kulturellen Zentren des Reiches. Die Philologen der frühen Paläologen-Ära legen die Fundamente der Textkritik, auf denen sie auch in der neueren Zeit fußen wird.

Auf dem Gebiet der Naturwissenschaften wendet sich Theodoros Metochitis der Mathematik zu, um die Himmelserscheinungen, denen sein Interesse gilt, systematisch erforschen zu können. So nimmt er als Dreiundvierzigjähriger Unterricht bei dem Mathematiker Manuil Bryennios, mit dem er Werke von Theon, Ptolemaios, Euklid, Theodossios und Apollonios von Perge studiert. Andere

Autoren astronomischer Werke sind im 14. Jahrhundert Georgios Chryssokokkis, Isaak Argyros, Theodoros Melitiniotis und Nikolaos Kabassilas, unmittelbar oder mittelbar Schüler von Metochitis.

Als Vertreter der Medizin sollen Ioannis Aktuarios und Nikolaos Myrepsos erwähnt werden, ersterer als Autor bemerkenswerter medizinischer Schriften, letzterer als Verfasser einer »Heilmittelkunde«.

Die Philosophie wird von Manuil Holobolos (geboren vor 1250) und von seinem Zeitgenossen, dem vielbewunderten Iossif aus Ithaka (etwa 1280 – 1330), vertreten.

Diese erste Blüte des neuen Griechentums, die ähnlich den Gärungsprozessen vor der Renaissance im Westen, die moderne Zeit ankündigte, sollte nicht lange anhalten. Eine tiefe soziale Krise erschüttert die Fundamente der neuen griechischen Staaten. Die »Mächtigen«, meist Militärs, die für ihre Kriegsdienste von den Königen mit Grund und Boden belehnt werden, beanspruchen das Erbrecht für ihre Lehen mitsamt den Bauern, die sie bearbeiten. Auf diese Weise tendieren die »Pronoiai«, wie die Lehen genannt werden, dazu, sich aus provisorischem in Erbeigentum zu verwandeln. Dieser Wandel wird durch die nach 1204 geschaffene Lage gefördert, da die Könige und die Hegemonen (Fürsten) der verschiedenen Regionen bei ihren Kämpfen gegen die Franken und andere Eroberer auf die Hilfe der »Mächtigen« angewiesen sind. So werden »Pronoiai«, Steuerbefreiungen und Titel freigiebig an Militärs verteilt. Die Lage der kleinen Grundbesitzer und freien Bauern wird erschwert, ihr Besitz zunehmend kleiner, ihre freien Dörfer zum Eigentum der »Mächtigen«.

Die Klöster ihrerseits erweitern ihren Besitz durch königliche Dotationen, durch Kauf oder durch Schenkungen von Privatpersonen. Sie binden Arbeitskräfte, die für die Verteidigung oder die Bestellung des Landes hätten von Nutzen sein können. Dieses führt nicht nur zur Verminderung des freien Bauernlandes und zur Verelendung der Bauern selbst, sondern auch zur Einschränkung der Staatseinahmen und der Zahl der Soldaten. Die Folgen sind verheerend. Das wird von einigen klugen Geistern mit Klarheit erkannt. Sie prangern die Mißstände an und schlagen Maßnahmen zur Bewältigung der Probleme vor. Doch die Bemühungen dieser wenigen bleiben ohne Erfolg. Eine tiefe Kluft wird zwischen den sozialen Schichten aufgerissen und verhindert ihren Zusammenschluß angesichts der inzwischen akuten türkischen Gefahr.

Mitten in dieser chaotischen Zeit bricht der Streit der sogenannten *Hesychasten* (Hesychia = Stille) aus, innere Kriege, religiöse und soziale Unruhen, die die christliche Welt des Ostens von 1339 an fast bis zum Ende des Jahrhunderts erschütterten. Die sie auslösenden Ideen sind mystisch geprägt; sie preisen den streng asketischen Geist und verwerfen die Philosophie als Mittel zur Klärung religiöser Fragen. Den großen Philosophen der Antike, Platon und Aristoteles, wird von den *Hesychasten* die Fähigkeit, das Phänomen der Weltschöpfung zu erklären, aberkannt. Führende Gestalt dieser Bewegung ist der Erzbischof von Thessaloniki, Grigorios Palamas, sein Gegner, ein Mönch griechischer Abstammung im kalabrischen Seminara, Barlaam. Geprägt vom Gedankengut der

Renaissance, verkörpert Barlaam den neuen Typus des abendländischen Gelehrten, der seinem Impetus folgend und im Bewußtsein seiner eigenen geistigen Kräfte, bereit ist, die großen Fragen mit Hilfe der Philosophie zu diskutieren und zu lösen. Barlaam vertraut den alten Philosophen. Im Gegensatz zu Palamas ist er überzeugt, daß das Studium ihrer Werke unabdingbare Voraussetzung für die Kommunikation mit Gott ist.

Diese unterschiedliche Einstellung zur Philosphie hat insofern Bedeutung, als sie Ausdruck der Eigenständigkeit zweier getrennter Welten ist. Es ist die erste Berührung und Konfrontation der Gelehrten dieser beiden Welten nach jahrhundertlangem Schweigen. Konstantinopel und besonders Thessaloniki werden zu Zentren dieser philosophisch religiösen Debatten. Von nun an kann man verfolgen, wie Byzanz und das Abendland einander kennenlernen. Die Initiative ergreifen unter den Griechen jene Gelehrten, die der Renaissance mit Interesse und Bewunderung gegenüberstehen. Diese Gelehrten, die sich von der altgriechischen Welt stark angezogen fühlen und vom Stolz auf ihr eigenes großes geistiges Erbe getragen sind, erstreben die Union (Enosis) beider Kirchen. Es sind die sogenannten *Enotikoi*, die »Unionisten«. Ihre Haltung beruft sich hauptsächlich auf zwei Kernpunkte: Die Überzeugung, daß es zwischen beiden Kirchen keine substantiellen Unterschiede gibt, und ihre Vaterlandsliebe, die von der Furcht genährt wird, die Türken könnten in die noch freien, westlichen griechischen Regionen eindringen, wie es bereits in den östlichen Gebieten geschehen war; dort verschlechterte sich die Lage, besonders gegen Ende des 14. jahrhunderts, zusehends.

III. Die Invasion der Osmanischen Türken und ihre Folgen

Das Eindringen der Osmanischen Türken in die griechischen Territorien.

Es sind nicht nur die religiösen und sozialpolitischen Verwirrungen und Unruhen, die das Byzantinische Reich in die Katastrophe treiben. Gravierender ist der Vorstoß verschiedener türkischer Stämme in Kleinasien. Eine wichtige Wende dieser Entwicklung markiert die Schlacht bei Mantzikert (1071), nach der die Seldschuken unaufhaltsam in die griechischen Territorien einfallen. Damit beginnt für das kleinasiatische Griechentum eine dramatische Zeit, die mit seiner fast vollständigen Vernichtung endet. Nur in zwei Regionen bleibt ein wichtiger Kern griechischer Bevölkerung erhalten: auf den Hochebenen von Kappadokien, dank dem unfruchtbaren Boden und den troglodytenähnlichen Behausungen, die ideale Zufluchtsorte bilden, sowie in der Küstenzone des Pontos, die im Norden durch das Schwarze Meer, im Süden durch die Pontischen Alpen abgeschirmt wird, eine Region, in der die Bewohner besonders heftigen Widerstand leisten. Vernichtende Schläge versetzten die osmanischen Türken, nomadische Juruken, der griechischen Bevölkerung im westlichen Kleinasien. Verwüstung und gewaltsame Bevölkerungsverschiebungen verbreiten Angst und Schrecken. Nicht nur die Landbevölkerung, sondern auch die Bewohner der Städte flüchten in sicherere Orte, was den wirtschaftlichen Verfall der griechischen Länder zur Folge hat.

Jener anfangs kleine türkische Stamm, der sich unter Ertogrul mit der Erlaubnis des Seldschuken-Sultans von Ikonion, Aladin I Kaikobad, in der Region von Sojut, südöstlich von Brussa, niedergelassen hatte, sollte sich schnell entfalten, große Massen von Moslems und Christen absorbieren, ja assimilieren und schließlich zum großen Osmanischen Reich werden, dessen Truppen den ganzen Balkan eroberten und bis vor die Tore Wiens gelangten. Der Aufstieg der osmanischen Türken begann vor allem unter dem Sohn Ertogruls, Othman oder Osman (1281 – 1326), von dem sie ihren Namen erhalten haben. Seine Krieger, die *Ghasis*, gefürchtet wegen ihres kriegerischen Fanatismus, führen im Zuge ihres »Heiligen Krieges« (Djihad) gegen die Ungläubigen mit den byzantinischen Grenzwächtern, den *Akrites*, erbitterte Kämpfe.

Die türkischen Hegemonen, die *Beis*, wie sie sich seit Osman und seinem Sohn Urchan (1324 – 1359) nannten, belehnen Krieger, die sich hervorgetan hatten, und deren Führer mit erobertem Grund und Boden. Diese Ländereien, die sogenannten *Timaria*, sind den Lehnsgütern des Abendlandes vergleichbar (mit dem Unterschied, daß der osmanische Lehnsherr sie nach Gutdünken wieder einziehen konnte).

Die Kriegsführung der türkischen Horden und ihre Grausamkeit gegen die Besiegten treffen auf eine durch die Unterdrückung der byzantinischen Mächtigen bereits erschöpfte Landbevölkerung, die nur zwischen Unterwerfung und Flucht zu wählen hat. Ströme von Fliehenden verlassen ihre Länder, sie reißen andere Völkerscharen mit auf ihrem Weg. Oft wird die Flucht zur schrecklichen Panik. Ganze Karawanen von Flüchtlingen stoßen ins nordwestliche Kleinasien vor, manche setzen auf das gegenüberliegende Ufer über. Aber schon bald gelangen die Osmanen von einem Kontinent auf den anderen: Ihr erster europäischer Besitz ist Gallipolis, das sie 1354 – nach einem heftigen Erdbeben, das seine Stadtmauern zerstörte – erobern. Damit beginnt eine neue Geschichtsperiode für die griechischen und die anderen Länder des Balkans, aber auch für Mitteleuropa. Für die christliche Bevölkerung des Balkans ist es eine Zeit tiefgreifender Umwälzungen. Die endgültige Niederlassung der Osmanen auf der Halbinsel sollte auf politischem und kulturellem Gebiet Auswirkungen haben, die auf vielfältige Weise bis heute spürbar sind.

Nachdem Murad I (1362 – 1389) Adrianopel eingenommen hatte (1362), hören Übergriffe, Plünderungen und Eroberungen der Türken im südöstlichen Europa nicht mehr auf. Zu Beginn seiner Regierungszeit wird die Rekrutierung von christlichen Jungen zur Armee institutionalisiert und damit das berühmte Korps der Janitscharen (wahrscheinlich 1363) geschaffen. Die Jungen, im Alter zwischen 15 – 20, werden unter den kräftigsten und intelligentesten Söhnen der Christen ausgewählt. Mit dem Janitscharen-Korps schaffen die Türken die Grundlage für ein stehendes, starkes und diszipliniertes Heer, das befähigt ist, nicht nur die ausgedehnten Grenzen des Reiches zu bewachen, sondern sie auch zu erweitern.

Die Völker des Balkans, Griechen, Bulgaren, Albaner, Serben, hätten sich der türkischen Gefahr vielleicht wirkungsvoller erwehren können, wenn sie ihr geschlossen begegnet wären. Doch diese Gefahr trifft sie im Zustand der Erschöpfung – eine Folge der inneren politischen und sozialen Unruhen wie auch der unablässigen Kriege, die sie untereinander führten. Nach der Niederlage der Serben in Tschirmen, am Fluß Evros (1371), wo ihre Herrscher Ugljessa und Vukassin, die Nachfolger von Stefan Duschan (1331 – 1355) fielen, werden drei balkanische Staaten, Serbien, Bulgarien und Byzanz dem Osmanischen Reich tributpflichtig und sind gezwungen, an seinen Kriegszügen teilzunehmen.

Als einzigem in der christlichen Welt des Balkans gelingt es Manuil II., einem Sohn Kaisers Ioannis V Paläologos (1371 – 1391), Statthalter von Thessaloniki, den Türken erfolgreich Widerstand zu leisten. Dieser geistig und politisch hochbegabte junge Prinz versucht den Beistand des Papstes zu erlangen und setzt sich angesichts der türkischen Gefahr für die Union der Kirchen ein; er betreibt die Enteignung eines großen Teils des klösterlichen Besitzes, organisiert den Widerstand gegen die Türken und bemüht sich, die vielen kleinen Hegemonien des griechischen Raumes zu einer gemeinsamen Front zusammenzuschließen. Manuil verfolgt eine unabhängige Politik, auch seinem Vater, dem Kaiser von Byzanz gegenüber. Der Staat, den er geschaffen hat, erstreckt sich vom Berg Vermio bis zum Fluß Nestos; mit Serres, Thessaloniki und Veria als Hauptbastionen des Widerstandes kämpft Manuil gegen Übergriffe der Türken und verzeichnet gewisse Erfolge, die jedoch nur von kurzer Dauer sind.

1391 erobert Bajazid I (1389 – 1402) Thessaloniki, stößt gegen Süden vor, unterwirft Thessalien um 1393, dringt tief in Griechenland ein und führt Angriff auf Angriff selbst bis zur Peloponnes.

Die Invasion der Mongolen unter Tamerlan und die Niederlage der Türken in der großen Schlacht bei Ankara im Jahr 1402 halten diese auf ihrem Weg nach Norden zunächst auf und bringen der Hauptstadt des Byzantinischen Reichs eine vorübergehende Ruhepause. Manuil II, der jetzt Byzanz regiert (1391 – 1425), versucht die Zerrüttung des Osmanischen Reiches und den Streit zwischen den Söhnen Bajazid I um den Thron, zu nutzen. Er erlangt Thessaloniki und dessen Umgebung von Suleiman, einem der Söhne Bajazid I, zurück (1403) unter der Bedingung, ihn in den Streitigkeiten mit seinen Brüdern zu unterstützen.

Für das Osmanische Reich folgen nun zehn unruhige Jahre (1403 – 1413), bis Mohammed I (1413 – 1421) es wieder stabilisiert. Unter seinem Nachfolger Murad II (1421 – 1451) finden die Osmanen ihren kriegerischen Impetus wieder, erobern erneut Thessaloniki (1430) und im gleichen Jahr Ioannina. Das Byzantinische Reich besteht nun nur noch aus der Hauptstadt und einigen wenigen Städten am Schwarzen Meer und der Propontis. Die Peloponnes, das sogenannte Despotat von Morea, stellt eine zum Reich gehörende Region dar, und wird von Mitgliedern der Familie der Paläologen regiert.

Vergeblich – und vielleicht auch zu spät – versucht eine Gruppe aufgeklärter, realistischer junger Gelehrter unter Führung von Dimitrios Kydonis und dem Neuplatoniker Georgios Gemistos, genannt Plethon (Ende des 14. – Anfang des 15. Jahrhunderts) auf eine Veränderung der Religionspolitik im Sinne einer Union beider Kirchen hinzuwirken und schlägt darüberhinaus radikale Lösungen der sozialen Probleme vor (Denkschrift von Gemistos). Die Reformideen des Befürworters der Union, des Erzbischofs von Nikaia, des späteren päpstlichen Kardinals Bessarion, eines Schülers des Gemistos, werden zwar von Manuil II sowie von dem Despoten von Morea, dem letzten Kaiser von Byzanz, Konstantin Paläologos, übernommen, stoßen aber auf erbitterte Ablehnung der Kirchenführung und der sozial und politisch einflußreicheren Mächtigen; die Einheit der Griechen wird dadurch noch mehr untergraben, das Volk spaltet sich in Anhänger und Gegner der Union. Orthodoxe Religion und byzantinische Gesellschaft befinden sich in einer tiefen moralischen Krise.

Die Überlebenschancen einer solchen Gesellschaft sind gering. Der Zerfallsprozeß ist zu weit fortgeschritten. Schließlich löscht Mohammed II (1451 – 1481) die letzten freien Zentren des Griechentums aus. 1453 erobert er Konstantinopel und seine Umgebung, 1460 die Peloponnes, zuletzt, 1461, das Reich von Trapezunt. Das ist in Kürze der Eroberungsweg der osmanischen Türken in Kleinasien und im kontinentalen Griechenland im 14. und 15. Jahrhundert. Die »Alosis«, der Fall von Konstantinopel, hat welthistorische Bedeutung. Was verloren ging, war gemeinsamer Besitz der Christenheit und der europäischen Kultur. Erloschen ist »die allen Griechen gemeinsame Mitte, der Musen Aufenthalt, die Lehrerin aller Wissenschaft«, wie der zeitgenössische Gelehrte Andronikos Kallistos klagt.

In diesem tragischen geschichtlichen Augenblick blickt der letzte Historiker von Byzanz, Laonikos Chalkokondylis, trotz der verzweifelten Situation mit Optimismus in die Zukunft; in eine Zukunft, in der das griechische Volk, vereint in einem Königreich, durch ihm gemäßere Gesetze gerecht regiert wird. Die Verwirklichung dieses Traumes sollte allerdings noch viele Jahrhunderte auf sich warten lassen.

Fluchtbewegungen und Ansiedlungen in abgelegenen Bergregionen nach der Einnahme Thraziens.

Die türkische Gefahr ist ein ständiger Alptraum für die griechische Bevölkerung. Die Angst vor Vernichtung verleitet die Menschen zu verzweifelten Fluchtbewegungen in die von den Franken besetzten Gebiete, in noch freie Regionen, vor allem aber in die Berge, wohin die Eroberer nicht kommen, oder auch in fremde Länder. Diese Fluchtbewegungen nehmen nach 1400 größere Dimensionen an: Nicht nur einzelne oder Familien, sondern auch ganze Gruppen verlassen ihre Heimatorte. Solche Umsiedlungen erstrecken sich über Jahrzehnte, ja über Jahrhunderte und sind von großer Bedeutung für die Entwicklung und Ausformung der neugriechischen Nation.

Es ist das erste Mal in der langen Geschichte der Griechen, daß so starke Fluchtbewegungen und so weitreichende Verschiebungen stattfinden. Sieht man von den großen Städten ab, in denen eine gewisse Sicherheit vor der Willkür türkischer Truppen herrschte, kann man von einer wirklichen Entwurzelung des Volkes, sowohl in Kleinasien als auch auf der Balkanhalbinsel sprechen. Viele Dörfer und Gemeinden in der Ebene, die in der Nähe der Verkehrsstraßen lagen, wurden von ihren Bewohnern verlassen und verödeten, während andere, abseits gelegene oder in relativ sicheren Gegenden neuerbaute Ortschaften allmählich ein regeres Leben entfalteten. Die unwirtlichen, kargen Berge, aus denen in normalen Zeiten die Menschen ins fruchtbare Tiefland auswandern, beherbergten und ernährten jetzt auch die Flüchtlinge aus den Ebenen. Tiefgreifende Umwälzungen finden dadurch statt.

Die Naturbeschaffenheit der griechischen Halbinsel, mit ihren unfruchtbaren Berggegenden, kleinen Landzungen und vielen Inseln, bewahrte damals einen großen Teil der Griechen vor Unterdrückung, vor moralischer und natürlicher Degeneration und damit vielleicht sogar vor ihrer völligen Auslöschung. Noch sehr viel später, im 18. Jahrhundert, nennt der Mönch Kosmas Aitolos, ein patriotischer Prediger, die hohen Berge »gesegnet« und preist alle jene glücklich, die an ihren Hängen leben, während er den Bewohnern des flachen Landes Furchtbares prophezeit.

Die neuen Dörfer und Gemeinden werden gegründet am Fuß und an den Hängen der Berge und auf Hochebenen oder auch in der Nähe des Meeres, gewöhnlich eine bis drei Stunden von der Küste entfernt. Die Ortschaften zeugen von gewollter Abgeschiedenheit. Das ist der Grund, warum in solchen Ansiedlungen keine Reste früherer Besiedlung zu finden sind. Die »Verkehrsgünstigkeit«, die normalerweise bei der Wahl des Siedlungsortes eine wesentliche Rolle spielt, interessiert die Flüchtigen nur im negativen Sinne, denn je entlegener ein Ort ist, umso mehr entspricht er ihren Bedürfnissen. Die neue Siedlung hat den Charakter einer natürlichen Zuflucht.

Während das Problem der Freiheit durch die Abgeschiedenheit provisorisch gelöst wird, nimmt die Frage der Ernährung bedrohliche Ausmaße an. Es ist für die Griechen das wohl härteste Ringen um das nackte Überleben: Einerseits die Rettung vor dem Eroberer, andererseits die Sicherung eines Minimums an Nahrung. Eine genauere Untersuchung dieses Aspekts würde erkennen lassen, wie dicht das griechische Volk in jener Geschichtsphase vor seiner Vernichtung stand. Zweierlei mußten die Flüchtigen zunächst erkämpfen: Sicherheit und Wasser. Sie konnten sich erst dann für länger an einem Ort niederlassen, wenn sie in der Nähe die nötigen Ressourcen wie bebaubares Land, Wälder, Weiden, Bodenschätze u.a. fanden. So schaffen die Anforderungen, die durch die jeweils neue Umwelt gestellt werden, neue Lebensweisen, Sitten und Gebräuche. So entwickeln z.B. Bauern aus der Ebene Fertigkeiten von Bergbewohnern oder sogar von Handwerkern und Seeleuten und nehmen ihre Gewohnheiten an.

Der Rückzug ins Gebirge und auf den Küstenbereich läßt ein größeres Vakuum auf dem flachen Land entstehen. Darüberhinaus zerstören die fortwährenden Umsiedlungen von Bevölkerungsgruppen auf verschiedene Regionen die natürlichen demographischen Relationen – eine Tatsache, die auch in allen andern versklavten Ländern des Balkans festzustellen ist. Die Ebene wird im allgemeinen die Wohnregion der Türken, das Gebirge die der Griechen. Der Rückzug auf die Berge, in Einöden, Berghöhlen, in die Wildnis hat aber auch schwerwiegende Folgen für die Kultur, vor allem für die Bildung der Nachwachsenden. Unnatürliche Zerstreuung und Isolierung fördern außerdem die Neigung der Griechen zum Partikularismus, ein Phänomen, das sie seit den ältesten Zeiten kennzeichnet.

Die Not zwang die Menschen im Gebirge zur bestmöglichen Nutzung aller Lebensquellen – zur Rodung und Urbarmachung der Wälder, zum Ackerbau in kleinen Bodenparzellen, zur Viehzucht und zur Verarbeitung von Wolle. Bei diesem Kampf sollten die biologisch Starken überleben; die, die auf dem flachen Land, meist als leibeigene Sklaven der Türken, zurückgeblieben waren, wurden durch Unterdrückung, miserable Lebensumstände, Seuchen und Überfälle von Horden stark dezimiert. Auf diese Weise findet eine natürliche Auslese statt und es entsteht eine neue, dynamische Grundlage einer Bevölkerung, die in fast völliger Freiheit lebt: die von überallher in den Bergen zusammengeströmten Gruppen unterscheiden sich stark von der Bevölkerung der Ebene, nicht nur in ihren Gewohnheiten, sondern auch in wesentlichen Eigenarten, ja in ihrer Lebensauffassung; sie sind eine besondere Menschengruppe, charakterisiert durch ihre stolze Haltung dem Eroberer gegenüber; im Volkslied heißt es:

Sklaven wohnen in den Dörfern, auf den Feldern mit den Türken.
Für die Kühnen sind die Berge und die Wildnis und die Schluchten.
Lieber bei den wilden Tieren, als zu leben mit den Türken.

Man muß die historische Bedeutung dieses Unterschiedes zwischen Gebirge und Ebene berücksichtigen, will man das Leben der Griechen während der osmanischen Herrschaft verstehen. Wir haben kein Beispiel von Dörfern oder Gemeinden auf dem flachen Lande, die sich wirtschaftlich und kulturell weiterentwickelt hätten, es sei denn begünstigt durch Sonderprivilegien, wie z.B. Tirnavos in Thessalien. Umgekehrt weisen zahlreiche Bergdörfer bemerkenswerte Zeichen zivilisatorischen Fortschrittes auf, weil in der freien Umgebung der Wunsch nach einer besseren Zukunft schlummernde kreative Kräfte wecken konnte. Die Lebenskraft des neuen Griechentums konzentriert sich auf die Bergregionen, dort liegen die Ursprünge seiner Wiedergeburt. Von dort wird später der Wind der Freiheit wehen.

Der Exodus der griechischen Gelehrten ins Abendland

Die unablässigen Überfälle der Osmanen auf die griechischen Länder und Städte versetzten die Bewohner der noch freien Regionen in Angst, besonders von dem Zeitpunkt an, zu dem die Türken auf dem europäischen Ufer Fuß faßten (1354). Die Situation wird als besonders verzweifelt auch von den Gelehrten empfunden, die in einer unfreien Umgebung ihre Arbeit nicht mehr wirksam fortsetzen können. Hauptsächlich betroffen sind jene, die dem Abendland gegenüber freundlich gesinnt sind, genauer die Verfechter der Kirchenunion, die, abgesehen von der Rechtfertigung ihrer eigenen Position, darin auch die einzige Rettung für das Reich erblicken. Hilfe erwarten die Gelehrten in Konstantinopel, das einst mit Konstantin dem Großen zum Neuen Rom wurde, nunmehr vom Westen, besonders von Italien und dem alten Rom. Sie berufen sich auf den gemeinsamen Ursprung und auf die Verwandschaft der europäischen Zivilisation im Osten und Westen, also auf eine Gemeinsamkeit, die die bestehenden Unterschiede überwinden könnte. In diesem Sinne plädiert der Gelehrte Kydonis, der in Begleitung des Kaisers Ioannis V auf seiner Italienreise (1369 – 1371) Venedig, Mailand, Florenz und Rom besucht hatte, für die Annäherung an den Westen und für die Zusammenarbeit mit dessen Gelehrten: »Wer sind die natürlichen Verbündeten der Römer, wenn nicht die Römer? Und welche sind vertrauenswürdiger als jene, die die gleiche Heimat haben? Denn ihre Stadt ist unsere Mutterstadt«.

Während sich der Horizont an den östlichen Grenzen des Byzantinischen Reiches zunehmend verfinstert, nimmt die Ausstrahlung des Abendlandes merklich zu. Die westlichen Länder tauchen aus dem Mittelalter auf, entwickeln sich wirtschaftlich und streben nach Erkenntnis und Fortschritt. Ihre Gelehrten wenden sich der klassischen Antike zu – humanitatis studia – und damit beginnt das rege Interesse für griechische Manuskripte. Obwohl ohne Kenntnisse des Altgriechischen, hegt Petrarca den innigsten Wunsch, den Dichter der Ilias und der Odyssee kennenzulernen. Einige Jahre später lädt Petrarcas Freund Boccacio den Gelehrten Leonito Pilato – einen Grācolateiner, Schüler Barlaams, der wie sein Lehrer aus Kalabrien stammt – nach Florenz ein. Er nimmt ihn als Gast in seinem Hause auf und bald darauf, 1360, gelingt es Bocaccio, für Pilato den ersten Lehrstuhl für altgriechische Philologie an der Universität von Florenz zu gründen – ein wichtiges Datum in der abendländischen Kulturgeschichte. Pilato hilft durch seine Übersetzungen Bocaccio und seinem Freunde Petrarca, Homer und Platon kennenzulernen. Wie Petrarca und Bocaccio sehnen sich alle Humanisten danach, mit griechischen Gelehrten in Kontakt zu kommen und ihre Sprache zu erlernen; die in den Westen emigrierenden byzantinischen Gelehrten sind in den geistigen Kreisen des Abendlandes hochwillkommen.

Der erste bedeutende byzantinische Emigrant ist Manuil Chrysoloras, der von 1396 bis 1399 an der Universität von Florenz Griechisch lehrt und die humanistischen Studien fördert. Er gewinnt die Sympathie der Florentiner. Obwohl seine Lehrtätigkeit in Florenz von kurzer Dauer ist, ist seine Wirkung auf die Jüngeren – unter denen er brillante Schüler hatte – nachhaltig. Die Gründung der florentinischen Philologischen Schule mit ihren namhaften Vertretern, wie Leonardo Bruni, Ambrogio Traversari und Carlo Marsuppini, ist im wesentlichen ihm zu verdanken. Chrysoloras hat entscheidend dazu beigetragen, daß Florenz zum großen Zentrum griechischer Bildung wurde. Er hat aber auch für die später emigrierenden byzantinischen Gelehrten die Grundlage für die Einführung eines Unterrichts im Griechischen gelegt, indem er die erste Elementargrammatik des Altgriechischen in Frage-Antwort-Manier verfaßte. Gemeinsam mit seinen Schülern machte er sich, über die altgriechischen Manuskripte gebeugt, an die Probleme der Übersetzung. Seine effiziente Methode faßt er in die lateinische Kurzformel: »transferre ad sententiam«, d.h. wo es möglich ist, wörtlich übersetzen, ansonsten aber sinngemäß wiedergeben. Das war eine neue Konzeption, die sich von der damals üblichen, wortwörtlichen Übersetzung der Scholastik völlig unterschied. Es war die neue, die humanistische Übersetzungsmethode.

Chrysoloras folgen nicht sofort andere byzantinische Gelehrte in den Westen. Die Niederlage von Bajazid I in der Schlacht bei Ankara (1402) hatte dem, was von Byzanz noch übrig war, eine Atempause gewährt; Konstantinopel war, trotz seines ständigen wirtschaftlichen Niedergangs, bis zu Beginn des 15. Jahrhunderts geistiges Zentrum geblieben. Doch mit dem Sieg Mohammeds I (1413 – 1421) über die anderen Söhne Bajazids I und besonders mit der Inthronisierung Murads II (1421 – 1451) hatte in Byzanz von neuem die Angst um sich gegriffen und der wirtschaftliche Abstieg war nicht mehr aufzuhalten. Die Folgen für das geistige Leben waren verheerend.

Das wurde nach dem Fall von Thessaloniki (1430) ganz deutlich, als im Grunde das Schicksal des Byzantinischen Reiches besiegelt war, und besonders nach dem Konzil von Ferrara und Florenz, einem wichtigen Ereignis für die Beziehungen beider Kirchen und für die kulturelle Entwicklung Europas. Auf diesem Konzil konnte die Elite der byzantinischen Gelehrten, die in den noch freien Ländern des Reiches übriggeblieben war, den Fortschritt des abendländischen Denkens feststellen und sich mit seinen Trägern messen.

Im Laufe dieser Begegnungen legt der Neuplatoniker Gemistos – Plethon – einem kleinen Kreis florentinischer Humanisten dar, warum er Platon für wichtiger erachtet als Aristoteles. Diese seine Ansichten begründet er in der Schrift »Über die Unterschiede zwischen Aristoteles und Platon«. Es gibt wenige Werke, die einen so großen Einfluß ausgeübt haben wie jenes kleine Heftchen des griechischen Philosophen: Seine Gedanken und deren Rezeption stehen am Anfang einer Umorientierung der europäischen Geisteswelt, die sich nun schrittweise vom scholastischen Aristotelismus befreit und auf ein neues Konzept der Welterklärung richtet. Die Gründung der Platonischen Akademie mit Marsilio Ficino in Florenz im Jahre 1462 ist der konkrete Niederschlag der Lehre von Gemistos.

In jener Zeit tritt in Ferrara und in Florenz der Erzbischof von Nikaia, Bessarion auf, der bedeutendste Schüler und Freund des Gemistos. Bessarion übernimmt nicht nur die philosophische Lehre von Gemistos, sondern auch dessen auf dem klassischen Geist fußende politische Ideen einer Neuorientierung des Byzantinischen Reiches, der Notwendigkeit, soziale Gerechtigkeit im Staat herzustellen und die Überbleibsel des Reiches gegen die Türken zu verteidigen. Es sind nicht so sehr seine religiösen Ansichten als vielmehr seine Vaterlandsliebe, die Bessarion zum begeisterten Befürworter der Kirchenunion machen: er unterschreibt die Union (1439), nimmt etwas später Amt und Würde eines Kardinals an und läßt sich in Rom nieder. Bessarion bildet als hervorragende griechische Persönlichkeit im Abendland einen Anziehungspunkt für andere griechische Gelehrte, die, entmutigt durch die zunehmende Verschlechterung der politischen Lage in den noch freien griechischen Ländern, einer nach dem anderen Zuflucht im Ausland suchen, so Georgios Trapesuntios, Theodoros Gasis, Andronikos Kallistos u.a. Bessarion wird zum Bindeglied zwischen zwei Welten.

Einige Jahre vor der türkischen Eroberung, der »Alosis«, leben in Konstantinopel nur vier oder fünf namhafte Gelehrte, unter ihnen Georgios Scholarios, der spätere, erste Ökumenische Patriarch unter türkischer Herrschaft, der sich vergeblich um die Erhaltung des Bildungsniveaus des Reiches bemüht. Unter seinen Schülern sind nur drei oder vier in der aristotelischen Philosophie bewandert und auch diese können ihren Studien nicht ungestört nachgehen: »Da sie arm waren, mußten sie sich hauptsächlich damit beschäftigen, ihren Lebensunterhalt zu verdienen; in unserer Zeit sind die Lorbeeren der Bildung wertlos, obwohl man sie so mühevoll erwirbt. Im Gegenteil, die meisten kommen auf dem entgegengesetzten und sehr leichten Wege zum Erfolg« (so schreibt Scholarios). Das ist bezeichnend für die Bewußtseinslage der Jüngeren in jener kritischen Übergangsphase, die abseits vom entbehrungsreichen Wege der Wissenschaft und der Tugend, den leichten Gewinn im »Schwarzhandel« und in der »Kollaboration« mit dem Eroberer den Erfolg suchen. Mit der »Alosis« verschwinden auch die letzten jüngeren Gebildeten; sie fallen im Kampf, werden gefangengenommen, gehen im nachfolgenden Chaos verloren; Scholarios: »Sie erloschen, noch bevor sie sich hätten auszeichnen können«.

Die »Alosis« von Konstantinopel am 29. Mai 1453 stellt eine neue Etappe bei dem Exodus der Gelehrten in den Westen dar. Viele gehen nach Italien und hinterlassen im Osten ein schwer aufzufüllendes Vakuum, es kommt zu dem, was man heute *brain drain* nennt. Unter den Abwandernden ist Ioannis Argyropulos aus Thessaloniki; er kennt das Abendland und seine Gelehrten aus dem Unionskonzil von Ferrara und Florenz (1439) und wird mit der Unterstützung einer Gruppe florentinischer Humanisten, besonders von Donato Acciauoli im Oktober 1456 als Professor für altgriechische Philologie an die Universität berufen. Er hat seinen Schülern vieles von seinen Kenntnissen vermitteln können, denn er lehrte in Florenz vierzehn Jahre lang. Obwohl Aristoteliker, schätzte und bewunderte er Platon.

Zu den namhaftesten byzantinischen Gelehrten zählt auch Dimitrios Chalkokondylis, der neun Jahre in Padua und sechzehn Jahre in Florenz lehrte; hier läßt er 1488 in erster Drucklegung die homerischen Epen drucken, denen er seinen größten Ruhm verdankt. Einige Jahre später geht er nach Mailand, wo sich am Hof von Lodovico Sforza berühmte Vertreter von Geist und Kunst versammelt hatten, unter ihnen auch Leonardo da Vinci. Wirtschaftliche Sicherheit ermöglichte Chalkokondylis weiterhin die Herausgabe der Werke von Isokrates (1493) und das Lexikon von Suidas (1499), eines griechischen Grammatikers des 10. Jahrhunderts. Mit Chalkokondylis verstärkt sich der Aufschwung der platonischen Studien, die schließlich in Norditalien beherrschend werden. Die Renaissance steht nunmehr in voller Blüte.

Unter den Schülern von Chalkokondylis müssen der Italiener Balthazar Castiglione, der Deutsche Reuchlin, der Franzose Guillaume Budé, die Engländer Crocin und Linacre erwähnt werden, die die griechischen Studien in ihre Heimatländer brachten.

Guillaume Budé lernt auch Iannos Laskaris kennen, einen griechischen Gelehrten, der, obwohl er nicht in Paris lehrte, durch seine Gespräche mit berühmten französischen Humanisten wesentlich zur Pflege der griechischen Studien beigetragen hatte. In Paris lehrte Georgios Ermonymos aus Sparta, der ebenso wie Andronikos Kallistos aus Thessaloniki auch in London tätig gewesen ist. Den meisten Einfluß in England übte jedoch Ioannis Servopulos aus Konstantinopel aus, der, wie es scheint, erst in Oxford und ab 1489 in Reading lebte.

Eine vielfältige Aktivität entfaltet Iannos Laskaris. Er wird zum geistigen Berater und Bibliothekar der französischen Könige und übernimmt verschiedene diplomatische Aufgaben, um schließlich als Gesandter zuerst nach Venedig (1503 – 1509) und später nach Rom (1513 – 1518) entsandt zu werden – beides den Griechen vertraute Städte. Dort wird er für seine Heimat und seine Landsleute in wertvoller Weise tätig: Er unterstützt viele, vor allem jüngere Griechen, übernimmt die Kosten ihres Studiums, ihrer Bücher. Er beteiligt sich intensiv am geistigen Leben der italienischen Städte. In Venedig wird er Mitglied der Aldus Akademie, in Rom regt er Papst Leo X, einen begeisterten Freund der griechischen Antike, zur Gründung des griechischen Kollegiums auf dem Quirinal-Hügel (1514) an. Hier studieren jüngere Griechen aus Mani, Korfu, Kreta und besonders aus Zakynthos. Diese Schule wird nach dem Tod des Papstes (1521) aufgelöst, das Beispiel hat aber fortgewirkt. Mit der moralischen Unterstützung von Erasmus wird 1518 im flandrischen Louvain das »Collège des trois langues« und später unter François I (1515 – 1547) das »Collège de France« in Paris gegründet, das noch heute besteht. Unter den bedeutendsten Schülern von Iannos Laskaris und vielleicht die Koryphäe unter den griechischen Philologen, die in den Westen emigrierten, ist Markos Mussuros, geboren 1470 in Iraklion auf Kreta.

Auch weniger namhafte griechische Gelehrte leisten im Abendland Pionierarbeit in der humanistischen Bewegung. Sie verbringen ein unscheinbares, ärmliches Leben, wenn auch unter besseren Bedingungen als die Gelehrten in ihrer Heimat. Häufig ziehen sie von Ort zu Ort, fern ihrer angestammten Umwelt, entwurzelt. Es ist natürlich, daß diese aus Byzanz ausgewanderten Griechen ein besonders lebendiges Bewußtsein ihrer nationalen Identität besitzen, und zwar in einer Zeit, in der ein derartiges Bewußtsein im westlichen Europa noch nicht ausgebildet ist; sie waren, ob als Lehrer oder als Kopisten tätig, von dem Gedanken erfüllt, nicht nur für sich selbst, sondern auch für ihre zurückgelassene Heimat zu arbeiten. Dieses nationale Bewußtsein der byzantinischen Gelehrten geht einher mit ihrer entschiedenen Wendung zur Antike. Stolz verkünden sie den Völkern des Abendlandes, sie seien keine Römer, sondern die Nachkommen der alten Griechen.

Der große neuzeitliche Historiker Paparrigopulos (1815 – 1891) beurteilt die griechischen Gelehrten, die sich endgültig im Westen niederlassen, sehr streng. Er ist der Ansicht, sie hätten im Augenblick der Krise ihre Landsleute hilflos in Sklaverei und Finsternis zurückgelassen. Doch selbst wenn sie in ihrer Heimat geblieben wären, sie hätten schwerlich unter den dauerhaft schlechten Bedingungen einer Fremdherrschft einen geistigen Einfluß ausüben können. Außerdem haben die griechischen Gelehrten im Ausland dem Griechentum wichtige Dienste erwiesen, indem sie sich für die Befreiung Konstantinopels einsetzten und indem sie – nicht wie Paparrigopulos meint – »etwas«, sondern in hervorragendem Maße »die Sympathie der europäischen Öffentlichkeit für das Griechentum förderten«. Sie, besonders diejenigen, die, wie Bessarion und Laskaris, Einfluß auf Fürsten und Päpste ausüben konnten, haben ihre Pflicht gegenüber ihrer Heimat getan: Sie haben sich in Denkschriften und Appellen unermüdlich für die Sache der Griechen eingesetzt, stets mit dem Hinweis darauf, welche Gefahr die Türken für die gesamte Christenheit darstellten. Bekannt sind die unablässigen Bemühungen des Kardinals Bessarion um die Organisierung eines Kreuzzuges der europäischen Christen gegen die Türken. Erst der Tod, im November 1482, setzte seinen Bemühungen ein Ende.

Die griechischen Gelehrten sind durch iher Tätigkeit als Gelehrte und durch ihre politische Aktivität die wichtigesten Auslöser philhellenischer Strömungen, die im Laufe der Jahrhunderte stärker werden, bis aus ihnen – auch unter dem Einfluß der Romantik am Anfang des 19. Jahrhunderts – der philhellenische Sturm erwachsen sollte. In diesem Zusammenhang muß der griechische Dichter Michail Marullos Tarchaniotis erwähnt werden, in literarischen Kreisen der Renaissance für seine lateinischen Gedichte bekannt. Er widmet eins dieser Gedichte Karl VIII von Frankreich und läßt darin Hellas, »die alte Heimat der Helden und Künste, der wahre Sitz der Götter, heute aber Schande und elende Schmach der versklavten Christenheit« sich an den König wenden und ihn leidenschaftlich anflehen, den ersehnten Kreuzzug gegen die Türken zu beginnen: »Wenn dich der Ruhm glorreicher Taten, der bei den Völkern ewig bleiben wird, nicht bewegt, so mögen die klägliche Trauer so vieler Heimatloser, die frommen Tränen und unzähligen Gebeine so vieler Christen, die den Hunden und den Wölfen vorgeworfen werden, so mag Christi Religion, die so schändlich befleckt wird, dein Herz rühren.«

Die griechischen Gelehrten leisten nicht nur ihrer Heimat, sondern auch dem Abendland unschätzbare Dienste: Zu einem für Byzanz äußerst kritischen und für die Renaissance wichtigen Zeitpunkt bringen sie dem Westen die lebendige Saat der griechisch-byzantinischen Kultur, als diese in Gefahr ist unterzugehen. Sie werden zu Fackelträgern eines geistigen Erbes, das sie rechtzeitig in die Hände würdiger Nachfolger legen, in die Hände der europäischen Völker, die voll Eifer und Kraft aus Jahrhunderte währender Lethargie erwachen.

IV. Die Lebensbedingungen der Griechen während der Osmanischen Herrschaft vom 15. bis zum 19. Jahrhundert

Das Leben der unterworfenen Griechen und der anderen auf dem Balkan lebenden Völker hat enge, erdrückende Grenzen. Besonders die Religion bildet eine fast unüberbrückbare Kluft zwischen Eroberern und Beherrschten. Sie bleiben in zwei grundsätzlich voneinander getrennten Welten. Auf der einen Seite die Muselmanen, auf der anderen die Nicht-Muselmanen – die Christen, Griechen, Armenier, die Juden und andere. Als Eroberer verachten die Türken die »Ungläubigen«, die Fremden, in denen sie Untertanen zweiter Klasse sehen; diese haben nicht die gleichen Rechte, entrichten nicht die gleichen Steuern und sind vor dem türkischen Richter, dem Kadi, benachteiligt; ihre Aussage ist ohne Kraft und Geltung, sie werden für das gleiche Vergehen strenger bestraft. Darüberhinaus gibt es Bestimmungen, auf Grund derer erniedrigende, diskriminierende Unterschiede institutionalisiert werden, sei es vom Koran vorgeschrieben, sei es durch arabische Rechtsgelehrte festgesetzt oder von den Herrschern angeordnet. So z.B. tragen die Türken den weißen Turban, während die Christen einen blauen oder blau-weiß gestreiften, die Juden einen gelben anlegen müssen. Grün als heilige Farbe des Islam ist den Unterjochten verboten.

Die Lage der griechischen Untertanen, der *Rajas*, ist in den dicht von Muselmanen bevölkerten Gegenden besonders schwer. Dort wird nicht einmal der Gebrauch der griechischen Sprache geduldet; auch die Griechen müssen türkisch sprechen, um mit Türken ins Geschäft zu kommen, oder auch nur in der Hoffnung, in Ruhe gelassen zu werden. Darauf ist zurückzuführen, daß in einigen griechischen Regionen, vor allem in Kleinasien, die türkische Sprache dominiert.

Doch auch innerhalb der osmanischen Welt selbst gibt es starke soziale Unterschiede. Ihr Gerüst bildet eine streng strukturierte Hierarchie, an deren Spitze der Sultan als absoluter religiöser, militärischer und politischer Herrscher steht. Ihm gehört der Boden; er gibt ihn an religiöse Einrichtungen zu Lehen oder an Personen, die sich durch besondere Dienste auf militärischem und politischem Gebiet ausgezeichnet haben. So konnte z.B., wie in orientalischen Märchen, ein einfacher Soldat plötzlich eine hohe Stellung in der Verwaltungshierarchie des Riesenreiches erlangen. Dieses System gilt bereits seit Gründung des Osmanischen Reiches, als der *Bei* Kriegshelden und Kriegsführer (*Ghasis*) auf Lebenszeit mit Ländereien der Byzantiner belehnte. Je nach Ertrag lassen sich diese Ländereien in drei Kategorien einteilen: Die *Timaria*, mit einem Jahresertrag von 2.000 – 3.000 bis 19.999 *Aktse* (türkische Geldeinheit); die *Ziametia*, mit einem Jahresertrag von 20.000 bis 99.999 *Aktse*; die *Chassia*, größere Ländereien, die direkt im Besitz des Sultans standen.

Die gesellschaftliche Struktur des türkischen Reiches gründet sich auf die geschlossene feudale Schicht der Lehnsleute und der Janitscharen sowie anderer Militäreinheiten; diese Ordnung weist viele Gemeinsamkeiten mit dem Feudalsystem des Abendlandes auf, allerdings mit einem fundamentalen Unterschied: Die *Timaria* und *Ziametia* können eingezogen werden oder dem Besitzer erhalten bleiben, nach Gutdünken des Sultans. Die Lehnsleute der *Timaria* und *Ziametia* haben also keine Besitztitel, sondern lediglich das Recht, die *Dekati* (Zehnten) und bestimmte andere Steuern einzuziehen. Dieses streng absolutistische System erklärt die Disziplin und den blinden Gehorsam der Würdenträger und der Beamten des Reiches dem Herrscher gegenüber.

Gesellschaftliche Struktur der griechischen Bevölkerung

Die ehemals mächtige, byzantinische Oberschicht, d.h. die Besitzer der *Pronoiai*, bildet jetzt eine kleine Minderheit unter den Millionen von Untertanen des Sultans. Es sind belehnte Kriegsherren, die sogenannten christlichen *Spahis (Hiristiyan sipahiler)*, die von den Türken zunehmend assimiliert werden, um zwei bis drei Jahrhunderte nach dem Fall von Byzanz völlig in dem großen Schmelztiegel des Osmanischen Reiches aufzugehen. Angesichts dieses Schicksals der Militärführer von Byzanz erhebt sich die Frage, wo die berühmten Familien, deren Mitglieder bis zum Thron emporgestiegen waren oder in verwandtschaftlicher Beziehung zu den Königshäusern standen, geblieben sind – die Paläologen, die Kantakusini, die Laskaris, die Komnenen, die Notaras u.a.. Paparrigopulos vertritt die Ansicht, daß keiner der militärischen Führer, die bis zur Eroberung Konstantinopels verteidigten, überlebt hat. Dem widersprechen neue Forschungsergebnisse, welche die mündliche Überlieferung bestätigen. Demnach ist am Abend der Einnahme mehreren Familien die Flucht über das Meer nach Kreta gelungen. Einige blieben dort, andere siedelten in das Despotat von Morea über, wiederum andere ließen sich auf Kephalonia, auf Korfu usw. nieder. Vor allem die Familien, die bis in die jüngste Zeit am gleichen Ort seßhaft waren, bewahrten über viele Jahrhunderte den Stolz auf ihre Herkunft aus der byzantinischen Oberschicht und wurden in den von Türken oder Venezianern besetzten Gebieten vom Volk entsprechend geachtet. Die meisten jedoch spielten während der Zeit der Unterjochung keine nennenswerte Rolle in der Geschichte der Griechen. Das in der Hauptstadt entstandene Vakuum wird zum Teil von anderen berühmten Häusern gefüllt – sie kommen im Gefolge des letzten Kaisers von Trapezunt, David Komninos, nach der Unterwerfung seines Reiches 1461 nach Konstantinopel. Während des 16. Jahrhunderts leben die meisten Nachkommen der alten byzantinischen Oberschicht in Konstantinopel, in Adrianopel und den griechischen Städten am Schwarzen Meer, in Midia, Sosopolis, Messimvria und Anchialos, während eine kleinere Anzahl auf der Peloponnes ansässig wird. Fast alle wurden Kaufleute oder Pächter öffentlicher Steuern; sie hatten sich den neuen Verhältnissen angepaßt und wurden zusammen mit anderen, nicht aristokratischen, aber unternehmerischen Familien, zu Repräsentanten der aufkommenden neuen Klasse, des Bürgertums. So finden wir z.B. um 1586 als Kaufleute in Konstantinopel die Brüder Konstantin und Ioannis Paläologos, Nachkommen des gleichnamigen Kaiserhauses aus der Linie des Manuil Paläologos.

Diese großen Familien gewinnen, obwohl sie innerhalb des türkischen Staatsgebildes ein nur marginales Leben führen, dank Herkunft und Vermögen im Rahmen der unterjochten Nation einige Bedeutung. Doch beschränkt sich in jener Zeit ihr Einfluß hauptsächlich auf die Kreise des Patriarchats und reicht nicht über Konstantinopel hinaus. Außerdem sterben einige dieser Familien aus, während andere in eine freiere Umgebung emigrieren, so z.B. die Kantakusini in die Donau-Fürstentümer oder nach Rußland. Die alten Namen verlieren mit der Zeit ihre historische Bedeutung; traditionsbewußt bewahrt das Volk sie jedoch im Herzen, verleiht ihnen in Vornamen – oder auch in Familiennahmen – noch bis ins 20. Jahrhundert hinein Bestand; für Jungen werden z.B. die Namen Komninós, Láskaris, Dúkas, Phokás, Sofianós gebraucht, für Mädchen Dúkena, Laskarína, Kantakusiní.

Das aufkommende Bürgertum erweist sich schließlich als biologisch und wirtschaftlich stärker, die alte Aristokratie verschwindet allmählich. Zur Zeit der Versetzung des Ökumenischen Patriarchats am Anfang des 17. Jahrhunderts in die Wohngegend von Phanari hat sich in Konstantinopel die neue griechische Oberschicht gefestigt, die Phanarioten, die im 17., 18. und 19. Jahrhundert eine große Rolle spielen sollte.

Diese neue soziale Struktur und das Entstehen der Bürgerschicht ist schon gleich nach der Alosis in Konstantinopel feststellbar. Damals begann Mohammed II, griechische Bevölkerungsgruppen aus eroberten Gegenden, besonders von der Peloponnes, den nordägäischen Inseln (Thassos, Samothraki, Lesbos), den Küstenstädten Thraziens und des Pontos, nach Konstantinopel umzusiedeln. Diese gewaltsamen Umsiedlungen wurden von 1453 an jahrelang fortgesetzt. So kommen um 1466 »nützliche und fähige Bevölkerungsteile« – Arbeiter, Handwerker und Händler – aus Karamania, Ikonion und Laranda nach Konstantinopel; sie halten mit ihren Angehörigen und Landsleuten in der fernen Heimat – also zwischen Zentrum und Peripherie – die Verbindung aufrecht und bilden den Anreiz für eine große Emigrationswelle in die osmanische Hauptstadt. Umgesiedelte, alteingesessene Bewohner und nachströmende Gruppen bilden die neue, byzantinisch-griechische Bevölkerung der Hauptstadt. So bleibt Konstantinopel, wie schon zur byzantinischen Zeit, weiterhin das nach außen wirkende Zentrum des Griechentums. Je mehr die Stadt im Laufe der Zeit an Bedeutung gewinnt und je mehr Mittel und Wege zur Bewältigung ihrer vielfältigen Bedürfnisse gefunden werden, umso stärker und stetiger wird der zu ihr hindrängende Wanderungsstrom.

Die Griechen und die in dieser Zeit in vielen westlichen Ländern verfolgten Juden, sowie eine kleine Anzahl von Türken stellen die ersten Vertreter des Bürgertums in den Handelszentren des griechischen Raumes, in Thessaloniki, im Bergbaugebiet von Siderokafsia, in Adrianopel, Konstantinopel und Smyrna. Die Juden sind aktive und kluge Handwerker, vor allem aber Kaufleute. Sie beherrschen die wichtigsten europäischen Sprachen, und so sind fremde Handelspartner auf ihre Vermittlung angewiesen. Auch die Türken können, obwohl sie die Juden verachten, ihren Rat nicht entbehren und bedienen sich seiner bei ihren Handelsgeschäften.

Das Volk setzt sich aus Bauern, Hirten und Handwerkern zusammen; die Bauern, die den weitaus größten Bevölkerungsteil ausmachen, können hauptsächlich in drei Gruppen unterteilt werden, die freien Bauern (*Rajas*), die Leibeigenen (*Ortakci kul*) und die Sklaven (*Kul*).

Der sogenannte freie Bauer war nicht frei, er war verpflichtet, die Felder zwei bis drei Jahre lang zu bebauen und die festgesetzten Steuern zu entrichten. Wenn er die Kultivierung seines Feldes in dem bestimmten Zeitraum vernachlässigte, verlor er das Recht auf Nutzung des Bodens (*Tasarruf*), und der Lehnsherr konnte diesen einem anderen überlassen, versehen mit dem *Tapu*, was soviel wie Tributpflicht und schließlich auch Besitztitel bedeutete. Der Umzug des Bauern an einen anderen Ort war von der Genehmigung des Lehnsherrn abhängig. Auch der Verkauf seines Landes war ohne die Zustimmung des Lehnsherrn nicht möglich. Die außerordentlich harten Lebensbedingungen brachten jedoch die freien Bauern zuweilen so weit, daß sie sich über Befehle und Drohungen der Lehnsherren hinwegsetzten, ihre Wohnorte in Massen verließen und für ihre Rückkehr Bedingungen stellten. Diese Bewegungen waren eine Form der Opposition, eine wirksame Waffe, denn bei brachliegendem Boden gingen die Einkünfte der Lehnsherren merklich zurück; ein weiteres Umsichgreifen dieser Zustände hätten die Fundamente des *Timaria*-Systems gefährden können.

Die Gruppe der Leibeigenen setzte sich aus solchen der byzantinischen Zeit, Kriegsgefangenen und gewaltsam umgesiedelten Christen zusammen. Erstere fielen samt den öffentlichen Ländereien und dem Boden der griechischen Großgrundbesitzer an die türkischen Herrscher. Auch muselmanische Leibeigene waren dem gleichen Schicksal unterworfen, wobei die Ansiedlung von Leibeigenen auf Brachland der Verwaltung und ihrer Besiedlungstaktik zuzuschreiben sind. Ob Christen oder Muselmanen – die Leibeigenen sind an den Boden gebunden, sie und ihre Nachkommen stehen in der Verfügungsgewalt ihres Herren. Sie arbeiten meist, wie auch die freien Bauern, auf kleinen Bodenparzellen; das nötige Gerät, Saatgut und Vieh, werden von Verwaltern und Pächtern gestellt. Sie sind den Leibeigenen im mittelalterlichen Westeuropa durchaus vergleichbar. Die Leibeigenen konnten auch frei werden: In den Grundbüchern wird eine ganze Anzahl als Freigelassene (*Atik*) angeführt; mitunter werden Beamte von Leibeigenen bestochen, die als Freigelassene auch Grund und Boden wie die freien Bauern nutzen wollen. Pflichten und Rechte der Leibeigenen, wie Erbrecht, Mischehe, Frondienst usw. werden durch schriftliche Verordnungen geregelt.

Über die Sklaven schließlich haben ihre Herren ein dauerndes Verfügungsrecht. Sie sind nicht nur an den Boden gebunden, sondern können beliebig von einem Ort an den anderen versetzt werden. Sie haben keinerlei Rechte, Männer und Frauen arbeiten getrennt, wenn sie nicht einer Familie angehören. Die Grundbesitzer kaufen gerne Sklavenfamilien, denn eine solche stellt eine verantwortlich wirtschaftende Einheit dar, deren Oberhaupt die Arbeiten auf dem Feld, im Weinberge oder auf den Weiden zu beaufsichtigen hat. Die Kinder der Sklaven bleiben Skalven; sie können verkauft und von ihren Eltern getrennt werden, doch kann man Lösegelder für sie entrichten. In diesem Fall werden sie freigelassen und können aufgrund eines Passierscheins an ihren Heimatort zurückkehren. Am härtesten ist das Leben der Hirten, die in einsamen Gegenden, ständig von Ort zu Ort ziehend, die Weideplätze wechseln müssen. Durch Herstellung und Verkauf von Mänteln und kleinen Teppichen versuchen sie die Rückkehr in ihre Heimat zu finanzieren.

Die Handwerker, Christen wie Muselmanen, genießen in dieser neuen gesellschaftlichen Ordnung wegen ihrer Kenntnisse und technischen Fertigkeiten eine Sonderstellung. Die Christen, Bewahrer uralter handwerklicher Tradition, sind in Zünften organisiert, in *Rufetia* oder *Esnafia*, wie sie während der Türkenherrschaft genannt werden. Ihre handwerklichen Kenntnisse, z.B. im Schiffbau, in der Metallbearbeitung, in der Glasherstellung wurden in byzantinischer Zeit durch den Verfall und die Knappheit wirtschaftlicher Mittel verschüttet. Unter den neuen, politisch ungünstigen Verhältnissen unter osmanischer Herrschaft wird nun der künstlerische Impetus des Volkshandwerks noch mehr gedrosselt. Nur in den Bergdörfern wird es bewahrt.

Eine Anzahl griechischer Handwerker, die islamisiert wurden, übermitteln ihrer neuen religiösen Gemeinde ihre Kenntnisse. Aber auch die Türken bringen ihre eigenen handwerklichen Fertigkeiten mit und haben ihre eigenen Berufsvereinigungen. Die Muselmanen verhalten sich im allgemeinen den Handwerkern gegenüber positiv, sie schätzen sie als »Freunde Gottes« – im Gegensatz zu den Griechen, die seit der Antike eine gewisse Geringschätzung für die »groben Künste« des Volkes an den Tag legten. Am Ende setzt sich die muselmanische Einstellung zum Handwerk durch. Außerdem haben die Türken sich nicht nur die handwerklichen Fertigkeiten der Griechen angeeignet, sondern auch die der aus dem Westen geflüchteten Juden, als diese sich am Ende des 15. Jahrhunderts in der Türkei niederließen.

Viele Handwerker, wie z.B. die Kürschner, treiben mit ihren Erzeugnissen auch Handel auf den großen Märkten des In- und Auslandes. Andere wiederum nutzen die Entfaltung der Handelsbeziehungen zwischen Ost und West und werden beim Absatz von Inlandsprodukten sehr aktiv. Ein zunehmend regeres Streben der Griechen und anderer Bewohner des Balkans in die Handelszentren, selbst in die des Auslands, macht sich bereits bemerkbar. So finden die Unterjochten im Bereich des Nahen Ostens, und nach der Entdeckung neuer Erdteile in der ganzen Welt, einen Ausweg aus dem wirtschaftlichen Elend.

Der Zustrom der Juden aus verschiednen europäischen Staaten – aus Ungarn, Deutschland, Spanien, Portugal usw. – beschleunigt den wirtschaftlichen Aufschwung des Osmanischen Reiches. Sie machen die Untertanen des Sultans mit mancherlei Künsten und Erfindungen vertraut, verdienen viel und werden bald Besitzer großer Handelshäuser. Sie lassen ihr Kapital in größeren Unternehmen arbeiten, kaufen und importieren Handelsgüter oder sind Zoll- und Steuerpächter. Einige von ihnen werden vertraute Ratgeber von Paschas und Ministern in Wirtschaftsfragen, ja sogar des Sultans selbst. Der wirtschaftliche Aufstieg der Juden im Osmanischen Reich wird von Reisenden jener Zeit geschildert; so erwähnt der Deutsche Dernschwam von Hradiczin im Jahre 1553, daß die Juden, ebenso wie die Türken selbst, ihre Zeit mit Müßiggang zubrächten und die Sklaven für sich arbeiten ließen. Neben dem Kapitalzuwachs durch die Juden und der Vermehrung des Geldes durch die Entfaltung des Handels, fließen zugleich Gold und Silber aus den neuentdeckten Ländern in das Reich.

Das bewirkt eine Umwälzung der wirtschaftlichen Struktur; die gesellschaftliche Schichtung wird rissig: Das wohlhabende Bürgertum entfaltet sich; die Militärs – Spahis und Janitscharen – werden zunehmend ärmer. Die Fundamente der Feudalordnung des Osmanischen Reiches werden untergraben, die unmerklich beginnende, tiefe wirtschaftliche Krise wirkt bereits auf seine Zersetzung hin. Die Eroberungskriege, die bis dahin für die Militärs so gewinnträchtig gewesen waren, enden immer häufiger erfolglos und beschleunigen ihren sozialen Abstieg. Dementsprechend verhalten sich die Herrschenden gegenüber den Beherrschten immer härter. Die Türken, die im 14. und 15. Jahrhundert von ausländischen Reisenden als anständig und gütig beschrieben wurden, werden in den folgenden Jahrhunderten negativ beurteilt: Im allgemeinen – und die Ausnahmen sind selten – wird ihnen Geldgier, Erpressung der christlichen Rajas und Brutalität vorgeworfen. Die Lebensbedingungen seien durch die Auflage immer neuer Steuern unerträglich.

Besteuerung der Rajas und andere Unterdrückungsmaßnahmen

Interessante und detaillierte Auskünfte über die Lebensbedingungen und die Besteuerung der christlichen und mohammedanischen Rajas im 16. Jahrhundert finden wir in den noch erhaltenen Registern Suleimans I (1520 – 1566) aus verschiedenen griechischen Gebieten, die kaum voneinander abweichen. Die Bauern, Christen wie Muselmanen, hatten an ihren Lehnsherrn die *Dekati*, den Zehnten von den landwirtschaftlichen Erzeugnissen, zu entrichten; die Christen werden zusätzlich höher belastet. Hinzu kamen in Ware oder in Geld zu leistende Steuern, wie z.B. die Verlobungssteuer und, für die Christen, die Grundsteuer, die Schweinesteuer und die Herdsteuer – das *Kapnikon* der Byzantiner – sowie die Kopfsteuer – gestaffelt nach Alter und Geschlecht –, die nicht an den Lehnsherrn, sondern an den Staatsfiskus zu entrichten war. Ein großer Teil der türkischen Steuern ging auf die Byzantiner zurück, die die Bauern durch ein zunehmend härteres Steuersystem bedrückt hatten. Obwohl die muselmanischen Bauern durch Steuern weniger belastet wurden als die Christen, war ihre Lage, die sich bis zur griechischen Revolution von 1821 kaum änderte, nicht viel günstiger.

Aber wie wir aus dem Epirus und der Peloponnes wissen, waren die Lebensbedingungen der Bauern auch unter christlichen Lehnsherren nicht viel besser. Noch heute bezeichnet man im Epirus einen jähzornigen, brutalen Mann, einen Tyrannen, als »Spahis«.

Die Lage der Bewohner der Inseln, besonders der kleinen, wo keine Türken lebten und keine türkische Verwaltung eingesetzt wurde, war etwas günstiger. Doch war man dort wiederum der Gefahr von Piratenangriffen ausgesetzt, sowie der Willkür der Mannschaften türkischer Schiffe, die einmal jährlich in die Ägäis ausschwärmten, um die Steuern einzutreiben. Ausbeutung und Unterdrückung des Volkes gehen Hand in Hand mit der allgemeinen Korruption und der fortschreitenden Zerrüttung des Verwaltungsapparates. Verwaltungsposten in der

Provinz werden von *Paschas* und *Beis* durch Schmeichelei und Geldgeschenke bei der Hohen Pforte erkauft. Die dafür notwendigen Aufwendungen versuchen sie auf ihren neuen Posten wieder einzubringen, auf Kosten ihrer türkischen, besonders aber ihrer christlichen Untergebenen, treiben übergroßen Aufwand und regieren wie kleine autonome Tyrannen. Kadis und Verwaltungsbeamte urteilen über die Angelegenheiten der *Rajas* entsprechend der als Strafgeld zu entrichtenden Summe. So ist der Reichtum der Türken, wie ein französischer Reisender im 16. Jahrhundert bemerkt, »aus dem Blut und dem Mark der *Rajas* entstanden«.

Eine Selbstverteidigung der *Rajas* gegen Ausbeutung und Unterdrückung war im Grunde so gut wie unmöglich, denn sie setzte die Entsendung eines Vertreters zur Hohen Pforte voraus, der mit fast unüberwindlichen Hindernissen hätte rechnen müssen. Dennoch kam es von Zeit zu Zeit vor, daß Verwalter und andere Beamte auf Grund besonders schwerer Anklagen bestraft wurden.

Gruppen-Islamisierung und Einzelübertritte

Massenislamisierung: Die Perpetuierung dieser Leiden, die ohne den gerinsten Hoffnungsschimmer als unausweichliches Schicksal erlebt wurden, schufen eine drückende Atmosphäre, der ein Christ nur dann entfliehen konnte, wenn er auf die andere Seite überwechselte und abtrünnig wurde. Dann konnte er ein erträgliches Leben führen, sich seines Besitzes ohne Furcht erfreuen und vielleicht sogar zu Ehren und Würden kommen. Je schwerer der Druck wurde, desto mehr erlahmte der innere Widerstand der Christen. Hinzu kommt, daß die türkischen Geistlichen, fanatische Derwische, Prediger der neuen Religion, eine intensive religiöse Propaganda, bisweilen unter Anwendung von Gewalt, betrieben. Die Zahl der zum Islam konvertierten Christen läßt sich nicht mit Genauigkeit bestimmen. Es steht aber fest, daß es sich vorwiegend um Christen in Kleinasien gehandelt hat. Viele dieser Konvertiten gehen zunächst durch eine Phase der Verheimlichung ihres Glaubens, was zu tragischen Konflikten führt.

Überhaupt machen die Christen in diesen Zeiten eine schwere Glaubensprüfung durch, indem sie sich von Gott verlassen und der Willkür erbarmungsloser Herrscher ausgeliefert fühlen. Dies bleibt für Jahrhunderte für die Christen eine quälende Frage.

Ein weiterer wichtiger Grund für die Islamisierung ist die wirtschaftliche Lage, vor allem die für die Christen ungleich höhere Besteuerung, die vom 15. Jahrhundert an unerträgliche Ausmaße annimmt. Zwar trifft es zu, daß das Osmanische Reich offiziell weder das religiöse Gewissen der Beherrschten verletzte noch ihre gewaltsame Islamisierung betrieb. Aber die Lebensbedingungen, vor allem an Orten mit vorherrschend türkischer Bevölkerung, waren so schwer, daß der Übertritt zum Islam scheinbar den einzigen Ausweg und damit eine große Versuchung darstellte. Durch ein einfaches Bekenntnis zum Islam konnte man auf die Seite der Privilegierten überwechseln.

Iannos Laskaris schreibt um 1508, daß in Griechenland viele Eltern – heimliche Christen – ihre Kinder im Verborgenen taufen ließen und sah massenhafte Übertritte voraus, wenn das Abendland die Völker des Balkans nicht bald befreien würde. Und tatsächlich traten Bosnier, Kroaten, Albaner und Griechen fortgesetzt und zahlreich zum Islam über. Auch Gefangene der Türken aus Mitteleuropa und dem nördlichen Balkan nehmen den islamischen Glauben in der Hoffnung an, dadurch ihr Schicksal zu erleichtern. Viele der griechischen und albanischen *Spahis,* die im Laufe der Zeit allmählich islamisiert werden, bleiben sogar bis zum Ende des 18. Jahrhunderts heimliche Christen. Wie dem auch sei, diese Spahis, ob aufrichtige Muselmanen oder heimliche Christen, verhalten sich ihren Untergebenen gleicher Nationalität gegenüber härter und tyrannischer als die Türken.

Große Bevölkerungsteile treten während der türkischen Überfälle auf ihre Wohngebiete aus Angst zum Islam über. So geschieht es bei der Eroberung von Adrianopel (1362), beim Fall von Thessaloniki (1430) und von Trapezunt (1461) und besonders bei der Alosis von Konstantinopel (1453). Das Zentrum des orthodoxen Christentums war vernichtet, tiefe Finsternis breitete sich aus. In jener Zeit ist es wohl zur stärksten Islamisierungswelle sowohl ganzer Gruppen als auch einzelner Personen gekommen.

Zum Übertritt zum Islam tragen auch die häufig unzeitgemäßen Anordnungen der christlichen Geistlichkeit, besonders des höheren Klerus bei. Viele Geistliche übersehen, wie kritisch die Zeit für die Christen ist und welcher Bedrängnis sie ausgesetzt sind; sie fordern eine dermaßen strenge Befolgung des Ritus, daß sie den Protest der Gläubigen hervorrufen. Diese Gefahr wird gleich nach der Alosis vom Patriarchen Gennadios erkannt, der sich auf die Schlichtheit der Liturgie bei den urchristlichen Gemeinden beruft, welche die Gläubigen jedoch nicht daran gehindert habe, sich zu hunderten für ihre Religion zu opfern.

Parallel zu diesen kollektiven Übertritten wird die gewaltsame Türkisierung fortgesetzt durch die sogenannte Knabenlese (Janitscharen), die mit Murad I (1362 – 1389) begonnen hatte. Die Zwangsrekrutierung betraf christliche Jugendliche zwischen 15 und 20 Jahren, die *Acem oğlan*, und fand anfangs alle fünf, später alle vier, drei, zwei Jahre oder auch jährlich statt, je nachdem, wie die militärische Situation es erforderte. Schon Murad I institutionalisierte die Bildung der Janitscharenkorps und macht sie zu einer dem Sultan direkt unterstellten Elitetruppe. Die Janitscharen bekamen bisweilen, wie es aus der Zeit Bajazid I (1389 – 1402) überliefert ist, *Timaria* und Verwaltungsposten in der Provinz. Auf diese Weise vermochten die Sultane den Aufstieg und die Etablierung der alten türkischen Familien zu verhindern, sowie etwaige Gefahren, die von solchen Familien ausgehen konnten, zu mindern und ihre despotische Macht zu festigen. Durch die Janitscharentruppe, die unter Murad II (1421 – 1451) radikal umorganisiert wurde, erreichte die Macht und Stärke der türkischen Armee gefährliche Ausmaße. Ihre Schlagkraft sollte innerhalb weniger Jahre selbst die Hauptstadt des Byzantinischen Reiches schmerzhaft zu spüren bekommen.

Zunächst wurde die Knabenlese nur auf dem Balkan betrieben, weil seine Bewohner als stark und kriegserfahren galten, d.h. in Albanien, Griechenland, den Ägäischen Inseln, Bulgarien, Serbien, Bosnien, Herzegowina, Kroatien und

Ungarn. Bestimmte Gegenden waren auf Grund fester Vereinbarungen oder besonderer Privilegien von dieser »Blut«-Steuer befreit, so z.B. Ioannina (1430), Galatas (1453), Rhodos (1522), sowie Ortschaften, die an verkehrsreichen Wegen lagen und der Willkür des türkischen Militärs und der Beamtenschaft ausgeliefert waren. Neben der Rekrutierung von Jugendlichen zwischen 15 und 20 Jahren wurde eine Aushebung sechs- bis zehnjähriger Kinder betrieben; diese Kinder, die *Ic oğlan*, waren als kleine »Palastpagen« für den Dienst in den Serails des Sultans bestimmt. Seit dem Ende des 15. Jahrhunderts wurde die Kinderaushebung auch im Osten des Reiches, dessen Bewohner abschätzig als Schwächlinge angesehen wurden, angewandt.

Von der Mitte des 15. bis in die Mitte des 17. Jahrhunderts war die Knabenlese ein starker Aderlaß für das Griechentum, sie wird erst auf Druck von Türken selbst aufgegeben. Zunächst bestimmte der Wunsch, ihren Söhnen den Zugang zu der Elitetruppe der Janitscharen zu verschaffen, viele Türken sogar dazu, ihre Kinder christlichen Familien zu überlassen. Als die Janitscharen unter Suleiman I (1520 – 1566) das Recht auf Heirat bekamen und in Bezug auf Einkommen aber auch auf Ehre und Familienstand privilegiert wurden, verstärkte sich diese Tendenz. Doch mit der Aufnahme von Muselmanen, seit Suleiman I und Murad III (1574 – 1595), beginnt das Korps der *Acem oğlan* an Kraft, Vitalität und Disziplin einzubüßen: mit der allmählichen Dekadenz des Osmanischen Reiches degeneriert auch die Institution als solche. Daraus erklärt es sich auch, daß Rekrutierungen in immer längeren Zeitabständen und ausschließlich nur noch in den europäischen Provinzen stattfinden. Die wahrscheinlich letzte Knabenlese wurde 1705 in Naussa angeordnet und löste einen Aufstand der Bewohner aus. Es ist unbekannt, ob sie schließlich durchgeführt wurde. Damit wird das Ende jenes traurigen Kapitels griechischer Geschichte signalisiert. Doch die Entführung kleiner Christenkinder für den Dienst im Serail wurde bis in die Mitte des 18. Jahrhunderts fortgesetzt; die Korps der *Ic oğlan* und *Acem oğlan* existierten bis zur Auflösung der Janitscharentruppe im Jahre 1826.

Neben der Islamisierung ganzer Gruppen wird auch eine kontinuierliche Welle von Einzelübertritten zum Islam beobachtet, und zwar von den ersten bis in die letzten Jahre der Türkenherrschaft; der Höhepunkt dieses Phänomens scheint im 17. – 18. Jahrhundert zu liegen, als die Besteuerung härter wurde und die wirtschaftliche Situation der Christen sich merklich verschlechterte. Zu den bereits erwähnten Gründen kommen auch persönliche Motive. Unter den Konvertiten trifft man nicht selten auch Kleriker (Mönche, Priester und höhere Geistliche), die meist in Folge von Reibungen und Differenzen mit ihren Vorgesetzten den Priesterhut mit dem Turban tauschen.

Die individuellen Übertritte sind keine vereinzelten Fälle. Die Listen türkischer Archive geben ein lebendiges Bild dieser Ausblutung des griechischen und anderer christlicher Völker auf dem Balkan. Die Zahl der Christen verringert sich dermaßen, daß dies schließlich zu einer realen Gefahr für den Bestand der christlichen Bevölkerung wird.

Betrachtet man jene lange Zeit der osmanischen Eroberungen, die Massaker, die gewaltsamen Unterwerfungen, die freiwilligen und erzwungenen Islamisierungen, die moralischen und materiellen Anpassungsschwierigkeiten an die neuen Lebensverhältnisse, das Elend und die Vernichtung, so zeigt es sich, daß der Höhepunkt der Verwüstung und des Bevölkerungsschwundes auf dem Balkan, besonders in Griechenland und in Albanien, im 15. Jahrhundert erreicht wurde. Die islamisierten Christen, vor allem die Griechen, bekleiden jedoch bereits im 14. Jahrhundert im Osmanischen Reich sehr hohe militärische und politische Stellungen oder werden zu treuen, fanatischen und erfahrenen Soldaten. Sie sind es, die dem Byzantinischen Reich vernichtende Schläge versetzen und zu den unerbittlichsten Verfolgern ihrer Landsleute werden. Sie trugen vorrangig zur Ausbreitung, Organisierung und Stabilisierung des Osmanischen Reiches bei.

V. Die Organisierung des neuen Griechentums während der Türkenherrschaft (15. – 19. Jahrhundert)

In den vorangegangenen Kapiteln sahen wir die Bedrückung und die tragischen Lebensumstände der Griechen auch schon während der letzten byzantinischen Jahrhunderte. Die Türkenherrschaft konfrontiert sie nun mit anhaltenden existenzbedrohenden Problemen. Wenn die Griechen als Nation überleben wollten, so mußten sie sich zusammenschließen, mußten sich neu konstituieren und organisieren, die ihnen entrissene Freiheit neu erringen. Dafür brauchten sie einen Gesamtrahmen, der ihnen auch durch überlieferte Strukturen zur Verfügung stand: da war vor allen Dingen die Orthodoxe Kirche, welche ihre Institutionen erhalten konnte; sie ermöglicht den *Rajas* gewisse Bewegungs- und Handlungsfreiheit. Es trifft zwar zu, daß die alte hierarchische Struktur der Kirche ein exzellentes Verwaltungsinstrument, ein instrumentum regni, in den Händen der Türken wird, um Millionen christlicher Unterworfener gewissenmaßen reibungslos regieren zu können. Zugleich aber ist die Kirche Zuflucht und Asyl für die Christen in Not.

Die Orthodoxe Kirche.

Die Orthodoxe Kirche ist die einzige Institution des alten Byzantinischen Reiches, die nach der Etablierung der Türken fast unangetastet blieb. Mohammed II wünscht aus historischen, wirtschaftlichen und politischen Gründen die Erhaltung dieser Institution; die Trennung zwischen Ost- und Westkirche nutzend, erhebt er den Mönch Gennadios, dessen weltlicher Name Georgios Kurtessis Scholarios ist, auf den Patriarchen-Thron, ein Mann von großer Bildung und tiefer Religiosität, aber ein überzeugter Feind der Kirchenunion. Mit ihm gewinnen die Gegner der Union die Oberhand. Ziel des Sultans ist es, die Orthodoxen vom Westen zu isolieren, sodaß sie auf militärische und wirtschaftliche Hilfe des Abendlandes nicht hoffen können. Er gewährt dem ersten Patriarchen Privilegien, die auf die Metropoliten und andere Prälaten ausgedehnt werden, doch schon wenige Jahre später hebt er sie wieder auf. Die Griechen, besonders einige kirchliche Notablen, sind an der graduellen Aufhebung dieser Privilegien und dem damit verbundenen Verfall des ökumenischen Patriarchats nicht unbeteiligt. Um die Inthronisierung ihnen genehmer Patriarchen, mögen sie auch ungeeignet sein, zu erreichen, zögern sie nicht, mächtige Würdenträger in der Umgebung des Sultans zu bestechen und dem Sultan selbst wertvolle Geschenke zu überreichen – kirchliche Würden werden zum Gegenstand von Tauschgeschäften, der Etat des Patriarchats wird erheblich belastet, das Vorbild macht auch in den Provinzen Schule, wo die Erzbischöfe von den kandidierenden Bischöfen und Priestern bestochen werden. Das Übel der Simonie greift um sich.

Dennoch blieb die Ausstrahlung des Patriarchats nicht nur erhalten, sondern intensivierte sich während der Türkenherrschaft noch. Der Patriarch ist jetzt nicht nur der Oberhirte der orthodoxen *Rajas,* sondern, da diese keinen eigenen

Staat mehr haben, auch ihr höchster politischer Führer. Als solchen betrachten ihn auch die Türken, als Führer der Nation, als Ethnarchen. Dem Patriarchen werden Rechte zugestanden, welche früher nach römischem Recht in die Kompetenz weltlicher Macht fielen, d.h. Angelegenheiten des bürgerlichen Rechts, die direkt oder indirekt mit dem religiösen Leben zusammenhängen, wie z.B. Eheschließung, Scheidung, Erbschaft, Testament, aber auch Rechtsfälle des Alltagslebens wie Bagatelldiebstahl. Der Patriarch ist also auch der höchste Richter und somit Beschützer der *Rajas*. Da er seinen Sitz in Konstantinopel, der Residenz des Sultans hat, befindet er sich in einer günstigeren Position als die anderen Patriarchen im Osten, in Antiochia, Jerusalem und Alexandria. Dadurch wird die Kompetenzgleichheit der Patriarchen gestört. Die Autorität des Ökumenischen Patriarchats erstreckt sich über ganz Kleinasien, die Ägäischen Inseln, die Balkanhalbinsel, die Gebiete der Moldau und Walachei sowie über Rußland. Das Nationalbewußtsein der christlichen Volksgruppen im Osmanischen Reich nimmt im Laufe der Zeit ab, während das christliche Bewußtsein sich als Gegenkraft zum Islam entfaltet: In Südosteuropa und in Kleinasien bildet sich während der Türkenherrschaft ein übernationales christliches Bewußtsein.

Neben dem Ökumenischen Patriarchen sind die Klöster auf dem Berge Athos und auf Meteora Horte der Orthodoxie und damit des Griechentums. Diese Zentren bewahren einen großen Schatz an Manuskripten, hauptsächlich religiösen Inhalts. Der Berg Athos ist die »Hohe Akademie« der orthodoxen Mönche, aber auch andere, ältere, sowie neugegründete Klöster sind Zentren elementarer Bildung oder Werkstätten für Malerei und das Kopieren alter Handschriften.

Aus diesen klösterlichen Zentren gehen verschiedene Mönche und heilige Männer hervor, die den Kampf gegen die Abtrünnigkeit aufnehmen. Viele von ihnen erleiden den Märtyrertod; es sind die *Neomartyres*, die für den Glauben, aber auch für die Freiheit sterben. Eine neue Prüfungszeit für die Christen ist angebrochen, und dem Volk werden die Zeiten der früheren Christenverfolgungen wieder lebendig, denn diese neuen Märtyrer sind meistens einfache Menschen aus dem Volk, Mönche, Bauern, Handwerker, Händler. Was sie zum Martyrium treibt, ist ein tiefer religiöser Eifer und zugleich ein allgemeiner Widerstandsgeist gegen Gewalt, Intoleranz und Tyrannei. Der Theologe Nikodimos vom Heiligen Berg Athos schreibt in seinem »Buch der *Neomartyres*«: »Um der Freiheit und um der Erhabenheit unseres christlichen Glaubens Willen gehen sie, Reichtum, Ruhm, Vergnügungen und alle körperlichen Genüsse verachtend, freiwillig in den Tod. Zu was für Martern sollen die Seligen sich noch drängen, wie Schafe zur Schlachtbank? Indem die Folter ihnen ein Fest, der Kerker zum Palast wird? Die eisernen Fesseln zu goldenen Ketten? Schändung zur Ehre, Betrübnis zur Freude? Feuerflammen zur Labung und Erfrischung? Messer zum Spielwerk? Um am Ende den härtesten Tod als ewiges Leben zu empfangen?«

Nachbyzantinische Kunst der Orthodoxie.

Die Leiden der Griechen, vor allem in den ersten Jahrhunderten der Türkenherrschaft, die absolute Vormacht der Kirche im Leben des Volkes, der Rückzug der heiligen Mönche in ihre Einsiedeleien, ihre feurigen Predigten, Leben und Sterben der *Neomartyres* führen zum Zusammenschluß der Christen in Angst, Frömmigkeit und Ehrfurcht unter dem Schutz der Kirche. Sie wird zur Zuflucht und zum integrativen Zentrum. Ein starker religiöser Geist waltet unter den unterworfenen Griechen, er bestimmt die Regeln ihres täglichen Lebens, führt zur strengen Ordnung ihrer Sitten und läutert sie.

Die tiefe Religiosität und eine spürbare wirtschaftliche Erholung bestimmter Gesellschaftsschichten vom Anfang des 16. Jahrhunderts an begünstigten trotz des strengen türkischen Verbots den Bau neuer Kirchen und Klöster sowie die Renovierung älterer. So lassen sich im 16. und besonders im 17. und 18. Jahrhundert zahlreiche Neubauten und Renovierungen von Kirchen und Klöstern mit interessanten Wandmalereien, Weihe-Ikonen und sakralem Gerät, Büchern usw. feststellen. Wir finden sie vor allem im Epirus, in der Gegend von Pindos, am Olymp, in Zentralgriechenland (hier besonders in Athen) und auf der Peloponnes. Im Gegensatz zu den verhältnismäßig großen und kunstreichen Klosterkirchen sind die neuerbauten Kirchen in den Dörfern, oft auch in den Städten, kleine, bescheidene Kapellen; manchmal ist der Eingang so niedrig, daß man nur gebückt eintreten kann. Von außen sind sie von kleinen Heuschobern, Ställen und Scheunen kaum zu unterscheiden, es sei denn, sie stehen am Ortsrand oder einsam auf einem Hügel. Lediglich spärliches Licht dringt durch Spalten oder kleine Fenster in das Innere solcher Kirchen. Die Gestalten der Heiligen an den Wänden werden nur durch das Kerzenlicht während der Liturgie belebt.

Die Frauen stehen während des Gottesdienstes getrennt von den Männern auf der rechten Seite des Kirchenraumes oder im Narthex, bei größeren Kirchen auf der Empore über dem Eingang, der noch heute *Gynaikonitis* genannt wird. Die griechischen Baumeister haben den Ruf, fähige Erbauer schöner Kirchen zu sein. Die byzantinische Kirchenform, die Basilika oder die Kreuzkuppelkirche, wird zunächst beibehalten. Doch seit dem Anfang des 16. Jahrhunderts macht sich eine zunehmende Entfernung vom byzantinischen Vorbild bemerkbar. Vom 17. Jahrhundert an läßt der Bezug auf die strenge byzantinische Form nach. Ebenso bezeichnend für die byzantinische Architektur ist aber die Unfähigkeit, einen wirklich neuen Bautypus zu entwickeln. Der häufigste Typus in Dörfern und Flecken ist die holzbedachte oder gewölbte, ein- oder drei-, seltener zweischiffige Basilika, während bei den Klosterkirchen der Typus des Heiligen Berges, der »agioritische« vorherrscht, ein kreuzförmiger Bau mit einer oder fünf Kuppeln, einer großen mittleren und vier kleineren an den Ecken. Andere Merkmale dieses Typus sind die Konchen (Nischen) an der Nord- und Südseite, die Seitenchöre für die Kirchensänger, und der große Narthex, in dem bestimmte Gottesdienste gehalten werden.

Auch bei der Bautechnik kann man anfangs ein Beharren auf der Tradition und später eine allmähliche Entfernung von ihr feststellen. Wir finden zunächst den überlieferten gradlinigen Ziegelbau, oder das gleiche Bausystem ohne Ziegel, doch die hohen Baukosten führen bald zum einfachen Mauerbau aus durch Kalk verbundenen unbehauenen Steinen. Fenster sind selten oder gar nicht vorhanden, der Eingang wird schmaler und niedriger. Die Dekoration der Außenflächen ist sparsam, der kunstvolle Keramik-Schmuck schwindet allmählich und an seine Stelle treten Keramikplatten aus Kiutachia und Rhodos und Marmorreliefs mit farbigen geometrischen Ornamenten, mit Motiven aus der Pflanzenwelt oder Heiligengestalten. Der islamische Einfluß auf Kunststil und Bautechnik ist im allgemeinen sehr gering.

Während in den türkisch besetzten Ländern die byzantinische Tradition – trotz der Abweichung von den alten Formen – grundsätzlich fortbesteht, ist der Einfluß der venezianischen Architektur in den von Venedig beherrschten Gegenden, besonders auf den Ionischen Inseln und auf Kreta, augenfällig, sowohl was die Bauform der Kirchen selbst als auch die der Glockentürme betrifft. Auf den Ionischen Inseln ist sogar der Einfluß des Barock zu beobachten, wobei griechische Handwerker an seiner Entwicklung mitbeteiligt sind.

Im Innenraum der bescheidenen Dorfkapellen sind manchmal Wandmalereien zu finden, ausgeführt von namhaften Künstlern. Im Gegensatz zum Verfall der Architektur setzt die Malerei die Kunsttradition von Byzanz fort – in der sogenannten Makedonischen Schule und in der Schule von Kreta. Erstere hatte bereits um den Ausgang des 14. und zu Beginn des 15. Jahrhunderts ihre alte Kraft verloren und begnügte sich mit der Wiederholung von Motiven älterer bedeutender Werke. Unter den seit der Alosis herrschenden ungünstigen Voraussetzungen verliert die Kunst ihre schöpferische Kraft und übrig bleibt fast nur noch die Volksmalerei. In der Zeit nach der Alosis herrscht in der Malerei im allgemeinen ein strenger Konservativismus, der, von Konstantinopel ausgehend, bereits seit dem Ende des 13. Jahrhunderts festzustellen ist. Seine Hauptmerkmale sind die Übertragung der Technik der beweglichen Ikonen auf die Wandmalerei und ein durch die konservativen Anschauungen der Mönche und der Gegner der Union inspirierter Stil, eine religiöse Konzentration auf die alten Formen und Techniken orthodoxer Malerei. So werden zum Beispiel die nackten Körperteile der Asketen in »fleischloser«, knochenhafter Form, Augen, Ohren, Nase und Hände größer, der Mund dagegen kleiner als die natürlichen Maße es erfordern, ausgeführt. Im Gegensatz zur religiösen Malerei Westeuropas berücksichtigt der Osten weder die natürliche Körperlichkeit noch die Regeln der Perspektive und des Hell-Dunkel. Er neigt zum Symbolismus, zur Darstellung einer übernatürlichen Welt (*hyperkosmios Kosmos*). Den gleichen symbolischen Zweck erfüllen die Aureole der Heiligen und der goldene Hintergrund der Ikonen.

Die konservativen Tendenzen beeinflussen von Konstantinopel aus die zwei anderen großen kulturellen Zentren, Thessaloniki und Mistras, die politisch und kulturell in regem Austausch mit der alten Hauptstadt stehen. In Mistras kann man eines der Meisterwerke byzantinischer Kunst aus dem dritten Viertel des 14. Jahrhunderts in der Perivleptos-Kirche (der Bau entstand vor 1350) sehen, dazu ein Beispiel ihrer späteren Entwicklung in der Pantanassa-Kirche (1428). Von Thessaloniki her breitet sich die Malerei ins Innere Makedoniens und auf die nördlichen Gebiete des Balkans aus, während sie von Mistras auf die übrige Peloponnes und nach Zentralgriechenland gelangt. Die Ausstrahlung der Kunst von Mistras reicht schon gegen Ende des 14. Jahrhunderts bis nach Kreta. Dort, vor allem in Iraklion, arbeitet im 14. und 15. Jahrhundert eine große Anzahl von Malern, die vor allem aus Konstantinopel und aus Mistras emigriert sind. Die Malerei kann sich unter den auf der Insel herrschenden günstigeren politischen und geistigen Bedingungen entfalten: Sie gewinnt ihre endgültige Gestalt am Anfang des 16. Jahrhunderts, so daß die konventionelle Klassifizierung als »kretische« Malerei, die von späteren Historikern stammt, gerechtfertigt ist.

Entsprechend ist auch Iraklion das bedeutendste Zentrum für Entwicklung und Blüte der kirchlichen Holzschnitzerkunst. In den dortigen Werkstätten werden Kreuze, große Kerzenständer, Kirchenlampen und Truhen aus Zypressenholz angefertigt, wobei der Einfluß des Westens bei den ornamentalen Motiven augenfällig ist. Die fertigen Arbeiten werden auf kretischen Schiffen nach Palästina, zum Heiligen Berg Athos, nach Alexandria, Patmos und auf den Sinai gebracht. Während des ganzen 16. Jahrunderts, der Blütezeit der Kretischen Schule, bleibt der strenge, mönchische Stil beherrschend. Vom 17. Jahrhundert an weicht er jedoch allmählich den Einflüssen des Westens, bis er schließlich ganz verschwindet. Bemerkenswert sind im 16. Jahrhundert die Werke von Theophanis und Damaskinos. Ersterer brachte die Technik der Wandmalerei zur Perfektion, letzterer gab der Technik der Ikonen ihre endgültige Form. Bekannte Fresken von Theophanis befinden sich in der Klosterkirche von Agios Nikolaos Anapavsas in Meteora (1527) sowie der Agia Lavra (1535) und des Stavronikitas (1546) auf Athos. In manchen Werken des Theophanis sind trotz der traditionellen Malweise die ersten Einflüsse der großen Maler der italienischen Renaissance, die mittlerweile im Osten durch die Verbreitung von Kupfertiefdrucken bekannt wurden, zu spüren. Damaskinos wird, wie auch Theophanis, durch die Werke der makedonischen Schule beeinflußt, ebenso durch die Kunst Venedigs, wo er in den Jahren 1579 – 1584 lebte. Zwar fällt bei Damaskinos sein wechselnder Stil auf, jedoch auch seine grundsätzliche Treue zu strenger Überlieferung.

Der Einfluß der italienischen Kunst wird immer deutlicher bei den späteren Ikonenmalern; er führt zur Zersetzung der orthodoxen byzantinischen Tradition. Aufschlußreich ist in dieser Hinsicht das Studium der Ikonensammlung der griechischen Gemeinde in Venedig, wo außer den bekannten auch viele unbekannte, zum größten Teil kretische Maler tätig waren, deren Namen erst heute entdeckt werden. Die westlichen Einflüsse nehmen im Laufe der Zeit besonders auf den Ionischen Inseln zu. Dort zerreißt Panagiotis Doxaras das Band zur orthodoxen Form und führt die italisierende Malerei ein. Er gibt die Eigelb-Technik auf und verwendet Öl. Als 1821 die griechische Revolution ausbricht, ist die orthodoxe Tradition der byzantinischen Malerei als solche nicht mehr vorhanden. In Zentralgriechenland lebt noch die Volksmalerei mit alten Reminiszenzen, auf den Ionischen Inseln ist das italisierte Ölbild vorherrschend.

Die nachbyzantinische Ikone dringt auf vielen Wegen nach Serbien und in die anderen slavischen Länder. Die beherrschende Rolle der griechischen Malerei in jener Zeit ist nicht nur auf den Glanz der großen byzantinischen Tradition, sondern auch auf ihre Erneuerung während der ersten Jahrhunderte nach der Alosis zurückzuführen. Die griechische Ikone wird auch im großen orthodoxen Kaiserreich des Nordens, in Rußland, bestimmend.

Seit dem 16. Jahrhundert kommt es ebenso zu einer Blüte der sakralen Kunststickerei – der Priestergewänder, Ikonenschleier und besonders der *Epitaphioi*, der für die Grablegung Christi am Karfreitag bestimmten kostbaren Tücher. Ebenso kommt es zur Blüte und Verbreitung der Schmiedekunst, der Gold- und Silberverarbeitung sowie der Holzschnitzerei für profane Bedürfnisse. Viele dieser Kunstwerke sind der gewaltsamen Vernichtung oder auch dem Erneuerungseifer unwissender Küster und Priester zum Opfer gefallen, doch leben diese Zweige der Volkskunst noch heute in Griechenland weiter, mit der Stadt Ioannina im Epirus als Zentrum.

Die griechischen Gemeinden

Nicht allein die Kirche bietet den unterdrückten Griechen eine Zuflucht. Auch die Gemeinden, die die Türken aus administrativen Gründen, z.B. zum Zweck der Steuereintreibung, bestehen ließen, gewähren ihnen einen gewissen Schutz. Die Gemeinden im griechischen Raum weisen nach Ursprung und institutioneller Eigenart große Verschiedenheiten auf. Die historischen Wurzeln der Gemeinde liegen in der Antike, doch wurde sie im Laufe der Jahrhunderte den jeweiligen Umständen angepaßt. Die nach Ort und Zeit wechselnden Veränderungen betreffen besonders die Befugnisse der Notabeln, den Modus ihrer Wahl oder Ernennung. Untersuchungen auf diesem Gebiet sind insofern interessant, als sie nicht nur die von altersher überlieferten, von Ort zu Ort differierenden Sitten und Gebräuche zeigen, sondern auch die unterschiedlichen Einflüsse verschiedener fremder Herrscher im griechischen Raum. So sind z.B. auf den Ägäischen Inseln und besonders auf den Kykladen Elemente feudaler Ordnung leicht feststellbar, sowie die Anwendung der »Assises de la Romanie«, während im Griechenland des Festlands die byzantinischen Institutionen und das byzantinisch-römische Recht weiterhin bestehen bleiben. Die Notabeln (Archonten) sowie höhere kirchliche Würdenträger stellen die autonome kommunale Verwaltung, sowohl unter fränkischer wie auch unter türkischer Herrschaft. De facto sind sie zugleich die Richter, an die die *Rajas* sich wenden, um ihre Angelegenheiten zu klären; die Grundlagen für die Rechtsprechung bleiben byzantinisch. Die bekannteste ist die »Exabiblos« oder das »Procheiron« von Konstantin Armenopulos, einem Rechtsgelehrten des 14. Jahrhunderts aus Thessaloniki. Die Verordnungen der »Exabiblos« wurden von den Archonten als Rechtsquelle berücksichtigt, doch wurden sie nicht immer dem Buchstaben nach angewandt, da das oft lokalen Sitten und Gebräuchen widersprach.

Die in der Regel jährliche Wahl der Archonten ist frei, doch Tradition und wirtschaftliche Position von Personen oder Familien beeinflussen die Wahl. Hauptaufgabe der Archonten ist es, die von den Türken auferlegten Steuerlasten entsprechend der finanziellen Möglichkeiten der Einwohner zu verteilen, die Steuern einzusammeln und dem Steuereinnehmer zu übergeben; ferner haben sie dafür zu sorgen, daß die Anordnungen der Türken sowie die Gemeindebeschlüsse befolgt werden.

Die türkische Staatsmacht wird in jeder Gemeinde oder in den Hauptorten der Inseln durch den *Kadi* und den *Aga*, *Woiwoden* oder *Bei* vertreten. Der Kadi vertritt die Justiz, die beiden letzteren die politisch-militärische Gewalt.

Viele Archonten oder *Kotzabassis*, wie sie vor allem auf dem griechischen Festland genannt werden, mißbrauchen ihre Stellung und verhalten sich besonders bei der Verteilung der Steuerlast den ärmeren Bauern gegenüber ungerecht, so daß die Bezeichnung *Kotzabassis* bis heute ein Synonym für den brutalen, rücksichtslosen Unterdrücker geblieben ist.

Vielen Gemeinden gelang es, bestimmte Privilegien zu erlangen, sei es, daß diese sich bei ihrer Eroberung ergeben hatten, sei es, daß sie zu verschiedenen Zeiten der Türkenherrschaft günstige Umstände nutzen konnten.

Bildung und Erziehung

Im Schoß der Kirchen und Gemeinden glimmen nur noch spärliche Funken der Bildungstradition der Griechen fort. Der Bildungsfundus schwindet schon während der letzten byzantinischen Jahrhunderte in bedrohlichem Ausmaß. Die verschiedenen Handschriften mit Werken aus der Antike oder der Zeit der Kirchenväter sind entweder in Abstellkammern von Klöstern und Kirchen verstaut und fallen dem Zahn der Zeit und der Unbildung zum Opfer, oder sie werden von fremden Reisenden und Wissenschaftlern für einen Spottpreis erworben. Mit der Einnahme von Konstantinopel sinkt der Bildungspegel jäh ab. Zentren mit rudimentärer klassischer Bildung sind Konstantinopel, Thessaloniki, Mistras, Korfu und der Heilige Berg Athos. Berühmte Gelehrte sind, wie wir gesehen haben, bereits vor der Alosis oder gleich danach ins Abendland abgewandert, wobei sie Manuskripte der klassischen Antike mit sich nahmen.

Ein wichtiges Datum im Bildungsbereich ist um 1454 die Gründung der Patriarchatsschule, später bekannt als Patriarchatsakademie oder »Die Große Schule der Nation« durch den ersten Patriarchen nach der Alosis, Gennadios. Diese Schule, die älteste griechische Höhere Schule, besteht noch in unseren Tagen und entspricht dem heutigen griechischen Gymnasium. Es scheint jedoch, daß in Konstantinopel und in einigen anderen Städten Elementarschulen betrieben wurden, mit wenigen Schülern, deren Lehrer von den verhältnismäßig wohlhabenden Eltern bezahlt wurden. In diesen Elementarschulen wurde Lesen, Mathematik und Grammatik gelehrt. Einige Eltern unterrichteten ihre Kinder in den ersten Grundkenntnissen selbst.

Die Bildung erfährt eine gewisse Belebung um die Mitte des 16. Jahrhunderts unter dem Einfluß griechischer Gelehrter, die im Westen studiert hatten und, nach Griechenland zurückgekehrt, ihren jungen Schülern ihr Wissen vermittelten.

Ein weiteres wichtiges Datum ist die Anweisung des Patriarchen Jeremias II

Tranos im Jahre 1593 an die Metropoliten, an ihren Sitzen Schulen zu errichten; was allerdings nicht bedeutete, daß diese Anweisung unmittelbar in die Tat umgesetzt wurde. Das in der Regel niedrige Bildungsniveau der Griechen erfüllt weiterhin die Gelehrten mit Sorge. Dennoch wächst die Zahl der Schulen seit jener Zeit, sowohl auf dem griechischen Festland als auch auf den Inseln. Große Wohltäter leisten die nötige materielle Unterstützung bei der Gründung und dem Betrieb von Schulen, fähige Lehrer, sogenannte »Lehrer der Nation«, treten auf, wie z.B. Theodoros Korydalleas und sein Schüler Evgenios Aitolos. Ersterer ist ein positiver, kritischer Geist, der die aristotelische Philosophie mühelos interpretiert, ohne ein systematischer Philosoph zu sein: er lehnt jedes Eindringen theologischen Dogmatismus' in die Philosophie ab und führt den zeitgenössischen Geist liberaler Philosophie in dieser Region ein. Sein Schüler Evgenios Aitolos ist ein bescheidener Lehrer, der zwar nicht die Bildung seines Meisters besitzt, dafür aber Seelengröße und Mut zur eigenen Meinung. In zahlreichen Briefen, die an höhere Kleriker, an verschiedene Standespersonen und auch an einfache Leute gerichtet sind, bemüht er sich, seinen unterdrückten Landsleuten Trost zu spenden und ihnen angesichts ihrer nie enden wollenden Leiden Mut zuzusprechen.

Die langsame, aber stetige Steigerung des Bildungsniveaus der Griechen wird durch die gleichzeitige Besserung der wirtschaftlichen Verhältnisse der Region, die auf zunehmend lebhaftere Handelstätigkeit zurückzuführen sind, gefördert.

Zuzug der Griechen in die Handelszentren des Osmanischen Reiches und Emigration nach Mitteleuropa.

Die Griechen nutzen ihre günstige geographische Lage zwischen Ost und West und versuchen, an der Entfaltung der Handelskontakte teilzunehmen. Die Länder des Ostens bieten Rohstoffe wie Wolle, Rohfelle, Baumwolle, Wachs und vieles andere an; sie führen gewerbliche Produkte wie Eisen, Kupfer, Spiegel, Kurzwaren usw. ein. Zu den Händlern, die bereits in den großen Zentren, in Konstantinopel, Thessaloniki, Smyrna und anderen kleinasiatischen Städten ansässig sind, kommen nun neue aus den Landgebieten hinzu; die Städte wachsen. Und es entfalten sich auch neue Zentren wie Nauplia, Athen, Theben, Larissa, Ioannina, Kastoria, Adrianopel, Serres, Drama sowie die Ägäischen Inseln, besonders Chios. Mit dem zunehmenden Verfall des Osmanischen Reiches gegen Ende des 16. und zu Beginn des 17. Jahrhunderts wächst dieser Strom weiter an und wendet sich auch weniger unsicheren Gebieten des In- oder auch des Auslandes zu. Diese Auswanderungsbewegung ist auf den Bevölkerungszuwachs im 16. und 17. Jahrhundert – ein im Mittelmeerraum allgemeines Phänomen – und außerdem auf die Anarchie und die Kriegsereignisse in verschiedenen Gegenden, wie z.B. im Epirus und Thessalien zurückzuführen. So ziehen vom Ende des 16. Jahrhunderts an die Griechen in Scharen von den kargen Bergen in niedriger gelegene Gebiete, in die Ebenen, in die großen und kleinen Zentren hinab, sei es einzeln, sei es im Familienverbande. Der Bevölkerungsstrom fließt jetzt in die umgekehrte Richtung, entgegengesetzt jener Fluchtbewegung während der ersten Jahrhunderte des türkischen Eroberungszuges. Viehzüchter und Hirten, Arbeiter und Gewerbetreibende kommen nun in die Ebenen und an die Küsten hinunter in der Hoffnung, ihre Produkte verkaufen zu können oder Arbeit zu finden. Viele von ihnen widmen sich dem Handel. Mit Geduld, Beharrlichkeit und Gewandtheit überwinden sie die Hindernisse, die sich ihnen durch die lokalen türkischen Behörden in den Weg stellen. Sie haben überdies mit der Konkurrenz der privilegierten, reichen Westeuropäer zu kämpfen, anfangs vor allem mit den Venezianern, später mit den Franzosen, die unter Franz I (1494 – 1547) das erste Handelsabkommen mit der Türkei geschlossen und diesen viele Privilegien abgerungen hatten, die berühmten »capitulations« sowie mit den Engländern, die ebenfalls viele wirtschaftliche Vorteile genossen.

Zum Anwachsen der großen Städte und zur Schaffung neuer Zentren tragen nicht nur die erwähnten Gründe und die konsequenten Bemühungen der Sultane bei, sondern in hervorragendem Maße auch die Handelsbedürfnisse Europas. Christliche Bevölkerungsteile aus byzantinischer Zeit und die aus dem Westen geflüchteten Juden bilden wichtige Zellen der Handels- und Wirtschaftsentwicklung. Im Zuge dieser Entwicklung entstehen außerhalb der Stadtmauern, z.B. in Adrianopel, Parga, Chalkis, Trapezunt blühende Vororte. Das neue Leben, die neue Zeit sprengt die engen Mauern des Mittelalters.

Im gleichen Zeitraum bewegt sich eine Auswanderungswelle in Richtung auf Thrazien, zu der kleinasiatischen Küste hin, und, vom Inneren Kleinasiens aus, von Trapezunt und Kappadokien hauptsächlich nach Konstantinopel. Ein weiterer großer Auswanderungsstrom wendet sich, besonders nach 1600, aus Epirus, Thessalien und Makedonien in den Nordbalkan und nach Zentraleuropa – nach Serbien, Ostrumelien, Ungarn und vor allem nach Österreich. Große Karawanen ziehen – beladen mit Erzeugnissen des Nahen Ostens – von Siatista, Kastoria oder Moschopolis über Monastiri durch das Tal des Axios, folgen dem Fluß bis zum Tal der Morawa und gelangen bis Belgrad, dessen Vororte um die Mitte des 16. Jahrhunderts von Türken, Griechen, Juden, Ungarn, Dalmatiern und vielen anderen bevölkert werden. Danach überqueren sie die Sawe und setzen auf österreichischen Boden bei Zemun (Semlin) über: gegen Ende des 16. Jahrhunderts ein kleines Dorf, das sich später zu einer wichtigen Station des Transithandels entwickeln sollte. In Belgrad und Semlin herrscht eine bemerkenswerte Handelsaktivität mit den Regionen der europäischen Türkei, hauptsächlich mit Makedonien. Von Semlin aus setzen die Auswanderer ihren Weg nach Budapest und Wien und von dort aus nach Deutschland fort.

Aus Thessaloniki führen drei Wege in die österreichischen und ungarischen Länder. Der eine führt durch Bosnien und wird, da er allzu gebirgig ist, selten benutzt. Der zweite führt über Serres, Meleniko, Sofia, Vidinio zur österreichischen Grenze bei Orsowa, und über Temeswar, Pest und Raab nach Wien; in Vidinio zweigt der Weg in die Walachei und Moldau ab. Der dritte Weg führt ebenfalls den Strymon entlang nach Sofia, von dort aus aber wendet er sich nach Niš (Nissa) und Belgrad.

Die zahlreichen Auswanderer treiben in diesen Städten Handel oder lassen sich auch endgültig hier nieder; sie prägen das Bild der Jahrmärkte; in Leipzig ist bis heute ihre Herberge, das berühmte »Griechenhaus«, erhalten geblieben. Diejenigen, die in größerer Zahl an einem Ort seßhaft werden, sorgen für die Einrichtung einer eigenen Kirche.

Auswanderung und Handel in den deutschen Ländern

In dem Vertrag von Passarowitz 1718 zwischen Habsburg und der Türkei wird für die Untertanen beider Staaten das Recht auf freie Schiffahrt auf der Donau sowie auf freien Handel zu Lande und zur See festgelegt. Der Handelsverkehr auf der Donau fördert die wirtschaftliche Entwicklung von Wien und Budapest in erheblichem Maß. Mit der Gründung der »Orientalischen Compagnie« am 27. Mai 1719 werden die Handelsbeziehungen zwischen Österreich-Ungarn und der Türkei enger, was besonders den Griechen in Makedonien zugute kommt: Sie können sich nun in Österreich niederlassen, die österreichische Staatsangehörigkeit erlangen und so mit den türkischen Ländern freien Handel treiben. Die österreichische Staatsangehörigkeit behielten sie aus diesem Grunde auch bei, wenn sie in ihre Heimatländer zurückkehrten – noch 1876 gab es in Thessaloniki Griechen mit österreichischer Staatsangehörigkeit. Der Strom der Griechen nach Österreich, besonders nach Wien ist stark. Gegen Ende des 18. Jahrhunderts lebten in Österreich mehr als 80.000 Familien aus Makedonien, Epirus und Thessalien, aber auch aus Kleinasien und von den Inseln.

Österreich-Ungarn erstrebt im 18. Jahrundert den Absatz seiner Produkte auf den Märkten des Ostens, sowie den Import von Rohstoffen. Dabei ist es auf Zwischenhändler angewiesen und dafür kommen vor allem die christlichen Rajas *in Frage, Griechen, Serben, Albaner, Bulgaren. Umschlagplätze für die bis nach Nordeuropa gehenden Waren sind die Küstenstädte Österreichs, Fiume und Triest, die durch ein Kaiserpatent von Karl VI (18. März 1719) zu Freihäfen erklärt werden. Triest wird gegen Mitte des 18. Jahrhunderts zur gefährlichen Konkurrenz für Venedig. Über Triest wird die steigende und zunehmend billigere Produktion der deutschen Länder vor allem an verabeitetem Kristall und Eisen nach Griechenland eingeführt, deutsches Handelskapital dringt in den südlichen Balkan; die Deutschen kaufen beachtliche Mengen von Baumwolle, Wolle und Tabak.*

Unter den griechischen Gemeinden in den deutschen Ländern sind als wichtigste die in Breslau und in Chemnitz (Karl-Marx-Stadt) zu erwähnen. Zu den bedeutendsten griechischen Kaufmannsfamilien gehören zwei mit dem Namen Karajan (aus der einen stammt der Dirigent Herbert von Karajan) sowie die Familien Th. Jappa und K. Petrovitz. Die einzige, bis heute erhaltene Spur dieser griechischen Kaufleute sind sieben Ölgemälde im Heimatmuseum von Karl-Marx-Stadt mit dem Titel »Die sieben Makedonier«. »Companien«, Kolonien und Gemeinden mit eigenen Kirchen und Schulen zeugen von der Handelsaktivität der Griechen auch in Transsylvanien und Mähren – in Sibiu und Brasow, Albo-Carolina, Szasz-Regen, Nagy und anderen Städten. Nach den Archiven von Pest lebten

Griechen während des 18. Jahrunderts in 54 Städten und Gemeinden. Die wichtigste griechische Kolonie befand sich in Kecskemet. Es folgten Vac – mit einer besonders schönen griechischen Kirche –, Szentendre – mit einer noch erhaltenen, reichen Bibliothek –, Rackeve u.a.

Da im Handel der deutschen und deutschsprachigen Länder Zentraleuropas mit dem Osten Griechen aus Makedonien die Hauptrolle spielen, entwickelt sich dort wohl früher als in anderen Regionen Griechenlands eine bürgerliche Schicht. Die im Ausland erfolgreich etablierten Griechen halten den Kontakt zu ihren Heimatorten aufrecht, bei Erweiterung ihrer Unternehmen holen sie sich Landsleute als Angestellte, die ihrerseits häufig neue Handelshäuser gründen. Den wirtschaftlich aktiven griechischen Gemeinden im Ausland entsprechen ebenso viele Zellen wirtschaftlichen Lebens in den unterjochten Gebieten. Mit Hilfe der Auslandsgriechen wird in Nordgriechenland die Volkskunst gefördert, aber auch im allgemeinen die Bildung und der freiheitliche, revolutionäre Geist. In Wien und Budapest werden zahlreiche Bücher griechischer Gelehrter gedruckt. Es sind vornehmlich die griechischen Gemeinden dieser Städte, deren freiheitlicher Geist nach Griechenland ausstrahlt. In Wien liegt auch der Ursprung des griechischen Journalismus. Dort wurden auch die ersten Klänge der Freiheit hörbar, die Lieder von Rigas Phereos.

Von den engen Verbindung der Makedonier, vor allem aus Siatista und Kosani mit Österreich-Ungarn zeugen noch einige Lehnwörter aus dem Deutschen, wie Virchan *(Vorhang),* Strifjes *(Strümpfe),* Kicha *(Kuchen),* Stivalia *(Stiefel). Deutsch war in vielen Städten und Gemeinden West-Makedoniens, sowie in Ambelakia und Tirnavos, nichts Ungewohntes; es wurde von vielen gesprochen.*

Die Kaufleute und Handwerker verließen für einige Jahre oder auch nur Monate ihre Heimat, einige sogar nur für die wärmere Jahreszeit wie z.B. Maurer, Zimmerleute und Schmiede. Sie wanderten am Georgstag (23. April) von zuhause fort und kehrten zum Fest des Hl. Dimitrios (26. Okt.), manchmal auch erst zu Weihnachten, zurück. Die anderen, die sich für längere Zeit im Ausland niederließen, kehrten im allgemeinen erst nach fünf bis zwanzig Jahren heim, nachdem sie zu Wohlstand gekommen waren. Die Karawanen brachten zusammen mit den Handelsgütern und den reichen Waren des Auslands auch einiges an Zivilisation und Fortschritt in die abgelegenen Provinzen Griechenlands. Dem kommt beim Erwachen der Nation eine wesentliche Rolle zu.

Auf dem ganzen Balkan befinden sich die Karawanen in den Händen von Griechen, die hauptsächlich aus Epirus und Makedonien – aus Zagoria, Metsowo, Kosani und Siatista stammen; später kommen auch Griechen aus Pissodero bei Florina hinzu; auch die Karawansereien und Gasthäuser entlang der Handelswege werden von Griechen betrieben. Beim Durchqueren verschiedener türkischer Regionen mußten die Kaufleute dem Pascha oder anderen lokalen Behörden eine Steuer entrichten, die in der Regel nicht mehr als fünf türkische Groschen pro Ladung betrug, der Pascha von Vidinio z.B. aber verlangte wesentlich mehr. Ausgeführt und gegen gewerbliche Erzeugnisse aus Zentraleuropa eingetauscht wurden vor allem: Pelze aus Kastoria, rote und weiße Garne aus Ambelakia und Tirnavos, Baumwolle aus Serres, die berühmten Teppiche von Moschopolis mit byzantinischen Mustern, Schaf- und Ziegenleder aus Makedonien und Kleinasien, Textilien aus Naussa, gestreifte Stoffe aus Kosani, Wein aus Siatista und Naussa, Messer aus Samarina und Chrupista, Tabak, roter Pfeffer, Salz, Seide, Safran aus Tsarsabas, der Gegend zwischen Aliakmon und den Bergen von Kosani.

Der Handel zwischen Ost und West wird aber auch über den Seeweg abgewickelt, durch die Ägäis und das Ionische Meer. Die Griechen befahren in ihren kleinen Schiffen das Meer und tragen wesentlich zur Entfaltung des Handels auf diesem Wege bei. Familien einfacher sozialer Herkunft bringen es durch harte Arbeit zu relativem Wohlstand, einige sogar zu nennenswerten Vermögen; sie steigen ins Bürgertum auf und machen ihre sozialen Rechte geltend. Der Feudalstatus auf den Kykladen, gegen Ende der Frankenherrschaft (Anfang bis Mitte des 16. Jahrhunderts) bereits erschüttert, verfällt jetzt nach und nach. Freie Bauern und die Leibeigenen werden nun zu Seefahrern und Händlern; ihre wirtschaftliche und soziale Lage verbessert sich, bis sie das Niveau der Franken und von »Standespersonen« erreichen. Diese wirtschaftlich Avancierten und dadurch Unabhängigen beginnen allmählich, ihren Herren den Grund und Boden abzukaufen und mit neuem Selbstbewußtsein die aus dem Timaria-System stammenden Pflichten zu vernachlässigen. Die mittelalterliche Gesellschaftsstruktur bröckelt mit dem Aufkommen unabhängiger Bauern immer mehr ab. Auch auf das geistige und damit das nationale Erwachen der Griechen hat ihr wirtschaftlicher Aufschwung einen immensen Einfluß. Überall im griechischen Raum werden Elementarschulen gegründet. In den blühenden Handelskolonien des Auslands, vor allem in Venedig, wird eine große Anzahl von Büchern gedruckt, die von dort aus in Griechenland verbreitet werden.

Der griechische Widerstand – »Armatoli« und »Kleftes«

Während sich im Volk die verheißungsvollen Zeichen wirtschaftlichen und geistigen Aufstieges mehren, nimmt der nie erloschene Freiheitsdrang im Laufe der Zeit unablässig zu. Schon vor der Einnahme von Konstantinopel (1453) zeichnet sich auf dem Lande, hauptsächlich in den Bergregionen, der Widerstand der dort ansässigen Bewohner ab, der anscheinend zu Störungen der Verkehrsverbindungen zwischen verschiedenen Gebieten führte. Die aktivsten Widerstandsherde befinden sich in Zentralgriechenland; die Bewohner von Valtinio z.B. wurden von ihren Nachbarn als Wölfe, als wilde Tiere bezeichnet. Die ärmlichen Dörfer von Valtos, versteckt an fast unzugänglichen Orten, die man nur über geheime und gefährliche Pfade erreichen konnte, bestanden aus im Gebüsch verstreuten, mit dem dichten Wald fest verwachsenen Hütten, zu denen niemand unbemerkt vordringen konnte. Ein *Klefte* zu werden, das war das Ziel der jungen Männer dort, nach dem Beispiel von Christos Milionis, dem ältesten Kleften, an den sie sich erinnern konnten, einem Räuber aus den Bergen, der sich der Herrschaft der Türken nicht beugte.

Ebenso war die wilde Bergregion von Agrafa, die sich bis Akarnanien erstreckt, schon vor der Alosis als unzugängliche, unbekannte Gegend eine Zuflucht für die griechische Bevölkerung. In einer Quelle des 18. Jahrhunderts wird sie als nicht einmal für Tiere bewohnbar beschrieben. Doch vor den wiederholten Überfällen der Türken flüchteten die Christen nicht nur dahin, sondern sie blieben zum Teil auch dort. Später, im 16. Jahrhundert bauen Mönche das Kloster von Tatarna; es entstehen einige Dörfer, wie Phurnas und Vragiana, die es im 17. Jahrhundert zu wirtschaftlichem und kulturellem Aufstieg bringen. Die Gegend gehört zu den ersten, die ein Übervölkerungsproblem aufweisen. Doch zur Zeit der türkischen Eroberung steigen ihre ständig vom Hunger bedrohten Bewohner in die thessalische Ebene hinunter und verüben Raubüberfälle auf die türkischen Besitzungen.

Murad II (1421 – 1451) sieht sich deshalb gezwungen, in dieser Region, in Valtos, das erste *Armatoliki* (Kommandogruppe) zu gründen: Er beauftragt den gefährlichsten Kleftenanführer mit der Aufrechterhaltung der Ordnung. Auf diese Weise tritt der Klefte in den Dienst des Türken und verwandelt sich von einem für die öffentliche Sicherheit gefährlichen Element zum Ordnungshüter, er wird zum *Armatolen*. Meist jedoch behält der Klefte diese Stelle nicht auf Lebenszeit, denn Intrigen und unregelmäßige Besoldung durch die türkischen Behörden oder ein Krieg der Türken gegen eine europäische Macht veranlaßen ihn, wieder auf die Seite der Christen überzuwechseln. In solchen Fällen zögert er nicht, wieder zum Kleften zu werden. So dauerte es nicht lange, bis beide Begriffe – *Armatolos* und *Kleftis* – zu Synonymen wurden. Der zweite Widerstandskern befand sich auf dem Olymp in einem vorzüglich dafür geeigneten Gebiet. Dort ruhen die Kleften nach Mühen und Gefahren aus, dort pflegen und heilen sie ihre Wunden, wie es im Volkslied heißt. Hier scheint auch das zweite *Armatoliki* gelegen zu haben.

Die Angriffe der Kleften gegen die Türken breiten sich später auf das ganze griechische Gebirge aus und so sehen sich die Sultane gezwungen, immer neue *Armatolikia* in den für sie gefährlichen Gebieten zu errichten – mit Ausnahme der Peloponnes. Doch der Widerstand wird dadurch nicht eingedämmt, im Gegenteil, die Kleften werden zahlreicher und ihre Überfälle häufiger. So bildet sich dank der natürlichen Umgebung und infolge der politischen Unsicherheit eine Klasse von Kämpfern, deren Existenz den Kampfgeist im Volk lebendig erhielt. In den Gegenden, in denen sich Kleftentrupps und das Armatolen-System entwickelte, entstand eine eigenartige Gesellschaft mit eigenen Anschauungen, Idealen und kriegerischen Sitten, die mit dem Leben der Menschen so eng verflochten waren, daß man heute ohne sie zu kennen, die damalige Wirklichkeit des Volkes nicht begreifen kann. Diese Entwicklung zeichnet sich auch in anderen Gegenden des Balkans ab, wo ähnliche Ideale, Sitten und Bräuche und eine entsprechend organisierte Gesellschaft entsteht. Die Kleften vermieden Zusammenstöße auf dem flachen Land, denn dort hatten sie nicht nur gegen eine vielfache Übermacht von Feinden zu kämpfen, sondern auch gegen deren Kavallerie. So lauerten sie dem Feind an bergigen Orten auf und überraschten ihn, denn dort spielte die zahlenmäßige Überlegenheit des Gegners keine wesentliche Rolle. Die geologische Struktur im westlichen Zentralgriechenland eignete sich vorzüglich für diesen Guerillakrieg. Und es ist kein Zufall, daß sich im Zweiten Weltkrieg dort und ganz allgemein in Westgriechenland, der Widerstand gegen die Italiener und die Deutschen organisierte.

Die Taktik der Kleften ist die Taktik der Freischärler, der Partisanen, wie man heute sagt – sie selbst nannten diesen Krieg *Kleftopolemos*, Kleftenkrieg. Wenn die Kleften ohne Hoffnung auf Rettung umzingelt worden waren, entschlossen sie sich zum sogenannten *Jurussi*, d.h. sie versuchten den Durchbruch mit dem Säbel in der Hand. So bei dem berühmten »Exodus von Messolongi« 1826. Die Kleften hatten ihre eigene Todesauffassung, nach der das Sterben in der Schlacht dem natürlichen, das Antlitz und den Leib zersetzenden Tod, vorzuziehen sei. Der *Kleftopolemos* ist die einzige Kriegstaktik, die erhalten bleibt bis zur Revolution 1821. Ohne sie wäre der unablässige Kampf der Griechen während der Türkenherrschaft, ihre immer wieder aufflammenden Aufstände unbegreiflich. Sie sind Phasen eines gnadenlosen Krieges, der nie erklärt wurde und bereits in den ersten Jahren der Unterjochung ausbrach. Armatolen und Kleften werden als die natürlichen Anführer des Volkes betrachtet. Sie sind die »Hefe der Freiheit«, wie Jannis Makryjannis, ein Freiheitskämpfer von 1821, in seinen Memoiren, die heute durch ihre Frische und Ursprünglichkeit auch die literarischen Kreise begeistern, schreibt. Armatolen und Kleften lassen keine Gelegenheit ungenutzt, sich gegen das Joch der Unterdrückung aufzubäumen, sie sind stets bereit, ihre Dienste jedem christlichen Lande zu leihen, das im Kriegszustand mit dem Osmanischen Reich steht. Sie sind es, die den Makel der Sklavenmentalität auslöschen und zum nationalen Bewußtsein der Griechen beitragen. Es war demzufolge ganz natürlich, daß jene unbeugsamen Männer zu Idolen des vielgeprüften Volkes wurden, das dem *Palikari* legendäre Züge verlieh, als dem Idealtypus des jungen Mannes jener Zeit.

Er verkörpert männlichen Stolz, Gerechtigkeitssinn, Mitleid mit dem Schwachen und den Willen zu bedingungslosem Widerstand gegen den Tyrannen; das *Palikari* ist bis heute ein lebendiges, lichtes Bild aus der Vergangenheit geblieben. Die Bewunderung des Volkes fand ihren Ausdruck in den Kleftenliedern, die in allen Schichten weit verbreitet waren. Diese berühmten Lieder und ihr heroischer Duktus bedeuteten für die mit dem Trauma der Sklaverei lebenden Griechen zugleich Trost und Genugtuung, Begeisterung und Auflehnung; durch diese Lieder wurden Versklavte zu freien Menschen erzogen.

Zusammenfassend kann festgestellt werden, daß in den ersten zwei Jahrhunderten nach der Alosis die neugriechische Welt sich neu bildet, neue Gestalt gewinnt. Zusammengeschlossen um die Kirche, im Schutz der Gemeinde und in bestimmten Regionen auch von Kleftentrupps, organisiert in Innungen und Zünften, an ihren Sitten und Gebräuchen festhaltend, leben die Unterjochten in herkömmlicher Weise, bis diese sich im Laufe der Jahrhunderte allmählich wandelt. Ihre wirtschaftliche Lage bessert sich schließlich, ihr Bildungsniveau steigt, ihre Zukunftshoffnungen werden gewisser. Fern am Horizont bricht der Tag der Freiheit an.

VI. Der Einfluß von Reformation und Gegenreformation auf Griechenland im 16. und 17. Jahrhundert

Die Aktivitäten der katholischen Kirche nach der »Alosis« (1453) und die ersten Kontakte zwischen Orthodoxen und Protestanten

Während sich die Griechen auf dem Festland organisierten und die Widrigkeiten der harten Fremdherrschaft zu bewältigen suchten, kommt es durch den Einfluß der katholischen Kirche sowie durch die Ideen der Reformation und Gegenreformation, vor allem bei der Inselbevölkerung, auch im Schoß der orthodoxen Kirche zu Gärungsprozessen. Die Griechen auf den Ägäischen und Ionischen Inseln, die unter fränkischer und venezianischer Besatzung lebten, sowie die nach Italien Ausgewanderten stehen gemäß den Umständen unter dem Einfluß der dortigen offiziellen Religion, des Katholizismus. Besonders in Italien befürworten die griechischen Gelehrten die Union beider Kirchen oder bekennen sich sogar zum westlichen Dogma. Dies geschieht aus vielfältigen Gründen – mitunter auch, um sich bessere Lebensbedingungen zu sichern. Vor allem aber hat das Beispiel jenes berühmten und weisen Klerikers, des Erzbischofs von Nikaia und späteren Kardinals Bessarion, der in der Union der Ost- mit der Westkirche den einzigen Schutz seines Volkes vor den Türken sah, die bedrängten Gemüter der Orthodoxen stark in dieser Richtung beeinflußt.

Nichtsdestoweniger stoßen die Aktionen der katholischen Propaganda in Griechenland auf heftigen Widerstand. Charakteristisch hierfür ist die Situation auf Kreta, wo die Westkirche sich zwar bemüht, den Kreis ihrer Gläubigen zu erweitern, jedoch vergeblich, da die Bewohner entschlossen an der Orthodoxie festhalten. Dem die Union befürwortenden Gelehrten Apostolis gelingt es zwar, eine kleine Gemeinde auf der Insel zu gründen, jedoch bringt die Reaktion des Patriarchats und der kretischen Bevölkerung diese in eine schwierige Lage. Sieht man von den Inseln der Ägäis, Chios und den Kykladen ab, die unter fränkischer Herrschaft standen, wo die Koexistenz zwischen Orthodoxen und Katholiken eher unproblematisch war, so besteht auch auf den von den Venezianern besetzten Ionischen Inseln ein gespanntes Verhältnis zwischen Orthodoxen und Katholiken. Dort rief die Unterdrückung des religiösen Gewissens durch den katholischen Klerus die Empörung gegen die Katholiken – das »immortale odium contra Latinos« – hervor. Die katholische Geistlichkeit zwang dort die Orthodoxen unter anderem, ihre Kinder zum zweitenmal nach dem Ritus der Römischen Kirche taufen zu lassen oder die Heilige Kommunion mit ungesäuertem Brot zu empfangen. Papst Leo X, ein Freund griechischer Bildung, der sich intensiv für die Befreiung der griechischen Länder interessierte, dekretierte – 18. Mai 1521 –, daß die Orthodoxen bei der Ausübung ihrer religiösen Pflichten nicht behindert werden dürften. Auch die Venezianer versuchten (aus politischen Gründen) im allgemeinen die unter ihrer Herrschaft lebenden Orthodoxen vor solchem Druck zu schützen oder diesen abzuschwächen; sie ließen es sogar zu, daß Kephalonia zum Sitz eines orthodoxen Bischofs wurde.

Die neue philosophische Bewegung, die sich mit der Wiedergeburt der klassischen Studien im abendländischen Europa und durch das einflußreiche Gedankengut des Gemistos entfaltet, steht im Gegensatz zur herkömmlichen aristotelischen Philosophie, die bis dahin das philosophische Gerüst der katholischen, ja der christlichen Lehre überhaupt, bildete. Aufgeklärt durch den Humanismus erkennt man jetzt, wie weit man sich, besonders die Geistlichkeit, vom wahren Christentum entfernt hatte. Die Reaktion des Gelehrtenkreises an der Platonischen Akademie ist heftig, ebenso die allgemeinen Forderungen anderer Humanisten nach einer Wiedergeburt des Glaubens (renascens pietas), der Wiederherstellung des Christentums (restitutio christianismi) sowie die Verkündung der christlichen Lehre auf der Grundlage der Quellen (christum ex fontibus praedicare), Formulierungen, die bald darauf auch zu Losungsworten der deutschen Reformation werden. Der Ruf »ad fontes«, der sich besonders gegen Ende des 15. Jahrhunderts erhebt, zeigt, wie wichtig der Rekurs auf die Evangelien und auf die historischen Kenntnisse der ersten christlichen Gemeinden der griechischen Kirche für die Humanisten gewesen ist.

Die ersten Kontakte zwischen Orthodoxie und Protestantismus

Luther beschäftigte sich eingehend mit der Lehre der Orthodoxen Kirche, um ein breiteres und tieferes Verständnis von der Kirche überhaupt zu gewinnen und um seiner eigenen Lehre feste Fundamente zu geben. Als er z.B. feststellte, daß die griechische Kirche nichts von einem Fegefeuer weiß, über das er selbst in der Heiligen Schrift nichts gefunden hatte, verwarf er den Glauben daran. Bereits in den Anfängen der lutherischen Bewegung berufen sich die Protestanten auf das Bekenntnis der Ostkirche und entnehmen ihm bei der Festlegung ihrer eigenen Position gegenüber der Katholischen Kirche verschiedene Argumente. Als sie später erfahren, daß im Osten weiterhin griechisch-christliche Gemeinden und Kirchen existieren, sind sie freudig überrascht und bemühen sich, durch Hervorhebung der Berührungspunkte beider Kirchen, die Ostkirche auf ihre Seite zu ziehen. Ähnliche Versuche unternimmt zur gleichen Zeit die Katholische Kirche. Im Osten werden die Ideen der Reformation besonders nach 1550 verbreitet. Der erste Versuch, hier einzudringen, vollzieht sich in den Moldau-Gebieten auf Initiative des griechischen Hegemonen Iakovos Vassilikos Heraklidis (1561 – 1564), jedoch ohne Erfolg.

Eine andere Entwicklung zeichnet sich bei den direkten Beziehungen zwischen Protestanten und Orthodoxen auf offizieller Ebene unter dem Patriarchen Josaphat II (1551 – 1565) und besonders unter Jeremias II Tranos (5. Mai 1572) ab. Die Initiative zu diesem Kontakt ging von dem geistigen Kreis der Theologischen Fakultät an der Universität Tübingen und besonders von dem Philhellenen Professor Martinus Crusius aus. Seiner begeisterten Liebe zum alten und neuen Griechentum entsprang die Idee einer Kirchenunion zwischen Protestanten und Orthodoxen. Die Theologische Fakultät in Tübingen hatte die Reformation angenommen, war jedoch in ihren Ansichten gemäßigt und bemühte sich, die unter den Lutheranern selbst und bei der Verbreitung des neuen Glaubens in verschiedenen Ländern Mitteleuropas auftretenden Streitigkeiten zu beschwichtigen.

Der Dialog zwischen Protestanten und Orthodoxen begann 1573, als der neue Gesandte aus Deutschland bei der Hohen Pforte, David von Ungnad, ein überzeugter Protestant, seinen Posten antrat; er hatte die Theologische Fakultät in Tübingen gebeten, ihm einen geeigneten Geistlichen für Konstantinopel zu empfehlen. Die Wahl fiel auf Stefan Gerlach; er führte Empfehlungsschreiben der Professoren Jacob Andreä und Crusius an den Patriarchen mit sich, sowie die griechische Übersetzung einer kurzen Auslegung von Andreä über Joh. 10,11 ff (den guten Hirten). Nachdem man monatelang vergeblich auf eine Antwort des Patriarchen gewartet hatte, sandte Crusius diesem am 4. März 1574 ein weiteres Schreiben und eine neue Predigt von Andreä über das Reich Gottes – Luk. 10,9 ff, sowie am 16. September, einen einfachen Brief und das Augsburgische Bekenntnis in griechischer Übersetzung.

Nach eingehendem Studium des Textes der Confessio Augustana, deren strittige Punkte er mit seinen geistlichen und weltlichen Ratgebern erörtert hatte, sandte Jeremias II am 17. Mai 1576 seinen ersten Brief über das Dogma an Crusius. Der Patriarch gibt darin anhand der Heiligen Schrift und der kirchlichen Überlieferung sein Urteil über das Augsburgische Bekenntnis ab. Er lobt die Protestanten dafür, daß sie das Apostolische Glaubensbekenntnis beibehalten haben, fordert jedoch die Entfernung des eingeschobenen »filioque» aus seinem Text. Die Taufe müsse durch dreifaches Eintauchen – und nicht durch bloßes Besprengen – vollzogen werden und die Sakramente der Konfirmation und der Eucharistie sollten ihr unmittelbar folgen. Weiter verurteilt der Patriarch den fundamentalen protestantischen Glaubenssatz über die Rechtfertigung des Menschen »allein durch den Glauben« und erläutert die Lehre der Ostkirche von der tatsächlichen Gegenwart in der Kommunion, dem Gebet für die Verstorbenen, der Vermittlung der Heiligen u.a. Es folgt ein Hinweis auf die Quellen der rechten Lehre. Am Ende seiner Epistel spricht der Patriarch von der väterlichen Liebe und der frommen Zuwendung, mit der die Protestanten empfangen werden würden, wenn sie mit bereitem Herzen in den Schoß der Ostkirche kommen und die apostolischen und konziliaren Glaubenssätze treu befolgen würden.

Die Protestanten fühlen sich nicht entmutigt. In einem weiteren Brief unterbreiten sie ihre Ansichten, ohne jedoch den Patriarchen überzeugen zu können. Er hält an seinen Positionen fest. Damit endet dieser interessante Dialog.

Die ersten Kontakte sind nicht umsonst gewesen; sie gaben den beiden Kirchen die Gelegenheit, einander kennenzulernen, über Geist, Dogma und religiöse Gebräuche der anderen Näheres zu erfahren und ihre Positionen gegenseitig zu klären. Besonders für die Protestanten öffnete sich eine ihnen unbekannte Welt, von der sie bis zu jenem Zeitpunkt keine deutlichen Kenntnisse besessen hatten.

Martinus Crusius (1526 – 1607)

Crusius, der bei diesen Kontakten die Hauptrolle spielt, hat vor allem den

Wunsch, seine Kenntnisse des Altgriechischen, aber besonders auch der zu seiner Zeit gesprochenen Sprache zu vervollständigen. Seine Korrespondenz dehnt sich auch auf andere berühmte griechische Gelehrte aus, so auf Ioannis Zygomalas, »Großer Rhetor und Sekretär der Kirche«, sowie auf dessen Sohn Theodossios.

Crusius ist stark daran interessiert, die verschiedendsten griechischen Handschriften zu erwerben, die von ihm selbst, der Universität von Tübingen oder dem kunstliebenden Herzog von Württemberg Ludwig gekauft werden. Die Handschriften werden heute in der Tübinger Universitätsbibliothek und der Hof- und Staatsbibliothek von München aufbewahrt. Mit großem Eifer bittet er Geistliche und Laien in Konstantinopel, ihm Texte in der Volkssprache zu schicken, ob handschriftlich oder gedruckt, um durch die Beherrschung beider Sprachen das Altgriechische erfolgreich lehren zu können: »Ich mühe mich mit Interesse, der altgriechischen Sprache auch eine gewisse Kenntnis der heutigen griechischen Volkssprache hinzufügen« (im Original auf Alt-Griechisch). Crusius ist nicht nur der erste Ausländer, der die neugriechische Sprache und Philologie erlernt, sondern auch der erste, der sie im Abendland bekannt macht. Crusius beabsichtigt, aus den in attizisierender, in kirchlicher und in der Volkssprache geschriebenen historischen und philologischen Texten sowie aus Briefen von Gelehrten eine Sammlung drucken zu lassen, um sie einem breiten Publikum von Humanisten zugänglich zu machen; er möchte nicht nur ein Bild des kulturellen und geistigen Lebens der Griechen unter türkischer Herrschaft vermitteln, sondern auch zur Annäherung der geistig führenden Persönlichkeiten beider Völker und zur Entfaltung einer engen Freundschaft beitragen.

Crusius ist der erste »Philhellene« nach der Alosis im wahren Sinne des Wortes, denn er bewundert und liebt nicht nur die alten Griechen, wie die anderen Europäer, er empfindet auch Sympathie für ihre unglücklichen Nachkommen, die er nicht von jenen getrennt betrachtet. Darum wendet er die Wörter »Griechenland«, »Griechisch«, auch »Philhellene« und andere unterschiedslos an. Crusius wird, da seine griechenfreundlichen Gefühle bekannt sind, in Tübingen von vielen Griechen aufgesucht, von einfachen Leuten, Gelehrten (aber auch Abenteurern) aus Konstantinopel, Monemvassia, Zypern usw., die ihn um moralische und materielle Unterstützung bitten. Einige von ihnen hätte er gerne bei sich aufgenommen, um mit ihnen zusammen Alt- und Neugriechisch zu lernen, doch seine Mittel reichen nicht aus. Dennoch bietet er ihnen Hilfe und Trost und gibt ihnen Empfehlungsschreiben mit. Er versucht von ihnen, nicht nur zur Sprache und Philologie, sondern auch über die gegenwärtige Situation des türkisch besetzten Griechenland (die Zusammensetzung der Bevölkerung, das Schicksal der alten Familien, den Bildungsstand usw.) alles Denkbare zu erfahren. Plante er, wie er dem kretischen Gelehrten, Priester und Schriftsteller, Ioannis Moresinos 1582 schreibt, von dem er historische Informationen über Kreta und die nahegelegenen Inseln erbittet, eine Geschichte des zeitgenössischen Griechenlands zu verfassen? Ich glaube vielmehr, er hatte die »Turcograecia« im Sinne, die er drei Jahre später herausgab. Alle Gespräche, die er mit geflüchteten Griechen führt, und Nachrichten, die er von ihnen erhält, notiert er in klarer Knappheit in der »Turcograecia« sowie in seinem Tagebuch, dem »Diarium« oder besser den »Diaria«, die er sorgfältig durch viele

Jahre führt, und die eine reiche Informationsquelle für das zeitgenössische Abendland bilden.

Zurecht ist behauptet worden, daß der Philhellenismus in seiner eigentlichen Bedeutung im 16. Jahrhundert in der kleinen württembergischen Stadt Tübingen geboren worden ist. Crusius ist vielleicht der wichtigste Urheber dieser Bewegung.

Wettstreit von Katholiken und Protestanten im Osten

Die Katholische Kirche beobachtete diese Annäherungsversuche zwischen Orthodoxen und Protestanten mit großer Aufmerksamkeit. Die Beziehungen zwischen Katholiken und Protestanten hatten sich bereits nach dem Konzil von Trient (1563) und dem an den französischen Protestanten in der Bartholomäusnacht (23./24. August 1572) begangenen Massaker zugespitzt. Seit jener Zeit, der Zeit der Gegenreformation, entfaltet die Katholische Kirche bemerkenswerte Aktivitäten, die nicht nur auf die Abwehr der protestantischen Neuerungen, sondern auch auf die Etablierung des Katholizismus im Osten gerichtet sind. In diese Richtung zielen vor allem die eifrigen Bemühungen Papst Gregors XIII (1572 – 1585). Eine seiner wirksamsten Einrichtungen ist die Gründung der griechischen Schule des Heiligen Athanassios in Rom. Dort wurden – vornehmlich in Theologie – junge Griechen ausgebildet, die nach Beendigung ihres Studiums als Mönche, Priester, oder auch als weltliche Lehrer ihre Landsleute zum katholischen Glauben bekehren sollten. Die an Führungspersönlichkeiten arme Orthodoxe Kirche sah sich damals in einer sehr schwierigen Lage. In Konstantinopel selbst verschärfte sich die Situation noch dadurch, daß hier Katholiken und Protestanten um den größtmöglichen Einfluß auf die Kreise des Patriarchats kämpften. Beide westlichen Kirchen üben auf die Orthodoxe Kirche einen permanenten Druck aus, der durch die Beteiligung der Gesandten interessierter europäischer Mächte, besonders im 17. Jahrhundert, verstärkt wird. Diese Einmischung und besonders der Gewissenskauf, der damit einhergeht, bedrängen zusätzlich die durch das türkische Joch von Zersetzung bedrohte Orthodoxe Kirche. Folgen dieses Antagonismus sind häufige Inthronisierungen und Absetzungen ökumenischer Patriarchen, ja sogar die Ermordung des Patriarchen Kyrillos Lukaris (1638). Dieser Kampf findet einen starken Widerhall in der kirchlich-orthodoxen Literatur.

Mit der Reformierung des Klerus, der Gründung neuer, von fanatischem Glauben an die katholische Lehre beseelter Mönchsorden und auch durch das Studium theologischer Werke der Ostkirche kommt es vom Ende des 16. Jahrhunderts an zur Erneuerung der Katholischen Kirche sowie zu verstärkter Propagandatätigkeit. Die Katholiken sind auf der Suche nach verschollenen griechischen Handschriften der Kirchenväter und orthodoxer Theologen, aus welchen sie für die Widerlegung häretischer Ideen und Abweichungen Argumente zu schöpfen hoffen. Die gleichen Anstrengungen unternehmen auch die englischen Protestanten, die sich ebenfalls am Wettlauf um die Handschriften im Osten beteiligen – mit denen sie ihre Royal Academy bereichern. Die Lenkung und Intensivierung der Tätigkeit des katholischen Klerus im Osten ist hauptsächlich das Werk des Kardinals Bellarmin, eines klugen Gelehrten und Autors bedeutender lateinischer Werke, eines Kenners der griechischen Sprache und orthodoxer Glaubensfragen. Sein Eifer wird durch den Glauben an die Einheit der Kirche genährt (»ecclesiam esse unum corpus, unam sponsam, unum ovile, passim Scripturae docent«). Seine Entscheidungen und Ratschläge sind für die katholischen Missionare bei den Schwierigkeiten, mit denen sie konfrontiert werden, eine wichtige Stütze. Bereits im 15. Jahrhundert verfügt der Katholizismus im Osten über verschiedene Einrichtungen. Nach der Alosis trifft man in Galatas und in Konstantinopel Dominikanermönche und einige katholische Kirchen, eingerichtet vor allem für die geistlichen Bedürfnisse der Genuesen sowie anderer Westeuropäer, die sich dort in der zweiten Hälfte des 15. Jahrhunderts niedergelassen hatten. Während der Regierungszeit Mohammeds II organisiert sich die katholische Gemeinde in Konstantinopel. Sie ist jedoch einem in Rom oder andernorts residierenden Erzbischof unterstellt, der einen vicario patriarcale mit weitreichenden Verwaltungsbefugnissen nominiert. Der Erzbischof wurde, nach Gründung der *Congregazione di Propaganda* zum einfachen Titularius.

Die Aktivitäten der Jesuiten in den griechischen Ländern sind bemerkenswert. Sie lassen sich zuerst in Pera (Konstantinopel) nieder (1583, 1609), wo es ihnen trotz anfänglichen türkischen Widerstandes gelingt, ein reges Zentrum katholischer Propaganda zu errichten, in dem sie auf französisch und auf griechisch, und zwar in der Volkssprache, predigen sowie Schulen für Geistliche gründen, die auch von Laien – Franken und Griechen – besucht werden können. Die Einrichtung katholischer Schulen wird zu einer wirksamen Waffe in den Händen der Jesuiten.

Ihr nächstes Ziel ist Chios, wo die Voraussetzungen für eine Niederlassung günstig sind. Seit Jahrhunderten war dort durch die genuesische Herrschaft (Haus der Giustiniani), die erst kürzlich (1566) ihr Ende gefunden hatte, sowie durch die Anwesenheit des katholischen Klerus (die Franziskaner hatten sich 1360, die Dominikaner zwischen 1400 und 1410 dort angesiedelt) und einer Gemeinde von 6000 Katholiken der Boden geebnet. Das Hauptziel der Katholiken ist jedoch der Heilige Berg Athos, die Hochburg der Orthodoxie. Dorthin wird im Herbst 1635 der Geistliche und Missionar Nikolaos Rossi aus Nauplia, Absolvent der Schule des Heiligen Athanassios, entsandt. Er lehrt im Kloster Protato vor einer begrenzten Zahl von Mönchen (1638 waren es 21) in einer Atmosphäre der Toleranz. Doch verschiedene Pressionen der Türken zwingen ihn, sich 1641 nach Thessaloniki zurückzuziehen.

Breiter angelegt ist die Tätigkeit der Jesuiten auf den Kykladen. Die Eroberung durch die Türken (Tributpflicht 1537, Annexion 1566) war ein schwerer Schlag für die katholische Kirche in der Ägäis; Steuern, Unterdrückung und Gewalt hatten ihrem Bestand großen Schaden zugefügt und das Prestige des katholischen Erzbischofs von Naxos schwer angeschlagen. Naxos war die erste Insel der Kykladen, auf der sich die Jesuiten niedergelassen hatten. Die Wahl war günstig, nicht nur wegen der geographischen Lage im Zentrum der südlichen Ägäis, sondern auch wegen der noch lebendigen Erinnerung an das gleichnamige Fürstentum der Franken. Die Jesuiten schlagen dort Wurzeln und wirken von dort aus fast immer unbehindert auf die anderen Inseln ein. Das erste Jahrhundert nach der Niederlassung westlicher Mönchsorden auf Naxos sowie auf Syros, Andros, Santorin u.a. ist die Blütezeit der gegenreformatorischen Missionstätigkeit. Über ihre religiösen Aufgaben und die Lehrtätigkeit hinaus leisten sie aufgrund ihrer medizinischen und pharmazeutischen Kenntnisse den Inselbewohnern unentgeltliche Hilfe.

Außer den Jesuiten lassen sich auch die Kapuziner auf den Ägäischen Inseln und in anderen griechischen Regionen nieder, so auf Chios (1627), in Smyrna und auf Naxos (1628), in Konstantinopel (1629), auf Syros und Andros (1637), in Kusadasi (1640), in Nauplia (1656), in Athen (1657), in Milos (1661), wo sie Klöster und Schulen gründen.

Kräftige Unterstützung finden die Missionare durch die europäischen Piraten, besonders durch die Ritter des Johanniterordens aus Malta, die noch von den Kreuzzugsideen eines Heiligen Krieges gegen die Ungläubigen beseelt sind. Im allgemeinen finden die Missionare auf den Inseln ein tolerantes Klima vor. Wenn sie allerdings das religiöse Empfinden der Bevölkerung in prekären dogmatischen Fragen oder in Fragen der Heiligenverehrung verletzten, konnte das zu Unruhen führen, so z.B. auf Santorin, als in der Mitte des 16. Jahrhunderts der Geistliche François Rossiers einen Angriff gegen die Lehre von Grigorios Palamas startete. Pater Richard, der darüber berichtet, gesteht: »Da wir das Wort Gottes in den Kirchen der Griechen frei predigen dürfen, verurteilen wir ebenso frei ihre Irrtümer und bemühen uns mit allen möglichen Mitteln, sie zum Gehorsam dem Heiligen Stuhl gegenüber zurückzuführen.« Hier drängt sich natürlich die Frage auf, ob die Katholiken jemals ähnliche Predigten von Orthodoxen im Westen hingenommen hätten.

Doch ist der religiöse Eifer, die Standhaftigkeit und Beharrlichkeit dieser Missionare bewundernswert, die Städte wie Paris oder Rom verlassen, um sich auf den abgelegenen Inseln der Ägäis, einem einzigen Ziel hinzugeben: Die dortigen Katholiken in ihrer Konfession zu erhalten und Orthodoxe zu Proselyten zu machen. Im Osmanischen Reich ist das Proselytentum verboten, so müssen sie oft heimlich vorgehen, was nicht immer zum Erfolg führt. Oft müssen sie wieder von vorne beginnen, wenn ein zwar ungebildeter, aber feuriger Mönch vom Athos oder aus Jerusalem ihren Weg kreuzt und den wankelmütigen Seelen der Inselbewohner die Ruhe wiedergibt, oder Abtrünnige erneut zur orthodoxen Taufe bewegt. Ein stiller Kampf wird über Jahrhunderte hinweg ausgetragen – bei kontinuierlicher Schwächung der katholischen Seite. Die Orthodoxen mögen zwar an der Messe der Katholiken teilnehmen, ihre Predigten hören, bei ihnen zur Beichte gehen, ihnen die Schulbildung ihrer Kinder anvertrauen, doch den Glauben ihrer Väter geben sie bei alledem nicht auf. In dieser Haltung werden sie nicht nur durch die noch bindende Autorität der Tradition, die von orthodoxen Mönchen lebendig erhalten wird, bestärkt. Auch die politische und wirtschaftliche Entwicklung begünstigt die Orthodoxen, die ja ohnehin in der Mehrzahl sind. Durch Mischehen, die vergeblich von beiden Seiten geächtet, aber von Geistlichen beider Konfessionen eingesegnet werden, wird die katholische Minderheit allmählich absorbiert.

Den Weg zur Union dagegen, oder zum Katholizismus beschritten verständlicherweise die alten orthodoxen Gemeinden in Süditalien (vornehmlich in Apulien, den Abruzzen, Basilicata, Kalabrien) und in Sizilien, die nach der Alosis durch den Zuzug griechischer und albanischer Flüchtlinge gestärkt oder auch neugegründet worden waren. Heute sind diese Gemeinden italianisiert, obwohl sie sich ihres griechischen oder albanischen Ursprungs bewußt sind.

Natürlich riefen die Aktivitäten der Westkirche im Osten, besonders im 17. Jahrhundert, Reaktionen der Ostkirche hervor. So flammt der alte Streit wieder auf und neue theologische Bücher bereichern die religiöse Literatur. Gegenseitige Verteufelung und der Vorwurf des Schismas sind gang und gäbe. In dieser Zeit treten einige hochgebildete Kleriker als Verteidiger der Orthodoxie hervor, wie Meletios Pigas, Gabriil Seviros und der Patriarch Kyrillos Lukaris, jener, der zum Opfer der Rivalitäten zwischen Protestanten und Katholiken wurde.

Doch die jahrhundertelange Koexistenz von Orthodoxen und Katholiken auf den Inseln des Ägäischen und des Ionischen Meeres führten zu einer gewissen Annäherung, zu gegenseitiger Beeinflussung sowie zur Übernahme einiger Elemente des westlichen Rituals durch die Orthodoxen. So nahm z.B. der orthodoxe Klerus auf einigen Inseln an der Fronleichnamsprozession (festum corporis Domini) teil; in vielen orthodoxen Kirchen gab es Altäre für die Katholiken und die Geistlichen beider Konfessionen zelebrierten an ihnen die Messe.

VII. Militärische Operationen im Osten von 1462 bis 1669

Die griechischen Länder sind nicht nur Schauplatz religiöser Gärungsprozesse, sondern auch kriegerischer Zusammenstöße zwischen Türken und Venezianern. Letztere werden stets von den Griechen unterstützt, die ihre Freiheit wiederzuerlangen hoffen. Nach dem Fall des Byzantinischen Reiches (1453), des Despotats von Morea (1460) und des Reiches von Trapezunt (1461) setzten die Türken ihre Eroberungszüge gegen die übrigen griechischen Länder, die unter venezianischer oder anderer fränkischer Herrschaft stehen, fort. 1462 nehmen sie Mytilini (Lesbos), den letzten Besitz des Fürstentums der Gattilusi in der nordöstlichen Ägäis ein.

Der erste türkisch-venezianische Krieg (1463 – 1479). Die Eheschließung Iwans III mit Zoi (Sophia) Paläologos (1472)

Vergeblich versuchten die Venezianer dem Vordringen der Türken Einhalt zu gebieten. Selbst die kreuzzugsartige Bewegung, die auf Initiative von Papst Pius II mit großem Eifer von den europäischen Ländern unternommen wurde, erreichte nicht ihr Ziel. Die Kreuzfahrer versammelten sich in Ancona, doch der Tod des Papstes (1464) beendete das Unternehmen. Im ersten türkisch-venezianischen Krieg (1463 – 1479) verlieren die Venezianer endgültig Euböa (1470) und müssen den Türken eine hohe Entschädigungssumme zahlen. Während dieses Krieges findet eine Heirat statt, deren Folgen in den nächsten Jahrhunderten für den Osten von erheblicher Bedeutung sein sollten. Die Nichte des letzten Kaisers von Byzanz, Konstantin Paläologos, Zoi (Sophia), heiratet im Jahre 1472 den Großfürsten von Moskau, Iwan III Vassiljewitsch. Seit jener Zeit treten die Russen als Erben der griechischen Kaiser auf – der byzantinische Doppeladler bleibt im russischen Zarenwappen, bis er durch Hammer und Sichel ersetzt wird. Ideen und Gedankengut von Sophia und von den griechischen Gelehrten ihrer Gefolgschaft sind hinreichend stark, um die politische und geistige Orientierung Rußlands nachhaltig zu prägen; das gilt besonders für die russische Außenpolitik. Bezeichnend hierfür ist z.B., daß 20 Jahre später, 1492, der Metropolit von Moskau, Sossima, den Großfürsten von Moskau als »Herrscher und Kaiser von ganz Rußland, neuen Zaren Konstantin des neuen Konstantinopel: Moskau« bezeichnet.

Nicht nur Venedig, auch die anderen europäischen Staaten waren unfähig, der türkischen Gefahr zu begegnen. So stößt die Armee des französischen Königs Karl VIII, der sich vorgenommen hatte, das Heilige Land zu befreien, bis Unteritalien vor, nimmt das Königreich Neapel in Besitz, überquert die Adria jedoch nicht (1494 – 95). Der Zusammenschluß von Venedig mit Papst Alexander VI Borgia, den spanischen Königen Ferdinand und Isabella, dem deutschen Kaiser Maximilian I und dem Fürsten von Mailand Lodovico Moro, zwingt Karl VIII zum raschen Rückzug in sein Land.

Die türkisch-venezianischen Kriege 1499 – 1503 und 1537 – 1540 und ihre Folgen

Auch der neue venezianisch-türkische Krieg 1499 – 1503 nimmt ein für Venedig verhängnisvolles Ende: Es wird beinahe vollständig vom griechischen Festland und der Peloponnes verdrängt (wenn man von Nauplia und Monemvassia absieht, die erst 1540 unter türkische Herrschaft fallen) und muß Dyrrachion, Naupaktos, Methoni und Koroni, vier in den Kriegen gegen die Türken und für den Verkehr mit dem Orient und Ägypten wichtige Häfen und bedeutende strategische Stützpunkte, aufgeben. Besonders der Verlust von Methoni auf der südwestlichen Peloponnes, des letzten Brückenkopfes auf dem Festland, und die gleichzeitige Entdeckung des Seeweges um Afrika nach Indien durch Vasco da Gama, sind für Venedig schwere Schläge, deren Folgen sich bald zeigen sollten. Im Grunde hat der Niedergang der Republik in jener Zeit begonnen – seinen späteren Bemühungen, die einstige Vorrangstellung in der Levante wiederzuerlangen, zum Trotz. Die Hauptquelle ihres Reichtums, der Handel mit den Ländern des Ostens, geht den Venezianern allmählich verloren.

Aus dieser Entwicklung ziehen die türkischen Kaufleute Nutzen; und mit ihnen die Juden, die Griechen und die Armenier. Mit Venedig rivalisierende europäische Mächte, wie die Portugiesen, die Holländer und die Engländer, können von nun an die Produkte des fernen Ostens direkt, ohne den venezianischen Zwischenhandel einführen. Die Türkei beherrscht nun die Ägäis, das griechische Festland und den albanischen Raum fast vollständig. Die technisch gut ausgerüstete türkische Flotte übt die uneingeschränkte Kontrolle über das östliche Mittelmeer aus. Weiterhin besitzen die Türken als einen wichtigen Stützpunkt die Insel Levkas im Ionischen Meer, von der aus sie die Bewegungen der Venezianer verfolgen können. Die Mündungen ihrer Kanonen sind auf die Befestigungen der übrigen, von den Venezianern beherrschten Inseln gerichtet. Mit anderen Worten, die Türkei wird zur großen Seemacht im Mittelmeer.

An den Kriegshandlungen zwischen Venedig und der Türkei beteiligen sich die Griechen der Peloponnes aktiv auf Seiten der Venezianer. Diese in venezianischen Dokumenten als »Stradioti« erwähnten Griechen werden als Söldner in den venezianisch besetzten Regionen, aber auch in anderen Gebieten rekrutiert, sei es von den Venezianern, sei es von anderen christlichen Herrschern. Nach dem Verlust der Peloponnes zieht sich Venedig auf die Ionischen Inseln Zakynthos-Zante, Kefalonia und Korfu zurück.

Der türkisch-venezianische Krieg 1570 – 1573

Die Beteiligung der Griechen an den Gefechten der fremden Heerführer gegen die Türken setzt sich im 16. Jahrhundert fort – auf Rhodos kämpfen sie gemeinsam mit den Johannitern (1521 – 1522), auf Zypern mit den Venezianern (1570 – 1571) gegen die Invasoren. Diese beiden großen Inseln werden nach harten Kämpfen schließlich von den Türken besetzt. Weiterhin wird die Inselgruppe der Kykladen bedingungslos unterworfen; von 1537 bis 1566 ist sie tributpflichtig, danach ein Bestandteil des Osmanischen Reiches. Die großen fränkischen Familien, die sich seit dem vierten Kreuzzug dort niedergelassen hatten, behalten ihre Besitztümer und leben unter fast unveränderten Umständen in dieser geschlossenen Lehnsgesellschaft. Einige von ihnen erlöschen im Laufe der Zeit, andere verarmen, wiederum andere treten zum orthodoxen Glauben über und werden von ihren griechischen Mitbürgern, die zu neuer Identität erwachen, assimiliert. Während des türkisch-venezianischen Krieges von 1570 – 1573 bildet sich eine starke Koalition zwischen Venedig, Spanien und Papst Pius V (20. Mai 1571), die sogenannte »Sacra Liga«. Diese vereinten christlichen Kräfte erringen in der Seeschlacht von Naupaktos (7. Oktober 1571) mit Don Juan d'Austria als Oberbefehlshaber einen großen Sieg über die türkische Flotte – das Minderwertigkeitsgefühl der Europäer gegenüber der Unbesiegbarkeit der Türken auf See ist überwunden. Die vielen Toten, die diese Schlacht forderte, waren auf beiden Seiten Griechen – ob Söldner oder *Rajas*. Sie zahlten den Preis ihrer Unterjochung.

Die Seeschlacht von Naupaktos, an der auch der Autor des »Don Quijote«, Cervantes, teilnimmt, rüttelt die Gemüter der Griechen auf, es kommt zu verschiedenen Aufständen auf der Peloponnes und in Zentralgriechenland; doch bleibt die Hilfe der christlichen Mächte für die Aufständischen aus und so sind sie gezwungen, sich zu unterwerfen. Im übrigen ist die »Sacra Liga« von kurzer Dauer, weil Venedig am 7. März 1573 Frieden mit den Türken schließt und ihnen Zypern abtritt.

Seeräuberei in der Ägäis. Revolten der Griechen in Thessalien (1600) und im Epirus (1611)

Wie in der Vergangenheit, so streifen auch in dieser Zeit muselmanische Piraten, vor allem vom nordwestlichen Afrika aus, kreuz und quer durch das südliche Mittelmeer, das Ionische Meer und die Ägäis und verbreiten Angst und Schrekken an den Küsten. Viele Seeräuber sind Renegaten, hauptsächlich Spanier, Franzosen, Italiener, sowie verschiedene Abenteurer aus dem mediterranen Raum, meistens desperate Gesellen, die auf Raub und Gewalttaten aus sind. Tag für Tag bringen sie nach Algier und auf andere Sklavenmärkte (Konstantinopel, Smyrna usw.) entführte Christen in großer Zahl zum Verkauf. Aber auch unter den Christen gibt es Piraten, allen voran die Ritter des Johanniterordens, die – sei es für sich, sei es gemeinsam mit den Venezianern – ihre Überfälle bis an die Küsten von Thessaloniki und Kavala ausdehnen.

Befreiungsbewegungen der Griechen flammen auch im 17. Jahrhundert auf. So im Jahre 1600 der Aufstand in Thessalien, in dem der Metropolit von Larissa und Trikala, Dionysos II eine führende Rolle spielt, ebenso wie in dem 1611 im Epirus durch die Spanier entfachten Aufstand, bei dem die Aufständischen Ioannina besetzen; doch werden sie – unorganisierte Bauern und Hirten – bald darauf zerstreut und zerschlagen. Im Epirus und den benachbarten Provinzen Makedonien und Thessalien herrscht daraufhin monatelang verschärfter Terror der

Türken.

Gleichzeitig kommt es auch in der Mani zu revolutionären Aktivitäten; die Bewohner dieser Region treten unter der Führung des Bischofs Neophytos mit Philipp von Spanien und Charles de Conzague, Herzog von Nevers, Rethel und Mantua (1580 – 1637) in Verbindung. Der Fürst von Nevers bekundet großes Interesse an der Befreiung der Maniaten und der Griechen überhaupt. Er tritt mit verschiedenen offiziellen Personen in Kontakt, besonders mit dem Kapuzinerpater Paris, der »graue Eminenz« und enger Mitarbeiter von Kardinal Richelieu war, er gewinnt den jungen König Ludwig XIII von Frankreich und die Königinmutter Maria de Medici für seine Pläne und entsendet Vertreter und Agenten nach Griechenland und in andere türkisch besetzte Länder, um den Boden für einen Kriegszug vorzubereiten. Die bedeutendste dieser Missionen auf der Peloponnes und im übrigen Griechenland ist wohl die von Philippe de Lange-Chateaurenault (1617 – 1618); doch auch dieses Vorhaben bleibt stecken – in Frankreich sind die Religionskriege wieder aufgeflammt und die kleine Flotte, die der Fürst von Nevers zusammengebracht hatte, wird von Ludwig XIII zurückbeordert und bei Einsätzen gegen die Hugenotten zum größten Teil vernichtet (1625).

Anarchie zu Lande und auf dem Meer

Trotz des Mißlingens solcher Unternehmungen hören die aufständischen Aktivitäten und die Unruhe der Griechen nicht auf. Aufruhr und Anarchie wird im Epirus und vor allem in Makedonien durch die Unterdrückung und die Gewaltakte der Janitscharen und der *Spahis* zusätzlich gefördert. Die unerträgliche Situation verleitet viele Griechen dazu, zum Islam überzutreten oder in die Berge auszuweichen und zu Kleften zu werden.

Die orthodoxe Bevölkerung der Inseln wird von den Piraten – Johannitern, Ritter des Heiligen Stephan, Dalmatiern, Mallorkesern, usw. – brutal tyrannisiert. Besonders französische Piraten, darunter Sprößlinge adeliger Familien, verheeren in Massen den ägäischen Raum und bringen die französischen Gesandten bei der Hohen Pforte in Verlegenheit.

Der Krieg auf Kreta (1645 – 1669)

Die Angriffe der Ritter des Johanniterordens auch auf muselmanische Schiffe mit Mekka-Pilgern waren der Hauptgrund für den Kriegszug der Türken gegen die von den Venezianern besetzte Insel Kreta. Die Hohe Pforte konnte nach der Eroberung von Rhodos und Zypern die venezianische Herrschaft auf Kreta nicht länger dulden, zumal die christlichen Piraten in kretischen Häfen Unterschlupf fanden. 1645 beginnen die Türken mit Operationen gegen Kreta, das sie nach erbitterten Kämpfen (1645 – 1669), wie z.B. den Schlachten um die letzte Festung Chandax (Iraklion), zwischen 1660 und 1669, schließlich besetzten. Die Verteidiger von Chandax unter Francisco Morosini ergeben sich unter ehrenhaften Bedigungen. Dieser Krieg – besonders in seiner letzten Phase – ruft bei den Völkern Europas ein solches Mitgefühl und eine solche Opferbereitschaft hervor, wie vielleicht keine andere kreuzzugartige Bewegung seit 1204. Die ferne Insel wird zum symbolischen Schlachtfeld zweier Welten und Weltanschauungen: Das Christentum kämpft mit dem Islam und Sieg oder Niederlage des einen werden als die Durchsetzung oder die Vernichtung des anderen angesehen. So strömen Freiwillige und Söldner aus verschiedenen christlichen Ländern des Westens nach Kreta – Idealisten, aber auch Abenteurer –, um für die Republik Venedig zu kämpfen. Während der letzten neun Kriegsjahre brach Ludwig XIV mit der herkömmlichen protürkischen Politik seiner Regierung und entsandte Truppen zur Unterstützung der Belagerten von Iraklion.

Die Verluste der Griechen und Venezianer betrugen ca. 100.000 Mann, während sich die Kosten für Venedig auf nahezu 100 Millionen Goldmünzen beliefen. Für die Türken waren die Kosten natürlich beträchtlich höher. So beschleunigte der Krieg um Kreta den wirtschaftlichen Verfall der beiden rivalisierenden Mächte.

Der Fall von Kreta hatte für die Kultur und die alte künstlerische Tradition der Insel, aber auch für ganz Griechenland, verheerende Folgen. Kreta war das einzige griechische Land, in dem nicht nur die alten Herde klassischer Bildung erhalten geblieben waren, und wo aus Konstantinopel flüchtende Gelehrte und Handwerker Zuflucht gefunden hatten; es war auch dank seiner auf die Venezianer zurückgehenden Kontakte zum Westen allmählich zum leuchtenden Zentrum einer besonderen, neugriechischen Kultur geworden, die vornehmlich in der Literatur ihren Ausdruck fand. Die Blüte der kretischen Literatur fand etwa ein halbes Jahrhundert vor der Landung der Türken, also zwischen 1595 und 1650 statt. Unter dem Einfluß westlicher Vorbilder entstanden Werke, die sich durch die Subtilität des Gefühls und die Kraft des Ausdrucks auszeichnen, wie die Tragödie »Erofili« (um 1600) von Georgios Chortatzis, der Liebesroman »Erotokritos« (vor 1650) von Vitsentzos Kornaros und die Tragödie »Das Opfer Abrahams« (vermutlich 1635).

VIII. Die Verbreitung der griechischen Kultur auf dem Balkan (1453 – 1821)

Bei den Verhandlungen zwischen Türken und Venezianern um die Übergabe von Iraklion (1669) spielt auf Seiten der Türken der Grieche Panagiotis Nikussis (1613 – 1673) aus Phanari, dem griechischen Stadtteil von Konstantinopel, oberster Dolmetscher bei der Hohen Pforte, eine aktive Rolle. Nikussis ist der erste Grieche, der dieses hohe Amt innehat. Ihn löst als Nachfolger sein Landsmann Alexandros Mavrokordatos ab. Der Aufstieg dieser beiden Männer an die Spitze der Osmanischen Hierarachie ist auf Bildung, Intelligenz und Sprachkenntnisse zurückzuführen.

Später bemühen sich einige Familien aus Phanari gezielt um Ämter bei der Pforte. Die Phanarioten erlangen unter den Mächtigen um den Sultan mit der Zeit genügend Gewicht, um das politische, geistige und wirtschaftliche Leben der Griechen und der anderen Balkanvölker beeinflussen zu können. Sie nutzen von Beginn des 18. Jahrhunderts bis zur griechischen Revolution von 1821 geschickt ihre Beziehungen zur Hohen Pforte, und werden dank ihrer diplomatischen Erfahrung und Flexibilität immer häufiger sogar Hegemonen in Moldau und der Walachei.

Die Griechen in Moldau und der Walachei vor 1711

Hier hatte sich bereits vor der Alosis ein gewisser Einfluß der byzantinischen kirchlichen Tradition, der byzantinischen Kunst und Literatur gefestigt; bereits damals entstanden in schneller Folge griechische Kolonien. Kleriker, Handwerker und Künstler zogen dorthin und die örtlichen Hegemonen empfingen sie in der Regel wohlwollend. Die höhere Geistlichkeit zog außer Verwandten und Freunden auch Ärzte und Gelehrte nach, die griechische Sprache, Bildung und Kultur in die neue Heimat brachten. So wurden z.B. die Bande zwischen der rumänischen Kirche, dem Heiligen Berg Athos und den orthodoxen Patriarchaten immer enger. Griechische Gelehrte gründen Schulen und unterrichten die Kinder der rumänischen Bojaren sowie die Kleriker in der griechischen Sprache. 1640 gründet der rumänische Hegemon Vasile Lupu (1634 – 1653) in Jassy beim Kloster der Drei Hierarchen eine griechische Schule und eine Druckerei, während 1679 der griechisch-rumänische Hegemon Serban Kantakusinos in Bukarest beim Kloster des Heiligen Sabbas die griechische »Akademie« errichtet.

Einfluß der Phanarioten in den Donauhegemonien (1711 – 1821)

So finden die Phanarioten, als sie in die Hegemonien an der Donau kommen, ganze Regionen vor, die bereits an griechischer Bildung und Kultur orientiert sind. In verschiedenen Städten entfalten sich blühende griechische Zentren, die zur Entwicklung des geistigen Lebens auch des rumänischen Volkes beitragen. Einfluß auf alle Volksschichten üben, abgesehen von der Orthodoxen Kirche und den griechischen Schulen, auch griechische didaktische Volksbücher und Romane aus, die ins Rumänische übersetzt, meist als Manuskripte zirkulieren, wie die »Phyllada des Megalexandros«, »Barlaam und Josaphat«, »Der Physiologos« und andere.

Durch die Initiative und die Unterstützung der Phanarioten wird die Verbreitung des griechischen und des westeuropäischen Geistes besonders in der Walachei stark gefördert. Griechisch wird zur Sprache der Gebildeten und ganz allgemein zur Sprache der herrschenden Schicht, der Bojaren.

Hier muß angemerkt werden, daß viele Phanarioten sich als Menschen wie als Hegemonen schwere Fehler und Ungerechtigkeiten zuschulden kommen ließen, was allerdings im Kontext der Zeit gesehen werden muß. Andere Phanarioten wieder haben zweifellos zur Entwicklung der Donaufürstentümer Wesentliches beigetragen, wie die Familien der Ypsilantis, der Mavrokordatos, der Murusis, die integre und beim Volk beliebte Hegemonen stellten. Konstantin Mavrokordatos, Alexandros Ypsilantis und andere reformieren die Gerichtsbarkeit und das Schulwesen, verbessern die Lage der Bauern und verwirklichen so ein weitreichendes Sozial- und Bildungsprogramm.

Dem Beispiel eines »aufgeklärten Absolutismus« an den westeuropäischen Höfen im 18. Jahrhundert folgend, sind die Phanarioten begeisterte Freunde der Bildung; sie huldigen den neuen Ideen, die vor und nach der französischen Revolution zu ihnen gelangen. Viele phanariotischen Hegemonen lesen und übersetzen sogar französische Romane und philosophische Werke; die Bojaren eifern ihnen nach; die französische Sprache wird allmählich auch dort zur Sprache der Salons. Doch ihre Verbreitung beginnt zunächst mit ihrer Einführung als Unterrichtsfach an den dortigen griechischen Schulen (um 1775).

Diese Entwicklung wird begünstigt durch die aufeinanderfolgenden Besetzungen der Donaufürstentümer durch die Russen in den russisch-türkischen Kriegen im 18. und 19. Jahrhundert, durch den Ruhm der französischen Siege und den Aufschwung der Wissenschaften nach 1789, sowie durch die Aktivitäten französischer Agenten, die die Zauberworte »Freiheit, Gleichheit, Brüderlichkeit« voll Enthusiasmus in die Welt hineintragen.

Zusammenfassend kann festgestellt werden, daß die phanariotischen Hegemonen und ihre Vertreter in Konstantinopel, mit welchen sie in engem Kontakt standen, sich durchaus für die Probleme ihrer Landsleute interessierten und sich ihrer, so gut sie konnten, annahmen; einige sind überdies von starkem Nationalbewußtsein bestimmt und haben das Wohl der ganzen Nation im Auge.

Das Griechentum in Bulgarien und Serbien

Ein beachtlicher griechischer kultureller Einfluß läßt sich auch in Bulgarien feststellen. Das bulgarische Volk wurde in den Jahren der Unterjochung von der Außenwelt isoliert, seine nationale Identität war fast verlorengegangen. In den einzigen überhaupt existierenden Schulen, den *Kelia*, so genannt nach den Zellen der Geistlichen, wurden Kinder auf das geistliche Amt vorbereitet, lernten das slawische Alphabet und die wichtigsten kirchlichen Schriften kennen.

Hauptträger der Verbreitung griechischer Bildung waren die höheren Kleriker, die vom Patriarchat in Konstantinopel ausgesandt wurden und dynamische Zentren griechischer Kultur gründeten. Es waren darüberhinaus blühende Niederlassungen einer früheren Kolonisationsepoche der Griechen an den Küsten des Schwarzen Meeres erhalten geblieben – in Varna, Pyrgos, Anchialos, Sosopolis und im Inneren des Landes in Philippupolis, Stenimachos, Kuklena, Vodena. Diese alten Zentren wurden durch die Einwanderung anderer Griechen aus Rhodos, Epirus, Makedonien, Thessalien und anderen Regionen und Städten gestärkt. Parallel zur wirtschaftlichen und geistigen Entfaltung der griechischen Nation vertieft sich der Einfluß griechischer Bildung in Bulgarien. Der Gottesdienst wird in griechischer Sprache gehalten, die griechischen Schulen werden zahlreicher, der Rhytmus der »Gräzisierung« schneller.

Am Anfang des 19. Jahrhunderts erreicht diese ihren Höhepunkt. Die Bulgaren, vor allem in den Städten und Flecken, lernen Griechisch, sie geben ihre Kinder in griechische Schulen, in welchen Griechen oder gräzisierte Bulgaren lehren. Eine dritte Quelle griechischen Einflusses ist die Ausstrahlung griechischer Bildung und Kultur aus dem rumänischen Raum nach Bulgarien hinein.

Diese Entwicklung ruft schließlich die Reaktion einiger Bulgaren hervor, die darin eine Schmälerung ihrer nationalen Identität und Würde erblicken. Zu diesem Erwachen trägt wiederum gerade die griechische Bildung bei: Die meisten der nationalbewußten Männer sind in griechischen Schulen oder kulturellen Zentren ausgebildet worden. Sogar der Verkünder des neuen Bulgarien, der Mönch Paisij von Samokovo, schrieb sein berühmtes Geschichtswerk, den Appell an das Nationalbewußtsein, die »Slaweno-bulgarische Geschichte der bulgarischen Bevölkerungen, Zaren und Heiligen«, im Kloster Chilandariu und danach im Kloster Zografu, d.h. in zwei slawischen Klöstern im Schoß der griechischen Kultur auf dem Heiligen Berg Athos. Mit flammenden Worten ruft er das bulgarische Volk auf, aus seiner Lethargie zu erwachen, hält seinen Landsleuten vor, daß sie griechisch sprechen und schreiben, und ermahnt sie, ihre Muttersprache zu ehren. Die Gedanken des Paisij finden großen Widerhall bei den Bulgaren, bewirken jedoch nicht unmittelbar ihre Emanzipierung vom griechischen Einfluß. Auch die späteren geistigen Führer, die zu Anfang und in der Mitte des 19. Jahrhunderts wirken, hatten griechische Bildung und Erziehung genossen, auch wenn sie gegen die Griechen zu Felde ziehen. Erst später würdigen die Bulgaren den wichtigen Beitrag der Griechen für ihre geistige und politische Wiedergeburt.

Auch in Serbien breitet sich das Griechentum aus, allerdings nicht ganz so stark wie in Bulgarien. Auch dort sind Kaufleute, Handwerker, Gelehrte und vor allem Kleriker die Träger griechischer Lebensweise und Bildung. Auch dort sprechen die gebildeten Schichten Griechisch, werden die Kinder in griechischen Schulen erzogen. Ja, man kann behaupten, daß griechische Kaufleute den Kern der bürgerlichen Klasse in Serbien gebildet und zum nationalen Erwachen des Landes beigetragen haben.

Die Griechen begleiteten die Freiheitskämpfe der Serben mit großer Sympathie und viele von ihnen unterstützten sie durch ihre Präsenz und ihren Einfluß sowie durch Geld- und Lebensmittelspenden. Die bedeutendsten unter diesen Griechen sind der Metropolit von Belgrad Leontios, der Fürst Konstantin Ypsilantis, der Klefte Georgakis Olympios, Kapodistrias u.a. Zu ihnen zählt auch der kühne Armatole vom Olymp, Nikotsaras, der es unternahm, quer durch Makedonien in die Moldau und Walachei zu marschieren, um an der Seite der russischen Armee den Serben zu Hilfe zu eilen (1807).

Vergegenwärtigt man sich den griechischen Einfluß in byzantinischer Zeit auf die anderen Völker des Balkans, so gewahrt man die Grundelemente der gemeinsamen balkanischen Kultur, die Verwandtschaft im geistigen und künstlerischen Ausdruck, und man versteht, warum den Griechen Malerei, Volksdichtung, Volksmusik und Volksarchitektur dieser Länder so vertraut sind.

IX. Die russisch-türkischen Kriege und die Griechen im 18. Jahrhundert

Erneute Besetzung der Peloponnes durch die Venezianer

Mit der Einnahme von Kreta (1669) war die Eroberung des griechischen Raumes durch die Türken abgeschlossen – ausgenommen bleiben nur die Ionischen Inseln. Im türkisch-venezianischen Krieg 1684 – 1699 erobern die Venezianer unter Führung des mutigen Verteidigers von Iraklion, Francesco Morosini, die Insel Levkas und die Peloponnes, überqueren den Isthmus von Korinth, stoßen nach Athen vor und zwingen die Türken, sich auf der befestigten Akropolis zu verschanzen. Während der Belagerung fällt am Abend des 25./26. September 1687 eine Bombe aus Morosinis Lager auf den Parthenon, den die Türken in ein Pulvermagazin verwandelt hatten. Die Explosion zerstört einen Teil des antiken Meisterwerkes, das bis zu jener Zeit fast unversehrt erhalten geblieben war. Nach zweitägiger Belagerung ergeben sich die Türken bedingunslos. Doch dieser strategische Punkt inmitten des von den Türken besetzten Attika war auf die Dauer unhaltbar. Nach sechs Monaten sah sich Morosini gezwungen, Athen aufzugeben. Ein weiterer Vorstoß nach Euböa schlug fehl, doch wurde diese Niederlage durch glanzvolle Siege der Venezianer und der mit ihnen verbündeten Habsburger an nördlichen Fronten des Balkans wettgemacht. Die Kämpfe in Griechenland dauern mit wechselndem Kriegsglück bis 1699 an und fügen vor allem den westlichen Regionen Zentralgriechenlands schwere Schäden und große Verluste zu. Der Krieg wird durch das Abkommen von Karlovitz (12. Januar 1699) beendet, in dessen Folge die Venezianer die Peloponnes behalten, die sie aber später im Kriege von 1715 wieder verlieren sollten. Nach der Einnahme von Kreta durch die Türken und den erfolglosen Versuchen der Venezianer, sich im südlichen Griechenland wieder festzusetzen, verfinstert sich der Horizont für die Griechen. Doch gerade in jener Zeit erscheinen auch einige günstige Vorzeichen: Der wirtschaftliche und politische Verfall des Osmanischen Reiches einerseits und die Erstarkung des neuen Griechentums im wirtschaftlichen, geistigen und politischen Bereich andererseits. Mit der Beendigung des venezianisch-türkischen Krieges von 1684 – 1699 ist die politische und militärische Rolle Venedigs in Griechenland (wie im Osten überhaupt) im wesentlichen ausgespielt. Die Serenissima wird noch ein knappes Jahrhundert fortbestehen, bis sie 1797 von Napoleon aufgelöst wird. Nach dem Rückzug der Venezianer in die Adria tritt Rußland als Beschützerin der orthodoxen Völker des Balkans auf.

Zur gleichen Zeit wird eine andere, katholische Macht an den westlichen Grenzen des Osmanischen Reiches aktiv. Es ist Österreich, das als wirklicher Sieger aus den Verhandlungen von Karlovitz hervorgeht, nach dem Süden strebt und ebenfalls als Beschützer der Balkanvölker auftritt. Von zwei Seiten her tendieren also aufstrebende, rivalisierende Mächte auf das gleiche Ziel hin: Auf die Aneignung von Territorien des wankenden Osmanischen Reiches.

Die Beziehungen zwischen Russen und Griechen unter Peter dem Großen

Seit die russischen Zaren auf den Süden, das Schwarze Meer hin gerichtete Expansionsbestrebungen zu hegen begannen, hatten sie sich um die Sympathie der Griechen für ihr orthodoxes Großreich bemüht. Griechische Geistliche und Mönche, die während der Türkenherrschaft als Spendensammler kreuz und quer durch Rußland zogen, werden bewußt oder unbewußt zu den eifrigsten Verfechtern der russischen Pläne. Die »Prophetien«, die solchen Kontakten entsprangen, dienten der russischen Politik aufs beste. Mit der Thronbesteigung Peters des Großen (1689 – 1725) werden die Träume der Orthodoxen beflügelt und ihre Hoffnungen gestärkt.

Seit 1700 haben die Russen, ebenso wie die anderen europäischen Mächte, einen diplomatischen Vertreter in Konstantinopel, was ihnen die Möglichkeit gibt, unmittelbare Kontakte zu den unterjochten orthodoxen Völkern, und besonders zu den Küstenbewohnern herzustellen. So wissen wir, daß bereits 1702 der russische Gesandte Tolstoj begonnen hatte, unter den Slawen, Italienern und Griechen an den Küsten der Adria und des Ionischen Meeres Bemannung und Bedienungspersonal für die russische Flotte anzuwerben. Es sei erwähnt, daß der Organisator der russischen Flotte im Baltischen Meer der Grieche Botsis gewesen ist.

Auch während des Nordischen Krieges mit Schweden setzen die Vertreter Peters des Großen ihre Aktivitäten in den unterjochten griechischen Ländern und auf den Ionischen Inseln fort und verteilen an die Bevölkerung, an religiöse Einrichtungen, Kirchen und Klöster, in Amsterdam hergestellte Kupferstich-Porträts des Zaren mit der Inschrift: »Peter Primus Russograecorum Monarcha«, was bestens geeignet war, die Gemüter der verzweifelten *Rajas* zu verwirren – sollte tatsächlich er, der designierte Führer der »Blonden Rasse«, der Erlöser der Griechen aus der Sklaverei sein? Offenbar wird der Name des Zaren in den Kirchen einiger entlegener Siedlungen in die Fürbitte eingeschlossen; auch schlägt sich die Freiheitssehnsucht, verbunden mit der Hoffnung auf die Russen im Volkslied nieder:

> Noch diesen Frühling,
> Rajas, Rajas,
> Noch diesen Sommer,
> armes Rumeli,
> bis der Moskowiter kommt.

Die Haltung Peters des Großen den Türken gegenüber wird nach seinem Sieg über die Schweden in Poltawa härter. Die Türken nehmen empört die Herausforderung an und erklären ihm den Krieg (November 1710). Der Zar versucht eine Erhebung der Balkanvölker zu provozieren, indem er am Epiphaniastag, dem 6. Januar 1711, ein Manifest veröffentlicht, in dem es heißt, daß Rußland gegenüber dem Schmerzensschrei der versklavten Völker des Balkans, der Griechen, Rumänen, Bulgaren und Serben, nicht gleichgültig bleiben werde. In der Tat hätte eine Erhebung dieser Völker seinen Plänen am Schwarzen Meer äußerst dienlich sein können. Der Krieg endet mit der unerwarteten Niederlage Peters in Stanilesti am Pruth (1711). Die Enttäuschung der Völker auf dem Balkan ist groß. Doch Orakel und Prophezeihungen blieben tief im Herzen des Volkes verwurzelt: der Traum einer Befreiung durch die Russen erlischt nie mehr im griechischen Raum.

Der russisch-türkische Krieg von 1768 – 1774 und der Aufstand der Griechen

Was Peter der Große nicht erreicht hatte, unternahm die ehrgeizige Katharina II (1762 – 1796), die, wie ehemals die Venezianer, ihre treuesten Verbündeten in Griechenland bei den stets zu Befreiungskämpfen bereiten Maniaten auf der Peloponnes fand. Als Kontaktmann und Unterhändler von russischer Seite trat der Grieche Georgios Papasolis, Offizier im russischen Heer, auf; er war der bekannteste offizielle Agent unter den vielen, die damals aus Rußland nach Griechenland kamen. Zur gleichen Zeit zetteln andere Agenten auch in Montenegro und Chimara Aufstände an, die von türkischen Truppen blutig niedergeschlagen werden. Am 30. September 1768 bricht der russisch-türkische Krieg aus, der bis in den Juli 1774 andauert. Die russische Flotte fährt aus der Ostsee durch den Ärmelkanal ins Mittelmeer. Gegen Februar 1770 treffen die ersten russischen Schiffe unter Führung der Admirale Fedor Orlow und Grigorij Spiridow vor der Küste der Mani ein; ihr Anblick begeisterte die Maniaten, die sich sogleich gegen die Türken erheben. Es werden zwei griechische revolutionäre Korps gebildet, die zusammen mit russischen Stoßtrupps zunächst einige Erfolge erringen. Das eine stößt nach Norden vor, nimmt Mistras ein und etabliert eine lokale Regierung, das andere besetzt Kalamata und kommt im Norden bis Kyparissia. Doch Eigenmächtigkeit und das brutale Verhalten der Maniaten untergraben die Kampfkraft und entfachen den religiösen Fanatismus der Türken, die sich auf Leben und Tod verteidigen. Als das erste griechische Korps vor Tripolitsa (Tripolis auf der Peloponnes) eintrifft, brechen die Türken aus und schlagen Griechen und Russen in die Flucht; entmutigt ziehen diese sich in den Süden zurück. Die Brüder Fedor und Alexis Orlow bemühen sich vergeblich, die Fliehenden zusammenzuhalten und ihre Kräfte in Navarino zu konzentrieren, um hier einen sicheren Stützpunkt für ihre Flotte zu gewinnen. Die Mißerfolge der Griechen, ihre häufige Entfernung von der Truppe und Zwistigkeiten mit den Russen veranlassen letztere, sich auf ihre Schiffe zurückzuziehen, in See zu stechen und die Griechen der Wut ihrer rasenden Feinde zu überlassen. Alexis Orlow bemüht sich, den Schandfleck seiner Niederlage auf der Peloponnes zu tilgen, stellt die türkische Flotte in der Ägäis und vernichtet sie bei Tschesme in der Nacht vom 5. zum 6. Juli 1770. Es war die schwerste Niederlage der türkischen Flotte seit der Seeschlacht bei Naupaktos (1571). Die russische Flotte beherrschte nun bis zum Ende des Krieges (1774) die Ägäis.

Andere Aufstände der Griechen auf Kreta und in Zentralgriechenland wurden gleichfalls erstickt; die Bevölkerung hatte in diesen Gebieten, wie auch in den nördlichen Provinzen, Thessalien, Epirus und Makedonien, durch die Unterdrückung und die Raubüberfälle der türkischen Truppen und besonders ihrer albanischen Söldner, grausam zu leiden. Die Albaner werden im Laufe der Zeit zu Unterdrückern nicht nur der Griechen, sondern auch der Türken selbst in Griechenland, vor allem auf der Peloponnes. Die Appelle an den Sultan, sie von dieser Geisel zu befreien, werden gemeinsam von Griechen und Türken unterzeichnet. Im Jahre 1779 beauftragt der Sultan schließlich den Pascha Hassan damit, die Bevölkerung von den irregulären albanischen Truppen zu befreien, was der türkische Admiral auch erfolgreich betreibt.

Der Frieden von Kütschük-Kainardschi 1774 und seine Folgen für die Griechen

Der russisch-türkische Krieg von 1768 – 1774 endet mit dem Vertrag von Kütschük-Kainardschi (21. Juli 1774), einem Meisterstück russischer Diplomatie. Die Russen erreichen die Amnestie all derer, die auf ihrer Seite am Kriege teilgenommen haben, die Annektion einiger Dörfer und befestigter Orte an der kaukasischen Grenze, die freie Schiffahrt in türkischen Gewässern, Handelsprivilegien, die Unabhängigkeit der Tataren auf der Krim, eine Kriegsentschädigung und – als Wichtigstes – das Recht auf den Schutz der christlichen Religion. Diese Bedingungen waren in verschiedenen Artikeln des Vertrages in vagen Formulierungen verborgen; gerade diese sollten Rußland das Recht zur Intervention in die inneren Angelegenheiten der Türkei verschaffen.

Der verheerende Ausgang des Abenteuers von 1770 und seine schrecklichen Folgen erschütterten die auf Rußland schauenden Griechen. Unter ihnen ist der Mönch Kosmas, genannt der Ätolier, der die griechischen Länder, besonders Epirus und Makedonien, schon vor dem Aufstand von 1770 bereist und ihren verwilderten Bewohnern biblische Texte ausgelegt und sie zu geduldigem Ausharren im Glauben an Christus ermahnt hatte. Kosmas, dessen Andenken in jenen Gegenden bis heute lebendig geblieben ist, versucht nach der Katastrophe von 1770 neue Wege zu finden und richtet seine Landsleute auf ein Ideal aus, das er als unabdingbare Voraussetzung für die Erringung der Freiheit hinstellt: die Anhebung des moralischen und geistigen Niveaus der griechischen Nation. Mit diesem Ziel macht er sich Anfang 1775 von Konstantinopel aus auf den Weg, etwa fünf Jahre lang in Makedonien, Epirus und Albanien zu predigen, wo die Lage aufgrund der vielen Übertritte zum Islam besonders deprimierend war. Seine Losung ist Nächstenliebe, Eintracht, Gründung von Schulen und das Festhalten an der Orthodoxie. Seine religiöse Mission betrachtet er als einen Dienst an der Nation. Bei der Erfüllung seiner Aufgabe starb Kosmas 1779 den Märtyrertod durch die Türken.

In jener Zeit zeichnet sich ein wirtschaftlicher Aufschwung ab, der sich unter anderem auch darin zeigt, daß einige Jahre nach der Unterzeichnung des Vertrages von Kütschük-Kainardschi und des Abkommens von Ainali Kavak (1784) das Schwarze Meer und die Propontis voll griechischer Handelsschiffe von den ägäischen und ionischen Inseln sind, die nunmehr unbehindert unter russischer

Flagge in allen Häfen des Osmanischen Reiches und des Mittelmeeres Handel treiben können. Die Russen gewähren außerdem einer großen Zahl von Griechen die russische Staatsangehörigkeit. Namhafte griechische Geistliche, wie Evgenios Vulgaris und Nikiforos Theotokis, werden ehrerbietig in Rußland empfangen und mit hohen Ämtern bedacht, ersterer als Erzbischof von Tauris und Cherson, letzterer als Erzbischof von Astrachan. Viele Griechen lassen sich als Kaufleute in Taganrog an der Küste des Asowschen Meeres, später in Odessa nieder.

Emigration der Griechen nach Südrußland

Nach den mißlungenen Aufständen der Griechen werden die Türken mißtrauischer; ihre Haltung verhärtet sich. Dies hat eine neue Fluchtbewegung der Bevölkerung, besonders von den Ägäischen Inseln und der Peloponnes in die gefahrloseren großen Zentren im Inneren des Landes, vor allem nach Konstantinopel, sowie ins Ausland, nach Österreich, Ungarn und Rußland, zur Folge. Die nach Rußland Ausgewanderten werden mit Hilfe der russischen Behörden in den Gebieten um das Asowsche Meer angesiedelt. Diese Besiedlung des südlichen Rußland mit Griechen setzt sich auch später fort – an den Küsten der Krim und im Gebiet zwischen Dnjepr und Donau mit Odessa als Zentrum. Die Siedler werden dort von dem Gouverneur dieser, »Neurußland« genannten Territorien, Fürst Potemkin, zur Bewachung der Küsten eingesetzt.

Die Auswanderungsbewegung der Griechen wird durch die breit angelegte Kolonisationspolitik Katharinas II begünstigt, die den Boden der Krim und des Kubangebietes, die sie in Verletzung des Vertrages von 1774, im Jahre 1783 annektiert hatte, nutzbar machen wollte. Vier Jahre später besucht Katharina II die neuen Ländereien; in Cherson trifft sie sich mit ihrem Verbündeten, dem Kaiser Joseph II von Österreich. Dieses Treffen beunruhigt die Türkei und die europäischen Mächte; sie argwöhnen, Hauptinhalt der Gespräche beider Kaiser sei die Zerstückelung des Osmanischen Reiches und damit die Verwirklichung des sogenannten »großen griechischen Planes« gewesen, d.h. die Befreiung der Griechen und die Wiederherstellung des Byzantinischen Reiches mit dem Enkel Katharinas II, Konstantin, als Oberhaupt.

Der neue russisch-türkische Krieg 1787–1792 und die Beteiligung der Griechen

Gedrängt von der englischen Diplomatie, welche die russische Expansion fürchtet, erklären die Türken am 22. August 1787 Rußland den Krieg. Zugleich treffen sie Maßnahmen zur Verhinderung aufständischer Bewegungen der Griechen und zur Unterbindung der propagandistischen Tätigkeit russischer Agenten in Griechenland; so unterbleibt die Entsendung des Geschwaders vom Admiral Greig ins Mittelmeer, die die Griechen zur Erhebung gegen die Türken hätte bewegen sollen, denn Schweden, ebenfalls von England angetrieben, erklärt Rußland den Krieg (Juli 1788), an dessen Seite Österreich in den Krieg eingetreten war (Februar 1788). Hinzu kommt der Aufstand der Polen, die die seit 1722 vollzogene Zerstückelung ihres Landes nicht länger hinnehmen wollen. Schließlich bewirkt die Angst vor der Störung des Gleichgewichts in Europa durch die russisch-österreichische Koalition die Bildung einer gemeinsamen Front von England, Preußen, Holland und Schweden, deren Initiator England ist. Der Krieg bleibt auf die nördlichen Grenzgebiete der Türkei – auf Moldau und Walachei – beschränkt. Die Russen versuchen weiterhin, kleine Flotten hauptsächlich mit griechischen Mannschaften auszurüsten, um in den griechischen Ländern Aufstände zu entfachen. Ihre Aufmerksamkeit gilt vor allem Epirus (besonders dem Stamm der Sulioten), Akarnanien in Zentralgriechenland und auch Makedonien. Bemerkenswert ist die Aktivität der Flotte von Lambros Katsonis, eines griechischen Offiziers der russischen Marine, der seit dem Frühjahr 1789 das Ionische Meer und die Ägäis durchstreift und türkische Schiffe kapert. Die Lage auf dem Festland ist verzweifelt. Nordalbanien und das nordwestliche Makedonien befinden sich durch die Fehden der albanischen *Beis* untereinander und die Rebellion des albanischen Pascha Machmut gegen die Hohe Pforte in Aufruhr. Die Anarchie hat die Lähmung des Handels von Thessaloniki mit Monastir und Vidini, sowie mit Albanien und Bosnien zur Folge.

Zum Glück für die Hohe Pforte ging der Krieg mit Rußland seinem Ende zu. Doch die Ideen der französischen Revolution versetzten den Zaren ebenso wie die anderen europäischen Regierungen bereits in Unruhe. Neue Verhältnisse gewinnen in Europa konkrete Gestalt, denen die Politik der Großmächte Rechnung tragen muß. Sie führen zum Friedensschluß von Jassy (9. Januar 1792). Ali Pascha von Ioannina ergreift in diesem Augenblick die Gelegenheit, um sich an den griechischen Kleften und Armatolen, die sich auf die Seite der Russen hatten ziehen lassen, unerbittlich zu rächen. Er wendet sich zugleich gegen die gefürchteten Sulioten, gegen die er im Juli 1792 einen Feldzug unternimmt. Doch seine Truppen müssen große Verluste hinnehmen und gedemütigt zieht er sich nach Ionannina zurück.

Empört erblickt Lambros Katsonis im türkisch-russischen Vertrag von Jassy die Aufkündigung der russischen Hilfe für die Griechen; er erkennt den Vertrag nicht an und setzt in eigener Verantwortung und völlig unabhängig seine Aktivitäten fort; Porto Kajo in Mani ist sein Flottenstützpunkt; der berühmte Klefte Andrutsos kämpft gemeinsam mit ihm. In Porto Kajo wird er von einem Geschwader der türkischen Flotte und der französischen Fregatte »Modeste« angegriffen; ihm gelingt die Flucht nach dem unter venezianischer Herrschaft stehenden Ithaka und von dort aus nach Rußland, während Andrutsos von den Venezianern festgenommen und an die Türken ausgeliefert wird.

X. Wirtschaftlicher und geistiger Aufschwung der Griechen – seine Auswirkungen auf den Freiheitskampf (Ende des 18. – Beginn des 19. Jahrhunderts)

Entfaltung von Schiffahrt und Handel

Das nationale Erwachen der Griechen wird wesentlich durch den Wirtschaftsaufschwung gefördert, der ein allgemeines Phänomen der Zeit ist. Diese Entwicklung erreichte einen ersten Höhepunkt nach der französischen Revolution, als die mit dem Beginn der napoleonischen Kriege nachlassende Aktivität der französischen Marine im Nahen Osten sowie das fast völlige Fehlen einer türkischen Handelsmarine den Griechen die Gelegenheit geben, vor allem auf den Inseln Hydra, Spetses und Psara, ihre Handelstätigkeit weiter auszubauen. Innerhalb weniger Jahre gelingt es ihnen unter dem Schutz der russischen Flagge, sowie der Flagge des Osmanischen Reiches selbst, das einträgliche Monopol des Getreidetransports von den Häfen Ägyptens und des Schwarzen Meeres nach anderen Häfen des Ostens und des Mittelmeers an sich zu ziehen. Die schnellen griechischen Schiffe, bemannt mit erfahrenen Leuten, ausgerüstet mit Kanonen, garantieren nicht nur den zügigen Transport der Handelsgüter, sondern auch ihre Sicherheit vor Piratenüberfällen. Die Handelsmarine der Griechen ist als Vorform ihrer Kriegsflotte zu sehen. Auf den Inseln Hydra, Spetses und Psara konzentrieren sich große Reichtümer, die später im Unabhängigkeitskampf Seeoperationen möglich machen.

Das Erscheinungsbild des Griechentums jener Zeit ähnelt durchaus demjenigen der altgriechischen Kolonisationsepoche. Von Gibraltar bis Odessa entwikkeln sich blühende griechische Handelskolonien, ähnlich den antiken Handelsniederlassungen, während in den Handelszentren des Osmanischen Reiches (Konstantinopel, Smyrna, Thessaloniki usw.) griechische Handelshäuser erfolgreich mit ausländischen konkurieren und sie oft überflügeln. Außerhalb der unterjochten Gebiete, vor allem in Mitteleuropa und in Rußland, gelangen um die Jahrhundertwende die handeltreibenden Griechen zu Wohlstand; sie erreichen ein hohes Bildungsniveau und werden so zu Vertretern des Bürgertums. Angehörige dieser starken griechischen Bürgerschicht kehren häufig in ihre unterworfenen Heimatorte zurück und bringen neben Reichtum auch neue Lebensanschauungen und revolutionäre Ideen mit.

Kulturelle Aktivitäten der Griechen – Adamantios Korais

So begünstigt der wirtschaftliche Aufstieg die nationale Wiedergeburt der Griechen. Mit Spendengeldern errichtete Schulen, Bücher, literarische und politische Zeitungen und Zeitschriften, die im Ausland verlegt werden, wie z.B. der »Logios Ermis«, haben die Stärkung des Nationalbewußtseins zum Ziel. Bildungsleidenschaft ergreift die Griechen überall. Viele junge Menschen werden auf Kosten der griechischen Hegemonen der Moldau-Walachei oder mit Unterstützung wohlhabender Bürger als Stipendiaten an die Universitäten Italiens,

Frankreichs, Deutschlands und Englands geschickt. Die Träger dieser kulturellen Aktivitäten werden zu hervorragenden Lehrern der Nation, wie Adamantios Korais, Evgenios Vulgaris, Daniil Philippidis, Nikiforos Theotokis, Konstantin Kumes, Anthimos Gasis, Theophilos Kairis, Neofitos Dukas, Benjamin der Lesbios, Athanassios Psalidas und viele andere.

Adamantios Korais, der bedeutendste unter ihnen, ist eine moralische und geistige Autorität. Er wurde 1748 als Sohn angesehener Eltern im Smyrna geboren. Sein Vater, ein Seidenhändler, schickt ihn geschäftlich nach Holland; doch er vernachlässigt seine finanziellen Interessen und widmet sich mit überschwänglichem Eifer der Bildung. Die holländische philologische Schule stand damals hoch in Blüte – ein gewaltiger Unterschied zu den scholastischen Grammatiklehrern in seiner Heimat. Hier hörte er bedeutende Gelehrte und begann selbst nach ganz anderen Methoden die griechischen Autoren zu studieren. Nach einem sechsjährigen Aufenthalt in Smyrna geht er nach Frankreich, wo er an der medizinischen Fakultät von Montpellier studiert. Nach Beendigung dieses Studiums läßt er sich 1788 als Arzt in Paris nieder und erlebt im nächsten Jahr die französische Revolution, die seine Lebensorientierung zutiefst beeinflußt. Korais leidet schwer unter der erbarmungswürdigen Lage seines Volkes und sehnt sich danach, es der Tyrannei zu entreißen und es in den Kreis der zivilisierten Nationen zurückzuführen. Die allgemeine Auffassung, daß die Umwälzung von 1789 auf die französische Aufklärung zurückzuführen ist, verstärkt Korais' Willen, mit allen seinen Kräften zur Aufklärung und Bildung seiner Landsleute beizutragen. Als ein wichtiges Mittel hierzu sieht er die Herausgabe der klassischen Autoren mit ausführlichen Einleitungen »in der gemeinen Sprache«, so daß sie nicht nur von Studenten der Philologie, sondern von allen Griechen gelesen werden können. Er gibt seine Tätigkeit als Arzt auf und widmet sich ausschließlich dem Studium der antiken Autoren und der Herausgabe der »Griechischen Bibliothek«; durch dieses Werk geht er in die Geschichte ein, nicht nur als Philologe und Mentor in griechischer Bildung, sondern auch als Vorläufer und Verkünder der Freiheit Griechenlands. Korais tritt zu einem für die Nation kritischen Zeitpunkt auf; seine Stimme findet lebendigen Widerhall, besonders bei der studierenden Jugend. In dem damals entbrannten Streit um die Sprache bezog Korais Stellung zugunsten der *Katharevussa* (katharos = rein), die er durch seine Autorität als Brücke zwischen der antikisierenden und der vom Volk gesprochenen Sprache, der *Dimotiki* (dimos = Volk) institutionalisierte.

Der Einfluß der französischen Revolution und Rigas Velestinlis

Auf die jahrhundertealte griechische Gelehrtentradition, die mit dem orthodoxen Byzanz eng verwoben war, treffen jetzt das Gedankengut der französischen Revolution und die liberalen Prinzipien, die zur Entstehung von Nationalstaaten führen sollten. Sie finden bei den meisten gelehrten Denkern des vorrevolutionären Griechenlands ein starkes Echo.

Zur gleichen Zeit greifen auch die griechischen Seeleute, die die englische Blokkade der französischen Häfen durchbrechen und den französischen Wachtposten Lebensmittel liefern, »die neuen Ideen« auf und verbreiten sie begeistert bei ihren Landsleuten. In den Worten »liberté, egalité, fraternité« finden die unterjochten Griechen ihre Ideale wieder. Die französische Revolution und Napoleon, der »Kriegsgott«, wie der Revolutionsführer Kolokotronis ihn nennen sollte, öffneten den Menschen die Augen und erweckten neue Hoffnungen. Der triumphale Zug Napoleons durch Italien und der Sturz der absolutistischen Regime, die Einführung der Volksherrschaft, seine Ankunft an der Adria und die Auflösung der Republik Venedig sowie schließlich die Landung der französischen Truppen auf den Ionischen Inseln – dem unterjochten Griechenland direkt gegenüber – sind hochbedeutsame Ereignisse für die Griechen. Napoleon ist am Rande des Orients angelangt und träumt von der Ausdehnung des französischen Einflusses auf diese Region.

In dieser unruhigen Atmosphäre entfaltet sich die revolutionäre Bewegung von Rigas Velestinlis, geboren um 1757 im thessalischen Velestino. Etwa zwanzigjährig geht er nach Konstantinopel, wo er Sekretär des »Großen Dolmetschers« bei der Hohen Pforte, Alexandros Ypsilantis wird, der sich mit väterlicher Sorge um die Bildung des jungen Mannes bemüht. Seine politische und literarische Aktivität beginnt, nachdem er den Posten eines Sekretärs des Hegemonen der Moldau-Walachei, Nikolaos Mavrojenis (1788 – 1790), erhalten hat. Hier erlernt er Französisch, Italienisch und Deutsch und beschäftigt sich eingehend mit der französischen Literatur und Philosophie, vor allem mit Rousseau und Voltaire. Vor 1788 kommt er nach Bukarest, wo er die griechische Kolonie in leidenschafltiche Diskussionen verwickelt vorfindet. Enttäuscht von den trügerischen russischen Befreiungsversuchen richtet Rigas seinen Blick auf Frankreich. Inspiriert durch die Ideen der französischen Revolution strebt er den Aufstand der Griechen und der anderen Balkanvölker an, die er zu einer umfassenden politischen Einheit verbinden möchte. Im August 1796 kommt er nach Wien, wo er im Rahmen eines großen revolutionären Programms aktiv wird; er weiht viele der dort lebenden Griechen in seine Pläne ein: Studenten und Kaufleute, die meisten aus Kastoria und Siatista. Unter anderem veröffentlicht er die »Charta Griechenlands«, die Verfassung einer eventuellen Balkanföderation, in der er den Griechen eine vorrangige Rolle zuschreibt, und komponiert mehrere revolutionäre Lieder. Anschließend geht er nach Triest. Dort wird er von der Polizei Metternichs festgenommen und dem *Kaimakam* (türkischen Statthalter) von Belgrad ausgeliefert, der ihn am 24. Juni 1798 hinrichten läßt.

Die französische Revolution und Pläne Rigas' beflügeln die Balkanvölker, die sich nacheinander gegen die Ambitionen der Großmächte zur Wehr setzten. Bis zu jenem Zeitpunkt wurden die Länder der Balkanhalbinsel, wie überhaupt der Osten von den europäischen Mächten lediglich als Provinzen des Osmanischen Reiches betrachtet, die sie bei dessen fortschreitendem Verfall selbst zu erben gedachten. Jetzt aber taucht das Wort »Der Balkan den Balkanesen« auf und gewinnt als die natürlichste, einfachste und gerechteste Lösung der Orientfrage immer größere Kraft und Bedeutung.

Daß vor allem Auslandsgriechen – Kaufleute und Intelektuelle – die Initiati-

ve zum Aufstand der griechischen Nation ergreifen, bedeutet nicht, daß die griechische Revolution von 1821 das Werk der bürgerlichen Gesellschaftsschicht allein gewesen ist, wie einige griechische Historiker behaupten. Der sozioökonomische Aufstieg des Bürgertums hat zwar dem griechischen Volk den Anstoß für den das gesamte Land erfassenden Aufstand gegeben; dieses Volk aber war schon seit Jahrhunderten psychologisch und ideologisch darauf vorbereitet. Der eigentliche Kampf wurde von allen Kräften einer streitbaren Nation, von ihren Handwerkern, Bauern und Hirten, die damals die große Mehrheit der Bevölkerung bildeten, ausgetragen.
Rigas' Tod wirkte auf den revolutionären Gärungsprozeß in Griechenland nicht hemmend, obwohl auch die Hoffnungen auf eine Intervention Frankreichs mit der Ernennung des »Kleinen Korporals« zum Kaiser der Franzosen 1804 schwinden. Schon vorher waren die Erwartungen der Griechen gedämpft worden, als die Franzosen 1798 durch das Zusammenwirken der russischen und der türkischen Flotte von den Ionischen Inseln verjagt wurden und 1800 Napoleons Feldzug nach Ägypten mit einem Mißerfolg endete.

Im Mai 1800 wird aufgrund des Vertrages von Konstantinopel durch den russischen und türkischen Bevollmächtigten sowie die Vertreter der Ionischen Inseln die griechische »Eptanissos Politia« (»Staat der sieben Inseln«) gegründet, ein für die Griechen ermutigendes Ereignis, die in diesem winzigen Staatsgebilde den Kern eines künftigen, größeren sahen. Auf den Ionischen Inseln finden nun die Kleften von der gegenüberliegenden Festlandsküste Zuflucht, besonders die Sulioten, die von Ali, dem Pascha von Ioannina, nach viereinhalbjährigen blutigen Kämpfen (1800 – 1804), die in ganz Europa Bewunderung hervorgerufen hatten, verjagt wurden. Als Vertriebene nehmen die Sulioten auf den Ionischen Inseln erst in der russischen, dann in der französischen und englischen Armee Dienste an – entsprechend der jeweiligen Besatzung der Inseln. Ihr Blick bleibt aber auf das unterjochte Vaterland gerichtet; sie ersehnen den günstigen Augenblick, wieder auf das Festland überzusetzen.

Die Kämpfe der Serben (1804 – 1812) und ihr Widerhall in Griechenland

Zur gleichen Zeit findet der Aufstand der Serben ein starkes Echo bei den Griechen, vor allem bei den Kleften um den Olymp, von Chassia und Wermio. Die Lage spitzt sich mit dem Ausbruch des russisch-türkischen Krieges (1806 – 1812) zu; die Kleften Katsandonis und Kitsos Botsaris stoßen gegen die Türken in Akarnania vor, andere, wie die Lasèi und Nikotsaras greifen im Gebiet des Olymp an. Nikotsaras beeindruckt das Volk durch Überfälle zu Lande und zu Wasser und durch plötzliche Landungsmanöver an verschiedenen Küstenplätzen Makedoniens. Sein kühnstes Unternehmen war wohl der Versuch, von der Mündung des Strymon aus Makedonien zu durchqueren, bis zur Walachei vorzudringen, sich dort mit den russischen Truppen zu vereinigen, um den Serben zu Hilfe zu kommen; diese Operation mißlang jedoch (1807), aber unabhängig davon eilten viele griechische Freiwillige zur Unterstützung der Freiheitskämpfer nach Serbien. Ebenfalls erwähnt werden muß Evthimios Blachawas, der die Bevölkerung Thessaliens zum Aufstand ermutigt, aber durch einen Hinterhalt von den Männern Ali Paschas gefangengenommen und hingerichtet wird (1808). Aufruhr herrscht in allen griechischen Regionen bis zum Ende des russisch-türkischen Krieges von 1806–1812. Wir stehen nun am Vorabend der großen Revolution von 1821.

Der Philhellinismus vor der Revolution

Die griechischen Intellektuellen spüren ihr kulturelles Erbe umso tiefer, je stärker die kulturelle Rückständigkeit ihres Landes von den Ausländern betont wird. Doch neben jenen, die Verachtung und Trauer empfinden, gibt es zunehmend immer mehr Ausländer, die für die schwierige Lage der unterjochten Griechen Verständnis aufbringen und ihnen gegenüber Sympathie zeigen. In den letzten Jahrhunderten nimmt die Zahl der Reisenden zu, die an Ort und Stelle die Stätten der altgriechischen Geschichte und Kultur kennenlernen wollen. Beeindruckt stehen sie vor den Ruinen der berühmten Kulturdenkmäler und stellen mit Trauer fest, was die Zeit an diesen und an den Menschen angerichtet hat. In Verehrung der Antike beginnen sie die Denkmäler zu beschreiben, abzuzeichnen, die Inschriften abzuschreiben und sich auch antike Gegenstände anzueignen und in ihre Heimat abzutransportieren, wie z.B. Münzen, Siegel und Gemmen, Idole, Statuen. Es gibt aber auch Anbeter der Antike, die, nachdem sie auf den Ruinen von Hellas getrauert haben, ihre Blicke den unterjochten Bewohnern des Landes zuwenden. Einer von ihnen ist Guys, Sekretär des französischen Königs, der Griechenland Mitte des 18. Jahrhunderts bereist und in seinem Werk »Voyage Littéraire de la Grèce ou Lettres sur les Grecs, anciens et modernes, Avec un Parallèle sur leur moeurs« außerordentlich reiche Informationen über das Leben der Griechen liefert. Er stellt den verheerenden Gegensatz zwischen der ruhmreichen Vergangenheit und der elenden Gegenwart fest, andererseits aber auch erstaunliche Ähnlichkeiten zwischen der alten und der neuen griechischen Welt: Er konstatiert, wie nah die eine der anderen Sprache ist – er ist der erste, der den Wert des tsakonischen Dialekts bemerkt. Bei seinen vergleichenden Beobachtungen von Gebräuchen, der Etymologie von Ortsnamen usw. kommt er zu Ergebnissen, die in jener Zeit erstaunlich wirkten.

Der Philhellenismus wird durch das Klima, das in der Romantik entsteht, begünstigt. Diese wendet sich einer fernen Vergangenheit, wie der klassischen Antike, oder einer näheren, wie dem Mittelalter, zu, ebenso wie dem malerischen und märchenhaften Orient und nährt sich von Legenden, Überlieferungen und Volksliedern. Klassizismus und Frühromantik sind in dem historischen Roman des Abbé Barthélemy »Voyage du jeune Anacharsis en Grèce« (1788) miteinander verflochten, der in Europa großen Erfolg hatte und auch ins Griechische übersetzt wurde. Sein Autor hatte die antiken Stätten Griechenlands bereist und machte seine Vergangenheit lebendig, wobei er sich auf die neuesten Berichte aus Archöologie und Geschichte stützte.

Beseelt und voll echter Empfindung und poetisch ist der Philhellenismus der Deutschen; er hatte in ihrem Lande tiefe Wurzeln. Bereits vom Beginn des 16. Jahrhunderts, von der Zeit Luthers an, kommt es zu einer stetigen Verbreitung der altgriechischen Studien. Bedeutende Universitätslehrer wie Melanchthon, Reuchlin, Crusius und andere sind die Wegbereiter dieses Interesses an der griechischen Antike, die Mitte des 18. Jahrhunderts ihren Zenit erreicht – Winckelmann schreibt seine »Geschichte der Kunst des Altertums« (1764), in der er ihre Schönheit und ihren ewigen Wert zu beweisen trachtet, während Schiller und Goethe Bühnenwerke mit eindeutigem Einfluß der klassischen Antike verfassen. Schiller schreibt u.a. »Die Götter Griechenlands« und Goethe übersetzt sechs griechische Volkslieder unter dem Titel »Neugriechische Epirotische Heldenlieder« aus der bis dahin unveröffentlichten Sammlung von Werner von Haxthausen. Später, im sechsten Jahr der griechischen Revolution ediert Goethe, der die Sammlung von Fauriel kennt, Imitationen griechischer erotischer Lieder unter dem Titel »Neugriechische Liebesskolien«. Herder, Lessing und die Dichter des Sturm und Drang werden von der gleichen Liebe zur Antike beherrscht. Besondere Bedeutung kommt dem jungen Hölderlin zu, der nicht nur Tragödien des Sophokles und Oden Pindars übersetzt, sondern selbst Gedichte mit griechischer Thematik schreibt. Sein wichtigstes Werk, »Hyperion«, ist vom griechischen Aufstand von 1770 inspiriert. Hölderlin sieht hinter Griechenland seine Heimat Deutschland, für die er ebenfalls eine Wiedergeburt ersehnt.

Die griechische Landschaft begeistert die jungen naturliebenden Reisenden, die darin das poetische Arkadien finden. Sie kommen mit den Griechen in Kontakt, hören ihre traurigen, monotonen und freiheitlichen Lieder und erkennen das unauslöschliche Verlangen des Volkes nach Gerechtigkeit und Freiheit.

Der protestantische Philhellenismus von Crusius beginnt einen konkreten Inhalt zu bekommen: Neben der Bewunderung der Antike tritt die Sympathie für ihre Erben, deren Befreiung jetzt von den Philhellenen international propagiert wird. Der Beitrag der Philhellenen zur Befreiung der Griechen ist in diesem Punkt nicht hoch genug einzuschätzen: Sie erheben sie zu einer paneuropäischen Angelegenheit. Unter jenen, die sich für die Befreiung Griechenlands aktiv einsetzen, sind der ehemalige französische Gesandte in Konstantinopel Choiseul-Gouffier, der Engländer Eton, der Griechenland zuversichtlich in den Kreis der unabhängigen Nationen Europas eintreten sieht, und große Literaten wie Chateaubriand und Byron. Chateaubriands »Itinéraire de Paris à Jérusalem« enthält außerordentlich schöne Schilderungen der griechischen Landschaft, aber auch der Verzweiflung ihrer Bewohner. Byron bringt seinen Landsleuten die latente Kraft des Nationalbewußtseins der Griechen nahe. In seinen Dichtungen »Yaur« und »Child Harold« gibt er in starken Bildern das nicht mehr zu verheimlichende Brodeln im griechischen Volk wieder.

Während der Renaissance und der Klassizismus durch die Orientierung der westlichen Welt am antiken Griechenland den Boden für die Sympathie für die zeitgenössischen, unterjochten Griechen vorbereitete, hat die Romantik in überschwänglichem Enthusiasmus, überschäumender Phantasie und Empfindsamkeit ein kreuzzugsähnliches Klima geschaffen. Der Philhellenismus wird also zu ei-

nem kraftvollen Ast der Romantik, zu einer teilweise auch literarischen und künstlerischen Bewegung. Je mehr wir uns der griechischen Revolution nähern, desto mehr drückt der Begriff »Philhellene« zwei Tendenzen aus – die Bewunderung der Antike einserseits und andererseits die Liebe zum neuen Griechenland. Die Philhellenen unterscheiden nicht mehr zwischen Altem und Neuem, ihre Zuwendung gilt beidem. Sie sind wirkliche Philhellenen geworden.

Zweiter Teil

Das Neuere Griechenland
(1821 bis 1900)

I. Die große griechische Revolution von 1821 – 1829

»Philomussos« (1813) und »Philiki Eteria« (1814). Revolution in Walachei und Moldau (1821)

Die alte Hoffnung der griechischen Nation auf Befreiung mit fremder Hilfe wurde im Laufe der Zeit so oft enttäuscht, daß sie fast ganz erloschen war. Schließlich wurde es für die Griechen zur Gewißheit, daß sie sich nur auf die eigenen Kräfte verlassen durften. Diese Hinwendung zu sich selbst führt zur Gründung zweier Gesellschaften: 1. Die öffentlich kulturelle Gesellschaft der »Freunde der Musen« (»Philomussos« – Athen 1813), deren Hauptziel die Anhebung des Bildungsniveaus der Griechen und der anderen christlichen Völker des Ostens war, verbunden mit dem Zweck, sich als Nation zuerst kulturell und danach politisch in der Region durchzusetzen; 2. Die geheime revolutionäre »Gesellschaft der Freunde«, (»Philiki Eteria« – Odessa, September 1814), die die Griechen auf den bevorstehenden Kampf und die Befreiung der Nation vorbereiten sollte. Die »Philiki Eteria« hatte aus zwei Gründen direkteren und wirkungsvolleren Einfluß auf die Massen: Sie versprach in absehbarer Zukunft die endgültige Wiedergeburt der Nation, was den geheimen Wünschen aller Griechen entsprach, und übte außerdem als Geheimbund eine besondere Anziehungskraft aus. Ihre Gründer (Emmanuil Xanthos aus Patmos, Nikolaos Skufas aus Arta und Athanassios Tsakalow aus Ioannina) bestärkten bei den Griechen das Vertrauen in eine russische Intervention, indem sie durchblicken ließen, daß der Zar selbst hinter der Gesellschaft stünde; dadurch wurde zugleich das Ansehen der Geheimorganisation erhöht.

Im Februar 1820 begibt sich Xanthos nach Petersburg, um den Außenminister Rußlands, den Griechen Ioannis Kapodistrias, der in hohem Ansehen stand, zu bitten, die Leitung des großen Wagnisses zu übernehmen. Kapodistrias lehnt jedoch ab und Xanthos wendet sich an den zweithöchsten griechischen Würdenträger in Rußland, den Adjudanten des Zaren, Prinz Alexandros Ypsilantis, der seinen Vorschlag annimmt.

Gegen Ende Oktober 1820, nachdem er von der Peloponnes die entmutigende Nachricht erhalten hatte, daß die Bevölkerung dort militärisch nicht ausreichend auf den Kampf vorbereitet sei, ändert Ypsilantis seinen Plan, auf die Peloponnes zu gehen und beeilt sich – lange vor dem als Zeitpunkt der Erhebung vereinbarten 25.März/6. April 1821* die Revolution in den Donauhegemonien zu entfachen. Dort hatten bekanntlich viele verfolgte Griechen Zuflucht gefunden besonders während der letzten Jahrhunderte der Türkenherrschaft. In diesem Entschluß bestärkt ihn außerdem die Revolte des Statthalters von Ioannina, Ali Pascha gegen den Sultan. Ali Pascha suchte dabei die Freundschaft seiner alten

*) Die neue Zeitzählung wird in Griechenland am 23. März 1924 eingeführt. Für die den Zeitraum bis März 1924 betreffenden, im Buch angeführten doppelten Zeitangaben gilt folgendes: das erste Datum betrifft den neuen Kalender, das zweite den alten, julianischen Kalender; einfache Daten (vor 1924), die sich auf internationale Ereignisse beziehen, werden nach dem neuen Kalender angeführt, solche, die griechische Ereignisse betreffen, nach dem alten.

Feinde, der Sulioten, die aus ihrer Heimat Suli vertrieben, auf den Ionischen Inseln ihr Dasein fristeten. Auf seine Aufforderung hin kehrten sie als Verbündete nach Epirus zurück und ließen sich erneut in ihren Bergen nieder.

Der Aufstand von Ypsilantis in den Donauhegemonien Ende Februar/Anfang März 1821, dessen Ziel es war, auch die anderen Nationen des Balkans in einen allgemeinen Aufstand hineinzuziehen und so die Türken im Norden abzulenken, führte zu einer Katastrophe; trotz des heroischen Widerstandes der »Heiligen Kompanie«, die aus idealistischen, von überallher zusammengeströmten jungen Leuten bestand, in Dragatsani (Juni 1821) und trotz der Aufopferung ihrer Führer Athanassios Karpenissiotis, Giorgakis Olympios und Ioannis Pharmakis.

Der Leichtsinn eines unfähigen Führers namens Karavias, der auf eigene Faust und ohne Absprache mit den anderen griechischen Kräften vorging, hatte bei Dragatsani die arglosen jungen Leute in offener Feldschlacht ohne Schutz dem Feuer der feindlichen Artillerie ausgeliefert; der heldenhafte Kampf dieser jungen Kompanie, in dem mehr als 200 von den 376 Freiwilligen fallen, nachdem sie dem Gegner schwere Verluste beigebracht haben, stellt ein ehrenhaftes wenn auch trauriges Ende des mißglückten Unternehmens in der Moldau-Walachei dar.

Ein weiteres schwerwiegendes Ereignis trug dann endgültig zur Zerstörung des revolutionären Impulses der Bewegung von Ypsilantis bei: Der Zar stieß den Prinzen durch einen in Laibach herausgegebenen Befehl aus der russischen Armee aus, erklärte seine strikte Neutralität im Bezug auf die Unruhen in beiden Hegemonien und wies den russischen Gesandten in Konstantinopel Stroganow an, diese Beschlüsse der Hohen Pforte mitzuteilen, sowie diese der ehrlichen Bereitschaft des Zaren, die freundlichen Beziehungen zur Türkei aufrecht erhalten zu wollen, zu versichern.

Ypsilantis besaß nach der Mißbilligung seiner Bewegung durch den Zaren keine Autorität mehr bei der Truppe. Sein Ansehen wurde weiterhin durch persönliche Konflikte und Reibungen zwischen den Anführern der einzelnen Korps untergraben: Ihm gelang es nicht, auch nur einigermaßen Ordnung zu halten. Viele der Freiwilligen, Mannschaften wie Offiziere, fühlten sich enttäuscht und verzweifelt. Einige desertierten sogar und flüchteten nach Transsylvanien.

Die Unentschlossenheit von Ypsilantis, die nationalen Differenzen zwischen Griechen, Rumänen, Serben und Bulgaren, die Streitigkeiten der Anführer, wilde Verleumdungen, mangelnde Disziplin und fehlendes Pflichtbewußtsein – all das zerstörte Einigkeit und Moral der Griechen, noch bevor sie mit dem Feind in Kontakt gekommen waren.

Obwohl fehlgeschlagen, hat der Aufstand in den Donaufürstentümern nahe der türkisch-russischen Grenze die diplomatischen Kreise Europas viel mehr beunruhigt als der gleichzeitige Ausbruch einer neuen revolutionären Bewegung im südlichen Teil der Balkanhalbinsel, die sich als der Beginn der großen Revolution erweisen sollte. Der Aufstand von Ypsilantis hatte also tatsächlich als Ablenkung im Norden das Ausbrechen der Revolution im Süden begünstigt.

Die Revolution in Griechenland 1821 – 1823

Von allen griechischen Regionen erweist sich die Peloponnes als am frühesten und am besten moralisch auf den großen Kampf vorbereitet. Die zwei wichtigsten revolutionären Zentren dort sind Mani und Achaia. Nach anfänglichen Kleingefechten in der Ebene, vom März 1821 an, formieren sich auf der Peloponnes die ersten irregulären revolutionären Scharen und Lager. Es sind Hirten, Bauern, Handwerker, die sich um die Burgen an den Küsten – Patras, Pylos, Methoni, Koroni, Kalamata, Monemvassia, Nauplia und Akrokorinth – sowie bei Burgen im Inneren der Peloponnes, wie z.B. Karitena und Tripolis, sammeln, wohin die türkische Bevölkerung zusammenströmt. Diese Burgen werden über kurz oder lang von den Griechen eingenommen. Unter allen griechischen Einheiten und Lagern sind diejenigen um Tripolis, die Hauptstadt und das Herz der Peloponnes, am besten organisiert. Das ist der Persönlichkeit von Theodoros Kolokotronis und dem Einfluß von Dimitrios Ypsilantis, dem Bruder von Alexandros, zuzuschreiben, sowie den philhellenischen Offizieren, die aus verschiedenen europäischen Staaten ins kämpfende Griechenland kommen. Die Peloponnesier haben bis zur Einnahme von Tripolis am 23. September 1821, viele Monate harter Prüfungen mit einer Reihe von Schlachten – in Levidi (14./26. April), in Valtetsi (12./24. – 13./25. Mai) und in Grana (10./22. August) – durchstehen müssen. Nach der Einnahme von Tripolis und bis zur Ankunft von Kapodistrias im Januar 1828 läßt sich kaum eine wesentliche Veränderung weder in der Organisation der undisziplinierten Truppen noch in ihrer Kriegstaktik feststellen. Kolokotronis mußte hart arbeiten, ehe er eine relativ disziplinierte irreguläre Truppe zusammengestellt hatte. Jahrzehnte danach erinnert er sich, welche Qual die Führung eines irregulären Heeres aus widerspenstigen Griechen war. In seinen Memoiren schreibt er, daß er sicherlich 40.000 Engländer würde führen können, Wellington aber würde nicht einmal 500 irreguläre Griechen eine halbe Stunde lang befehligen können; und er fügt hinzu: »Jeder Grieche hat seine Launen, seinen eigenen Gott, und man muß mit jedem einzelnen fertig werden, den einen einschüchtern, dem anderen schmeicheln, je nach Eigenart.«

Die nobelste und ritterlichste Persönlichkeit der Revolution war sicherlich Dimitrios Ypsilantis, der die spalterischen Bewegungen, die Intrigen und den Bruderzwist verurteilte, der aber, unter anderem aufgrund seines wenig vorteilhaften Äußeren – er war klein, schmächtig und kahlköpfig – nicht der geeignete Führer einer Gesellschaft wilder Krieger war. Seine Ernennung zum Oberbefehlshaber wurde ohnehin von den mächtigen Kotzabassis der Peloponnes verhindert, die die Vorherrschaft der militärischen Kapetanios fürchteten, wobei sie sich ihre Verbindung zu dem fähigen und äußerst ehrgeizigen Alexandros Mavrokordatos zunutze machten, der nach dem Mißlingen des Aufstandes in den Donaugebieten mit der bekannten phanariotischen Flexibilität den Weg an die Spitze angetreten hatte.

In den nördlichen Regionen, besonders in Zentralgriechenland, verhält es sich etwas anders. Dort bestand als überlieferte militärische Struktur die Einrichtung der *Armatolikia*. Aber gerade diese wie auch das gebirgige Gelände und das Fehlen eines Zentrums (wie z.B. Tripolis auf der Peloponnes) waren die Ursache einer noch stärkeren Zersplitterung der griechischen Kräfte, als im Süden. Die Griechen, die auch hier weit zahlreicher sind als die Türken, beherrschen dennoch sofort die Situation auf dem Land und belagern die befestigten Städte und Burgen wie Athen, Livadia, Salona (Amfissa), Naupaktos (Lepante), Antirion usw. Der Krieg konzentrierte sich auch hier – besonders anfangs – auf solche Belagerungen. Parallel damit und nach Überwältigung der meisten Festungen und dem Eintreffen türkischer Korps zur Niederschlagung der Aufstände, entwickelt sich der Krieg zu einem Partisanenkrieg mit Hinterhalten und Überfällen, so z.B. in den Schlachten von Gravia (3./15. und 4./16. Mai 1821), von Vassilika (26. August/7. September 1821). Mit der Anwendung dieser altvertrauten Guerillataktik gelingt es den Griechen, den Feind durch unablässige Überfälle und überraschende Angriffe zu erschöpfen oder ihn in die Falle zu locken. Sie plündern dessen Versorgungskonvois, schneiden die Zufahrtswege ab und schwächen ihn auf jede mögliche Art. Besonders das westliche Gebiet Zentralgriechenlands bietet mit seiner bergigen Beschaffenheit und reichen Vegetation ideale Bedingungen für den Kleftenkrieg.

Auf Kreta drangsalierten die türkischen *Agas*, als die Revolution bekannt wurde, die griechische Bevölkerung, die auf ihren Besitzungen und Dörfern als Knechte arbeitete, noch härter als zuvor. Unter dem Feudalsystem war die wirtschaftliche Entwicklung der Insel stehengeblieben. Doch trotz der vielfältigen Unterdrückungsmaßnahmen der Türken blieb der Wille zur Freiheit bei den Kretern tief verwurzelt, besonders in den Bergen, wohin die Willkür der Herrscher nicht reichte. Hier zeichnen sich die Bewohner der Sfakia aus, die an den Südhängen der Weißen Berge (Levka Ori) fast völlig isoliert ein beinahe freies Leben führten. Sie waren tollkühn und kriegerisch, von der Zivilisation unbeeinflußt, wild und leidenschaftlich wie die Maniaten.

Die rückständige gesellschaftliche Organisation der Insel stellte einen ungünstigen Faktor für die Gewinnung neuer Mitglieder der »Philiki Eteria«, für die Entfaltung und Vorbereitung der revolutionären Bewegung, dar. Dennoch findet die Initiative der Sfakioten, die sich als erste in revolutionären Gruppen organisieren und den Drohungen und Brutalitäten der Türken Widerstand leisten (Juni 1821) ihre Nachahmer im übrigen Kreta. Bald breitet sich der Krieg von einem Ende der Insel bis zum anderen aus.

Die Bewohner der sogenannten Seefahrer-Inseln, die ihre Handelsschiffe zu Kriegsschiffen umgewandelt hatten, erheben sich nun ebenfalls; in Spetses am 3./15. April, in Psara am 10./22. April und auf Hydra am 17./25. April. Die Revolution greift auch auf die anderen ägäischen Inseln – mit Ausnahme der vor dem Hellespont gelegenen Inseln Imbros, Tenedos, Limnos und Lesbos – über. Ohne die Mitwirkung der Seefahrer-Inseln wäre die Ausbreitung der Revolution auf die übrige Ägäis und auf die nördlichen Regionen des Landes nicht möglich gewesen. Auch hätten die Griechen ohne die Mitwirkung der Inseln vor allem zu Beginn der Revolution schwerlich die Angriffe der Türken und später, ab 1824, der Ägypter erfolgreich abwehren können. Darüberhinaus wären auch die endlosen, zerklüfteten Küsten der Peloponnes ohne die Hilfe der griechischen Flotte für immer in der Gewalt der Türken geblieben, die ihre Festungen an den Küsten ungestört mit Proviant usw. hätten versorgen können.

Weiterhin greift die Revolution auf Thessalien – verständlicherweise mit Ausnahme der großen thessalischen Ebene selbst – auf Epirus und Makedonien über. Sie ist nicht überall erfolgreich. Die schlechte Organisation der improvisierten Truppen und deren unkoordinierte Operationen sind die Hauptgründe. Im östlichen Makedonien und auf der Chalkidiki, wo die beeindruckende Gestalt von Emanuil Papas besonders herausragt, wird die Revolution niedergeschlagen, die drei Halbinseln der Chalkidiki und die Insel Thassos werden wieder von den Türken eingenommen (Ende 1821). Einige Monate danach erreicht die Revolution die Bergregionen des Olymp, Chassia und Vermion und breitet sich bis in die Ebene vor Thessaloniki aus; auch dieser Aufstand wird in Blut erstickt (Naussa, April 1822). Im Epirus konzentrieren sich die Kämpfe auf die Bergdörfer von Suli, die von der Armee des Sultans seit Monaten hart belagert werden. Zur Befreiung von Suli und zur Stärkung der Revolution im südlichen Epirus bricht eine regulär aufgestellte Truppe unter der Führung von Mavrokordatos dorthin auf. Auch dieses Unternehmen endet mit einer Niederlage, mit der Vernichtung des Philhellenen-Korps in Peta am 4./16. Juli 1822. Doch dieser Kampf, obwohl er sehr schnell, ja übereilt geplant worden war, hatte trotz seines tragischen Ausganges gezeigt, daß die Griechen, wenn organisiert, fähig waren, in den Reihen einer »aufgestellten« Armee zu kämpfen, was mancherorts bezweifelt worden war. Die Vernichtung der regulären Truppen in Peta einerseits und der fast gleichzeitige Sieg der irregulären Kräfte der Peloponnesier unter dem Befehl von Kolokotronis in Dervenakia am 26. Juli/7. August andererseits steigerten jedoch eher das Ansehen der Freischärler.

Die Sulioten werden, nach langen Monaten voller Entbehrungen, zur Kapitulation gezwungen, jedoch unter ehrenvollen Bedingungen: Sie dürfen mit ihren Waffen auf die Ionischen Inseln übersetzen, von wo sie bald auf das Festland zurückkehren, hauptsächlich nach Messolongi, um den Kampf auf neuen Schlachtfeldern wieder aufzunehmen. Im August 1823 muß auch der einzige Brückenkopf in Thessalien, Trikeri, ebenfalls unter ehrenvollen Bedingungen, aufgegeben werden.

Die Nachrichten von den unablässigen Aufständen der Griechen fanatisieren die türkischen Massen; in Konstantinopel und dessen Umgebung kommt es zu schrecklichen Massakern an den Christen, ebenso in Thessaloniki, Adrianopel, Kydonies (Aivoli), Smyrna und anderen Städten. Die aufgebrachte Stimmung der Massen wird durch die türkischen Behörden nicht nur nicht gezügelt, sondern häufig sogar unterstützt, sei es durch stillschweigende Duldung, sei es durch regelrechte Ermunterung. Opfer dieser Ausschreitungen ist auch der Ökumenische Patriarch, Grigorios V, obwohl er sich der Macht der Türken gebeugt und 1821 die Revolutionäre exkommuniziert hatte.

Parallel zu den Kämpfen auf dem Festland entwickeln sich die Operationen zur See. Die griechische Flotte ist bereits in den ersten Tagen der Revolution Herr der Lage auf dem Meer und hält die Küsten frei. Die Vernichtung des großen Heeres des Machmut Pascha Dramalis auf der Peloponnes, im Juli 1822, ist auf den vergeblichen Versuch der türkischen Flotte zurückzuführen, den griechischen Sperrkreis zu durchbrechen, um über den Hafen von Nauplia das türkische Heer zu versorgen. Bei den Zusammenstößen auf See benutzen die Griechen häufig kleine wendige Schiffe (Burlota); bewundertswerte Leistungen vollbringen die »Burlotierides« wie D. Papanikolis, der am 27. Mai/8. Juni 1821 bei Eressos ein feindliches Schlachtschiff in die Luft sprengt, und Konstantin Kanaris, der nach dem türkischen Massaker auf Chios (das die Empörung Europas und Amerikas auslöst und unter anderem Delacroix zu seinem berühmten Bild inspiriert) in der Nacht vom 6./18. auf den 7./19. Juni 1821 das Schiff des türkischen Admirals zerstört.

Währenddessen verlassen ganze Karawanen von Griechen – Partisanen, Bauern, Handwerker, Kaufleute, Intellektuelle – ihre noch unterjochten Heimatgebiete und ziehen in die befreiten Regionen, um sich dort, im griechischen Süden, beharrlich am Kampf, erst gegen die Türken, dann gegen die vereinigten Türken und Ägypter zu beteiligen.

Die Haltung der europäischen Diplomatie und der Völker Europas und Amerikas dem griechischen Unabhängigkeitskampf gegenüber – Der Philhellenismus.

Die Revolution der Griechen bricht zu einem Zeitpunkt aus, als Europa durch die napoleonischen Kriege (1792 – 1815) erschöpft ist und die Sieger, die Monarchen der großen Staaten, revolutionäre Bewegungen, welche das Gleichgewicht in Europa und die von der Heiligen Allianz auferlegte Ordnung stören könnten, höchst mißtrauisch beobachten. Folglich zeigte sich die europäische Diplomatie auf den Kongressen von Laibach und Verona den Griechen gegenüber beinahe feindlich. Unter allen Mächten ist das Österreich Metternichs der erklärte Feind des griechischen Freiheitskampfes. Nach dessen Ansicht repräsentiert der Sultan die Legimität; außerdem hätte die Erhebung der Griechen den Russen als Anlaß dienen können, sich unter dem Vorwand, die Rechte der orthodoxen Christen schützen zu müssen, in die inneren Angelegenheiten der Türkei einzumischen. Aufgrund dieser Befürchtung bezieht auch England, das sich um das Legitimitätsprinzip im übrigen wenig sorgt, Position an der Seite Österreichs. Diese beiden Ursachen – die Politik der Heiligen Allianz einerseits und die Rivalität der Großmächte, insbesondere Englands und Rußlands im östlichen Mittelmeer und im Vorderen Orient andererseits, verhindert eine gegenseitige Verständigung und Einigung der europäischen Mächte über eine Lösung der griechischen Frage.

Die Griechenland gegenüber ungnädige europäische Diplomatie sollte aber durch die Sympathie der Völker Europas und Amerikas für die verzweifelt kämpfenden Griechen nicht nur beeinflußt, sondern grundlegend verändert werden. Viele Zeitungen halten ihre Leser über die Entwicklung des Kriegsgeschehens auf dem Laufenden und erregen die Phantasie mit Nachrichten über die Kämpfe. Philhellenische Gesellschaften, die in rascher Folge – in der Schweiz, wo seit 1825 der Bankier Jean-Gabriel Eynard aktiv wird, in Frankreich, in Deutschland und anderswo – gegründet werden, sorgen für die Entsendung von Munition und Geld nach Griechenland. Starken Widerhall finden die philhellenischen Aktivitäten auch in der Literatur.

Berühmte Schriftsteller und Dichter wie Chateaubriand, Victor Hugo, Lamartine, Béranger und Delavigne in Frankreich, Shelley, Cartwright und Lord Byron (der nach Griechenland reist und in Messolongi stirbt) in England, viele Deutsche und andere Schriftsteller finden im Freiheitskampf der Griechen ihre Inspirationsquelle. Das gilt auch für Amerika, wo eine Reihe bekannte Autoren dem Kampf Griechenlands optimistische und zuversichtliche Werke widmen. Erwähnt werden muß hier vor allem Fauriel, der vom sogenannten »Griechenmüller« ins Deutsche übersetzt wurde; er veröffentlicht 1824 – 1825 seine berühmte Sammlung griechischer Volkslieder, die »Chants populaires de la Grèce«; die Einleitung zu dieser Sammlung enthält wertvolle Informationen über das Leben der Armatolen und Kleften, über ihre Sitten und Gebräuche, deren Beschreibung ein starker Impuls für die zeitgenössische romantische Literatur und speziell für den Philhellenismus gewesen ist. Fauriel betont die Ähnlichkeit von Themen, Bildern und musikalischen Elementen zwischen der antiken Dichtung und dem neugriechischen Volkslied und stellt eine Kontinuität, eine Fortführung im Sinne eines langsamen, allmählichen Wandels der alten Volksdichtung fest.

Genau so wichtig für das Aufflammen des Philhellenismus sind die Werke des Deutschen Karl Iken (1798 – 1849), die durch Texte griechischer Intellektueller bereichert sind. Der Grieche St. Kanellos richtet während seines Aufenthaltes in Westeuropa von Februar bis Juni 1822 zehn Briefe mit wertvollen Informationen über Bildung und Kultur der Griechen während der Türkenherrschaft an Iken. Diese Briefe übersetzt und veröffentlicht, kommentiert und ergänzt dieser in zwei Bänden unter dem Titel »Leukothea« (Leipzig 1855).

Aber nicht nur Schriftsteller und Gelehrte, sondern alle liberalen Geister Europas sahen in der Revolution der Griechen ihre eigene Sache und wurden durch sie beflügelt. Die griechische Revolution galt ihnen als Beweis für die Richtigkeit ihrer politischen Ansichten, die nach dem Wiener Kongreß (1815) als gefährlich und umstürzlerisch verfolgt wurden. Viele feurige, freiheitsliebende junge Menschen machten sich, mitgerissen vom allgemeinen philhellenischen Strom, schon in den ersten Monaten der Revolution aus verschiedenen Orten Europas nach Griechenland auf, ohne von den Schwierigkeiten des Lebens und des Kampfes dort eine Ahnung zu haben. Alexandros Ypsilantis hatte also recht gehabt, als er in seinem ersten Aufruf davon sprach, daß »viele Freiheitsliebende kommen werden, um mit uns zusammen zu kämpfen«. Alle diese Menschen trugen das Bild des klassischen Hellas in ihren Herzen. Wie zu erwarten, wurden sie, als die unerbittliche Wirklichkeit ihre Träume zerstörte, zutiefst enttäuscht. Selbstverständlich gab es auch Abenteurer, die in Griechenland ihr Glück suchten.

Betrachtet man die Rolle, die die griechische Revolution für die Entfaltung des Liberalismus und des Nationalismus im 19. Jahrhundert gespielt hat, so stellt man ihre Bedeutung nicht nur für die griechische, sondern allgemein für die Entwicklung des Westens fest. »Griechenland«, schreibt J. Hobhouse am 15. März 1824 seinem Freund Byron, »ist der einzige Punkt, jedenfalls der alten Welt, auf den wir unseren Blick mit Befriedigung richten können«. Die griechische Frage wurde zu einer europäischen Frage, ja zur Sache der Zivilisation und der Menschenrechte. Hier trafen sich seltsamerweise alle großen und einander mitunter widerstreitenden kulturellen und politisch-ideologischen Strömungen jener Zeit: Klassizismus, Romantik, Liberalismus, aber auch die Religion – selbst der Klerus, obwohl der Monarchie zugeneigt und Revolutionen gegenüber feindlich eingestellt. Unter den Intellektuellen sahen es viele, wie z.B. der Franzose J.P.C. Viennet und der Deutsche Joseph von Görres, als die Pflicht des christlichen Europa an, den Griechen zu helfen, während viele Philhellenen selbst nach Griechenland kamen, um den gemeinsamen Feind des Christentums zu bekämpfen. Epigrammatisch ist die Beschreibung des Philhellenismus durch den deutschen Historiker Mendelssohn-Bartholdy in seiner »Geschichte Griechenlands«:

»Nach dem Vorgang der im Sommer 1821 entstandenen, von der hohen Politik geächteten deutschen, bildeten sich schweizer, französische, selbst englische Hülfsvereine. Man nahm fromme Gaben für die Griechen in Empfang. Man veranstaltete philhellenische Aufführungen und Konzerte, warb Offiziere und Soldaten, kaufte Waffen und Vorräthe an, die über Marseille und Livorno nach Griechenland wanderten. Da half kein Verbot der Polizei und der Regierungen mehr, vergebens mahnte die bedächtige Klugheit einiger ›Alten‹ ab, vergebens schüttelte selbst ein Goethe mißbilligend sein olympisches Haupt. Die Sehnsucht nach einem großen, weltumfassenden Unternehmen war geweckt. Kreuzzugsgedanken gingen durch die Welt. Der Philhellenismus ward die Religion der Jugend und des Alters.

Er hat die größten politischen Widersprüche ausgeglichen, feindselige Parteien in einer gemeinsamen Begeisterung geeinigt. Er hat gewirkt, wie sonst nur religiöse Bewegungen zu wirken pflegen, er hat die Scheidewände von Stand und Nationalität niedergerissen. Mit den Aristokraten gingen die Plebejer, mit den Radikalen gingen die Konservativen, mit der deutschen Jugend und den deutschen Gelehrten gingen französische Legitimisten, wie Chateaubriand, Richelieu und Villèle in diesem einen Punkt einträchtig Hand in Hand. Hier wie dort schwärmte man für die ›blutende Waise der europäischen Civilisation.‹ Aber die Begeisterung hatte nur Bedeutung, wenn sie sich über die Phrase erhob und That ward. Der Philhellenismus sollte nicht nur Gläubige aller Stände und Nationen, er sollte auch seine Apostel und seine Märthyrer haben.«

Das philhellenische Fieber war allgemein, es wurde, wie der deutsche Historiker es nennt, zur Religion der Jugend und des Alters. Der österreichische Geheimdienst nennt es »Hellenomanie« und die Philhellenen »Hellenomanen«.

Von heute aus betrachtet kann man nicht umhin, hinter all den Motiven die diese fast vollständige Solidarität der Völker Europas mit den Revolutionären in Griechenland auslösten, den Ruf nach Einheit und Solidarität, nach einer europäischen Gemeinschaft zu hören, die in unserer Zeit verwirklicht wird. Im übrigen formuliert diesen Gedanken eindeutig Görres, wenn er sagt, daß Europa verpflichtet ist, den Griechen zu helfen, denn dies entspreche der zwischen den Europäern bestehenden Solidarität. Klassizismus, Romantik, Liberalismus und reli-

giöse Gefühle, sowie der Wunsch nach einer militärischen Karriere motivieren die jungen Deutschen nach Griechenland zu gehen, zumal in ihrer Heimat, besonders in Preußen schwierige Arbeitsvoraussetzungen bestehen. Der griechische Kampf erinnert sie an ihre eigenen Freiheitskämpfe während der napoleonischen Kriege sowie an ihre Sehnsucht nach einem geeinten deutschen Reich. Viele unter ihnen waren Schüler und Anhänger des patriotischen Professors, des Turnvaters Jahn und Mitglieder der Burschenschaft.

Bei den deutschen Philhellenen hat nicht zuletzt ein gewisser Hang zum Mystizismus mitgewirkt, eine durch die Romantik begünstigte Unruhe und Melancholie, Überdruß und Weltflucht, die Sehnsucht nach Befreiung, Freiheit und Tod. Christian Müller schreibt im Juli 1821 aus Kalamata: »Der Geist ist's, der mich ruft. Er hat in mir die Freude an Hellas Befreiung zum Erglühen, zur hohen begeisternden Lust gesteigert. (...) Ich hoffe nun bald die Luft ionischer Blüten zu atmen in der schirmenden Athene ewiger Stadt, zwischen den Gräbern der Herrlichsten, die je gelebt, und unter dem Himmel, wo die heiteren Olympier und alle die bedeutungsvollen Mythengestalten wohnen, an denen mein Herz seit früher Jugend mit voller Liebe gehangen hat.

Wenn meine Ahnung Wahrheit wird, so sterbe ich froh auf Hellas sich frei ringendem Boden, und aller Schmutz des verarmten Lebens wird heiter mir versinken. Die Geister all' der Unsterblichen, die hier gewandelt, werden mich umschweben, mich rufen, mich hinaufheben zu den Hallen, wo sie herabschauen auf den Jammer unserer Zeit, der alles Schöne und Herrliche genommen ist.«

Der Philosoph Wilhelm Traugott Krug, Nachfolger von Kant auf dessen Lehrstuhl in Königsberg, stellt in unablässigen Veröffentlichungen, deren erste »Griechenlands Wiedergeburt« (1821) betitelt ist, die Legalität der türkischen Herrschaft in Frage und versucht zu beweisen, daß die Griechen nicht im üblichen Sinne Rebellen seien, da sie sich niemals den Türken mit einem Abkommen unterworfen hätten, daß sie nichts mit den Carbonari gemein hätten, daß sie unglückliche Christen seien und die christlichen Mächte ihnen folglich helfen müßten. Der Münchener Gräzist Friedrich Wilhelm Thiersch arbeitet mit wohlwollender Billigung des Bayerischen Hofes von Ludwig I so eifrig für die griechische Sache, daß er den Zorn Metternichs hervorruft. Der Dichter Wilhelm Müller, bekannt als »Griechenmüller« schildert in seinen Gedichten »Lieder der Griechen« auf lebendigste Weise das Leben der griechischen Kämpfer und begeistert seine Landsleute dermaßen, daß seine Ankunft in jeder Stadt zu einem Ereignis wird.

Literaten, Wissenschaftler, Politiker, Journalisten, Offiziere werden tätig oder sprechen für die griechische Sache. In Stuttgart, Darmstadt, Hamburg, Frankfurt und vielen anderen Städten werden philhellenische Vereine gegründet; Geldsammlungen für die Kämpfer, die Flüchtlinge und verarmten Familien werden veranstaltet, Freiwillige, vor allem aus den Reihen der Offiziere, geworben.

Der Philhellenismus tritt in eine neue Phase und erreicht seinen Höhepunkt mit dem heroischen Widerstand der Belagerten in Messolongi – selbst die nüchternen Regierungen der europäischen Länder heben ihre Anordnung, durch welche das Erscheinen von philhellenischen Artikeln und Nachrichten verboten war, auf. Zur gleichen Zeit macht Ludwig I seine Hauptstadt München gleich nach seiner

Thronbesteigung als bayerischer König 1825 zum Zentrum des deutschen Philhellenismus. Selbst ein Dichter schreibt er 32 von der klassischen Antike inspirierte Gedichte und versucht die anderen deutschen Fürsten für die griechische Sache zu gewinnen. Das philhellenische Komitee von München sammelt in zwei Jahren, bis Ende 1827, etwa 150.000 Franken. Der König gestattete es Offizieren und Unteroffizieren seines Heers unter der Führung von Oberst v. Heideck nach Griechenland zu ziehen, ohne Rang und Bezüge zu verlieren.
Auch in Frankreich werden philhellenische Schriften, Aufrufe, Romane, Gedichte mit altgriechischen Reminiszenzen, sowie neue Ausgaben der Reisebeschreibungen und Memoiren von Philhellenen ediert. Gemäldeausstellungen, Konzerte, Theateraufführungen, wie z.B. der »Leonidas« von Pichat, der 1825 zum großer Erfolg wird, und Geldsammlungen werden zugunsten der Griechen veranstaltet. 1824 übersetzt Stanislas Julien die Oden des griechischen Dichters Kalvos mit dem Titel »La lyre patriotique de la Grèce«, und 1825 die »Hymne an die Freiheit« von Dionysios Solomos, der später zum Nationaldichter der Griechen wurde. Die Redakteure der liberalen Zeitungen »Constitutionnel« und »Français Courrier«, der Industrielle Ternaux und der Notar Noël sind in engem Kontakt mit den für ihre patriotische Tätigkeit bekannten, in Paris lebenden Griechen, vor allem mit Adamantios Korais, und propagieren die philhellenische Bewegung besonders in Kreisen von Studenten der Rechtswissenschaften und der Medizin.

In England spielen die Zeitungen »Morning Chronicle« und »Courier« eine wichtige Rolle. Sie veröffentlichen progriechische Artikel, wie die des Gräzisten Lampriere und des in London lebenden griechischen Arztes und Mitgliedes der »Philiki Eteria« Dimitrios Skinas. Auf seine Initiative wird ein Hilfskomitee gegründet, dem offizielle Persönlichkeiten wie die Lords Lansdowne, Elgin, Aberdeen, Belfort und Compton beitreten. Byrons Reise nach Griechenland und sein Tod stellen einen Höhepunkt des britischen, aber auch des europäischen Philhellenismus dar.

Die Italiener gehören zu den überzeugtesten Verfechtern der Freiheit, weil sie von Österreich beherrscht werden und die Einigung ihrer zerrissenen Heimat ersehnen. Nach dem Mißerfolg ihrer Befreiungsbewegungen sind viele italienische Revolutionäre verbannt oder geflüchtet; voll Begeisterung fahren sie nach Griechenland, wo sie für die gleichen Ideale weiterkämpfen.

Die Freude, mit der die Amerikaner Ende Mai 1821 die Nachricht über den Ausbruch der griechischen Revolution empfangen, entspricht nicht nur der ideologischen Gemeinsamkeit ihrer Welt mit der europäischen, sondern auch den freiheitlichen Ideen, die ihre eigene Revolution von 1776 erfüllt hatten. Bereits 1778 hatte Jefferson die Hoffnung ausgesprochen, daß Griechenland sich befreien und er es noch erleben würde, daß die Sprache von Homer und Demosthenes klar und unbehindert aus dem Munde eines freien und intelligenten Volkes strömen würde. Ab Ende 1821 mehren sich Nachrichten und Artikel über die griechische Revolution in den amerikanischen Zeitungen. Im Oktober 1822 bringt die in Boston erscheinende Zeitung »Patriot« den zündenden Aufruf »Rettet die Griechen« und bittet um Waffen, Munition und Geld für den Freiheitskampf. Die gesamte amerikanische Presse schließt sich an und begeisterte Amerikaner wie George Jarvis,

Samuel Gridley Howe, eilen auf die Schlachtfelder Griechenlands.

Die Philhellenen setzten sich – zusammen mit den gebildeten Griechen –, soweit möglich für eine mildere Kriegsführung ein und trugen zweifellos wesentlich zur Bildung und Entfaltung der neuen humanitären Ideen bei. Ihre Bestrebungen sind um so bemerkenswerter, wenn man in Betracht zieht, daß sie gegen einen starken, heftigen Strom traditionell harter Kriegsführung im Osten zu kämpfen hatten.

Ein Jahr nach Ausbruch der Revolution schien die Lage der Griechen hoffnungslos zu sein, doch zeichnet sich in der englischen Politik eine gewisse Veränderung zu ihren Gunsten ab: im August 1824 begeht der englische Außenminister Castlereagh Selbstmord; sein Nachfolger George Canning hegt philhellenische Gefühle. Er sieht das Erwachen der Balkanvölker und bekundet, um diese in die britische Einflußsphäre zu ziehen, seine Sympathie für die Griechen. In seinem Lande, in dem der Parlamentarismus tiefe, vom britischen Phlegma genährte Wurzeln geschlagen hatte, braucht er eine Ausbreitung der revolutionären Ideen, des Carbonarismus, nicht zu befürchten. Überdies weiß er die öffentliche Meinung auf seiner Seite. So betreibt England ab Januar 1823 eine philhellenische Politik; die Anweisungen an die britischen Diplomaten sind von diesem neuen Geist bestimmt.

Politische Organisierung der befreiten griechischen Gebiete. Gegensätze und Konflikte zwischen Politikern und Militärs (1821 – 1823).

Die griechische Revolution ist eine große Fortschrittsbewegung mit einer starken Ausstrahlung, ganz besonders auf den Balkan und den Vorderen Orient. Die befreiten Griechen, beflügelt durch den Geist des zeitgenössischen Europa bilden bereits im ersten Jahr des Freiheitskampfes den Kern für die erste Armee auf dem Balkan unter der Führung in Westeuropa aufgewachsener Griechen oder philhellenischer Offiziere. Der Gegensatz der neuen Ideen zu dem rückständigen soziopolitischen Zustand des Balkans und des Vorderen Orients manifestiert sich besonders in der Entwicklung einer politischen Organisierung der griechischen Revolutionäre.

Die Notwendigkeit, das Land mitten in der Revolution neu zu organisieren, die nun auftauchenden, dringlichen wirtschaftlichen Probleme zu bewältigen sowie dem Volk der zivilisierten Welt gegenüber eine Vertretung zu geben, veranlassen die bedeutendsten Großgrundbesitzer (Kotzabassis) und einige peloponnesische Kriegsführer, sich im Mai/Juni 1821 im Kloster von Kaltetza zu versammeln. Dort bilden sie den »Peloponnesischen Senat« und erlassen die erste, sehr einfache Verfassung des Landes, die bis zur Einnahme von Tripolis (September 1821) in Kraft bleibt.

Währenddessen bekommen die Kleften und andere Kämpfer als natürliche Führer des revolutionären Volkes immer mehr Macht, geraten dadurch in Konflikt mit den Kotzabassis – oder den Archonten –, den Politikern, wie sie jetzt genannt werden, die keineswegs bereit sind, Macht und Einfluß, die sie seit Jahrhunderten ausgeübt hatten, abzutreten. Mit der Ankunft von Dimitrios Ypsilantis, der im Juni 1821 als Bevollmächtigter seines Bruders Alexandros auf der Peloponnes eintrifft, vertieft sich die Kluft, denn die Kotzabassis sehen in seinem Anspruch, den Senat von Kaltetza aufzulösen und als Oberbefehlshaber anerkannt zu werden, absolutistische und diktatorische Absichten.

Dies ist der erste schwere Zusammenstoß zwischen politischer und militärischer Führung. Von nun an verschärft sich der Gegensatz ständig und äußert sich in verschiedenen politischen Gährungsprozessen, Intrigen und Machenschaften. Mitgerissen vom Wirbel der Leidenschaften wird auch das Volk merklich nervös. Extremistische Elemente gehen in Augenblicken äußerster Spannung sogar so weit, in Nachahmung der französischen Revolution die Hinrichtung der Kotzabassis zu fordern, die sie als Hindernis für das Gelingen der Revolution betrachten.

Kolokotronis und Ypsilantis bewahren eine gemäßigte Haltung. Sie vermeiden es nicht nur, sich mit den Kotzabassis anzulegen, sondern sie intervenieren sogar zweimal, um diese vor den bewaffneten, aufgebrachten Volkshaufen zu retten. Charakteristisch sind die Worte von Kolokotronis an die militärischen Anführer in Sarakowa: »Wenn wir die Kotzabassis umbringen, wird Europa unsere Revolution als ein Räuberunternehmen betrachten und nicht als eine Revolution für Freiheit und Unabhängigkeit; und es wird uns nicht die geringste Hilfe leisten, sondern uns darüberhinaus verfolgen; so wären wir dafür verantwortlich, wenn die Nation für alle Ewigkeit unterjocht bleiben würde. Abgesehen davon sind die Archonten besonders nützlich, denn sie sind wohlhabend und wir sind es nicht. Von ihnen werden wir mit Nahrungsmitteln, Munition und Schuhwerk versorgt.« Diese Machtstellung der Archonten auf der Peloponnes, die die Mobilisierung der Bevölkerung und die direkte Versorgung der Lager mit Lebensmitteln sichert, ist eine Folge der gesellschaftlichen Struktur, wie sie sich als Machtkulmination der landwirtschaftlichen Oligarchie in den letzten Jahren vor der Revolution herausgebildet hatte.

Tripolis war bereits am 23. September/5. Oktober 1821 von den Griechen eingenommen worden – die Revolution stand seitdem auf fester Grundlage. Größere Teile von Griechenland werden im November/Dezember 1821 verwaltungsmäßig organisiert; das westliche Zentralgriechenland unter Alexandros Mavrokordatos mit dem Senat als höchstem Organ, das östliche Zentralgriechenland unter Theodoros Negris mit dem Obersten Gericht als höchstem Organ, und die Peloponnes mit dem Senat. Bereits im Dezember 1821 tagt im alten Epidaurus in tiefster Gemütserregung und unbändiger Begeisterung die erste Nationalversammlung der Griechen. Am 1./13. Januar 1822 verabschiedet sie ein vorläufiges Grundgesetz, die erste Verfassung Griechenlands und, dem Beispiel der Unabhängigkeitserklärung der Vereinigten Staaten von 1776 folgend, die Unabhängigkeitserklärung der griechischen Nation. Die Verfassung von Epidaurus, sowie die darauffolgenden Verfassungen (Astros 1823, Trisina 1827) basieren auf den demokratischen Verfassungen des französischen Konvents von

1793 und 1795. Die erste griechische Regierung wird nun konstituiert mit Alexandros Mavrokordatos als Präsidenten; er ist der Exponent der Politiker, die in dieser ersten Phase die Überhand über die Militärs gewonnen hatten. Parlamentspräsident wird Dimitrios Ypsilantis, der Vertreter der Militärs, dem somit ein weniger bedeutender Posten zugestanden wird.

Von nun an verschärfen sich die Gegensätze zwischen Politikern und Militärs. Die Politiker sind durch das wachsende Prestige der Militärs – besonders von Kolokotronis und Odysseas Andrutsos – beunruhigt, während die Militärs sich durch die Interventionen politischer Organe in Angelegenheiten ihrer Kompetenz gestört fühlen. Ihr Mißbehagen drückt sich in der häufig vorgebrachten Drohung aus, eine Militärregierung, d.h. eine Diktatur zu errichten. Das Aufbegehren der Militärs gegen die Politiker und die Androhung einer Militärdiktatur werden seitdem in Griechenland immer dann laut, wenn die politischen Leidenschaften zu gefährlichen Spannungen führen. Eine Folge der Streitigkeiten zwischen politischer und militärischer Führung ist das Mißlingen der Operationen in Agia Marina bei Stylis im April 1822 und der Abbruch der Belagerung von Patras im Juni 1822. Die Invasion von Machmut Pascha Dramalis (Juli 1822) bewirkt nur eine vorübergehende Vereinigung aller Kräfte. Angesichts des mächtigen Feindes gelingt es der Regierung nicht, Ruhe und Autorität zu bewahren; in jenem kritsichen Augenblick flieht sie auf die Schiffe; danach versucht sie vergeblich, ihr Ansehen wiederzugewinnen und in der Politik die Initiative zu ergreifen, die aber inzwischen der Kolokotronis zugeneigte peloponnesische Senat in die Hand genommen hat. Die Ernennung von Kolokotronis zum Oberbefehlshaber der peloponnesischen Armee wird zum Streitpunkt, den die Regierung nutzt, um Mavromichalis ihrerseits zum Oberbefehlshaber vorzuschlagen. Dadurch wird die Einheit der kämpfenden Griechen, vor allem auf der Peloponnes von neuem bedroht. Der Sturm des Bürgerkrieges ist nicht mehr fern.

Die Gegensätze zwischen Politikern und Militärs treten wiederum während der Arbeit der Zweiten Nationalversammlung in Astros (März 1823) sehr scharf zutage. Die Versammlung sanktioniert die Auflösung der regionalen Verwaltungsorgane, um dadurch die zentrale Macht zu stärken und gleichzeitig dem peloponnesischen Senat, der mit Kolokotronis und den Militärs verbündet ist, einen Schlag zu versetzen. Der Senat im westlichen Zentralgriechenland wurde nach der Invasion von Omer Vrionis aufgelöst, während das Höchste Gericht im östlichen Zentralgriechenland nach dem Rücktritt seiner Mitglieder am 22. Januar 1823 aufgehört hatte, zu existieren. Weitere Beschlüsse der Nationalversammlung in Astros sind die Abschaffung des Titels eines Oberbefehlshabers, den Kolokotronis innehatte, und die Aufstellung eines jährlichen Staatshaushaltes; diskutiert wurde ferner die Frage der Entschädigung der drei Seefahrer-Inseln Hydra, Spetses und Psara, sowie die Frage der Aufnahme eines Auslandskredits, über den mit England verhandelt werden sollte. Die Politiker versuchten auch die Militärs für dieses Vorhaben zu gewinnen, indem sie ihnen einen Teil des ersten Kredits für die Besoldung und Versorgung der Truppen versprachen.

Die Phasen des Bürgerkrieges

Der Konflikt zwischen Politikern und Militärs hat nach der Bildung einer neuen Regierung tiefgehende Wirkungen und bricht bald zwischen Alexandros Mavrokordatos und Theodoros Kolokotronis offen aus. Exekutive und Legislative sind entzweit. Persönliche und Parteiinteressen, Egoismus, Neid, Ehrgeiz und wohl auch soziale Gegensätze führen diesmal unaufhaltsam zum endgültigen Bruch. Die Nationalversammlung von Astros hatte vor der Beendigung ihrer Arbeitstagung am 18./30. April 1823 bereits die Saat des Bürgerkrieges ausgestreut.

Die erste Phase beginnt mit dem Zusammenstoß zwischen dem Lager der Militärs, der »Macherokratia« (macheri = Messer), die hauptsächlich von Kolokotronis vertreten wird, und dem Lager der Politiker, der »Kalamarades« (kalami = Schreibfeder), wie ihre Gegner sie abschätzig nennen; diese Phase endet 1824 damit, daß die Politiker sich durchsetzen, vor allem die mächtigen Archonten von Achaia, Andreas Saimis und Andreas Londos, unter deren Einfluß die neugebildete Regierung von Kunturiotis steht.

Auch als Regierungsmitglieder geben die Peloponnesier Saimis und Londos ihren starken Regionalismus nicht auf. Dieser Regionalismus ist aber auch der Rahmen für die Versöhnung der rivalisierenden peloponnesischen Fronten von Saimis und Kolokotronis, wodurch später die Beendigung des Bürgerkriegs möglich wird. Nach kurzer Pause bricht der Bürgerkrieg in anderen Konstellationen erneut aus, diesmal zwischen der Koalition der Peloponnesier auf der einen und den Rumelioten und Inselbewohnern auf der anderen Seite. Streitkräfte der Rumelioten, die die Peloponnesier auf vielfältige Weise terrorisieren, verfolgen Kolokotronis und setzen ihn im Kloster des Propheten Ilias auf Hydra gefangen. Der Bürgerkrieg wird nunmehr zu einem Krieg zwischen Peloponnesiern und Rumelioten.

Gemäßigte, besonnene Griechen und Philhellenen sind zutiefst betroffen. Aus dem fernen Pennsylvania erteilen die amerikanischen Bürger den Griechen einen Rat: »Unsere Rettung verdanken wir der Eintracht unserer Mitbürger und dem Opfer jeglichen persönlichen Interesses und Nutzens für die große Sache der Freiheit. Wir wollen hoffen, daß der zukünftige Historiker mit Recht feststellen wird, daß Griechenland seine Errettung am Ende der gleichen Einstellung verdanken kann.« Doch die Zwietracht der Griechen hat zur Folge, daß das Land auf seine allerersten, erstickend engen Grenzen beschränkt bleibt, und das nach so vielen und so schweren Opfern. Zugleich schleicht sich in das politische Leben und in die neugriechische Gesellschaft eine bedauerliche Tradition ein, es ist die Tradition der Kotzabassis und der phanariotischen Politiker, die für den Bürgerkrieg, der während des Befreiungskrieges ausbricht, große Verantwortung tragen, allen voran die Kotzabassis der Peloponnes und der Phanariote Mavrokordatos. Die einen wie die anderen sind aus der gleichen politischen Schule, der türkischen, hervorgegangen; sie verfolgen das gleiche Ziel: die Macht; mit dem einzigen Unterschied, daß die Phanarioten gebildeter und in ihren diplomatischen Winkelzügen geschickter sind.

Durchsetzung der Zentralmacht. Das revolutionäre Griechenland im Mittelpunkt des Interesses der europäischen Diplomatie und der rivalisierenden Großmächte. Entstehung der politischen Parteien in Griechenland.

Die Regierung unter Kunturiotis geht gestärkt aus dem Bürgerkrieg hervor; dazu tragen auch die ersten zwei Raten des englischen Kredits in Höhe von 2.400.000 £ bei. Es ist die erste Regierung der Revolution, die das Ansehen eines höchsten Zentralorgans im In- und Ausland genießt. In dieser Zeit bahnt sich auch die »Nationalisierung« der irregulären Truppen an, in den Soldaten wächst das Bewußtsein, nicht den Heerführern, sondern der Nation zu dienen. In dem Maße, in dem die staatliche Organisation sich stabilisiert, nimmt der Einfluß der Truppenführer ab.

Im politischen Leben des Landes beginnt nun eine neue Phase. Die Gegensätze zwischen Politikern und Militärs werden entschärft, neue Faktoren machen sich bemerkbar. Diese sich anbahnende tiefgreifende Veränderung hängt mit dem Interesse der großen europäischen Staaten, besonders Englands, Frankreichs und Rußlands für das befreite Griechenland zusammen, sowie mit der Anwesenheit der philhellenischen Kämpfer und der Agenten europäischer Staaten in Griechenland, die politisch oder militärisch einflußreichen Personen verlokkende Angebote und Versprechungen machen; das politische Leben Griechenlands wird von den politischen Strömungen sowie von den diplomatischen Konstellationen Europas mitgeprägt. Seit jener Zeit wird die Politik des griechischen Staates, besonders die Außenpolitik, stark durch fremde Staaten beeinflußt, deren heftige, und für Griechenland häufig schädliche Rivalitäten zu großen Umwälzungen, zu gewaltsamen Umbrüchen und verhängnisvollen Entwicklungen im Lande führen.

In jene Zeit fällt die Entstehung der ersten griechischen Parteien, die bezeichnenderweise »Englische Partei«, »Französische Partei« und »Russische Partei« heißen. Ihre Führer und Anhänger wenden sich an die entsprechenden Großmächte in der Hoffnung, durch deren moralischen und materiellen Beistand den nationalen Zielen der Griechen näher zu kommen. Zunächst entsteht die »Französische Partei« unter Kolettis und die »Englische Partei« unter Mavrokordatos – eine Folge des englisch-französischen Antagonismus, der sich in den Jahren 1824 – 1825 auf Griechenland auswirkt. Doch alle drei Parteien bekommen erst nach dem Eintreffen von Kapodistrias ihre endgültige Gestalt. Den miteinander rivalisierenden Staaten England, Frankreich und Rußland gelingt es nicht, sich über die Maßnahmen zu einigen, die den blutigen Krieg, der immer noch in Griechenland wütet, beenden und die Bevölkerung von den Türken befreien könnten.

Schließlich wird am 24. Juni/6. Juli 1827 das Abkommen von London durch die Vertreter der Großmächte unterzeichnet; diese verpflichten sich, für eine Verständigung zwischen Griechen und Türken zu intervenieren. Das Abkommen sieht eine eigene Regierung und Verwaltung für Griechenland vor, das jedoch der Hohen Pforte tributpflichtig sein soll.

Die Kämpfe in der östlichen Ägäis. Die Invasion von Ibraim auf der Peloponnes. Systematischer Kleftenkrieg.

Während der Bürgerkrieg die Griechen aufreibt, organisiert der Feind seine Operationen zu Wasser und zu Lande und koordiniert sie mit den Ägyptern unter Mechmet Ali Pascha. Entsprechend dem gemeinsamen Plan sollten Armee und Flotte Ägyptens die Peloponnes angreifen, die türkische Flotte und die Armeeeinheiten Kleinasiens die Ägäischen Inseln und die Armeeeinheiten der europäischen Türkei Zentralgriechenland. Der Angriff sollte gleichzeitig von allen Seiten her erfolgen.

Die erste Operation der Ägypter findet im Mai 1822 mit der Landung von Hassan Pascha im Golf von Suda auf Kreta statt. 1824 wird die türkisch-ägyptische Zusammenarbeit noch intensiver; der Sultan verspricht Mechmet Ali, ihm Kreta zu überlassen; der Nachfolger Hassans, Hussein Pascha, der Schwiegersohn Mechmets, intensiviert seine Tätigkeit auf Kreta und unternimmt große Anstrengungen, um die Revolution zu zerschlagen. Doch die Unterwerfung Kretas wäre nicht möglich gewesen ohne die Vernichtung von Kassos, der aktivsten Insel des Dodekanes, Ausgangsbasis für Seeoperationen an den Küsten Griechenlands und zugleich idealer Zufluchtsort für die Griechen. Die gleiche Rolle spielten auch Psara und Samos vor der kleinasiatischen Küste. So taucht am 27. Mai ein ägyptisches Geschwader von 25 Kriegsschiffen und 35 Landungsbooten vor Kassos auf; nach dreitägigem Bombardement landen am 29. Mai gegen Mitternacht ägyptische Truppen an einem entlegenen Steilufer. Die kleine Wache der Insel wird nach heldenhaftem Widerstand überwältigt und ergibt sich. Bald darauf, am 21. Juli, führt die türkische Flotte einen noch schwereren Schlag gegen die Insel Psara, von der unablässig Angriffe auf die gegenüberliegende kleinasiatische Küste ausgingen. Nach harten Kämpfen fallen die Stellungen der Revolutionäre eine nach der anderen in die Hände des Feindes. Die Zahl der gefallenen Griechen und der Gefangenen ist groß. Aber auch die Verluste ihrer Gegner sind bedeutend. Die überlebenden Psarioten flüchten in andere Gegenden Griechenlands und kämpfen dort weiter.

Die Aufmerksamkeit der verbündeten Türken und Ägypter konzentriert sich nun auf Samos. Doch die vereinte Flotte versucht vergeblich, auf der Insel zu landen. Sämtliche Unternehmen scheitern am Widerstand der Samioten und an den Operationen der griechischen Flotte. In der Meerenge zwischen Samos und Kleinasien und in Richtung Rhodos und Kreta kommt es im Juli, August, September und Oktober 1824 zu den größten Seeschlachten der Revolution, bei denen sich Admiral Andreas Miaulis als fähiger, unerschütterlicher Kämpfer und die griechische Flotte als überlegen erweist. Obwohl vor einem bevorstehenden Angriff der türkisch-ägyptischen Flotte auf die Peloponnes gewarnt, versäumt die griechische Regierung die nötigen Vorkehrungen, um das Übersetzen von Ibraim aus dem Golf von Suda nach Messina (Februar 1825) zu verhindern. Die Invasion der ägyptischen Truppen auf die Peloponnes löst bei den durch den Bürgerkrieg erschöpften Griechen ein wahres Chaos aus. Es erweist sich, daß sie, in regulärer Schlachtordnung aufgereiht, den Truppen der Ägypter nicht standhalten können. Die fremdartige Kampftaktik der Gegner, ihre Zickzackbewegungen bei Paukenschlag und Militärmusik und die undurchdringliche Todesbarriere aus modernsten Bajonetten – all dies wirkt so befremdend auf die Griechen, daß sie wie erstarrt sind. Die Regierung, deren Armee bei Kremidi durch schwerste Fehler einiger Kommandeure eine Niederlage hatte hinnehmen müssen (7./19. April), hatte zudem die bedeutendsten Heerführer, Karaiskakis, Tzawellas und andere, nach Zentralgriechenland entsandt, wo die Lage nicht weniger bedrohlich war. Nun zwingt die Entwicklung auf der Peloponnes und die Forderung der Peloponnesier sie, Kolokotronis und andere Heerführer aus der griechischen Haft zu entlassen. Kolokotronis stellt sich an die Spitze der griechischen Armee und organisiert den Kampf. Er versucht den Feind an der Grenze zwischen Messinia und Arkadia aufzuhalten. Doch Ibraim überrennt die griechischen Stellungen, dringt tief ins Innere des Landes ein, erobert Tripolis und erreicht Nauplia (12./27. Juni 1825), wo er aber von den zahlenmäßig unterlegenen Truppen von Jannis Makryjannis und Dimitrios Ypsilantis geschlagen wird. Der Mythos von Kolokotronis hat einen schweren Schlag erlitten. Er selbst begreift, daß der Feind durch Kämpfer in konventioneller Aufstellung unmöglich zu schlagen ist. Er versucht es trotzdem noch einmal in der Schlacht bei Trikorfa, die er aber ebenfalls verliert (23. – 24. Juni/4. – 5.Juli 1825).

Nach dieser Niederlage gelingt es den Heerführern kaum noch, größere militärische Einheiten zusammenzubringen, denn Hoffungslosigkeit beherrscht die Männer. So beginnt die zweite Phase des Befreiungskampfes, die Phase des Kleftenkriegs, der zum Heldenepos der peloponnesischen Bevölkerung werden sollte. Aus dem bergigen Stemnitsa, wohin er sich zurückgezogen hatte, sendet Kolokotronis in alle Richtungen unzählige ermutigende Briefe und erteilt Anordnungen. Er ist der erste und auch der einzige griechische Heerführer, der die Prinzipien des Kleftenkrieges theoretisch formuliert und sie in der Praxis systematisch anwendet: Der Kleftenkrieg zielt auf die allmähliche und kontinuierliche Zermürbung des Feindes und vermeidet das Risiko der offenen Schlacht. Sein Grundprinzip »zuschlagen und verschwinden« wird perfekt angewandt. Bei Tag und bei Nacht springen die Bauern und Hirten von Felsen, aus Höhlen, Wäldern, Pässen hervor, greifen die feindlichen Reihen an, fügen ihnen meist großen Schaden zu, vernichten sie manchmal sogar und verschwinden gleich wieder. Diese Kriegstaktik ist für die Kämpfer außerordentlich erschöpfend; häufig führen sie wochenlang ein unmenschlich hartes Leben, sind nächtelang in ununterbrochenen Laufmärschen fast ohne Schlaf unterwegs, außerdem meistens wegen des Mangels an Lebensmitteln völlig unterernährt.

Fast noch dramatischer ist die Lage der übrigen Bevölkerung, die erneut in die Berge, Höhlen und Wälder flüchtet und dort ausgehungert und schlecht gekleidet ums Überleben kämpft. So werden mitunter Eicheln, wilde Birnen und Baumrinde mit Handmühlen zu Mehl zerrieben, das mit Weizen-, Roggen- oder Maismehl vermischt zu Brot gebacken wird. Der Zeitgenosse Frantzis schreibt über die Menschen in den Bergen, daß sie »grün-schwarz-gelb wie das Erz und ausgetrocknet wie Skelette, einen bejammernswerten Anblick boten«.

So findet Ibraim, als er im Mai 1827 die schwergeplagten, ausgehungerten

Peloponnesier behutsam auf seine Seite zu ziehen und ihnen die »Unterwerfungsscheine« (rai bujurda) zu geben versucht, in manchen Ortschaften von Achaia und Ilia einige Wankelmütige, die bereit sind, sich zu unterwerfen. Die Entmutigung verbreitet sich wie eine ansteckende Krankheit, die Revolution muß in dieser Zeit schwerste Schläge hinnehmen. »Nur in der Zeit der Unterwerfungsscheine habe ich um das Vaterland gebangt, nie sonst ...« bekennt Kolokotronis in seinen Memoiren. Wahrscheinlich hat er auch deshalb in jener Zeit das Äußerste unternommen, um den Zusammenbruch zu verhindern, neue Männer zu rekrutieren und den Widerstand zu aktivieren. Kolokotronis traf diese Maßnahmen zur Zeit der Seeschlacht von Navarino (8. – 20. Oktober 1827), in der die Flotten Englands (unter Admiral Edward Codrington), Frankreichs (unter Admiral Henri de Rigny) und Rußlands (unter Admiral Longinus Heyden) mit der türkisch-ägyptischen Flotte zusammenstießen und sie in wenigen Stunden vernichteten, nachdem sie sich vergeblich um Einhaltung der Bedingungen des Londoner Vertrages vom 24. Juni/6. Juli 1827 bemüht hatten.

Der Kampf in Zentralgriechenland. Messolongi und Akropolis (1826 – 1827).

Etwa zur gleichen Zeit wird im Westen und Osten Zentralgriechenlands der harte Kampf mit Messolongi und der Akropolis als Brennpunkten fortgesetzt. Im Westen wird Messolongi von türkisch-ägyptischen Verbänden, die unter anderem unter der Leitung erfahrener europäischer Offiziere und Ingenieure stehen, systematisch belagert. Die Belagerung wird zudem von anerkannt großen militärischen Führern beaufsichtigt, wie Mechmet Reschid Pascha, genannt Kiutachis, und von Ibraim selbst. Die Verteidiger von Messolongi leisten mutigen und erbitterten Widerstand, wilde Kämpfe werden Tag und Nacht auf den Befestigungen, in den Gräben und unterirdischen Schächten ausgetragen. Mit der übermenschlichen Leistung der Kämpfer von Messolongi erreicht der griechische Unabhängigkeitskampf einen Höhepunkt und wird zum erschütternden Ausdruck menschlichen Ringens um Freiheit. »Meine Augen haben keinen ruhmreicheren Flecken Erde erblickt als diesen ...« schreibt später der Dichter Dionysios Solomos. Der Widerstand und schließlich der Exodus aus Messolongi am 10./22. Aptil 1826 förderten die Sache der Griechen mehr als jeder Sieg. Der Kampf von Messolongi entflammte die Herzen der zivilisierten Völker, die zu einem wahren Kreuzzug für die Befreiung der griechischen Nation aufbrachen, während das Eis der europäischen Diplomatie zu schmelzen begann.

Ein weiterer Zusammenstoß findet am anderen Brückenkopf, vor der Akropolis, statt. Die Gegner sind Mechmet Reschid Pascha und Georgios Karaiskakis, der Sieger von Arachova, Turkochori, Fontana und Distomo (1826). Durch sein hervorragendes organisatorisches und strategisches Talent gelang es Karaiskakis, die heftigen Differenzen zwischen den versammelten griechischen Verbänden (etwa 11.000 Männer) zu schlichten und ihnen Patriotismus, Disziplin und Ordnungssinn einzuflößen und eine bis dahin unbekannte Eintracht bei den Freischärlern zu erreichen. Dieser Kampf hätte vielleicht mit einem großen Sieg beendet werden können, wenn Karaiskakis nicht bei einem zufälligen Zusammenstoß von einer feindlichen Kugel tödlich getroffen worden wäre. Sein Tod wirkte sich tragisch auf die griechische Sache aus. Einen Tag darauf, am 24. April/6. Mai 1827, kam es zu der schrecklichen Niederlage von Paleo Phaliro. Die Lage der Griechen ist nun äußerst bedrohlich. Zentralgriechenland beugt und unterwirft sich beinahe vollständig dem Feind, und auch auf der Peloponnes nimmt die Zahl derer, die sich unterwerfen, so sehr zu, daß die Revolution zu ersticken droht.

Die dramatischen Phasen des griechischen Unabhängigkeitskampfes regen viele Dichter und Künstler zu begeisterten Werken an. Von den idyllischen Gestaden der unter englischer Herrschaft stehenden Ionischen Inseln beobachten zwei Dichter die Ereignisse auf dem gegenüberliegenden, in Flammen stehenden Boden Griechenlands – Andreas Kalvos (1792 – 1869) und Dionysios Solomos (1798 – 1857). Kalvos beschreibt die Heldentaten seiner Landsleute in zwanzig klassizistischen »Oden« in antikisierender Sprache; Solomos besingt die Kämpfe in vielen langen Gedichten, wie in der »Hymne an die Freiheit« (1823), die später zur Nationalhymne der Griechen wird, in dem Gedicht »Auf den Tod Lord Byrons« (1824) und vor allem in den »Freien Belagerten«, über den Kampf von Messolongi, einem Werk der Reife, das unvollendet geblieben ist. Solomos dichtet in der lebendigen Sprache des Volkes, der *Dimotiki*, die er in seinem Prosawerk »Dialog« (1823) leidenschaftlich verteidigt: »Glaubst du, ich hätte etwas anderes im Sinne als Freiheit und Sprache?«

II. Ioannis Kapodistrias erster Regierungschef des griechischen Staates (1827 – 1831)

Wahl und Ankunft von Ioannis Kapodistrias in Griechenland

Die Nachricht von den verheerenden Ereignissen in Attika erreichte die Abgeordneten der Dritten Nationalversammlung, die in Trisina tagten und über die Kompetenzen und Befugnisse des neuen, am 2./14. April 1827 für sieben Jahre gewählten Regierungschefs berieten. Die Verfassung von Trisina ist demokratischer als die vorigen. Dennoch ließen die Erfahrungen siebenjähriger Kämpfe und der inneren Zerrissenheit eine Stärkung der zentralen Gewalt vorerst als notwendig erscheinen, ein Ziel, das man besonders im Auge hatte, als man Kapodistrias zum Regierungschef wählte. Zugleich aber wurde Sorge dafür getragen, daß eventuelle Tendenzen persönlicher Machtausübung eingeschränkt wurden.

Die Bevölkerung von Nauplia, der vorläufigen Hauptstadt Griechenlands, empfängt Kapodistrias im Januar 1828 mit begeisterten Freudenausbrüchen. Ähnliche Gefühle herrschen überall im Lande, wo die Revolution noch tobt. Die geplagten Menschen sehen in ihm den Mann, der sie sowohl von der türkisch-ägyptishen Gefahr befreien soll, wie auch von den eigensüchtigen Exzessen der Politiker und der militärischen Führer. Geleitet von den entmutigenden Auskünften über die innere Situation in Griechenland ist Kapodistrias überzeugt, daß die Verfassung von Trisina für die kritische Zeit, die das Land durchlebt, nicht die geeignete ist; ja, er sieht in ihr ein Hindernis für die Machtkonzentration auf den Regierungschef, die er für nötig hält, um von Fall zu Fall die notwendigen Entscheidungen unmittelbar treffen und sie in die Tat umsetzen zu können.

Deshalb schlägt er die vorläufige Aufhebung der Verfassung von Trisina sowie die Selbstauflösung des Parlaments und an seiner Stelle die Bildung eines Organs aus 27 Vertretern mit beratender Funktion, das »Panhellenion« vor. Sein Vorschlag wird widerspruchslos angenommen, da die Abgeordneten keine Anhängerschaft im Volk besitzen, ja eher verhaßt sind. Ohne ideologische Prinzipien, interessieren sie sich vor allem für ihre Partei-Interessen, wodurch sie das organische Funktionieren des staatlichen Mechanismus behindern.

Die Haltung von Kapodistrias gegenüber den Großmächten

Kapodistrias vermeidet es, »große Politik« zu betreiben, nützt aber geschickt die Gelegenheiten, die sich ihm bieten: Zunächst den Feldzug des französischen Korps von Maison auf der Peloponnes, der unter dem Vorwand, die Ägypter zu verjagen, gestartet wurde, in Wirklichkeit aber die russischen Pläne, während des russisch-türkischen Krieges 1828 – 1829 in Richtung auf Konstantinopel vorzustoßen, vereiteln sollte; und die Konferenzen der Botschafter von England, Frankreich und Rußland, die auf der Insel Poros (1828) anberaumt wurden, als die Hohe Pforte sich weigerte, das Abkommen von London (1827) anzuerkennen, welches die Befriedung Griechenlands als ein dem Sultan tributärer Staat vorsah.

Der schnelle Aufmarsch russischer Truppen auf türkischem Boden während des Jahres 1829 treibt die griechische Sache voran. Am 19. August dringt die russische Armee in Adrianopel ein; aufgrund des dort am 14. September unterzeichneten Abkommens (Art.10) wird die Türkei gezwungen, die Bedingungen des am 10./22. März 1829 in London unterzeichneten Protokolls zu akzeptieren, in dem die Ergebnisse der Konferenz von Poros (griechisch-türkische Grenze = die Linie Volos-Arta) festgelegt wurden. Fünf Monate später, am 3. Februar 1830 wird dank der Initiative Englands, das die russische Prädominanz in Griechenland befürchtet, das Protokoll von London unterzeichnet, durch das Griechenland die Unabhängigkeit erlangt.

Die großen Opfer des griechischen Volkes erbrachten jedoch nur zum Teil das angestrebte Ziel: Frei wurde nur ein kleiner Teil des griechischen Bodens. Die Griechen mußten noch hundert Jahre um die Territorien, die an der Revolution von 1821 teilgenommen hatten, kämpfen gegen Feinde von außen und gegen die diplomatischen Machenschaften ausländischer Mächte. Kapodistrias versuchte nicht, sich in die diplomatischen Winkelzüge der Großmächte einzumischen, da er wußte, daß das Schicksal seines Landes von ihm abhing und seine Einmischung schädliche Folgen haben könnte. In Fällen aber, in denen die griechischen Interessen in Gefahr waren, zögerte er nicht, seine Zurückhaltung aufzugeben und die Belange der Nation mit Entschiedenheit zu verteidigen, so zum Beispiel durch seine wiederholten Memoranden an die Vertreter der Großmächte während der Konferenz von Poros.

Kapodistrias im verwüsteten Land

Das Hauptgewicht seiner Tätigkeit legte Kapodistrias auf die großen inneren Probleme, die dringend einer Lösung bedurften. Was er auf diesem Gebiet in den wenigen Jahren seiner Regierungszeit geleistet hat, ist beeindruckend und wird selbst von seinen Kritikern anerkannt. Die Gepflogenheiten von sieben Revolutionsjahren einer noch anarchischen Freiheit, in der das Recht des Stärkeren galt, behinderte seine Arbeit zusätzlich. Kapodistrias kämpft erbittert mit zahlreichen ernsten, hauptsächlich wirtschaftlichen Schwierigkeiten, auf die er unablässig stößt. Es gelingt ihm, die Fundamente des neuen Staates zu legen: Die Durchsetzung der Ordnung, die endgültige Befriedung der jahrhundertelang von Piraterie heimgesuchten Ägäis, die Organisierung der Behörden, die allmähliche Umbildung der Freischärlerkorps in eine reguläre Armee und eine nationale Flotte, die Einschränkung der Machtbefugnisse der Kotzabassis. Kapodistrias schafft außerdem die Grundlage für die Volksbildung, sorgt für die Ansiedlung der Flüchtlinge aus den noch nicht befreiten Gebieten und für den Aufbau der Landwirtschaft.

Die erschöpften Griechen, nun nicht mehr geängstigt durch äußere Bedrohung, wenden sich jetzt mitten in Ruinen und Chaos der Bewältigung der Alltagsrealität zu. Das kleine Griechenland bot damals einen trostlosen Anblick: Trümmer, Armut, Epidemien; die meisten Städte und Dörfer auf der Peloponnes vernichtet, besonders diejenigen, die auf dem Weg der feindlichen Invasionen lagen. Nur die Ägäischen Inseln, mit Ausnahme von Chios, Psara und Kassos, sind unbeschädigt geblieben. Es ist die schwere Zeit des Wiederaufbaus; die geflüchteten Bauern kommen von den Bergen herunter, kehren in ihre Dörfer und Kleinstädte zurück und beginnen dort in ihren zerstörten Häusern und mit rudimentären Hilfsmitteln ihre Arbeit. Die meisten müssen den Boden allein mit Hacke und Spaten umgraben. Es werden Gerste und Weizen angebaut, Roggen und Hafer sind unbekannt. Die Erträge der wichtigsten landwirtschaftlichen Produkte Griechenlands, Weintrauben und Oliven, die die Grundlage der Wirtschaft bildeten (und zusammen mit der Tabakanpflanzung zu einem hohen Prozentsatz auch heute noch bilden), waren stark zurückgegangen. Die Weingärten waren größtenteils durch den Krieg verwüstet oder durch die erzwungene Vernachlässigung verwildert. Tausende von Olivenbäumen waren während der Invasion von Ibraim auf der Peloponnes gefällt worden, die Olivenernte hatte sich um zwei Drittel vermindert. Allgemein hatte der Besitzstand der Bauern großen Schaden gelitten. Hütten, Häuser, Ställe waren zerstört, Obstbäume gefällt, ganze Wälder niedergebrannt. Krieg, großes Elend, Unterernährung und Seuchen auf der Peloponnes und in Zentralgriechenland hatten in erschreckendem Ausmaß zu einer Dezimierung der Bevölkerung geführt.

Das Ziel von Kapodistrias ist es, aus dem in Ruinen darniederliegenden Lande einen landwirtschaftlich autarken Staat zu machen. Da die wirtschaftlichen Mittel fehlen, sieht er sich gezwungen, radikale Maßnahmen zu ergreifen. Er beabsichtigt, einige Millionen Stremmata (1 Stremma = 1000 m^2) staatlichen Bodens an besitzlose Bauern zu verteilen oder sie gegen sofortige Zahlung zu verkaufen. Die Ausführung dieses Planes stieß jedoch auf große Schwierigkeiten, da sie untrennbar mit der strittigen Frage der »nationalen Bodenparzellen« verbunden war. Es handelte sich um etwa 10.000.000 Stremmata, die nach der Vertreibung der türkischen Besitzer zu nationalem Eigentum erklärt worden waren. Die Verteilung oder der Verkauf von einem Teil dieses Bodens unter anderem auch an Ausländer oder Griechen, die im Ausland geboren waren, hätte die Empörung der autochthonen Griechen hervorgerufen. Die Bauern betrachteten sich als die natürlichen Erben des vormals türkischen Besitzes. Diese Überzeugung wurde der Landbevölkerung durch die Kotzabassis geschickt suggeriert und unter ihr verbreitet, wobei die Kotzabassis vorgaben, die Regierungsmaßnahmen zu unterstützen. Im Grunde hofften sie darauf, selbst anstelle der Türken zu Besitzern der großen Latifundien zu werden. Die Bitterkeit, die Kapodistrias wegen dieses heuchlerischen Verhaltens empfindet, ist in vielen seiner Briefe zu spüren. Dennoch gelingt es ihm, vielen Familien landwirtschaftlich nutzbaren Boden zukommen zu lassen, und zwar nicht nur »autochthonen«, sondern auch Auslandsgriechen.

Im Gegensatz zu den herzlichen Beziehungen zwischen Kapodistrias und der Landbevölkerung ist seine Beziehung zu den Kaufleuten, die in Syros (Ermupolis), dem ersten Handelszentrum des freien Griechenlands, besonders zahlreich sind, eher gespannt. Unter der Beteiligung von Kaufleuten, vor allem aus Chios, nehmen dort Handel und Schiffahrt einen kontinuierlichen Aufschwung.

Doch sieht die allgemeine Wirtschaftslage düster aus. Kapodistrias folgt in diesem Bereich keiner klaren politischen Linie, er hat kein wissenschaftlich ausgearbeitetes Programm und hält wenig von den Wirtschaftstheoretikern und ihrem Nutzen.

Bei seinem Amtsantritt fand er die Staatskassen nicht nur leer vor, sondern auch mit dem englischen Kredit der Jahre 1824 – 1825 in Höhe von 2.400.000 Pfund belastet. Er wendet sich wiederholt an die europäischen Mächte und an einflußreiche Personen im Ausland, um die wirtschaftliche Unterstützung für Griechenland und eine Vereinbarung über einen Kredit von 60.000.000 Francs zu erreichen. Gleichzeitig veranlaßt er unter anderem, um das Vertrauen des Volkes in den Staat zu stärken, die Gründung der Nationalen Finanzbank, der ersten griechischen Bank (2. Februar 1828). Für die notwendige Kapitalbeschaffung wendet er sich an die wohlhabenden Bürger des Landes mit der Aufforderung, Aktien mit achtprozentiger Verzinsung zu kaufen. Doch das Fehlen jeglicher Garantie und die willkürliche Einmischung des Staates in die Verwaltung der Bank rufen Mißtrauen hervor; so erklärt sich die Stagnation der Anlagen und bald darauf die Schließung der Bank.

Um die großen Ausgaben zu bewältigen, steigert Kapodistrias die Staatseinnahmen, die in seiner dreijährigen Regierungszeit 14.000.000 Francs erreichen. Das Anwachsen der Staatseinnahmen ist auf die Ordnung und die Sicherheit im Lande, sowie auf die, gemessen an den Umständen, relativ gute Organisation der Wirtschafts- und Steuerbehörden zurückzuführen. Das Steuersystem bleibt dabei im wesentlichen unverändert – die Zollabgaben werden auf 10 % für Einfuhren und 6 % für Ausfuhren festgesetzt; weiter werden bei der Grundsteuer die *Dekati*, d.h. 10 % des Ertrages für den privaten und der *Tridekatos*, 30 % für den öffentlichen Grund und Boden einbehalten. Der Versuch von Kapodistrias, ein menschenfreundlicheres und effizienteres Steuersystem in Bargeld und nicht in Naturalien einzuführen, schlägt fehl, weil die *Dekati*, die Natural-Steuer, obwohl sie als ungerecht und lastend empfunden wird, sich für arme Länder, in denen es an Geld mangelt, besser eignet. Kapodistrias hat zwar kein besseres Steuersystem einführen können, er hat aber doch insofern für Gleichheit und Gerechtigkeit gesorgt, als nun alle Bürger steuerpflichtig wurden.

Seit dem Beginn der Revolution von 1821 und in dem Jahrzehnt danach konnte natürlich von einem wirklichen Außenhandel nicht die Rede sein. Die Erzeugnisse des Landes reichten nicht einmal zur Deckung der elementarsten Bedürfnisse der Bevölkerung aus; ohne Auslandshilfe konnten die Griechen nicht existieren. Zum Glück hatten die philhellenischen Gesellschaften in Europa und Amerika sehr früh mit der Sendung von Lebensmitteln und Munition begonnen. Dennoch war Griechenland zu Rüstungsausgaben und zur ständigen Ausfuhr von Devisen gezwungen. Durch die anomale politische Lage waren die Geldreserven des Landes unproduktiv verbraucht worden oder ins Ausland abgeflossen. Selbst in dem einzigen nennenswerten Handelszentrum, Syros, waren die Zolleinnahmen stark gesunken. Die übrigen Häfen wie z.B. Hydra und Spetses boten das Bild von Schiffsfriedhöfen, da auch die wohlhabenden Bürger nicht mehr über die nötigen Mittel verfügten, um ihre Schiffe seetüchtig zu erhalten. Arbeitslosigkeit und große Armut herrschte unter den Seeleuten, viele Matrosen waren gezwungen, nach Konstantinopel oder nach Ägypten auszuwandern und bei den Türken Arbeit zu suchen.

Der Umstand, daß nur ein kleiner und dazu armer Teil des griechischen Raumes befreit worden war, der starke Antagonismus und die ständigen Interventionen der europäischen Großmächte in der wichtigen Region des östlichen Mittelmeeres hatten ebenfalls ernste Folgen für das wirtschaftliche und politische Leben des Landes. Darüberhinaus drängten viele Kräfte diesseits und jenseits der Grenzen des neuen Staates unablässig auf die Befreiung der noch besetzten griechischen Gebiete. Am aktivsten hierbei waren naturgemäß die Flüchtlinge, die aus Kreta, Thessalien, Epirus, Makedonien ins befreite Griechenland gekommen waren und sehnsüchtig die Heimkehr anstrebten.

Opposition gegen Kapodistrias. Seine Ermordung (27. September/9. Oktober 1831)

Die unüberwindlichen politischen, vor allem aber die wirtschaftlichen Probleme bringen Kapodistrias in eine schwierige Lage. Die unzufriedenen Archonten, Kaufleute, demobilisierte höhere Offiziere und auch Intellektuelle, die ihm eine diktatorische Regierungsweise vorwerfen, ergreifen offen Partei gegen ihn. Die Opposition wird zusätzlich durch die diplomatischen Vertretungen Frankreichs und Englands geschürt, die in ihm einen Russophilen sehen.

Kapodistrias selbst war überzeugt, daß nur eine straffe, zentralisierte Macht den raschen Aufschwung des Landes gewährleisten könnte. Er war überzeugt, daß die Zeit für die Anwendung der Prinzipien einer demokratischen Verfassung noch nicht gekommen sei, und so geriet er mit den Anhängern dieser Prinzipien in Konflikt. »Je mehr ich den Wunsch hege«, schrieb er am 2. Dezember 1830 an seinen Sekretär Bétant, »daß Griechenland den Status einer freien und unabhängigen Nation erreicht, desto mehr halte ich es für meine Pflicht, dieses hohe Ziel so schnell wie möglich anzustreben; ich darf jedoch nicht die gegenwärtige Wirklichkeit übersehen, in die das Land durch vier Jahrhunderte der Unterjochung und durch die Anarchie der letzten sieben Jahre geraten ist. Wenn es diese Lage aus eigener Kraft, d.h. durch Arbeit überwinden wird, dann wird es konstitutionell Gesetze bekommen, deren Grundelemente bereits vorliegen.«

Die demokratischen Prinzipien hatten jedoch im Lande tiefe Wurzeln, und die ersten griechischen Verfassungen waren unter dem Einfluß dieser Ideen in Anlehnung an die französische (1789) und die amerikanische Revolution (1776) entstanden. Aufgrund dieser Verfassungen (auch wenn sie praktisch nur auf dem Papier standen) hatten die früheren vorläufigen Regierungen während der Revolutionszeit das Land zu lenken versucht. So waren diese demokratischen Prinzipien zweifellos, trotz der Konflikte zwischen Bürgern und Politikern, eine unumstößliche Realität; und auf diese Realität gründeten die Gegner von Kapodistrias – unter ihnen einige wirkliche Idealisten, aber auch zahlreiche Opportunisten und Orgientierungslose – ihre Opposition. Allen voran treten die wohlhabenden Archonten von Hydra und die mächtigen Familien von Mani, hier besonders die Mavromichalis, gegen ihn auf. Am 21. März/2. April 1831 beschlagnahmen die Hydrioten mit bewaffneten Schiffen die Zolleinnahmen von Syros. Es folgt die Rebellion des Offiziers Tsamis Karatassos in Zentralgriechenland, der, verfolgt, nach Hydra flieht und sich mit den dortigen Gegnern von Kapodistrias verbündet. Danach versucht der Admiral Andreas Miaulis von Hydra aus den Marinestützpunkt auf Poros zu besetzen, sein Unternehmen scheitert, und aus Rache zündet er die Fregatte »Ellas« und andere Kriegsschiffe an. Kapodistrias, dessen Vision es war, Griechenland zu einem zivilisierten europäischen Staat zu machen, war nicht bereit, dieses Ziel aufzugeben. Noch zwei Wochen vor seinem Tod schrieb er unerschüttert an seinen engen Freund, den schweizerischen Bankier Eynard: » ... ich tue das, was ich tun muß, gleichgültig, was geschieht«. Angehörige der Familie Mavromichalis ermorden Kapodistrias schließlich am 27. September/9. Oktober 1831 in Nauplia.

Von diesem Augenblick an herrschen in Griechenland wieder Anarchie und Chaos. Die Großmächte beeilen sich ohne die Mitwirkung Griechenlands, im Abkommen von London vom 7. Mai 1832 das Land zu einer Monarchie zu machen. Als erster Monarch wird Otto, der Sohn des bayerischen Königs Ludwig I bestimmt, der am 20. Mai/1. Juni 1832 volljährig wird.

Periode der Anarchie (1831 – 1833)

Nach der Ermordung von Kapodistrias tritt ein dreiköpfiges Verwaltungskomitee zusammen, bestehend aus drei Mitgliedern zweier rivalisierender Parteien: Avgustinos Kapodistrias und Theodoros Kolokotronis, als Anhänger des toten Regierungschefs, Vertreter der »Russischen Partei«, und Ioannis Kolettis, Vorsitzender der »Französischen Partei«, als Exponent der sogenannten Verfassungsanhänger. Bald brechen Meinungsverschiedenheiten zwischen den Mitgliedern des Komitees und ihren Parteien aus. Die Wogen schlagen so hoch, daß es während der vierten Nationalversammlung in Argos Ende 1831 zu anhaltenden Zusammenstößen zwischen bewaffneten Gruppen entgegengesetzter politischer Richtungen kommt, bis sich schließlich die Verfassungsanhänger nach Korinth und von dort weiter nach Megara auf die Peloponnes zurückziehen.

Zunächst scheint die Gefahr eines neuen Konflikts durch die Nachricht von der Wahl Ottos zum griechischen König allerdings gebannt zu sein. Die Verfassungsanhänger verhalten sich friedlich, Avgustinos Kapodistrias tritt zurück, eine neue siebenköpfige Verwaltungskommission aus allen drei Parteien wird gebildet.

Doch die Staatskasse ist leer. Das Heer muß bezahlt, gekleidet und ernährt werden, und da die Regierung hier zu versagen scheint, greifen dessen Führer auf ihre alten Gewohnheiten zurück: Sie beginnen von neuem mit Requisitionen bei den Bauern und Städtern, die häufig verzweifelt in den Bergen Zuflucht suchen. Die Mitglieder des Verwaltungskommitees, untereinander zerstritten, tagen selten in beschlußfähiger Besetzung. Die Nationalversammlung, die in Pronia (1832) zusammentritt, besteht zum größten Teil aus Verfassungsanhängern; sie beschließt eine Generalamnestie und bestätigt die Wahl Ottos zum König. Darüberhinaus löst sie den vornehmlich aus Kapodistrias Anhängern bestehenden Senat auf.

Dies war ein ungeschickter Zug, denn er führte zum Mißerfolg der Versöhnungsbemühunen, die mit der Verkündung der Amnestie begonnen hatten; außerdem rief er die Reaktion der diplomatischen Vertreter der Großmächte hervor. Doch auch die Nationalversammlung am 10./22. August 1832 wird durch eine putschartige Verzweiflungsaktion von Soldaten, die ihren Sold verlangen, gesprengt. Bald löst sich auch das Verwaltungskomitee selbst auf und wieder herrscht Anarchie im Land. Die Staatsgeschäfte werden nunmehr durch die Sekretäre der Ministerien abgewickelt: diese führen die Korrespondenz mit Bayern und bemühen sich, der Lage Herr zu werden, appelieren an das Mitleid der ausländischen Gesandten, beugen sich ihren Anweisungen und nehmen ihre Zurechtweisungen hin.

Auf den Rat der Repräsentanten der Großmächte versammeln sich die Mitglieder des aufgelösten Senats und setzen anstelle des vorigen ein neues Verwaltungskomitee ein, bestehend aus drei Mitgliedern: Alexandros Saimis als Vorsitzender, Ioannis Kolettis und Andreas Metaxas; sie sind Vertreter der drei Parteien – der Englischen, der Französischen und der Russischen. Doch das neue Komitee verfügt über keinerlei Autorität und niemand befolgt seine Anweisungen, denn seine Mitglieder, wie auch die zuständigen untereinander uneinigen Minister gehen willkürlich vor. Die Arnarchie erreicht ihren Gipfel.

Währenddessen hat sich die Situation auf dem Lande in jeder Hinsicht weiter verschlechtert. Viele Flüchtlinge sehen sich gezwungen, in die türkisch besetzten Gebiete, nach Thessalien, Epirus oder auch nach Kleinasien zurückzukehren. Auf den Landstraßen trifft man lange Züge unglücklicher Menschen, ganze Familien mit ihren wenigen Habseligkeiten, eine ununterbrochene Wanderung Enttäuschter und Verzweifelter, die »dieses verdammte Land« verlassen.

Von Nikolaos Dragumis, dem Sekretär von Kapodistrias, stammt eine der trefflichsten Schilderungen des Jahres 1832: »Sollte aber jemand von Neugierde gepackt in der Geschichte des Unabhängigkeitskampfes forschen, um nach Zeiten zu suchen, die diesem Jahr (1832) zu vergleichen wären, würde er sich alsbald davon überzeugen, daß in Griechenland niemals, auch nicht während der schrecklichsten Heimsuchungen, ein solches Chaos geherrscht hat, wie nach dem Tode von Kapodistrias: Wilde Leidenschaften, Zwietracht, Rebellion und Racheakte, gesetzlose Verwaltung und gesetzwidrige Versammlungen, innere Zerfleischung und fremde Interventionen, Verunglimpfung öffentlicher und privater Personen, Anmaßung von Rechten, die dem Volk zustehen, Raub an Gemeineigentum waren an der Tagesordnung... Die abscheulichste Anarchie machte sich von neuem im Lande breit.«

Die Monarchie König Ottos (1833–1843). Die Lage in Griechenland und die politischen Parteien.

Als am 25. Januar/6. Februar 1833 Prinz Otto in Begleitung der drei Mitglieder der Regentschaft – Armansperg, Maurer und Heideck – in Griechenland eintrifft, findet er das Land in anarchischem Zustand vor. Die wirtschaftliche Situation war, wie wir gesehen haben, in jeder Hinsicht miserabel. Aber auch die fiskalische Lage war dramatisch. Die seit 1827 nicht gezahlten Gehälter der Beamten erreichten Ende 1832 den Betrag von 23.437.413 Phönix (Drachmen der damaligen Zeit), die Seefahrerinseln Hydra, Spetses und Psara mußten entschädigt werden, um den Handel wieder in Gang bringen zu können. Diese Entschädigungen wurden auf fünf Millionen Francs veranschlagt. Ebenso mußte den Freiheitskämpfern der ihnen von der Versammlung von Trisina zuerkannte Sold in Höhe von 9.300.000 Francs ausbezahlt werden. Die Türkei mußte 13.333.333 Francs für die Abtretung der Region von Lamia an der Grenze des neuen griechischen Staates erhalten. Auch waren einige kleinere Kredite fällig. Abgesehen von all diesen Forderungen hatte der griechische Staat gleich nach dem Antritt der Regentschaft die laufenden Kosten des Staatsapparates zu bewältigen, die Zinsen des französischen Kredits von 60.000.000 Francs, die auf 3.351.950 Francs berechnet wurden, sowie die jährlichen Tilgungsraten in Höhe von 670.390 Francs. Zur Erfüllung dieser Verpflichtungen standen für die ersten drei Jahre folgende Einnahmen zur Verfügung: Die außerordentlichen Einnahmen des Kredits von 60 Millionen Francs und die laufenden Einnahmen von 6.486.000 Francs für 1833 und von 7.609.000 Francs für die nächsten drei Jahre. Dennoch würde im Jahre 1835, nachdem der Kredit verbraucht wäre und das Land mit seinen eigenen Einnahmen alleinstehen würde, der staatliche Haushalt ein Defizit von 7.779.025 Francs aufweisen. Wie dieses Defizit reguliert werden könnte, hatte die Regentschaft bereits nach der Prüfung der in München zusammengestellten detaillierten Tabelle der fiskalischen Situation Griechenlands beschäftigt. Die Aufnahme neuer Kredite wäre ein verzweifelter Schritt gewesen, der die Lage noch weiter verschärfen würde, es sei denn, es gelänge in absehbarer Zeit die Einnahmen so zu erhöhen, daß sie sowohl zur Tilgung des Kredits, wie auch zur Bezahlung der laufenden Leistungen ausreichen würden.

Die Regentschaft überlegt weiter, ob gute Gründe für die Hoffnung bestünden, daß dieser Zeitpunkt erreicht werden könnte. Die öffentlichen Ländereien seien ziemlich bedeutend und könnten zur Einnahmequelle für das Land werden. Jedoch dürfte man nicht zu fest mit dieser Einnahmequelle rechnen, da Hände gebraucht würden, um diesen Boden zu bebauen. Die öffentlichen Ländereien könnten sehr ertragreich sein; aber diese reiche Ernte läge in einer noch entfernten Zukunft; ein Verkauf der Ländereien würde noch weniger gewinnbringend sein. Noch weit beunruhigender für die Regentschaft ist der Gedanke an die Situation, die in vier Jahren, also 1836 eintreten würde. Zu diesem Zeitpunkt sollten zwar die Kosten für die Regentschaft und für die fremde Armee entfallen, doch ein Defizit von 5.000.000 Francs würde verbleiben. Aus dem Bericht der Regentschaft spricht äußerster Pessimismus.

In jene Zeit fällt die endgültige Ausprägung der politischen Parteien Griechenlands, die unter den Namen Englische, Französische und Russische bekannt sind. Die Anhänger dieser Parteien glauben, mit Hilfe der jeweiligen Großmacht die noch unterworfenen griechischen Länder befreien zu können. Diese Parteien haben keine dauerhaften politischen Prinzipien und selbstverständlich auch keine Tradition. Ihre Anhänger wechseln besonders um persönlicher Vorteile willen mit Leichtigkeit von der einen zur anderen Partei über. Das griechische Volk, lebhaft und ungeduldig, interessiert sich besonders stark für Politik. Auch den Ausländern fällt dies auf; die Politomanie beeindruckt sie besonders deswegen, weil sie nicht nur bei den gebildeten Schichten, sondern auch bei den einfachen Menschen in den entlegensten Dörfern zu beobachten ist.

Führer der Englischen Partei ist, wie schon erwähnt, Alexandros Mavrokordatos, ein Phanariot, gebildet, polyglott, intelligent und sehr ehrgeizig. Ihm stehen die Zeitungen »Athina« (Athen) und »Elpis« (Hoffnung) zur Verfügung. An der Spitze der Französischen Partei steht Ioannis Kolettis, ehemaliger Arzt des Ali Pascha, ein Opportunist, der nicht zögert, sich für das Gelingen seiner ehrgeizigen Pläne der Lüge zu bedienen. Organ seiner Partei ist die Zeitung »Sotir« (Retter). Die russische Partei wird von Theodoros Kolokotronis angeführt, ihr Presseorgan ist die Zeitung »Aion« (Jahrhundert).

Griechenland wurde wie kaum ein anderer Staat zum Gegenstand eines so heftigen Antagonismus zwischen Frankreich, England und Rußland und zum Zankapfel der zwei letzteren, denn die Verästelungen ihres Imperialismus erstreckten sich bis in die griechischen Gebiete. Griechenlands Autonomie und Unabhängigkeit stoßen bis heute auf große Hindernisse: Seine wichtige geographische Lage im östlichen Mittelmeerraum, die starken wirtschaftlichen Interessen, die mit dieser Lage verbunden sind, und die Bedrohung durch den slawischen Koloß im Norden.

Die Anhänger der Russischen Partei beriefen sich auf die gemeinsame orthodoxe Konfession, auf die traditionelle Schutzfunktion der russischen Politik den Griechen gegenüber und schließlich auf den russisch-türkischen Krieg von 1828 – 1829 und das Abkommen von Adrianopel, das dem neunjährigen blutigen Unabhängigkeitskampf der Griechen ein Ende setzte. Tatsächlich hatte die russophile Partei während der Regierungszeit von Kapodistrias, von dem das griechische Volk glaubte, er stehe in engen Beziehungen zum russischen Hof, starken Zulauf.

Die Anhänger der Französischen Partei waren davon überzeugt, daß Frankreich, das sich nicht immer für die Integrität des Osmanischen Reiches aussprach, obwohl es als erster europäischer Staat ein Handelsabkommn mit der Türkei geschlossen hatte (capitulations von 1535), die uneigennützigste aller europäischen Großmächte sei und die Erfüllung der nationalen Sehnsüchte Griechenlands am ehesten begünstigen würde. Zur Verwirklichung dieses Programms wirkte Kolettis auch auf eine Zusammenarbeit zwischen Griechen und Albanern hin.

Die dritte Partei hatte keinerlei Wurzeln in der Vergangenheit. Die Engländer waren bekannt als Befürworter der Integrität des Osmanischen Reiches; zudem ist die Erinnerung an den Verkauf von Parga an die Türkei während der Revolution noch frisch. Die Englische Partei entstand erst nach dem Wandel der englischen Politik im Vorderen Orient, d.h. mit dem Beginn der Amtszeit von Georges Canning als Außenminister. Seit jener Zeit wendet ein Teil der Griechen den Blick von Rußland ab und richtet ihn auf England.

Mavrokordatos und seine Anhänger begründeten ihre England-freundliche Politik damit, daß England, nachdem die Griechen eine gute Verwaltung geschaffen und gute Fortschritte gemacht haben würden, die Erfüllung der nationalen Ziele akzeptieren werde. Die Vorstellungen, die die englische Fraktion vertrat und die auch die englischen Politiker so verstanden haben wollten, nahmen sich etwa so aus: Die englische Politik würde die Türkei, also auch ihre Integrität, bis zu einem gewissen Zeitpunkt unterstützen, d.h., solange das nun gealterte Reich noch Überlebenschancen hätte; die englische Politik betrachtet als Nachfolger der Türkei die griechische Nation und würde ihr im Augenblick alle Mittel zur Verfügung stellen, um das Erbe des türkischen Reiches anzutreten. Die nur zum Teil befreite griechische Nation müßte ihre materielle, moralische und geistige Entwicklung betreiben, um im Sinne Englands des großen Erbes würdig zu werden. Nach den Theorien der englischen Politiker gab es einen einzigen Feind, nämlich Rußland, das die Besetzung Konstantinopels und die Unterwerfung der Griechen beabsichtigte; diese aber seien natürlich nicht in der Lage, den heftigen russischen Strom aufzuhalten. Also müßten Griechen und Türken zusammenarbeiten und einen Damm gegen die slawische Flut bilden. Eine solche Zusammenarbeit könnte für die Griechen wichtige Ergebnisse bringen: Die materielle Unterstützung und Entfaltung der unter türkischem Joch lebenden griechischen Bevölkerung sowie die allmähliche Konsolidierung des neugeborenen griechischen Staates. Nach derartiger Vorbereitung würde England, wenn die griechische Nation fähig sein sollte, das türkische Reich abzulösen, sich für die Gründung eines großen griechischen Staates einsetzen.

Die ungünstige politische Lage in Griechenland wurde durch die Einmischung der Vertreter der Großmächte in die inneren Angelegenheiten noch verschlimmert. Die Sensibilität und das Ehrgefühl vieler Griechen wurde durch diese Umstände verletzt. Zutiefst empört spricht Makryjannis, der alte Kämpfer von 1821, wahrhaft prophetisch diese Gefühle aus: »Während der elende Grieche barfuß und zerlumpt gegen ihn (den Sultan) kämpfte und über 400.000 Menschen auf der griechischen Seite den Tod fanden, mußte er gleichzeitig dich, den Christen, deine Gegenaktionen bekämpfen, deine Arglist und deine Täuschung, der du doch in den ersten Jahren die Festungen (der Türken) versorgt hast. Hättest du, der Europäer, dies nicht getan – wie weit wir in unserem Ansturm dann gekommen wären, hast du gewußt. Danach habt ihr uns Gruppen und Fraktionen beschert; der Dawkins will uns als Engländer, Rouen als Franzosen, Katakasi als Russen*), nicht einen von uns habt ihr einen Griechen sein lassen, jeder von euch hat sich seinen Anteil genommen und aus uns eure Marionetten gemacht; ihr nennt uns unserer Freiheit unwürdig und daß wir sie nicht richtig er-

*) Namen der entsprechenden Gesandten.

kennen. Auch das Kind, wenn es geboren wird, wird nicht mit Einsicht geboren, es wird von den Erwachsenen aufgezogen und weitergebracht. Mit eurer eigenen Moral und Aufzucht habt ihr auch uns zu Armseligen gemacht.«

Unruhen der Griechen in den befreiten und in den unterjochten Gebieten

Die griechische Revolution bewirkte große Bevölkerungsbewegungen. Zu den Bewohnern von Zentralgriechenland, der Peloponnes und der ägäischen Inseln kamen Vertriebene aus allen noch unterjochten Regionen, aus Thessalien, dem Epirus, aus Makedonien und Thrazien, von den Küsten Kleinasiens, vom Dodekanes, aus Zypern. Hinzu kommen Bewohner der Ionischen Inseln und auch viele Auslandsgriechen vor allem Studenten, aber auch Philhellenen, die sich in Griechenland niederlassen. Es war eine Bevölkerungsansammlung mit vitalen Zentren eines vielfältigen, neuen Lebens.

Das pittoreske Bild Griechenlands in den letzten Jahren der Revolution gibt der Zeitgenosse D. Vysantios in seiner Komödie »Babylonia« wieder. Es versteht sich von selbst, daß die neugriechische Gesellschaft, weil sie aus heterogenen Elementen mit verschiedenen Interessen, Gewohnheiten und Ideen bestand, keine feste Struktur aufweisen konnte. Große Bedeutung kommt hier den Vertriebenen zu, den »Unerlösten«, die verzehrt von der Sehnsucht nach ihrer verlorenen Heimat, stets deren Befreiung anstreben und zu den unermüdlichsten Verkündern der Befreiungsbewegung, der irridentistischen »Großen Idee« (Megali Idea) werden. Die gleichen Wünsche hegen auch diejenigen, die in den unterjochten Gebieten geblieben sind. Viele Griechen, wie z.B. die Bewohner Makedoniens, wandern allerdings verzweifelt aus. Es trifft zwar zu, daß nach der Revolution von 1821 die Auswanderung in Richtung Österreich-Ungarn und Deutschland abnimmt, nach Rumänien und Ägypten aber setzt sie sich fort. Die meisten Westmakedonier wandern nach Osten aus, in die großen Städte der europäischen Türkei, wo bessere Lebensbedingungen herrschen und mehr Geld zu verdienen ist.

Doch seit ein kleiner Teil griechischen Bodens befreit ist, richten die Auswanderer aus den noch nicht befreiten Gebieten ihre Aufmerksamkeit auf die Verbreitung griechischer Bildung in ihren Heimatorten, gründen dort Schulen und bereiten den Boden für deren Befreiung. Konstantin Bellios aus Blatsi (Makedonien) gehört zu den ersten Gründungsmitgliedern der »Gesellschaft der Freunde der Bildung« (Athen um 1836) und übernimmt es, die Beiträge für die Schulen zu sammeln. Er ist ebenfalls einer der Gründer der »Archäologischen Gesellschaft« (1837).

Die jahrhundertealten nationalen Freiheitsbestrebungen werden jetzt lebendiger, nachdem sie zu einem Teil verwirklicht worden sind. Das Griechentum in den noch unterjochten Ländern befindet sich im Aufbruch.

Die Konstituierung des Staates

Das erste Ziel der Regentschaft ist die Sicherung der Ordnung im ganzen Staat; so verkündet sie eine Generalamnestie für politische Vergehen, verbietet das Tragen von Waffen und droht für Verbrechen und Vergehen wider die öffentliche Sicherheit, wie Raub, Piraterie, Anstiftung zum Bürgerkrieg usw. strengste Strafen an. Sie schafft die regulären und irregulären Truppen ab und bildet zehn Jägerbataillone, die heutigen Evzonen, in welche die Irregulären eintreten können. Aber die Freiheitskämpfer, die sich der großen Tradition der Kleften verpflichtet fühlen und die Liebe zur unbedingten Freiheit über alles stellen, fügen sich den Befehlen der Regentschaft nicht. Sie protestieren heftig gegen die Beschlüsse, worauf die Regentschaft den Fehler begeht, ihre Gruppen gewaltsam aufzulösen. Hoffnungslosigkeit treibt nun viele der alten Kämpfer dazu, sich von Räuberei zu ernähren, was dem Ruf des Landes im Ausland schadet. Sicherlich hatte die Regentschaft Maßnahmen getroffen, um an die Kämpfer von 1821 Grund und Boden zu verteilen, sie hatte auch die Absicht, die Witwen und Waisen zu versorgen, doch ließ die Ausführung auf sich warten.

Die Regentschaft begann mit der Organisierung des neuen Heeres, in das die alte reguläre Armee eingegliedert worden war. Das neue Heer bestand aus acht Infanteriebataillonen, einem Reiterregiment, sechs Artillerie-Batterien, einer Transport- und einer Pionierkompanie – alles in allem 3.000 Mann.

Parallel dazu befaßte sich die Regentschaft mit der inneren Organisation des Staates, die gesetzlich verankert wurde; als Modell diente die Verwaltung Bayerns und anderer deutscher Staaten. Dieses neue griechische Verwaltungssystem existiert in seinen Grundzügen noch heute. Die sieben bereits vorhandenen Ministerien wurden beibehalten (Außen-, Justiz-, Innen-, Kultus-, Wirtschafts-, Heeres- und Marine-Ministerium). Dem Innenministerium wurde ein Büro angegliedert, das speziell für die dringenden Ansiedlungsprobleme zuständig war. Diese Behörde entfaltete ein große Aktivität und stand unter der Leitung zweier Franzosen – Alexandre Roujoux und Gustave Eichtal, letzterer ein Schüler von Saint-Simon.

Der Staat wurde also nach französischem Vorbild von 1790 in zehn Departements eingeteilt, jedes Departement in Provinzen und Städte und Gemeinden, denen altgriechische Namen gegeben wurden, damit die Bewohner sich ihrer Herkunft von den Antike bewußt werden sollten. Die Gemeinde verwaltet sich, anders als die beiden übergeordneten Verwaltungseinheiten, selbst und ist weniger von der Zentralmacht abhängig. Nach dem Kommunalrecht bildet jede Gemeinde eine selbständige Rechtspersönlichkeit mit allen Rechten und Pflichten.

Um eine stabile Basis für zukünftige Anstellungen und Beförderungen im Verwaltungsapparat zu schaffen, wurden die sogenannten Leistungsbücher für jeden Beamten eingeführt. Auch die Arbeitszeit für die Büros wurde festgesetzt. Alexandros Rangavis schreibt in seinen Memoiren darüber: »Alles, was den Dienst betraf, war damals mit äußerster Strenge und Akribie geregelt; (...) Wehe dem Beamten, der während der festgesetzten Arbeitszeit außerhalb seines Büros angetroffen wurde. Auch wenn er Minister war, bestand für ihn die Gefahr unangenehmer Vorhaltungen.«

Aufgrund des Berichts von Theoklitos Pharmakidis, einem Kenner der Verwaltung der russischen Kirche, so wie sie unter Peter dem Großen gestaltet wurde, proklamierte die Regentschaft die autokephale, vom Patriarchat in Konstantinopel unabhängige griechische Kirche; sie wurde durch eine ständige Synode von Erzbischöfen geleitet, die der König ernannte. Daß es durch diese willkürliche Maßnahme der Regentschaft, die ohne die geringste Verständigung mit dem Oberhaupt der orthodoxen Kirche getroffen wurde, nicht zu einem Schisma kam, ist auf die besonnene Haltung des Patriarchen zurückzuführen. Auch löst die Regentschaft die verlassenen oder nur schwach belegten Klöster auf und beschränkt ihre Zahl auf 82 Mönchs- und drei Nonnenklöster; das Vermögen der aufgelösten geistlichen Anstalten sollte zur moralischen und geistigen Förderung des Klerus verwandt werden.

Auch für die Organisierung des binnenländischen wie des grenzüberschreitenden Verkehrs zu Lande und zu Wasser, für das Gesundheitswesen und die Besiedelung werden Maßnahmen getroffen. Das Schulwesen, das bisher nur sehr mangelhaft funktionierte, wird neu organisiert, Stipendien für die Pädagogische Akademie in München oder für andere deutsche Hochschulen werden erteilt. Umorganisiert wird ebenfalls die Justiz, neue Gesetze werder erlassen. Auf dem Finanzsektor wird das Land systematisch erfaßt; der höchste Rechnungshof, die staatlichen Kassen im Zentrum und in der Provinz werden geschaffen, die Nationale Münzprägeanstalt wird eingerichtet.

Die neugriechische, zum größten Teil landwirtschaftliche Gesellschaft befand sich in primitivem Zustand. Die geschlossene Wirtschaft war vorherrschend, d.h. die Bauern versuchten, ihre bescheidenen Bedürfnisse mit eigenen Erzeugnissen zu decken. Sie webten ihre Kleidung selbst, nähten sich Schuhe aus den Häuten ihrer Tiere, ihr Mehl mahlten sie in ihren Mühlen und buken ihr Brot in ihren Öfen. Was von ihren Produkten übrig blieb, wurde auf die lokalen Märkte gebracht.

Handwerk und Gewerbe waren zurückgeblieben, von einer Industrie konnte keine Rede sein, ja nicht einmal von ihren bescheidensten Anfängen. Ein großes Hemmnis für die Entfaltung des Gewerbes und der Kleinindustrie war das Fehlen von Verkehrswegen. Die Regentschaft beauftragte qualifizierte Offiziere der Pionierkompanie mit dem Straßenbau, wobei Planung und Durchführung der Bauarbeiten die Interessen der Landwirtschaft, der Industrie und des Handels sowie der Landesverteigigung berücksichtigen sollten. Dieses Unternehmen stieß auf vielfältige und große Schwierigkeiten.

Eine Grundvoraussetzung für die Entwicklung der Landwirtschaft und des Handels war die Sicherheit zu Lande und auf dem Meer. Das Interesse der Regentschaft galt besonders der Entfaltung der nationalen Schiffahrt. Die getroffenen Maßnahmen waren drakonisch. Viele Piraten wurden gefangen und hingerichtet. Ebenso unerbittlich verfolgte die Regentschaft die Straßenräuber, also die alten Kämpfer des Unabhängigkeitskampfes von 1821, und sie hatte Erfolg, zunächst jedenfalls. Nachdem der Fehler begangen worden war, die irregulären Kampfgruppen aufzulösen, was zur Folge hatte, daß viele Entlassene zu Räubern wurden, setzt man nun gegen diese einige ihrer früheren Mitkämpfer ein, die jetzt in die Reihen der Gendarmerie eingetreten waren. Mit der Zerschlagung der Räuber-Kampfgruppen vernichtete die Regentschaft die einzige eigenständige, neugriechische, aus der Zeit der Türkenherrschaft stammende Form des Krieges; es war die auf diesem Boden gewachsene, jahrhundertealte Taktik des Kleftenkrieges – die übrigens im Zweiten Weltkrieg als Partisanen-Krieg wieder angewandt wurde. Diesen tragischen Sinn hatten auch die letzten Worte eines alten Kämpfers von 1821, Lukas Dadiotis, bevor er seinen Kopf unter die Guillotine legte: »Ihr bringt die Kunst um, die euch befreite«.

Doch die Wiederherstellung der Ordnung gab den Bauern Mut und Hoffnung. So wurde 1834 eine um zwei Drittel größere Fläche bebaut als in den vergangenen Jahren. Die Einnahmen der Zollämter wurden mehr als verdoppelt. Es muß noch erwähnt weden, daß man neue, moderne Pflüge importierte, um die von Hesiod beschriebenen, hölzernen, die immer noch benutzt wurden, zu ersetzen. In Tiryns wurde die landwirtschaftliche Station umorganisiert, die seit dem Tode von Kapodistrias brach gelegen hatte.

Politische Unruhen

Es schien, als wäre nun Ruhe im politischen Leben eingekehrt. Aber unter der scheinbaren Stille lebten die Rivalitäten der Großmächte und die politischen Leidenschaften fort. Die Regentschaft bevorzugte die Englische und die Französische Partei, was sie in Gegensatz zu der Russischen brachte, die seitdem isoliert war. Die Verstimmung spitzte sich durch die Proklamation der griechischen Kirche zur autokephalen unabhängigen Kirche zu, ein Akt, der vom orthodoxen Rußland als Ärgernis betrachtet wurde. Der Führer der russischen Partei, Theodoros Kolokotronis, macht in einem Bericht an den Zaren, der als Beschützer der Orthodoxie angesehen wird, der Regentschaft diese Proklamation zum Vorwurf und erhebt die Forderung, Otto sollte für volljährig erklärt werden und die Regierung des Landes übernehmen. Dieser Bericht von Kolokotronis an den Zaren fällt zeitlich mit einem Schreiben des deutschen Philologen und Hofdolmetschers Johann Franz zusammen, der sich an König Ludwig I von Bayern wendet und um die Ablösung der dreiköpfigen Regentschaft durch eine Person, Graf Armansperg, bittet. Die Initiative von Franz ist sicher auf Armansperg selbst zurückzuführen, der die ›persona grata‹ der englischen Diplomatie war. Die beiden anderen Mitglieder der Regentschaft, brachten diese Berichte, kaum daß sie davon erfuhren, in Zusammenhang mit den Unruhen, die auf Tinos ausgebrochen waren, weil die Bewohner sich weigerten, Steuern zu bezahlen; Maurer und Heideck vermuteten eine Beteiligung griechischer Politiker und fremder Mächte und trafen strengste Maßnahmen, um die Lage zu meistern. Franz wurde nach Bayern zurückgeschickt, die Pressefreiheit durch ein Dekret eingeschränkt; in Nauplia wurden Theodoros Kolokotronis und Dimitrios Plaputas ins Gefängnis geworfen und am 25. Mai/6. Juni 1834 zum Tode verurteilt; am nächsten Tag wird dieses Urteil in eine zwanzigjährige Gefängnishaft umgewandelt; als Otto am 20. Mai/1. Juni 1835 den Thron besteigt, werden beide Politiker begnadigt.

Diese Unruhen hatten zudem die Entfernung zweier Politiker zur Folge, die führend in der englischen Partei waren: Spyridon Trikupis, der als Gesandter nach London geschickt wird, und Alexandros Mavrokordatos, der in der gleichen Mission nach Berlin und München gehen muß. Die Verurteilung von Kolokotronis wird als Niederlage Armanspergs und des englischen Botschafters Dawkins angesehen. Doch auf Druck der englischen Diplomatie beruft König Ludwig I, kaum zwei Monate nach dem Gerichtsverfahren gegen Kolokotronis, Maurer nach München zurück und ersetzt ihn durch Hofrat Kobell, einen Vertrauten Armanspergs.

Der englische Druck auf Griechenland ist dadurch zu erklären, daß Rußland nach der türkischen Niederlage gegen Ägypten in Ikonion (Dezember 1832) und nach dem Abschluß des russisch-türkischen Vertrages vom Juli 1833 im Vorderen Orient dominierte und aus der Türkei eine Art russisches Protektorat machte, indem es sich verpflichtete, sie vor etwaigen Gefahren zu schützen, während der Sultan verpflichtet war, im entsprechenden Fall die Meerengen zu schließen.

Mit der Entfernung Maurers und seines Assistenten Abel verliert die Regentschaft zwei schöpferische und phantasievolle Politiker, die für die Konstituierung des griechischen Königreichs hart gearbeitet hatten. Die neue Regentschaft trägt die Züge einer formalistischen, bürokratischen Regierung, die sich ohne Enthusiasmus um die Lösung verschiedener Probleme des Landes bemüht.

Die wichtigsten Maßnahmen der neuen Regentschaft sind die Niederschlagung eines Aufstandes in Mani, die Verlegung der Hauptstadt von Nauplia nach Athen und das Gesetz über die »Ausstattung der griechischen Familien«, durch das Grund und Boden aus Nationalbesitz an arme Familien verteilt werden sollte. Durch dieses Gesetz, in dem sich genau genommen die gesamte Landwirtschaftspolitik der Regentschaft erschöpft, werden die Kämpfer von 1821 zwar in gewisser Weise entschädigt; die Frage der öffentlichen Ländereien wurde auf diese Art teilweise gelöst, doch ging man an die landwirtschafliche Frage nicht systematisch genug heran.

Otto wird König; Armansperg als Kanzler. Die Frage der nationalen Ländereien

Am 20. Mai 1835 vollendet Otto sein 20. Lebensjahr, wird für volljährig erklärt und übernimmt die Regierung. Der neue englische Botschafter Lyons überreicht ihm anläßlich seiner Akkreditierung ein Schreiben König Williams IV, in dem dieser zur Thronbesteigung gratuliert und zugleich den Wunsch ausdrückt, Armansperg solle an der Macht bleiben. Und in der Tat wird dieser, und nicht ein Grieche, zum Kanzler ernannt, ein Amt, das dem des Ministerpräsidenten übergeordnet ist. Kolettis, von dem viele hoffen, er werde zum Ministerpräsidenten berufen werden, wird als Gesandter nach Paris geschickt. Nun befindet sich in Griechenland selbst kein namhafter Politiker mehr. Die Entsendung, oder besser die Verbannung der griechischen Politiker hatte allerdings eine positive Seite, denn die Kontakte, die sie im Ausland mit europäischen Politikern knüpfen konnten, waren von Vorteil.

Zu den wichtigsten Maßnahmen der ersten Jahre der Monarchie gehörte die Gründung des sogenannten Staatsrates (eines höchsten Verwaltungsgerichts), der aus 20 Mitgliedern bestand und die höchste beratende, zum Teil auch juristische Behörde im Staat war. Er war also mit weit umfassenderen Befugnissen ausgestattet, als die heute noch bestehende gleichnamige Institution. Hinzu kam die Gründung zweier, aus griechischer Privatinitiative entstandenen Gesellschaften, die bereits erwähnt wurden, der »Gesellschaft der Freunde der Bildung« (1836) und der »Archäologischen Gesellschaft« (1837); sie sollten aufgrund von Privatkapital dem Staat bei der Förderung der Volksbildung und bei archäologischen Aktivitäten helfen. Jetzt tritt auch das Gesetz über die »Ausstattung der griechischen Familien« in Kraft, das während der Regentschaft von Armansperg erarbeitet worden war und nicht nur den autochthonen Griechen, sondern unter gewissen Voraussetzungen auch Auslandsgriechen das Recht auf »Ausstattung«, also auf Zuteilung landwirtschaftlicher Nutzflächen gewährt. Dadurch wurde eine gewisse Entschärfung des bereits während der Revolution und danach sehr strittigen Problems der nationalen Ländereien erreicht.

Gleich nach der Ankunft des Königs wurde durch Verordnung die Veräußerung von nationalen Ländereien unter welchem Vorwand auch immer verboten; Zuwiderhandlung führte zur Ungültigkeit und wurde streng geahndet. Eine vorangegangene Verordnung betraf die seit Januar 1822, also nach der ersten diesbezüglichen Resolution, bereits vollzogenen Veräußerungen; danach mußten alle, die Besitztitel an nationalem Boden erworben hatten, diese innerhalb von sechs Wochen dem Rechnungshof zur Prüfung vorlegen: Hatten die Besitzer dieser Titel die entsprechende Summe nicht gezahlt, so mußten sie dies zu einem Zinssatz von 8 % nachholen. Diese Prüfungen waren äußerst schwierig. Es existierten weder Archive noch notarielle Akten u.a., auch fehlt es an sachkundigen Beamten und an technischem Personal. die Folge war eine äußerst langsame Abwicklung der Überprüfungen und ständiger Aufschub. Dies drohte zu einem schwerwiegenden sozialen Konflikt zu führen: Von den 120.000 Bauernfamilien im freien Griechenland (bei einer Gesamtbevölkerung von 200.000 Familien) waren nur 20.000 Besitzer von Grund und Boden, die restlichen 100.000, also die Hälfte der Gesamtbevölkerung, waren besitzlose Bauern. Der durch das Gesetz anvisierte Nutzen im sozioökonomischen Bereich ist evident. Durch die Schaffung von Privatbesitz konnten Gemeinden gebildet werden, wo sie noch nicht bestanden, und bereits vorhandene sich festigen. Der Boden wurde nicht auf Kosten des Staates verschenkt, sondern zu günstigen Bedingungen verkauft. Es war ein Anfang gemacht worden – jede Regierung war nun gezwungen, sich für die weitere Ausführung einzusetzen. Doch erst im März 1836 war es möglich, die Familienoberhäupter zur Eintragung in die Gemeindelisten aufzurufen, um das im Gesetz vorgesehene Recht auf Ausstattung zu erwerben. Auch diese Eintragung beanspruchte soviel Zeit, daß nach zwei Jahren die Frist noch einmal bis zum Dezember 1838 verlängert werden mußte. Parallel dazu werden die Verordnungen vom Juni 1834 und vom Januar 1838 über die Verteilung von Grund und Boden an die Freiheitskämpfer angewandt. So bekommen viele Kämpfer aus Epirus, Makedonien und Thessalien Land in Phokis, Lokris und Böotien; Sulioten und andere Vertriebene siedeln in Ätolien, Peloponnesier in Elis und Messenien usw.

Dennoch wurde die landwirtschaftliche Frage nicht gelöst. Nach dem Gesetz wurden 105.836 Stremmata verteilt, ein relativ unbedeutender Teil der 10.000.000 Stremmata nationaler Ländereien. Trotzdem war ein gewisser Fortschritt auf dem landwirtschaftlichen Sektor zu verzeichnen. Der österreichische Botschafter Prokesch von Osten, der durch Euböa und Phthiotis bis an die thessalische Grenze reiste, betrachtet die Lage als zufriedenstellend. Einige der Revolutionsführer hatten 1839 Grund und Boden als Entschädigung bekommen, obwohl seitdem nicht einmal zwei Jahre vergangen waren, schienen alle ihre Besitzungen zu blühen und zu gedeihen, ihre Häuser seien von schönen Gärten umgeben, die Felder gut bestellt und viele Olivenbäume gepflanzt worden.

Dennoch war ein großer Teil der Freiheitskämpfer ohne Landbesitz geblieben. Ihr Stolz, diesen Staat, der ihnen seine Existenz verdankte und jetzt von den »Kalamarades«, den Schreiberlingen, regiert wurde, hinderte sie daran den entwürdigenden Weg zu gehen, um etwas von ihren Rechten auch zu erhalten. J. Vlachojannis beschreibt ihre Gefühle in seiner Erzählung »Der Revolutionskämpfer«, in der der siebzigjährige Held aus Erschöpfung und Enttäuschung alles hinwirft und auf den Landbesitz verzichtet. Keinen Grund und Boden erhielten alle diejenigen ehemaligen Freiheitskämpfer, die in die türkisch besetzten Gebiete zurückkehrten oder in Griechenland zu Räubern wurden. Die Aktivitäten und Emotionen, die das Gesetz über die Ausstattung der Bauern zur Folge hatte, sowie die Machenschaften früherer Kotzabassis und kleiner Parteibosse bilden auch den sozialen Rahmen des »Thanos Vlekas«, eines zeitgenössischen Romans, dessen Autor, Pavlos Kalligas, als Jurist die Sorgen und Ängste der Bauern aus der Nähe erlebt hatte.

Die Revolutionskämpfer sahen mit Bitterkeit und Empörung, wie ihre Führer Häuser und Felder bekamen, und wie die Auslandsgriechen, vor allem die Studierten unter ihnen, sich in Posten mit »schweren Gehältern«, wie Makryjannis es nennt, wohl einrichteten, oder wie Auslandsgriechen und Ausländer mit eingeführtem Kapital Teile des noch Türken gehörenden Grund und Bodens zu Schleuderpreisen kauften, was vor allem in Attika und Euböa der Fall war. Hier beeilten sich die Türken auszuwandern und ihr Land billig zu verkaufen, nachdem die Grenzen des neugriechischen Staates bestimmt wurden.

Der Sturz Armanspergs. Ministerpräsident Rudhart (1837)

Die Entfernung der griechischen Politiker und Militärs aus den verantwortlichen höheren Stellen, das verächtliche und häufig überhebliche Verhalten der Bayern, die unvermeidlichen Zusammenstöße und Differenzen zwischen diesen und den Griechen, sowie viele andere Mißhelligkeiten trugen dazu bei, daß die in ihrem Stolz verletzten Griechen die »Vavarokratia«, die Bayernherrschaft, verabscheuten und sich gegen sie wandten. Die Gereiztheit, die vor allem Armansperg hervorrief, spitzte sich 1836 zu, während des Aufenthaltes von König Otto in Deutschland, wo er Prinzessin Amalia von Oldenburg heiratete. Der Hauptgegner von Armansperg war Makryjannis, der sich zum Sprachrohr der allgemeinen

Unzufriedenheit machte. Otto, der über die Situation informiert ist, bringt bei seiner Rückkehr am 2./14. Februar 1837 den Bankier Rudhart nach Griechenland mit und setzt ihn als Nachfolger Armanspergs als Kanzler ein. Der Sturz Armanspergs ist als der Sieg der russischen, österreichischen und französischen Diplomatie über die englische zu betrachten.

Von diesem Augenblick an verliert Otto und auch Griechenland die Unterstützung Englands. Die Monarchie des Wittelsbachers sei, wie der französische Historiker Driault schreibt, nichts anderes gewesen, als die Geschichte eines dreißig Jahre währenden Duells zwischen Otto und Palmerston, dem englischen Außenminister: »England hatte der Unabhängigkeit Griechenlands unter der Bedingung zugestimmt, daß es nicht allzu mächtig würde und daß es vor allem unter keinem anderen als dem englischen Einfluß stehen solle«.

Umsonst versucht Rudhart die englische Regierung zu besänftigen, indem er die Ehrlichkeit seiner Absichten und seine Unparteilichkeit beteuert. Die englischen Angriffe werden durch den Gesandten in Athen, Lyons, geschürt, der, um die gereizten Gemüter noch mehr gegen die Bayern, die »Xenokratia« (Fremdherrschaft) aufzubringen, die Forderung der Griechen nach Pressefreiheit und nach der Einführung des parlamentarischen Systems als Waffe benutzt. Die Diskussion um die Verfassung flammt wieder auf. Die wichtigsten griechischen Politiker sind sich darin einig, daß eine Verfassung notwendig sei, doch über den Zeitpunkt ihrer Einführung gehen die Meinungen auseinander. Mavrokordatos, Saimis und Kolettis behaupten, daß die Nation genügend vorbereitet sei und daß vorher die Ordnung gefestigt und die freie Ausübung der bürgerlichen Rechte gesichert werden sollte. Allein Spyridon Trikupis war der Ansicht, daß dem griechischen Staat sofort eine Verfassung gegeben werden müsse. Er betrachtete die konstitutionelle Regierungsform nicht nur als eine Garantie für die Rechte des Volkes, sondern auch als ein Mittel, Unruhen vorzubeugen, die natürlicherweise bei einer Nation auftreten müßten, der die Rechte, für die sie hart gekämpft hatte, vorenthalten würden. So wie er in der Monarchie ein Symbol nationaler Einheit sah, so betrachtete er die in der Verfassung verankerte Freiheit als Symbol des nationalen Aufbaus. Aus diesem Grunde war Trikupis besonders empört über den politischen Wechsel und zögerte nicht, seine Meinung Palmerston anzuvertrauen, der zurückhaltend reagierte. Das zeigt, wie stark die griechischen Politiker selbst den ausländischen Mächten Gelegenheit gaben, sich in die inneren Angelegenheiten des Landes einzumischen. Andererseits gaben die Regierungschefs der europäischen Mächte selbst zu, daß ihre Rivalitäten um die Einflußnahme auf Griechenland dessen staatlichen Mechanismus paralysierten. So prangerte der französische Minister Guizot die Zwietracht und den Kampf der fremden Gesandten in Athen an und betrachtete dies als die Hauptursache für das mangelhafte Funktionieren des Staatsapparates.

Die heftige Opposition der Vertreter der Großmächte, sowie vieler Griechen, die Schwierigkeiten, die sich ihm auf Schritt und Tritt bei der Lösung der inneren Probleme in den Weg stellten, erschöpften Rudhart so sehr, daß er sich nach zehnmonatiger Amtsführung gezwungen sah, seinen Rücktritt einzureichen (8./20. Dezember 1837), obwohl er sich dem König für vier Jahre verpflichtet hatte.

Die Gründung der Universität Athen. Einfluß des Neoklassizismus

Die wichtigste in die Amtszeit Rudharts fallende Maßnahme ist die Gründung der Universität von Athen, mit deren Bau jedoch erst später (im Juni 1839) begonnen wurde; der Entwurf des neoklassizistischen Gebäudes stammt von dem dänischen Architekten Christian Hansen. Die Universität hatte vier Fakultäten – die philosophische, juristische, theologische und medizinische; die Lehrstühle wurden mit deutschen und griechischen Professoren besetzt.

Der neoklassizistische Stil wurde auch bei vielen anderen öffentlichen und privaten Gebäuden der Hauptstadt benutzt. Dieser Stil orientierte sich an den noch lebendigen Reminiszenzen der Vergangenheit und an den beeindruckenden Überresten alten Glanzes. Die Akropolis wird von den Bauten der Türken befreit und der Parthenon, obwohl teilweise zerstört, erscheint in seiner früheren Schönheit als das berühmteste Kulturdenkmal des Abendlands. Die griechische Nation betritt die Bühne der Geschichte mit dem Schwung eines jungen Volkes, ohne dabei jedoch die Verbindung zu ihren Vorfahren zu verlieren.

Doch der Neoklassizismus äußert sich auch in dem konservativen Geist, der den Bereich der Sprache beherrscht: Einige Gelehrte, wie K. Ikonomu und Neofitos Vamvas entfernen sich immer mehr von den sprachlichen Prinzipien eines Korais und setzen sich für eine strengere Form der »Katharevussa« (die Reine) ein, d.h. sie streben an, die Sprache des Volkes der antiken Sprache anzugleichen.

Zu dieser konservativen Tendenz auf dem Gebiet der Sprache, die sich nach dem Tode von Korais (1833) verstärkt, paßt auch der Konservativismus der traditionellen Träger des östlichen Dogmas, der Orthodoxie, besonders nachdem die griechische Kirche zur autokephalen Kirche proklamiert wurde. Die überzeugten Orthodoxen blicken zudem mit Sorge auf eine katholische Regentschaft und einen katholischen König.

Die Regierung Sografos (1837 – 1840)

Otto wird nun durch die Umstände gezwungen, die politische Macht einem Griechen anzuvertrauen. Er ernennt den bisherigen Gesandten in Konstantinopel, Sografos, zum Außenminister, der aber auch die Aufgaben eines Ministerpräsidenten wahrnimmt, ohne je vom König formell diesen Titel zu erhalten. Sografos, der die schwebenden griechisch-türkischen Fragen mit Geschick behandelt hatte, ergreift die Initiative und schließt mit den Türken das erste Handelsabkommen, das jedoch in der griechischen Hauptstadt auf schärfste Kritik stößt, begleitet von heftigen Kundgebungen der Massen. Im Abkommen wären, wie es heißt, zu viele Konzessionen gemacht und nationale Ansprüche der Griechen im voraus geopfert worden. Sografos muß im März 1840 zurücktreten.

Die Gemüter sind ohnehin sehr erregt, denn im Juni 1939 wurde der Sultan von Mechmet Ali, dem Sohn Ibraims von Ägypten besiegt, der nun in Richtung auf Konstantinopel vorrückt und damit über den ganzen Osten, von der lybischen Wüste bis zum Schwarzen Meer herrscht. Das Osmanische Reich scheint zu zerbrechen, die Hoffnungen der Griechen auf die Befreiung der noch unterdrückten Gebiete bekommen neue Nahrung.

In jener kritischen Phase zwischen 1839 und 1841 beziehen sowohl England wie auch Rußland Position für die Erhaltung des Osmanischen Reiches und stehen der Erfüllung der nationalen Zielsetzungen der Griechen ablehnend gegenüber. Die englische Diplomatie beschränkt sich nicht auf die Bekämpfung der griechischen Außenpolitik, sondern sie geht, um dem König Schwierigkeiten zu bereiten, sogar bis zur Propagierung der Einführung konstitutioneller Institutionen im Lande.

Französische Initiative in Griechenland

Zu diesem Zeitpunkt (1840) beginnt der französische Außenminister Guizot, zur Zeit Napoleons I Geschichtsprofessor, im Nahen Osten aktiv zu werden, da es seiner Ansicht nach für Frankreich an der Zeit sei, seine alte Vormachtstellung in dieser Region zurückzugewinnen. In seinen Memoiren schreibt er: »Griechenland wurde 1840 schlecht regiert ... Das hatte zweierlei Gründe; die unüberwindliche Trägheit des Königs und die Zwietracht der Diplomaten, die miteinander rivalisierten und der Politik ihrer jeweiligen Regierung Einfluß zu verschaffen suchten.«

Mit einem Rundschreiben vom 27. Februar/11. März 1841 an die vier Großmächte weist Guizot auf die Griechische Frage hin in der Absicht, diese aus einer Angelegenheit englischen und russischen Interesses zu einer europäischen zu machen. Er unterstreicht einige ermutigende Fakten in der Entwicklung des Landes wie z.B. den Bevölkerungszuwachs, die Verbesserung der Landwirtschaft und die Steigerung der Einnahmen, und stellt fest, daß die Überwindung der Schwierigkeiten allein dem Monarchen obläge, dem die Schutzmächte zur Seite stehen müßten. Was die Einführung konstitutioneller Freiheiten betraf, ist er der Ansicht, daß die objektiven Bedingungen im Lande dafür ungünstig seien. Er glaubt aber, daß gewisse Reformen bei den bestehenden Institutionen nötig wären, und führt als Beispiel die Erweiterung der Befugnisse und Aufgaben des Staates an. Guizot ruft also die Großmächte auf, gemeinsame Anstrengungen zu unternehmen, um die innere Lage Griechenlands zu normalisieren; tatsächlich ist er jedoch bemüht, die Absichten Englands zu vereiteln. Um die englische Politik Griechenland gegenüber günstig zu stimmen, geht er sogar so weit, Alexandros Mavrokordatos, den Führer der Englischen Partei und zu jener Zeit Botschafter in London, als Kandidaten für den Posten des Ministerpräsidenten zu unterstützen. Gleichzeitig entsendet er Théodore Piscatory als Sonderbeauftragten der französischen Regierung nach Griechenland.

Otto beobachtete mit Unzufriedenheit die Initiative der französischen Politik und zeigte sich dem Kandidaten für das Amt des Ministerpräsidenten gegenüber mißtrauisch. Mavrokordatos legte dem König dennoch sein Programm vor, das, den Ratschlägen von Guizot entsprechend, eine Erweiterung der Befugnisse des

Staatsrates vor allem in wirtschaftlichen Fragen vorsah, dazu die Unabhängigkeit der Minister, die für ihre Maßnahmen selbst verantwortlich sein sollten, sowie den allmählichen Rückzug der Bayern. Das Regierungsprogramm von Mavrokordatos zielte auf eine befriedigende Lösung zweier ernster Probleme: Auf die Ersetzung der Bayern durch Griechen und auf die Vorentscheidung der Verfassungsfrage, bis geeignete Voraussetzungen zur endgültigen Einführung konstitutioneller Institutionen gegeben sein würden.

Die Verhandlungen der beiden Männer waren mühsam und dauerten fast einen Monat. Schließlich brachte die Furcht vor Unruhen in Athen wegen der Fortdauer der politischen Ungewißheit, und nachdem die Vertreter der Großmächte interveniert hatten, Otto dazu, Mavrokordatos als Regierungschef zu akzeptieren (24. Juni/6. Juli 1841). Dennoch reichte dieser bereits nach sechs Wochen seinen Rücktritt ein, weil einerseits der König mit der Erfüllung seiner Versprechen zögerte, ja sogar von ihnen abwich, während andererseits der preußische und besonders der französische Gesandte, der Dimitrios Christidis, einen bedeutenden Vertreter der Französischen Partei, an die Macht bringen wollte, ablehnend auf die Regierung von Mavrokordatos reagierten. Der Fall des Kabinetts Mavrokordatos erschütterte nicht nur die diplomatischen Kreise in Athen, sondern auch das ganze griechische Volk, unabhängig von seinen politischen Ansichten, denn die großen Fähigkeiten des Phanarioten Mavrokordatos, sowie die Tatsache, daß er sein ganzes Vermögen dem Unabhängigkeitskampf geopfert hatte, wurden von allen, auch von seinen politischen Gegnern anerkannt. Über die Arbeit, die er in dieser kurzen Zeit geleistet hat, spricht er selbst in einem Brief an Trikupis: »... ich sorgte dafür, daß die innere Ruhe gewährleistet war, daß die Spannung nachließ und daß manche gegen die Türkei gerichteten Pläne, absurde und kindische Pläne, die zur Unruhe beitrugen, aufgegeben wurden ...«. Er beabsichtigte also, im Geiste der drei Großmächte, sogar eine Ära guter Beziehungen mit der Türkei einzuleiten.

Zehn Tage nach dem Rücktritt von Mavrokordatos trat in England die liberale Regierung Melbourne zurück (19./31. August 1841), bevor Außenminister Palmerston von dem Regierungswechsel in Athen erfahren hatte. An die Macht kam die konservative Partei der Tories mit Peel als Premierminister und Lord Aberdeen, einem persönlichen Freund Guizots, als Außenminister, der eine Koordinierung der englischen Außenpolitik mit der französischen anstrebte. Beide Regierungswechsel begünstigten die Durchsetzung der französischen Politik in Athen. König Otto war nun nicht mehr dem systematischen Druck und den Angriffen Palmerstons und seines persönlichen Feindes, des englischen Gesandten Lyons, ausgesetzt.

Um dem Unmut des Volkes ein Ventil zu verschaffen, gab der König einen Tag nach der Bildung des Kabinetts Christidis, im August 1841, die Verordnung über die Auflösung seines Kronrates bekannt.

Die Regierung Christidis (August 1841 – September 1843)

Christidis besaß nicht den offenen Geist und die Vielseitigkeit von Mavrokordatos, er war sich aber der dringenden politischen Bedürfnisse des Landes bewußt und sorgte, wenn auch unsystematisch, für die unmittelbare Anwendung der von der Regierung vorgesehenen Maßnahmen. In den Beziehungen zur Türkei verfolgte Christidis eine Politik der Annäherung. Außerdem war, nach der Beendigung der europäischen Krise in den Jahren 1839 – 1841 und dem Mißlingen der Revolution auf Kreta (1841), die weitere Verfolgung der nationalen Ziele, die noch unterworfenen Gebiete zu befreien, den Interessen Griechenlands unzuträglich, ja sogar gefährlich für das Land. An den türkisch-griechischen Grenzen konzentrierten sich beiderseits Truppen. Gruppen von Freischärlern, wie diejenigen von Ioannis Velentzas und Tsamis Karatassos, werden bereits in Thessalien und Makedonien aktiv. Hinzu kam, daß mit der Fortdauer dieser Situation die Frage des türkischen Besitzes in Griechenland ungelöst blieb, und Proteste der Türkei, aber auch Repressalien gegen die in der Türkei lebenden Griechen zur Folge hatte.

Zur Normalisierung der Beziehungen mit der Türkei setzte Otto den demissionierten Regierungschef Mavrokordatos ein, der, sei es auf Bitten des Königs oder des Ministerpräsidenten hin, den Posten eines Gesandten in Konstantinopel akzeptiert. Einen wesentlichen Impuls zur Verbesserung der griechisch-türkischen Beziehungen gab der englische Gesandte Stratford Canning, der einige Tage vor Mavorkordatos in Konstantinopel eintraf.

Zu den Aktiva der Regierung Christidis gehört die Gründung der Nationalbank von Griechenland durch das Gesetz von 1841. Diese Institution war erforderlich für den Ablauf und die Erweiterung der Geschäfte aller Bevölkerungsgruppen, der Bauern, Seeleute, Gewerbetreibenden und Kaufleute. So trug diese Neugründung zum allgemeinen Aufschwung des griechischen Staates bei. Es hatte bis zu jenem Zeitpunkt zahlreiche Vorschläge ausländischer Kapitalbesitzer gegeben, die die nötigen Mittel investieren wollten, doch diesbezügliche Verhandlungen hatten zu keinem Ergebnis geführt, weil die Geldgeber allzu große Vorteile für sich beanspruchten.

Konkrete Vorschläge für die Gründung der Bank unterbreiten der in der Revolution bekannt gewordene Schweizer Philhellene, Bankier Jean Gabriel Eynard und sein frankophiler Freund aus Epirus, Georgios Stavru, die mit Nachdruck die Ansicht vertreten, griechisches Kapital müßte die Grundlage der Bank bilden. So würde auch das Interesse von Ausländern geweckt werden, sich an dem Unternehmen zu beteiligen. Georgios Stavru wird zum ersten Direktor der Nationalbank gewählt. Die Gründung erfolgte unter dem Einfluß Frankreichs, das die wirtschaftliche Lage im Lande mit Aufmerksamkeit beobachtet.

Die Nationalbank, die ihre Tätigkeit im Januar 1842 mit einem Kapital von ca. 5.000.000 Drachmen aufnimmt, darf Banknoten herausgeben, Kredite auf Hypotheken und Pfandbriefe gewähren und diskontieren. Die Bank spielte eine ausschlaggebende Rolle beim wirtschaftlichen Aufbau des Landes; sie begann sofort Kredite zu geben, wenn auch mit dem hohen Zinssatz von 10 %, der aber gemessen an dem auf den Geldmärkten Griechenlands üblichen Zinssatz von 24 % – 30 % durchaus günstig und darüberhinaus sicher war. So trug die Nationalbank zur Bekämpfung des Wuchers bei, unter dem vor allem die mittellosen Bauern zu leiden hatten, und verhalf auch dem Handel zu neuem Aufschwung. Dank der starken Führung ihrer ersten Präsidenten – Georgios Stavru, Markos Renieris und Pavlos Kalligas – und infolge der Handelsaktivitäten des Landes verzehnfachte sich das Kapital der Bank im Laufe von 50 Jahren; die Bank genoß den Ruf, eines der besten und sichersten Geldinstitute im Osten zu sein.

III. Die konstitutionelle Monarchie (1843–1862)

Der Aufstand vom 3. September 1843

Obwohl Griechenland durch das Kabinett Christidis regiert wurde, war Frankreich nicht ganz zufrieden und versuchte bei jeder Gelegenheit, seinen Einfluß zu verstärken; dazu benutzte es nicht nur seine akkreditierten Diplomaten, sondern auch den Philhellenen Eynard, der sich wegen seiner Dienste für Griechenland in politischen Kreisen eines hohen Ansehens erfreute.

Im Juni 1843 kommt Théodore Piscatory als französischer Gesandter nach Athen. Er hat von Guizot die Anweisung, die Regierung Christidis zu stützen, zugleich aber den König zu Reformen anzuregen, mit denen England einverstanden sein würde.

Bei der Ankunft von Piscatory aber waren die Gemüter sehr erhitzt: Die Anhänger der Englischen und der Russischen Partei und deren Presseorgane verlangten einen Regierungswechsel; sie wiesen auf die katastrophale wirtschaftliche Lage hin, in die Griechenland in den letzten Jahren durch große Ausgaben geraten war, da diese in erschreckendem Mißverhältnis zu den bescheidenen Einnahmen standen; die öffentliche Verschuldung betrug 4 Millionen Drachmen. Die Regierung Christidis wurde zu drakonischen Sparmaßnahmen gezwungen, die durch dieses unpopuläre Vorgehen erzeugte Unzufriedenheit verschärfte das Mißbehagen gegenüber dem Absolutismus des Königs. Die Opposition wurde von Tag zu Tag stärker. Die Lage wurde zusätzlich durch König Otto selbst erschwert. Der französische Historiker Driault bemerkt: »Er behinderte seine Minister bei der Durchsetzung ihrer Beschlüsse noch im Endstatium der Prozedur durch fortwährende Bedenken und Befürchtungen. Er stellte unbegründete Behauptungen auf, bestand darauf, alles persönlich durchzusehen, verlor sich in Details und verzögerte auf unbestimmte Zeit die Unterzeichnung dringender Schriftstücke; er vertraute niemandem, nicht einmal sich selbst. Unter diesen Bedingungen war ein Regieren fast unmöglich.«

Unzufriedenheit oder auch Egoismus und Ehrgeiz veranlaßten einige führende Politiker der Opposition, vom König eine Verfassung oder seinen Rücktritt zu verlangen; es waren vor allem Andreas Londos von der Englischen, und Andreas Metaxas, der Führer der Russischen Partei. Zu ihnen gesellte sich später auch der ehemalige Außenminister Konstantin Sografos. Bereits vorher und unabhängig von den eben erwähnten Absichten, hatte Jannis Makryjannis zu konspirieren begonnen; sein großes Ziel war die Vereinigung aller Griechen und die Ausschaltung fremder Einflüsse: »Wir sollten weder Anhänger der Verfassung noch Anhänger der Regierung noch Anhänger fremder Ansichten, weder der Engländer noch der Franzosen oder Russen sein. Wir sollen sie alle wegen der uns erwiesenen Hilfe respektieren – aber sie sollen uns und unseren König in Ruhe lassen.« Makryjannis weihte vor allem Revolutionskämpfer, aber auch Politiker und Militärs in sein Vorhaben ein.

Sich auf Makryjannis verlassend, hofften die drei zuerst genannten Politiker auf die militärische Durchsetzung der Bewegung. Doch die militärische Vorbereitung wurde unsystematisch und völlig unzureichend betrieben. Die Verschwörung hatte erst dann gewisse Erfolgschancen, als Makryjannis im August 1843 die Beteiligung von Dimitrios Kallergis, dem Befehlshaber der Kavallerie, sicherstellte. Durch die Vermittlung von Kallergis wurde auch der Kommandeur der Offiziersschule Spyromilios eingeweiht.

Am 3. September 1843 rückt Kallergis mit seinen Einheiten in Richtung auf den Palast vor. Auf das gleiche Ziel hin bewegen sich auch Makryjannis sowie andere Kapetanios der Revolution, Metaxas, Londos und Sografos. Die Begeisterung der Bevölkerung war groß. König Otto wurde durch die Jubelrufe einer tausendköpfigen Menge, die sich auf dem Platz vor dem Palast (dem heutigen Syntagma, dem Platz der Verfassung) versammelt hatte, geweckt; nach dramatischen Stunden der Angst und der Unentschlossenheit gab der König den Forderungen der Aufständischen nach und erschien auf dem Balkon des Palastes, zusammen mit dem neuen, von den Aufständischen bestimmten Ministerpräsidenten Andreas Metaxas, den Ministern und den Vertretern der Militärs. Bei seinem Anblick jubelte das Volk: »Es lebe der König! Es lebe die Verfassung!« Volk und Militär zeigten in Athen und in der Provinz einen hohen Grad an politischer Würde. Es gab keinerlei Unordnung. Als am nächsten Tag der König seinen gewohnten Spazierritt unternahm, wurde er vom Volk wie nie zuvor mit Wärme und Begeisterung umjubelt. Nach dem Wechsel der Staatsform am 3. September rief die Regierung das Volk in Athen und auf dem Lande auf, seine Vertreter für die Nationalversammlung zu wählen. Die verfassungsfordernden Anführer des Aufstandes hatten jedoch gleich nach dem Sturz der alten Regierung selbst erkannt, daß sie allein nicht in der Lage waren, ein neues Griechenland zu erbauen; es fehlte der Architekt. Sobald sie sich nach dem Anfangserfolg der Größe des Wagnisses und der Verantwortung bewußt wurden und ihre mangelnde Eignung für diese Aufgabe erkannten, richteten sie ihren Blick auf die fähigsten Politiker, auf Mavrokordatos und auf Kolettis. So konnte Metaxas das sogenannte Koalitionskabinett bilden.

Die Reaktion der europäischen Großmächte auf diese Veränderung war unterschiedlich. Die Erregung war fast überall groß. In den Monarchien Ost- und Mitteleuropas wurde der politische Wechsel mißbilligt. Die westeuropäischen Staaten, Frankreich und England, nahmen wegen der Verwandtschaft ihrer politischen Institutionen mit der neuen Staatsform Griechenlands die Ereignisse gelassener auf.

Die Nationalversammlung von 1843 – 1844 und ihr Werk

Die Wahlen zur Nationalversammlung bringen hauptsächlich alte Militärs und Politiker aus der Zeit der Freiheitskämpfe in die politische Arena, aber auch jüngere Politiker, die sich nach dem Eintreffen Ottos hervorgetan hatten. Die Abgeordneten der Nationalversammlung vertraten nicht nur die freien, sondern auch viele noch unterjochte griechische Gebiete. Die Nationalversammlung nahm ihre Arbeit im November 1843 auf und begann im Januar 1844 mit der Verfassungsdebatte, die lange andauerte. Artikel 1 des neuen Grundgesetzes bestimmt den orthodoxen Glauben zur offiziellen Staatsreligion, toleriert zugleich jede andere Religion, verbietet aber die Proselytenmacherei; Art.2, aus historischer Sicht der wichtigste, sanktioniert die dogmatische Einheit der griechischen Kirche mit dem Ökumenischen Patriarchat in Konstantinopel; Art.3, um dessen endgültige Fassung heftige Debatten ausgetragen wurden, legt die Bürgerrechte fest. Besonders heftig diskutiert wurde die Frage, wer überhaupt Bürgerrechte genießen dürfe. Sollte die griechische Herkunft genügen, um griechischer Bürger zu sein? So kam das eigentümliche und absurde Thema der autochthonen und heterochthonen Herkunft in die Debatte. Es wurde gefordert, daß die Bürgerrechte nur denjenigen zugestanden werden sollten, die aus dem freien Griechenland stammten. Die Mehrzahl der Freiheitskämpfer und die Autochthonen im allgemeinen befanden sich in einem Zustand wirtschaftlicher Stagnation und Armut; enttäuscht mußten sie zusehen, wie die Griechen aus westeuropäischen Ländern oder aus den noch unter türkischer Herrschaft stehenden griechischen Gebieten ins befreite Land kamen, nach der Ankunft von Otto hohe Posten erhielten, im Wohlstand lebten, was sie wie Parvenus erscheinen ließ, während sie, die für einen freien griechischen Staat gekämpft und ihn schließlich geschaffen hatten, leer ausgingen. Die Frage wurde endlich auf dem Wege des Kompromisses geregelt, d.h. die Bestimmung über die Staatsangehörigkeit wurde nicht in die Verfassung einbezogen, sondern in eine bestimmte Kategorie von Gesetzen, die »Beschlüsse«. Während die Nationalversammlung ihre Arbeit fortsetzt, bemühen sich die Gesandten Englands und Frankreichs, die Monarchie in Griechenland soweit wie möglich zu stützen, um die wesentlichen Rechte und die Autorität König Ottos in der Substanz zu erhalten und sie durch Beschlüsse der Nationalversammlung und die Artikel der neuen Verfassung nicht mindern zu lassen.

Diese diplomatischen Bemühungen waren nicht durchweg erfolgreich: Obwohl der englische Außenminister Aberdeen dringend davon abgeraten hatte, gestand Art. 15 der Verfassung die Gesetzesinitiative nicht allein dem König, sondern auch dem Parlament und dem Senat zu. Art. 18 schränkt das königliche Vetorecht ein, Art. 24 regelt die Ernennung der vom Parlament vorgeschlagenen Minister durch den König. Nach Art. 30 jedoch hat der König das Recht, Minister auch aus den Reihen der Minderheit im Parlament und Senat zu ernennen, falls er befindet, daß die Politik der Regierung oder des Parlaments den Interessen des Landes nicht gerecht wird. In diesem Fall ist er befugt, das Parlament aufzulösen und innerhalb von zwei Monaten Neuwahlen anzuordnen.

Die Gründung des Senats sollte zweifellos zur Stärkung der königlichen Macht beitragen, ebenso wie Art. 70 der Verfassung, wonach »der König die Senatoren auf Lebenszeit ernennt«. Der Senat, der auf Empfehlung ausländischer Mächte (vor allem Guizots) gegründet wurde, war »untrennbarer Bestandteil der Legislative«, wie Art. 69 besagt, und blieb ein politischer Fremdkörper. Das Vorhandensein von zwei Kammern – Parlament und Senat – erwies sich als mißlich, denn es kam zu zermürbenden Rivalitäten zwischen den beiden Verfassungsorganen.

Die Haltung von König Otto während der Arbeit der Nationalversammlung war untadelig und besonnen. Aber die Regierung Metaxas, die »volksgewollte« Regierung, hielt sich nicht lange. Gegen Mitte Februar 1844 gerät Ministerpräsident Metaxas mit Mavrokordatos in Konflikt und reicht seinen Rücktritt ein. In der darauffolgenden Regierungskrise wird von der Öffentlichkeit die Bildung eines starken Kabinetts unter Kolettis und Mavrokordatos gefordert, doch beide Politiker lehnen dies ab: die verfassunggebende Versammlung müsse ihre Arbeit vorher abgeschlossen haben. Doch auch zu dieser Lösung kam es nicht, weil die Führer der zwei großen Parteien sich nicht über die Verteilung der Ressorts einigen konnten. Eine starke Regierung war jedoch nötig, um die Verfassung in Kraft zu setzen und die ersten Parlamentswahlen durchführen zu können. Darüberhinaus sollte die Mitwirkung der zwei großen Parteien das unbehinderte Funktionieren des konstitutionellen Mechanismus sichern, den Thron Ottos vor bedrohlichen Erschütterungen bewahren und ein Exempel für die neugeschaffene parlamentarische Tradition statuieren. Doch es war offenkundig, daß Kolettis sich nicht an der Regierung beteiligen würde, weil er offenbar unter dem Druck seiner Parteifreunde stand; diese argwöhnten, er werde bei einer Zusammenarbeit mit Mavrokordatos die Interessen der Partei vernachlässigen und seine Freunde benachteiligen. Darüberhinaus scheint Kolettis selbst zu dem Entschluß gekommen zu sein, der Regierung fern zu bleiben, um sich und seine Partei nicht abzunutzen und seinen Sieg bei den nächsten Wahlen nicht zu gefährden.

So schlagen die Bemühungen von Piscatory, eine Koalition zwischen Mavrokordatos und Kolettis zustande zu bringen, fehl. Die Bildung einer einseitig orientierten Regierung durch eine der beiden Parteien hätte sicherlich eine Störung der Beziehungen zwischen England und Frankreich und ihren erneuten Antagonismus in dem unglücklichen Land zu Folge gehabt.

Parlamentswahlen, Regierung Joannis Kolettis (August 1844 – September 1847)

Mit dem von König Otto am 18./30. März 1844 geleisteten Eid auf die Verfassung wird in Griechenland die konstitutionelle Monarchie eingeführt. Das Kabinett Mavrokordatos schreibt Parlamentswahlen aus. Doch unkluge Maßnahmen während der wenigen Monate seiner Amtszeit wie zahlreiche Entlassungen und Neueinstellungen von Beamten nach Kriterien ihrer Parteizugehörigkeit, willkürliche Ordensverleihungen, verschwenderischer Umgang mit den Staatsfinanzen und offenkundige Verletzungen der Verfassung bringen die öffentliche Meinung gegen Mavrokordatos auf, der sich, wie allgemein anerkannt wude, im Unabhängigkeitskampf als Patriot bewährt hatte.

Die politische Unruhe wurde noch heftiger durch Willkürakte und Interventionen der Regierung im Wahlkampf sowie durch gegenseitige scharfe Angriffe der oppositionellen und der regierungsfreundlichen Presse. Unter solchen Vorzeichen beginnt in Griechenland die Ära der konstitutionellen Monarchie und in einem solchen Klima werden die ersten Wahlen durchgeführt, aus denen, wie erwartet, Ioannis Kolettis als Sieger hervorgeht. Am 6. August bildet er unter Beteiligung des Führers der Russischen Partei, Andreas Metaxas die Regierung. Die Arbeit der neuen Regierung beginnt mit der Überprüfung der Wahlergebnisse: Eine neunköpfige Kontrollkommission, auch sie nicht frei von parteilichem Fanatismus, erklärt 1/3 der zugunsten der unterlegenen Partei abgegebenen Stimmen für manipuliert und ungültig. So sahen die ersten und wichtigen Lektionen politischen Verhaltens aus, die jene Politiker der ersten Stunde dem griechischen Volk erteilten. Mavrokordatos schien sich keineswegs seiner großen historischen Verantwortung bewußt zu sein, dem griechischen Volk die neuen Formen politischen Lebens nahezubringen, die sein Land eng mit den verwandten parlamentarischen Regierungen Westeuropas verbinden sollte.

Mit dem Fall von Mavrokordatos endet die diplomatische Zusammenarbeit zwischen Engländern und Franzosen in Griechenland. England lastet der Französischen Partei, und besonders ihrem Führer Kolettis, die Unterminierung der Stellung von Mavrokordatos an. Sicherlich stand Kolettis dem griechischen Volk näher, denn er war ein Autochthoner und galt als Vertreter vor allem der Unabhängigkeitskämpfer von Rumeli und ihrer Nachkommen; Mavrokordatos hingegen entstammte einer Phanarioten-Familie, hatte in den westeuropäischen Zentren studiert und genoß viel Sympathie bei den in ihrem Lebensstil westlich orientierten griechischen Intellektuellen sowie bei den Philhellenen. Man glaubte, daß er der griechischen Wirklichkeit etwas fremd gegenüberstand. Der volksnahe Kolettis wiederum, der als Hauptziel die Befreiung der noch unterjochten Gebiete, also die Verwirklichung der »Megali Idea«, auf sein Programm gesetzt hatte, wurde von der englischen Politik, die soeben in Griechenland einen Rückschlag erlitten hatte, als Störfaktor für den Frieden im Vorderen Orient betrachtet; man suchte nach Gelegenheiten, seine Stellung zu erschüttern und ihn zu Fall zu bringen.

Zur gleichen Zeit verschärfen sich die Angriffe von Anhängern der Englischen und auch der Russischen Partei auf die der Französischen besonders nachdem der Führer der Russischen Partei, Andreas Metaxas, verärgert durch das parteiegoistische Verhalten von Kolettis, aus der Regierung ausgeschieden war (Juli 1845). Die gegen Kolettis gerichtete englische Politik wird von der neuen liberalen Regierung unter Russel (Juli 1846), mit Palmerston, dem alten Gegner König Ottos, als Außenminister intensiviert. Die englische aber auch die russische, gegen Kolettis arbeitende Politik wurde durch folgende Umstände begünstigt: Durch das Unvermögen der griechischen Regierung, die rückständigen Zinsen des Kredits von 60.000.000 Francs zu bezahlen, durch das Gerücht, die griechische Regierung sei unter dem Druck katholischer Kreise Frankreichs bereit, gewisse Kompromisse zu Lasten der Orthodoxen Kirche einzugehen und schließlich durch die Abreise des türkischen Gesandten Pascha Konstantin Mussuros, der sich durch das Verhalten König Ottos während eines Empfanges im Palast beleidigt fühlte.

Die Regierung Kolettis blieb drei Jahre im Amt, von 1844 bis kurz nach seinem Tode am 31. August/12. September 1847. Sie hat ebensowenig wie die Regierung Mavrokordatos ein normales politisches Klima in Griechenland schaffen können. Auch unter Kolettis ist die Innenpolitik durch Ordnungswidrigkeiten, den Mißbrauch öffentlicher Gelder, willkürliche Entlassungen und Einstellungen von Beamten, Unruhen u.a. belastet. Kolettis war vor allem ein geschickter Parteipolitiker, ein unerreichter Stimmenwerber, vor allem aber ein Opportunist, der seinen eigenen Aufstieg und Machtzuwachs im Auge hatte. Bei den Sitzungen der Nationalversammlung war er fast nie anwesend, versäumte es aber nicht, seine Wähler zu empfangen, die sich vor seinem Hause scharten, um ihn in persönlichen Angelegenheiten um eine Gefälligkeit, ein *Rusfeti* zu bitten. Dieses betrübliche Bild wurde in der politischen Optik des Landes zur Gewohnheit, ja, es war bis in die letzten Jahre hinein noch häufig in Athen zu sehen, ein Bild, das die Tradition der Kotzabassis fortsetzte, welche die griechische Bevölkerung bei den türkischen Behörden vertraten. Kolettis hat wie kein anderer vor ihm die Saat der Ämterschacherei und der politischen Korruption gepflegt. Er ist auch der erste griechische Politiker, der es in seiner Amtszeit zu einem großen Vermögen, 630.000 Drachmen, gebracht hat. In der Außenpolitik hat Kolettis, der sich als der Vorkämpfer der »Megali Idea« präsentierte, nichts vorzuweisen. Bei der Verfolgung dieses Zieles wurde er von Guizot, der gefährliche Abenteuer befürchtete, zurückgehalten. Kolettis stützte sich fast vollständig auf die französische Diplomatie und war zum Empfänger der Direktiven von Botschafter Piscatory und zum Instrument von Premierminister Guizot geworden.

Dagegen bewahrte Mavrokordatos trotz seiner engen Beziehungen zum englischen Botschafter Lyons die Bewegungsfreiheit und die Würde einer nationalen Führungspersönlichkeit. Doch überwogen bei ihm Ehrgeiz und Ruhmsucht. Als Regierungschef zeigte er sich gemäßigt, besonnen, loyal; doch sobald er nicht mehr an der Macht war, ergriff ihn eine unbändige oppositionelle Wut. Diese Schwächen wurden bis zu einem gewissen Grad durch seine großen Führungsqualitäten aufgewogen: Intelligenz, Erfindungsgeist, Beweglichkeit, Arbeitseifer, Uneigennützigkeit, Anstand, Courtoisie.

Die Gefolgsleute der einen oder anderen politischen Gruppierung gingen in ihren leidenschaftlichen Auseinandersetzungen so weit, daß sie sich gegenseitig beschuldigten, die Interessen der jeweiligen Großmächte zu vertreten. Das entsprach zwar nicht in diesem Ausmaß den Tatsachen, doch ebenso ist nicht zu bezweifeln, daß Unruhe und Parteienhader die Interessen der ausländischen Mächte begünstigten. Für die führenden griechischen Politiker jener Zeit gilt ganz allgemein, daß sie in Augenblicken des fanatischen Machtkampfes und des Parteien-Ehrgeizes den kühl kalkulierten fremden Einflüssen besonders leicht verfielen.

Der Nachfolger von Kolettis als Führer der Französischen Partei und Ministerpräsident ist Kitsos Tzavellas (September 1847). Die politische Lage bleibt unverändert: Es herrscht Unordnung, es kommt zu Offiziersrevolten und zu Raubüberfällen, während England weiterhin die Position Ottos unterminiert. Die Regierung Palmerston verlangt nachdrücklich die Zahlung der Zinsen und die Tilgung des Kredits von 60.000.000 Francs und fordert darüberhinaus auch eine hohe Entschädigungssumme für das Haus des portugiesischen Konsuls David Pacifico, eines in Gibraltar geborenen Juden, das bei Unruhen in Athen im

April 1849 von religiös fanatisierten Massen zerstört worden war. Die Feindseligkeit der englischen Politik gegenüber König Otto verschärft sich mit der Zeit. Auch die englisch-französische Rivalität bleibt bestimmend, wenngleich in milderer Form, da der impulsive Piscatory nach Madrid versetzt wird und sein Nachfolger Thouvenel sich maßvoller verhält.

Nach der Februar-Revolution von 1848 und dem Sturz Louis Philippes' und seines Premier Guizot nimmt der französische Einfluß in Athen ab. Jener Sturm, der Europa – von Frankreich bis Polen, von Ungarn bis Italien – in Unruhe versetzte, blieb auch im griechischen Raum nicht ohne Wirkung. Die Revolution greift auf die Ionischen Inseln Zakynthos und Kephalonia über, die unter englischer Herrschaft stehen und entfacht dort eine allerdings mißlungene Befreiungsbewegung, die England noch mehr gegen Griechenland aufbringt. Auch im griechischen Königreich selbst machen sich aufständische Tendenzen und Bewegungen bemerkbar. Ziel aller an diesen Unruhen Beteiligten (meist Anhänger der Französischen Partei) ist die Abschaffung der Monarchie und die Einführung der Republik, der Aufbruch zur Befreiung der noch unterjochten Griechen und zur Rückeroberung der Hauptstadt des Byzantinischen Reiches, des symbolträchtigen Konstantinopel, als Verwirklichung der »Megali Idea«. König Otto befürchtet, daß die profranzösische griechische Regierung durch die revolutionären Ereignisse in Frankreich angesteckt werden könnte. Deshalb nimmt er das Rücktrittsersuchen von Tzavellas an (März 1848) und akzeptiert die Bildung einer neuen Regierung unter Georgios Kunturiotis; es ist die sogenannte »Koalitionsregierung«, die zweimal, im März und im Oktober 1848 umgebildet wird. Es gelingt ihr, die Revolten ehrgeiziger Offiziere zu ersticken, die angeblich unter dem Einfluß der Februar-Revolution an verschiedenen Orten der Peloponnes und in Zentralgriechenland aufflammten und verschiedentlich zu Raub- und Plünderungsaktionen pervertierten. Die Mobilisierung von Truppen zur Verfolgung dieser Aufständischen hatte katastrophale Auswirkungen auf die Staatsfinanzen.

Die »Affäre Parker« (1850). Der Krim-Krieg (1853 – 1856)

Das einzige bemerkenswerte Ereignis der nächsten Jahre ist die Blockade der griechischen Küsten durch ein starkes englisches Geschwader unter dem Befehl von Admiral William Parker im Januar 1850. Trotz heftiger Proteste der Gesandten Frankreichs und Rußlands wurde die Blockade etwa drei Monate aufrechterhalten. Durch diese Aktion sollte die griechische Regierung zur Zahlung von Entschädigungen an verschiedene englische Staatsbürger wie David Pacifico, George Finlay und einige Bewohner der Ionischen Inseln gezwungen werden. Die Engländer waren durch griechische Bürger, durch Soldaten oder durch die Verwaltung schlecht behandelt oder geschädigt worden. Das brutale, mit den internationalen Rechtsgepflogenheiten unvereinbare Vorgehen Englands rief nicht nur in Griechenland, sondern auch in Europa, ja selbst in Großbritanien die öffentliche Meinung auf den Plan. Die Londoner »Times« sprach von einer nicht wiedergutzumachenden Schändung des englischen Namens. Das empörte griechische Volk trug die ungerechte Behandlung mit Würde und bezeugte seinem König Treue und Liebe. Die eindeutige Erregung der öffentlichen Meinung, die Intervention Frankreichs und der warnende Protest Rußlands zwangen die englische Regierung zur Zurückhaltung; schließlich wurde im April 1850 dann ein Kompromiß mit der griechischen Regierung ausgehandelt, mit dem diese peinliche Angelegenheit ihr Ende fand.

Mitte des Jahres 1850 erkennt das Ökumenische Patriarchat in Konstantinopel die griechische Kirche als autokephale Kirche an. Die seit 1833 gestörten Beziehungen beider Kirchen normalisieren sich wieder.

Die politische Ruhe bleibt bis zum Krimkrieg (1853) erhalten. Bekanntlich hatte dieser Krieg seinen Ursprung in der Rivalität zwischen Katholiken und Orthodoxen um den Besitz einiger heiliger Stätten in Palästina, die unter dem Schutz Frankreichs bzw. Rußlands standen. Letzteres hatte eine Delegation unter Menschikow zur Hohen Pforte gesandt, um die Anerkennung des Zaren als Beschützer der Orthodoxen im Osmanischen Reich und als Garant ihrer religiösen und weltlichen Privilegien zu erreichen; diese Mission war jedoch erfolglos und Rußland erklärte der Türkei daraufhin den Krieg. Das eigentliche Ziel der Russen war die Ausdehnung ihres Machtbereiches nach Süden, in Richtung auf den Balkan, zum Mittelmeer hin. Zu diesem Zweck wollte der Zar dem Sultan neue Länder entreißen. England und Frankreich reagierten unverzüglich, und erklärten ihrerseits Rußland den Krieg.

Die russische Kriegserklärung an die Türkei, die angeblich nur zur Wahrung der Interessen der orthodoxen Christen erfolgt war, und die dadurch im griechischen Volk geweckte Hoffnung auf die Verwirklichung der »Megali Idea« hatte das Königspaar, auch Anhänger dieser Vision, und auch die Griechen im allgemeinen, so sehr bewegt, daß sie nun vorbehaltlos für Rußland Partei ergriffen.

Auf Initiative Ottos wurde mit der Bereitstellung der finanziellen Mittel, der Lagerung von Kriegsmaterial und Lebensmitteln in den griechisch-türkischen Grenzgebieten und mit anderen Vorbereitungen für eine griechische Kriegsbeteiligung an der Seite Rußlands begonnen. Griechische Freischärlertrupps drangen nach der Vernichtung der türkischen Flotte durch die Russen in der Seeschlacht bei Sinopi (30. November 1853) in Thessalien, Epirus und Makedonien ein, wo sich die Bevölkerung gegen die türkische Herrschaft erhob.

England und Frankreich ließen daraufhin durch ihre Truppen Piräus besetzen und zwangen Otto zu der Erklärung, fortan eine streng neutrale Position einzuhalten (Ende Mai 1854). Ein neues, beiden Mächten gegenüber freundlich gesinntes Kabinett unter Mavorkordatos wurde gebildet, das vom verdrossenen Volk das »Besatzungs-Kabinett« genannt wurde. Die Intervention der Großmächte in die inneren Angelegenheiten ihres Landes rief bei den Griechen eine solche Empörung hervor, daß die Mächte selbst, aber auch die Namen der griechischen politischen Parteien (»französische«, »englische«, »russische«) verhaßt wurden. Die allgemeine Empörung wurde noch größer, als eine von den französischen Truppen eingeschleppte Cholera-Epidemie in Piräus und Athen viele Opfer forderte.

Aufstände in Thessalien, Epirus und Makedonien, die ohne die Hilfe des griechischen Staates ihrem Schicksal überlassen blieben, wurden von der türkischen Armee erstickt. Die einzige erwähnenswerte Leistung des Kabinetts Mavrokordatos ist das griechisch-türkische Handelsabkommen von Kalintza (Mai 1855), das Griechenland im Osmanischen Reich die gleichen Handelsprivilegien einräumte, wie den anderen europäischen Staaten. Dies war auch die letzte politische Tat von Mavrokordatos. Nach seinem Rücktritt (September 1855) hat er sich nicht mehr aktiv an der Politik beteiligt. Zehn Jahre später starb er auf Ägina (1865) wohin er sich zurückgezogen hatte. Mit dem Tod von Mavrokordatos, dem letzten Politiker der alten Garde, lösen sich auch die drei alten griechischen Parteien mit den »ausländischen Namen« auf. Damit endet diese Phase der Parteiengeschichte Griechenlands.

Die feindliche Haltung Englands und Frankreichs Otto gegenüber und ihre negative Einstellung zur Frage der nationalen Ansprüche der Griechen löste im Volk eine neue Welle der Sympathie für den König aus. Die Besetzung von Piräus wurde über die Beendigung des Krimkrieges hinaus (März 1856) bis in den Februar 1857 ausgedehnt, weil England und Frankreich der griechischen Regierung ihre Kontrolle über die Wirtschaft, sowie die Regelung der Auslandsverschuldung aufzwingen wollten. Eine dreiköpfige Kommission wurde gebildet, die die wirtschaftliche Situation prüfte und bestimmte Maßnahmen zur Befriedigung der Kreditgeber vorschlug – Maßnahmen, die die Regierung im Juni 1859 notgedrungen akzeptierte.

Die Vertreibung Ottos (1862)

Nach dem Krimkrieg begann im Osmanischen Reich eine Periode von Reformen, die den griechischen und slawischen Untertanen gewisse Freiheiten brachten. Der Terror, der bis 1821 üblich gewesen war, war vorbei. Die griechische Bevölkerung nutzte die Gelegenheit und entfaltete eine wachsende nationale Aktivität, zumal auch die anderen Nationalitäten sich ähnlich verhielten. Die Slawen wurden unter der Anleitung russischer Agenten im Sinne des Panslawismus stimuliert.

Die Griechen gründen z.B. 1859 einen griechischen Kreis in Monastir, der zum Zentrum verschiedener patriotischer Aktivitäten in Jugoslawisch-Makedonien wird. In dieser Zeit werden in den noch versklavten Gebieten, besonders in Makedonien, griechische Schulen, Vereine, Gesellschaften und Bruderschaften gegründet, deren Ziel es ist, griechische Bildung zu verbreiten und das Nationalbewußtsein zu stärken. Diese Bildungs-Bewegung wird finanziell durch Vertreter des griechischen Großhandels, die an verschiedenen Orten des Auslands Niederlassungen betreiben, unterstützt, sowie durch die Aktivität von zwei Athener Vereinen, dem »Verein zur Verbreitung griechischer Bildung« und der »Gesellschaft der Freunde der Bildung«. Beide Einrichtungen stehen dem Staat bei seinen Bemühungen um die Förderung der Bildung zur Seite.

In dieser Zeit büßt König Otto immer mehr an Popularität ein; seine Interventionen bei den Regierungsbildungen aufgrund von Anträgen der »Kamarilla der Höflinge«, sowie seine Unfähigkeit, die nationalen Sehnsüchte zu erfüllen – im Gegensatz zu Cavour, der es vermocht hatte, Italien in einem Königreich zu einigen und es zu einem ernstzunehmenden Faktor im Mittelmeerraum zu erheben – führen zu großer Enttäuschung und schaffen der Krone viele Feinde. Diese Feindseligkeit großer Teile des Volkes, und besonders der Studenten König Otto gegenüber wird auch durch das Fehlen eines Thronfolgers genährt. Aus diesen Gründen sind viele der Meinung, daß die königliche Autorität eingeschränkt und notfalls der König entfernt werden müsse. Es kommt zu einer Reihe von Verschwörungen und Revolten in verschiedenen Provinzen; die heftigste brach im Februar 1862 in Nauplia aus und wurde in Blut erstickt.

Schließlich kommt es, während das Königspaar sich auf einer Inlandsreise befand, zu Rebellionen in Messolongi und Patras, die auf Athen übergreifen. Als Otto und Amalia in aller Eile am Abend des 11./23. Oktober 1862 in Piräus eintreffen, finden sie die Staatsgewalt in den Händen des revolutionären Triumvirats: Es sind Konstantin Kanaris, Dimitrios Vulgaris und Beniselos Rufos. Um ein Blutvergießen zu vermeiden, ist Otto gezwungen, Griechenland zu verlassen und nach Bayern zurückzukehren, von wo er vor dreißig Jahren mit so vielen Träumen gekommen war.

Damit endet wieder eine historische Phase des jungen griechischen Staates, die durch schmerzliche politische Auseinandersetzungen und wirtschaftliche Schwierigkeiten gekennzeichnet war. Trotz allem ist ein langsamer wirtschaftlicher Aufschwung zu beobachten, besonders in der Handelsschiffahrt. Zum Beispiel befanden sich zwei Drittel aller Flußschiffe auf der Donau in griechischer Hand; die kleinen Städte und Gemeinden entwickelten sich, der Warenaustausch, vor allem mit dem Osmanischen Reich, nahm zu.

In jener Zeit hatten sich in der neugriechischen Literatur zwei »Schulen« herausgebildet: die sogenannte »Ionische« (auf den Ionischen Inseln) und die »Athener«. Erstere ging hauptsächlich auf Solomos zurück, sowie auf Polylas, Typaldos, Markoras und Valaoritis, und hielt sich an die Tradition des Volksliedes. Die zweite hat ihren Ursprung in der neuen Hauptstadt Athen und wird von Gelehrten, meist Phanarioten, vertreten, wie Risos Nerulos, Risos Rangavis und die Brüder Alexandros und Panagiotis Sutsos; sie folgt westlichen romantischen Strömungen, vor allem französischen.

Der Roman der europäischen Romantik (Mme de Staël, Walter Scott u.a.) wie auch Goethe übten auch auf die Griechen erheblichen Einfluß aus. Deutlich erkennbar ist die Wirkung der historischen Romane von Walter Scott, z.B. bei Rangavis' »Der Fürst von Morea« und bei Stefanos Xenos »Die Heldin der griechischen Revolution«. Der romantische Historismus wurde bei den Griechen durch die Sehnsucht nach der ruhmreichen antiken und byzantinischen Vergangenheit, aber auch durch die ehrfürchtige, noch lebendige Erinnerung an den Unabhängigkeitskampf von 1821 genährt. Der erste rein griechische Roman »Thanos Vlekas« erscheint 1855 – 1856 und stammt von dem Juristen Pavlos Kalligas. Das abenteuerliche Leben eines Brüderpaares im sozialen Umfeld der postrevolutionären griechischen Gesellschaft zu Beginn der Monarchie Ottos als

Hintergrund erhält durch sein Zeitkolorit auch historisch-dokumentarische Bedeutung.

IV. Griechenland 1862 – 1881

Georg I, König der Griechen (18./30.März 1863)

Die militärische Revolution vom Oktober 1862 traf, nachdem Otto Griechenland verlassen hatte, weder im Inland noch im Ausland auf ernsthaften Widerstand. Die Erklärung der provisorischen Regierung, sie werde der konstitutionellen Monarchie treu bleiben und weiterhin freundschaftliche Beziehungen zu allen Staaten pflegen, machte im Ausland einen guten Eindruck. England entfaltete eine intensive diplomatische Aktivität, um die neue politische Lage in Griechenland zu beeinflussen und als neuen Monarchen eine Person seines Vertrauens zu finden. Nachdem mehrere Kandidaten ausschieden, weil sie mit dem einen oder anderen Fürstenhause der Großmächte allzu eng verbunden waren, gelang es England, die größten Chancen auf den Kandidaten seiner Wahl zu konzentrieren: Der siebzehnjährige Prinz Wilhelm Georg Christian, Sohn des dänischen Thronfolgers Christian wurde als Georg I zum König der Griechen gewählt. Er sollte seine evangelische Konfession beibehalten, seine Nachfolger aber sollten nach orthodoxem Ritus getauft werden.

Die Nachricht wurde in Athen mit Freude aufgenommen und die Nationalversammlung beeilte sich – auf Empfehlung des englischen Sonderbeauftragten Sir Henry Elliot – Georg zum König zu erklären (18./30. März 1863), zumal seiner Ernennung die Rückgabe der unter englischem Protektorat stehenden Ionischen Inseln an Griechenland zur Folge hatte. Damit vergrößerte sich das Territorium des freien Griechenland um 1921,5 km^2 und die Bevölkerungszahl nahm um mehr als 200.000 Menschen zu. Diese Tatsache hatte aber keinen Einfluß auf die wirtschaftliche Situation des Landes, da die ökonomische Struktur der Inseln sich nicht von derjenigen im übrigen Griechenland unterschied.

Vereinigung der Ionischen Inseln mit Griechenland (23. September/5. Oktober 1863)

Die 13. Ionische Versammlung erklärt am 23. September/5. Oktober 1863 einstimmig die Vereinigung der Ionischen Inseln mit dem griechischen Königreich; ihre Vertreter kommen daraufhin in die griechische Hauptstadt, um an den konstitutionellen und gesetzgeberischen Arbeiten der Nationalversammlung mitzuwirken. Einige Tage später – am 18./30. Oktober – trifft Georg I in Griechenland ein und verpflichtet sich in einer schriftlichen Erklärung, die Gesetze des Staates und »vor allem die Verfassung, den Eckpfeiler des neuen Regimes« zu respektieren und aus Griechenland, soweit es in seiner Macht läge, »ein beispielhaftes Königreich im Osten« zu machen.

Der endgültige Vertrag über die Vereinigung der Ionischen Inseln mit Griechenland wurde am 17./29. März 1864 von den Großmächten England, Frankreich, Rußland auf der einen Seite und von Charilaos Trikupis auf der anderen Seite unterzeichnet. Dieser junge Mann ist damals erst dreißig Jahre alt, zeigt aber eine solche Aktivität, Beharrlichkeit und Überzeugungskraft, daß es ihm gelingt, die diversen Ansprüche der ausländischen Mächte auf ein Minimum zu reduzieren, die griechischen Interessen wirksam zu wahren und einen Vertrag mit den bestmöglichen Bedingungen für Griechenland auszuhandeln. Mit diesem glanzvollen diplomatischen Erfolg tritt Charilaos Trikupis in das politische Leben ein. Er wird sich zum größten griechischen Politiker seit dem Tod von Kapodistrias entwickeln.

Am 21. März/2. Juni des gleichen Jahres erlischt die englische Autorität über die Ionischen Inseln; die griechischen Behörden übernehmen die Verwaltung. Gleich darauf besucht Georg I die Inseln und wird überall begeistert empfangen. Doch die griechische Regierung begeht zwei Ungeschicklichkeiten: Sie unterstellt die Kirche der Ionischen Inseln, die bis dahin zum Ökumenischen Patriarchat gehört hatte, der autokephalen Kirche Griechenlands und löst außerdem die »Ionische Akademie« auf, ein Bildungsinstitut, das bis dahin den freien und den unterworfenen griechischen Provinzen sehr dienlich gewesen war.

Die Verfassung von 1864

Es ist bemerkenswert, daß die Verfassung von 1864, durch welche anstelle der »Konstitutionellen Monarchie« nunmehr das »Parlamentarische Königtum« eingeführt wird, bis zum 21. April 1967 im wesentlichen unverändert geblieben ist – abgesehen von einigen nebensächlichen Änderungen und Zusätzen bei den Verfassungsrevisionen von 1911 und 1952. Klar erkennbar bei der Verfassung von 1864 ist, trotz der deutlichen Anlehnung an die Verfassung von 1844, der Wille zur Demokratisierung: Alle Macht geht von der Nation aus; der Titel »König von Griechenland« wird durch den Titel »König der Griechen« ersetzt, d.h., die Monarchie »von Gottes Gnaden« unter Otto wird durch das Königtum »durch den Willen der Nation« unter Georg I ersetzt. Der König ist frei von Regierungsverantwortung und gilt als unverletzlich, im Gegensatz zu den Ministern, die die Verantwortung tragen; das allgemeine Wahlrecht wird eingeführt – während sich in den meisten europäischen Staaten das Wahlrecht auf die Besitzenden beschränkt; das Parlament hat eine einzige Kammer; die Rechte des Individuums werden weitgehend garantiert: Religionsfreiheit (Art.1), Freiheit und Unverletzlichkeit der Person (Art.4 – 6), Gleichheit vor dem Gesetz sowie vor den Behörden (Art.3), Petitionsrecht (Art.9) und das Recht auf freie Versammlung (Art.10) und auf Zusammenschluß (Art.11).

Zum erstenmal wird außerdem durch die Verbeamtung der Richter auf Lebenszeit auch die Unabhängigkeit der Justiz garantiert. Die übrigen Beamten sind weiterhin von Entlassung bedroht, die sie meist auch trifft, wenn eine andere Partei an die Macht kommt und ihre Anhänger entsprechend unterbringen will.

In der Verfassung von 1864 wird jedoch der Parlamentarismus nicht institutionalisiert, dies geschieht erst nach dem 11. August 1875, als Georg I in seiner, unter dem Einfluß von Premierminister Charilaos Trikupis verfaßten Thronrede versichert, das Recht, die Regierung zu bilden, stehe jener Partei zu, die »das manifeste Vertrauen der Majorität der Vertreter der Nation« besäße.

Die Verfassung von 1864 ist das Werk einer Nationalversammlung aus solchen Politikern, die nach der Revolution vom 3. September 1843 herangewachsen waren. Die meisten von ihnen waren Repräsentanten des aufstrebenden neuen Bürgertums, Vertreter des Außenhandels, Rechtsanwälte, Richter sowie Verwaltungs- und Militärfunktionäre. Diese bürgerliche Klasse bildete jedoch noch keine Einheit und besaß keine wirkliche Macht. Die Nachkommen der Revolutionskämpfer von 1821, der Kotzabassis und der Phanarioten, übten nach wie vor eine gewisse Macht aus, ihnen fehlte aber der erforderliche Horizont; die großen Veränderungen, die sich in Westeuropa vollzogen, interessieren sie wenig, die Bedürfnisse ihres Landes nehmen sie nicht rechtzeitig wahr und sind also auch nicht fähig, seine Reichtumsquellen entsprechend zu nutzen.

Die neue politische Lage

Die neuen Politiker sind strenge Richter über die Vergangenheit: Das nach 1821 wiedergeborene Griechenland habe den Erwartungen der europäischen Welt nicht entsprochen; sie fordern eine Beschleunigung des Fortschritts. In der Tat befindet sich die Industrie erst in ihren Anfängen, denn es fehlt an Kapital, an kooperativem Geist, an modernen Maschinen, Technikern, spezialisierten Arbeitern, an Transportmöglichkeiten, an großen Märkten und nicht zuletzt an einer reibungslosen und strikten Anwendung der Gesetze.

Dennoch geben die neuen Kräfte, die sich im wirtschaftlichen und politischen Bereich des Landes entwickeln, dem Staatsapparat merkbare Impulse. Zwischen 1862 und 1878 verdoppelt sich der Außenhandel, tausende griechische Schiffe durchqueren die Meere, das Bankgeschäft belebt sich, ganz allgemein ist eine Besserung im wirtschaftlichen und folglich auch in anderen Bereichen des Staates festzustellen. Trotz dieses Aufschwungs wird die Entwicklung der Landwirtschaft, der Industrie und des Handels, sowie die Lösung innerer Probleme durch die kontinuierlichen Bemühungen der freien Griechen und ihrer Regierungen um die Befreiung ihrer noch unterworfenen Brüder erschwert.

Durch die Abschaffung der konstitutionellen Monarchie ist ein Vakuum entstanden, während die Ausstrahlung der neuen Verfassung neue Kräfte zum Eintritt in die politische Arena motiviert. Starker Ehrgeiz, harte Rivalitäten, scharfer Antagonismus fördern ein korruptes politisches Klima. Das politische Leben des Landes wird durch diese Merkmale nachhaltig geprägt, die zu gewissen Zeiten nicht allein fortschrittshemmende, sondern sogar zersetzende Folgen haben sollten und Situationen schufen, die das Aufkommen von Diktaturen begünstigten.

Die Kreta-Frage und die Revolution von 1866 – 1869

Die Ankunft von Georg I in Griechenland trägt nicht zur Beruhigung der politischen Lage bei. Die große Zahl von Parteien macht das Zustandekommen absoluter Mehrheiten und somit stabile Regierungen unmöglich. Doch Griechenland bedurfte unbedingt einer starken Regierung, zumal in einem Augenblick, in dem die griechisch-türkischen Beziehungen durch die kritische Wende, welche die Kreta-Frage nahm, gestört wurden. Die Kreter nutzen die auf dem Balkan herrschende Unruhe und die Versuche seiner Völker, ihre nationale Unabhängigkeit zu erringen oder zu vervollständigen, wie auch die positive Haltung der Großmächte solchen Bewegungen gegenüber, und versuchen, mehr Rechte und Freiheiten von der Pforte zu erlangen. Verschiedene Reformen zugunsten der Christen, wie sie in der Charta »Hatti Sherif« von Gül Hane (1839) und in »Hatti Humayun« (1856) festgelegt waren, wurden auf Kreta noch nicht angewandt. Bereits 1858 hatten sich 8.000 Kreter in Perivolia bei Chania versammelt und mit Gewaltanwendung gedroht, falls die verwaltungsmäßigen, gerichtlichen und steuerlichen Privilegien, die die Hohe Pforte versprochen hatte, keine Anwendung fänden. Neue Versprechungen der Türken führten zu keinem konkreten Ergebnis. So findet am 14. Mai 1866 in Agia Kyriaki, dem Gut des Klosters Chrysopigi, eine neue Versammlung von Bevollmächtigten aus allen kretischen Provinzen statt. Dem Sultan wird ein Bericht übermittelt, in dem gegen die Voreingenommenheit der Justiz den Christen gegenüber, gegen die Erhöhung der Steuer, die mißliche Art der kommunalen Wahlprozedur, den Mangel an Straßen, Brücken, Schulen usw. protestiert wird. Tieferer Beweggrund dieser Protestaktionen ist jedoch der Wunsch der kretischen Griechen nach der Vereinigung mit Griechenland. Diese Forderung wurde schon am folgenden Tag in einem geheimen Memorandum formuliert, das den Konsuln von England, Frankreich und Rußland überreicht wurde.

Die Hohe Pforte weigert sich indessen, die Steuern zu erlassen, verurteilt die rebellische Haltung der Kreter und befiehlt die Auflösung der Versammlung, während die Großmächte England und Frankreich sich für die Fortsetzung der türkischen Herrschaft auf der Insel aussprechen und die Vereinigung mit Griechenland verwerfen. Es ist anzunehmen, daß die Türkei die Situation zu verschärfen suchte, um einen Vorwand für die Entsendung von Truppen nach Kreta zu schaffen. Auch Khedive Ismail Pascha läßt seine ägyptischen Truppen auf Kreta landen, in der Hoffnung, die Insel mit Frankreichs Hilfe für Ägypten annektieren zu können.

Die Bevollmächtigten von Kreta unterrichten jedoch in einer Erklärung vom 20. Juli 1866 die Konsuln der Großmächte davon, daß sie sich gezwungen sähen, zu den Waffen zu greifen, um selbst für ihre Sicherheit einzustehen. Am 21. August erklärt die Generalversammlung von Askyfos den Anschluß der Insel an Griechenland. Die muselmanische Bevölkerung flieht unter dem Schutz der türkischen Armee in die befestigten Städte, während die Christen sich in die Berge zurückziehen. Gegen Ende August 1866 kommt es zu den ersten kriegerischen Auseinandersetzungen; die Griechen schlagen die ägyptischen Truppen in Vrisses bei Apokorona. Diese Zusammenstöße haben nicht den Charakter regulärer Schlachten, sie folgen vielmehr der alten Tradition des Kleftenkrieges. Zur Unterstützung der Kämpfer kommen Soldaten und Offiziere aus Griechenland. Die türkischen Operationen werden von dem ehemaligen Stadthalter von Kreta, Mustafa Pascha geleitet; er rückt mit zahlreichen Truppen vor, setzt die revolutionären Zentren der Region von Chania und Rethymno in Brand, besiegt am 12. Oktober die Griechen in Vafe bei Apokorona und umzingelt am 8. November mit 15.000 Mann und 30 Kanonen das Kloster Arkadi, in dem sich das Revolutionskomitee von Rethymno aufhält. Als am nächsten Tag der Widerstand der Belagerten gebrochen ist und die türkischen Truppen in das Kloster eindringen, setzt ein kretischer Kämpfer das Pulverlager in Brand und sprengt Freund und Feind in die Luft. Diese Tat bewegte die diplomatischen Kreise und vor allem die Öffentlichkeit zutiefst. Wieder werden philhellenische Komitees gegründet, in der europäischen und amerikanischen Presse erscheinen begeisterte progriechische Artikel, man sendet Geld und Kriegsmaterial nach Kreta, viele ausländische Freiwillige strömen dorthin. Unter ihnen ist Samuel Gridley Howe, der alte Philhellene, der schon während der Revolution von 1821 mitgekämpft hatte.

In dieser Zeit vollzieht die französische Politik eine entschiedene Wende: Über die russischen Ansichten hinausgehend setzt sich Frankreich nicht nur für die Vereinigung Kretas mit Griechenland, sondern auch für den Anschluß Thessaliens und des Epirus ein, unter der Bedingung, daß darüberhinaus keine weiteren Bestandteile des Osmanischen Reiches angetastet würden.

In Griechenland wird die Regierung Vulgaris-Deligiorgis, die sich als unfähig erweist, eine befriedigende Lösung für die Kreta-Frage zu finden, nach einer Intervention der Großmächte durch die Regierung Kumunduros mit Charilaos Trikupis als Außenminister abgelöst; dieser ist der Ansicht, daß die Orientfrage nur auf der Grundlage einer militärischen Zusammenarbeit der Balkanvölker gelöst werden könne; aus diesem Grunde verständigt er sich mit Serbien und unterzeichnet in Vöslau in Österreich (14./26. August 1867)das erste griechisch-serbische Abkommen der jüngeren Geschichte, das die Aufteilung einiger Regionen der europäischen Türkei und das Selbstbestimmungsrecht für die übrigen vorsah. Das Abkommen sollte eigentlich mit dem 1. September 1868 wirksam werden, trat jedoch aus verschiedenen Gründen niemals in Kraft.

Zur gleichen Zeit unternimmt die Hohe Pforte erneute Anstrengungen, um die Revolution auf Kreta zu ersticken. Omer Pascha wird mit starken Truppen auf die Insel entsandt, wo er in unablässigen Schlachten und Massakern in den Regionen von Lassithi und Sfakia der Lage Herr zu werden versucht. Von 1867 bis Anfang 1869 wenden die Türken, um die Keimzellen der Revolution zu vernichten, eine wirkungsvolle Taktik an: Sie errichten an strategisch wichtigen Punkten Befestigungstürme und verhindern dadurch Versorgung und Kommunikation der revolutionären Gruppen. Auch der Transport von Kriegsmaterial, Lebensmitteln und Freiwilligen, der anfangs durch Segelschiffe, später durch Dampfschiffe und schließlich durch die im Ausland bestellten Kreuzer »Arkadi«, »Kreta« und »Enosis« (Vereinigung) abgewickelt wurde, wird zunehmend erschwert, da Einheiten der türkischen Flotte die Insel blockieren.

Am diplomatischen Horizont sieht es ebenfalls finster aus. Die französische Politik vollzieht erneut eine Wendung, diesmal zugunsten der Türkei; Rußland allein ist nicht in der Lage, die Sache Kretas wirksam zu unterstützen (Oktober 1867). Dies hat den Rücktritt von Ministerpräsident Kumunduros, der in Europa als Anhänger einer militärischen Lösung galt und die Bildung einer neuen Regierung unter Dimitrios Vulgaris, der als Pazifist angesehen wurde, zur Folge (Januar 1868). Außenminister wird der bisherige Botschafter in Konstantinopel, Delijannis. Die neue Regierung duldet dennoch die Entsendung von Freiwilligen, von Lebensmitteln und Kriegsmaterial nach Kreta, was den Zorn der Hohen Pforte provoziert. Die Beziehungen zwischen Griechenland und der Türkei werden abgebrochen, eine Kriegserklärung wird nur durch die Intervention der Großmächte verhindert, die Griechenland zwingen, das türkische Ultimatum zu akzeptieren, das die Unterbindung jedweder Hilfeleistung an die Kreter fordert. Die kretische Revolution erlischt nun langsam, die Aufständischen sind schließlich gezwungen, einen Kompromißvorschlag anzunehmen, den der Großwesir Ali Pascha im September 1867 unterbreitet. Die türkischen Zugeständnisse bildeten den Kern des »Organischen Gesetzes« von 1868, in dem das Recht auf Beteiligung christlicher Funktionäre an der zentralen und regionalen Verwaltung der Insel, sowie gewählter christlicher Repräsentanten im Rat der allgemeinen Verwaltung verankert war; weiterhin wurde die griechische Sprache als offizielle Sprache anerkannt und die Gründung gemischter Gerichte mit wählbaren Mitgliedern aus Repräsentanten der Generalversammlung zugelassen. So hatten die Kreter durch ihre Opfer zwar nicht die Vereinigung mit Griechenland, aber doch einen wichtigen Schritt auf dem Wege, der dahin führen sollte, vollzogen.

Die panslawistische Propaganda Rußlands auf dem Balkan. Die Entstehung der bulgarischen Kirche.

Durch geschickte diplomatische Schritte an den europäischen Höfen sowie dadurch, daß sie die Beanspruchung der Türken durch die kretische Frage nutzten, erreichen die Serben, daß 1867 die letzte türkische Bastion in Serbien, die Garnison in Belgrad, zurückgezogen wird. Währenddessen betreibt Rußland eine intensive panslawistische Propaganda auf dem Balkan. Mit besonderem Interesse und mit Sympathie beobachtet Rußland das nationale Erwachen der Bulgaren und die auf die Gründung eines orthodoxen bulgarischen Staates gerichteten Bestrebungen. Dieser Staat würde fast automatisch russischem Einfluß unterstehen, womit sich die russische Machtsphäre bis vor die Tore Konstantinopels ausdehnen sollte. Rußland unterstützt also Griechenland in der Kreta-Frage mit dem Ziel, es von seinen Ansprüchen im Norden, vor allem in Makedonien, abzulenken. Diese Region war bereits seit Beginn des vorigen Jahrhunderts als Ganzes oder teilweise der Gegenstand drängender Forderungen der Griechen und nun, gegen Ende des 19. Jahrhunderts, auch der Serben und Bulgaren. Letztere strebten nach der Wiederherstellung ihrer großen, ephemeren Staaten der Zaren Symeon (893 – 927), Samuel (976 – 1014) und des Kaisers Stefan Duschan

(1331 – 1355). Die Griechen, die nach der Befreiung der Länder ihrer Vorfahren trachteten, hatten dort schon während der großen Revolution von 1821 sowie während des Aufstandes von 1854 heftige Kämpfe gegen die Türken ausgetragen. Zudem war im Sommer 1861 bei Gesprächen zwischen dem griechischen Botschafter in Konstantinopel Markos Renieris und dem serbischen Premierminister Elias Garashanin über die Zusammenarbeit beider Länder gegen das Osmanische Reich vereinbart worden, daß Griechenland keinen Einspruch gegen die Annektierung von Bosnien, Herzegowina und Nordalbanien bis Durazzo durch Serbien erheben werde, und daß Serbien sich dafür mit der Vereinigung von Thessalien, Epirus, Makedonien, Thrazien und der ägäischen Inseln mit Griechenland einverstanden erklären würde. Doch 1867 waren die Serben anspruchsvoller geworden und forderten das ganze nördliche Makedonien für sich, d.h. die heute jugoslawischen bzw. bulgarischen Territorien.

Die Russen nutzten auch den deutsch-französischen Krieg 1870/71 und entledigten sich der störenden Klausel des Pariser Vertrages von 1856, die den neutralen Status des Schwarzen Meeres festlegte und verstärkten ihre panslawistische Propaganda. Fast überall auf dem Balkan werden russische Agenten aktiv: Sie gründen Schulen, verteilen Gelder, Stipendien, Bücher. Eine vorrangige Rolle dabei spielt der russische Botschafter in Konstantinopel Ignatiew. Auf seine Beharrlichkeit ist der »Firman« der Hohen Pforte vom 28. Februar/11. März 1870 zurückzuführen, der die Bildung eines vom Ökumenischen Patriarchat unabhängigen bulgarischen Exarchats zuläßt – dies ist die Entstehung einer unabhängigen bulgarischen Kirche. Unterstützt durch den russischen Diplomaten zeigen sich die Bulgaren den Vorschlägen des Ökumenischen Patriarchen, der die Angelegenheit zu schlichten versucht, unnachgiebig. So wird am 12. Februar 1872 der erste bulgarische Exarch gewählt. Die Heilige Synode des Patriarchats verurteilte »die Rassensegregation, die nationalen Rivalitäten und die Zwietracht im Schoße der Kirche Christi« und erklärte vorsorglich all jene zu »Schismatikern«, die diesen »Nationalismus« der bulgarischen Kirche anerkennen würden (September 1872). Dieses Schisma wurde gegen Ende des 2. Weltkrieges, am 22. Februar 1945, aufgehoben. Einige Jahre darauf, am 10. Mai 1953, wurde das Exarchat durch Selbstproklamation zum Patriarchat mit Sitz in Sofia erklärt.

Die Gründung des Exarchats stellt den ersten Schritt zur Geburt des bulgarischen Staates dar. Das Schisma bedeutet für die Russen ein Ärgernis; sie entziehen von da an den griechischen Interessen auf dem Balkan ihre Unterstützung.

Um die Griechen mit türkischer Staatsangehörigkeit zu schützen und um seine Interessen besser vertreten zu können, versucht Griechenland eine Annäherung an die Türkei und die Herstellung freundschaftlicher Beziehungen. Rumänien und Serbien bedauern die griechische Haltung, da sie vielmehr die Beteiligung Griechenlands an einer »balkanischen Entente« wünschen, von der in den diplomatischen Kreisen immer häufiger die Rede ist. Besonders Serbien ist an einer solchen Verbindung stark interessiert. Es besteht aber kein Zweifel, daß die ganze Bewegung von Rußland gelenkt wird, das den Boden für die Ausdehnung seines Einflusses ebnet.

Die Revolte in Bosnien und Herzegowina und ihre Auswirkungen auf den Balkan

Im Juli 1875 erhebt sich die Bevölkerung der Herzegowina gegen die Türken; die Revolution greift im August auf Bosnien über. Die europäischen Mächte sind durch die Ereignisse stark beunruhigt und schlagen eine Reihe von Reformen zugunsten der Aufständischen vor, um eine Ausweitung des Brandes auf den so leicht entzündlichen Balkan zu verhindern. Doch die Revolutionäre verlangen als Vorbedingung die Erfüllung bestimmter Forderungen.

Die Erschütterung auf dem Balkan ist groß. Serbien sondiert von Juli 1875 bis Februar 1876 die Absichten Griechenlands und versucht wiederholt, Verhandlungen anzubahnen. Ministerpräsident Kumunduros reagiert jedoch hinhaltend mit dem Vorwand, Griechenland sei nicht auf einen Krieg vorbereitet. Der wahre Grund war, daß Kumunduros den serbischen Aufstand, der nicht im Interesse Griechenlands lag, nicht unterstützen wollte. Darüberhinaus gibt Kumunduros, nachdem er die Position seiner Regierung präzisiert hatte, seinem Botschafter in Konstantinopel, Andreas Kunduriotis, die Anweisung, die Beziehungen zur Türkei so freundschaftlich wie möglich zu gestalten, um den Aufruhr nutzend von der Hohen Pforte im günstigen Augenblick möglichst große Vorteile zu erlangen. Die Haltung der griechischen Regierung kam der Politik Österreichs, Englands und Frankreichs entgegen. Die Lage ist bedenklich, denn Serben und Montenegriner eilen den Aufständischen in Bosnien und Herzegowina zuhilfe, während ihre Regierungen den Krieg gegen die Türken vorbereiten und Rußland eine drohende Haltung einnimmt. Im April 1876 bricht in Bulgarien von der Kleinstadt Panaghiuriste in der Provinz Tirnavo und vom Dorf Batek ausgehend, ein Aufstand aus. Der Aufstand wird zwar durch türkische Truppen erstickt, aber ihr brutales Vorgehen gegen die Bevölkerung und besonders die Massaker von Batak rufen den Abscheu der Öffentlichkeit Europas, vor allem Englands hervor und schaffen ein Klima der Sympathie für die Bulgaren. Die Bulgarische Frage rückt dadurch in das Bewußtsein Europas.

Ermordung des französischen und des deutschen Konsuls in Thessaloniki. Politischer Wandel im Osmanischen Reich.

Die Türken waren durch die Lage auf dem Balkan äußerst beunruhigt und gereizt. Der religiöse und nationale Fanatismus schlug hohe Wellen, besonders bei der türkischen Bevölkerung in Thessaloniki und Umgebung. Ein unwichtiger Zwischenfall – die Entführung eines slawophonen Mädchens, das zum Islam übertreten wollte, durch Griechen – gab den Vorwand für eine heftige Reaktion der Muselmanen; es kam zur Ermordung des französischen und des deutschen Konsuls in Thessaloniki (6. Mai 1876). Diese Ereignisse hatten große Aufregung in der Hauptstadt und überhaupt im Osmanischen Reich zur Folge und lösten scharfe Diskussionen in den europäischen Hauptstädten und in Griechenland aus. Die Großmächte befürchteten, daß die Ermordung der Konsuln der Beginn einer Explosion des muselmanischen Fanatismus gegen die Christen sein werde. So schickt England sofort nach Erhalt der ersten Depeschen und im Einvernehmen mit den anderen Mächten Kriegsschiffe nach Thessaloniki, um eine Ausbreitung der Unruhen zu verhindern und das Leben der Europäer zu schützen. In Konstantinopel findet eine große Demonstration von Seminaristen (Softas) statt, die die sofortige Entlassung des russophilen Großwesirs Machmud Pascha sowie des Seick-ul-Islam (11. Mai 1876) zur Folge hatte. Zum Großwesir wird Mechmed Rusdi Pascha, der angesehendste Mann im Reiche, ernannt; den Posten des Kriegsministers übernimmt Hussein Avni Pascha, ein Mann mit unbändiger Willenskraft. Diese Umwälzung war ein schwerer Schlag für die russische Politik und für den russischen Gesandten Ignatiew, der von nun an den Türken gegenüber unverhüllte Feindseligkeit an den Tag legt.

Die offizielle Haltung der griechischen Politik war maßvoll, obwohl die Presse eine große Kampagne gestartet hatte und ein aktives Vorgehen gegen die Türken forderte, und obwohl zum gleichen Zweck Komitees gebildet wurden. Außenminister Alexandros Kontostavlos wies am 10. Mai die griechischen Konsuln in der Türkei durch ein vertrauliches Rundschreiben an, den Griechen zu raten, Ruhe zu bewahren und sich jeglicher Aktivitäten gegen die Türken zu enthalten, da man andernfalls mit ernsthaften Folgen rechnen müßte.

Die Türken ihrerseits sind aus vielen Gründen gegen den Sultan aufgebracht: Wegen der Steuerpolitik, wegen der Aufstände der Christen auf dem Balkan, wegen der mißlungenen militärischen Operationen in Bosnien-Herzegowina und vor allem wegen der Einmischung der Großmächte in die türkischen Angelegenheiten. Es dauerte nicht lange, und dieser Verdruß nahm reale Züge an: Vierundzwanzig Tage nach den Morden von Thessaloniki wurde Sultan Abd-ul-Aziz durch eine politisch-militärische Revolution abgesetzt und Prinz Murad inthronisiert (30. Mai 1876).

Dies war ein Sieg der türkischen Patrioten, die die schlechte Regierung und die bisherige prorussische Politik des Sultans nicht länger dulden wollten. Es war aber auch ein Sieg der in der Türkei lebenden Griechen, die mit der Politik von Abd-ul-Aziz äußerst unzufrieden gewesen waren und sich in Konstantinopel an der Verschwörung beteiligt hatten. Die griechische Regierung hatte also allen Grund, den Wechsel zu begrüßen und die neugeschaffene Situation sogleich anzuerkennen. Der Wechsel war ferner ein Sieg Englands, denn mit der Entfernung von Abd-ul-Aziz nahm auch seine prorussische Politik ein Ende. Sein Sturz brachte die Türkei dem Konflikt mit Rußland näher.

Der russisch-türkische Krieg 1877 – 1878

Die Ereignisse überstürzten sich. König Milan von Serbien erklärt der Türkei am 18./30. Juni 1877 den Krieg, weil der Sultan sich weigerte, die türkischen Truppen, die gegen die Aufständischen in Bosnien kämpften, von der türkisch-serbischen Grenze abzuziehen. Gleichzeitig erklärte König Nikola von Montenegro der Türkei den Krieg. Griechenland rührt sich nicht, während zahlreiche russische Freiwillige an der Seite der Serben kämpfen. Serben und Montenegriner haben jedoch wenig Erfolg mit ihren Operationen. So erzwingen die Russen vom neuen Sultan Abd-ul-Hamid II Anfang November 1876 einen Waffenstillstand. Die Resolution der Konferenz der Großmächte, die im Dezember 1876 in Konstantinopel tagt, und die darin vorgesehene Bildung zweier getrennter bulgarischer Staaten sowie die Autonomie Bosniens werden vom Sultan nicht akzeptiert. Die Hohe Pforte bemüht sich, die Zerstückelung ihres europäischen Territoriums zu verhindern, indem sie die Verfassung von 1876 einführt und damit allen ihren Untertanen Freiheit, Gerechtigkeit und Gleichheit verspricht. Diese Politik ist für die Russen, die nicht bereit sind, die Slawen auf dem Balkan ihrem Schicksal zu überlassen, ein Ärgernis. Nachdem es sich der neutralen Haltung der anderen Großmächte und der Einwilligung Rumäniens, die russischen Truppen durch sein Territorium passieren zu lassen, versichert hat, erklärt Rußland am 24. April 1877 der Türkei den Krieg.

In Griechenland neigt die öffentliche Meinung, der verschiedene Komitees und Verbände Ausdruck verleihen, dazu, sich an der Seite der Russen und der anderen Balkanvölker gegen die Türkei zu engagieren. Die Regierung zögert jedoch, die Verantwortung des Krieges auf sich zu nehmen. Um die kritische Lage zu bewältigen, entscheidet sich der König für die Bildung einer Einheitsregierung unter Admiral Konstantin Kanaris mit Charilaos Trikupis als Außenminister (26. Mai/7. Juni 1877). Die Regierung trifft unter anderem Vorkehrungen, um die militärische Bereitschaft des Landes zu erhöhen, bleibt jedoch ebenfalls unentschlossen, da Rußland es vermeidet, sich für den Fall einer Kriegsbeteiligung Griechenlands auf territoriale Zugeständnisse festzulegen. Doch die unerwarteten Erfolge der Russen während des zweiten Kriegsjahres und ihr schneller Vormarsch in Richtung auf Adrianopel, Konstantinopel und Trapezunt, erregen das griechische Volk zutiefst, ebenso wie die Nachricht von einem eventuellen Waffenstillstand. Aufgrund der allgemeinen Empörung über ihre Inaktivität wird die Einheitsregierung zum Rücktritt gezwungen; die revolutionären Unruhen in Makedonien nehmen zu, das griechische Konsulat in Thessaloniki wird zum Zentrum der revolutionären Aktivität.

Die neue Regierung Kumunduros mit Theodoros Dilijannis als Außenminister (12./24. Januar 1878) befiehlt unter dem Druck der öffentlichen Meinung und nach erregten Diskussionen den Einmarsch griechischer Truppen in Thessalien, unter dem Vorwand, die Bevölkerung vor Gewalttätigkeiten der Türken zu schützen. Doch der Waffenstillstand war bereits einen Tag zuvor unterzeichnet worden; kompromittiert muß die Regierung ihre Truppen zurückbeordern und die Großmächte ersuchen, in dem Friedenskongreß, der anberaumt werden sollte, die griechischen Forderungen zu berücksichtigen.

Der Vertrag von San Stefano und der Berliner Kongreß. Griechenland erhält Thessalien und die Region Arta.

Kurze Zeit darauf zwingen die Russen im Abkommen von San Stefano (21. Februar/3. März 1878) den Türken Bedingungen auf, die ihre politischen Ziele klar erkennen lassen:

1) Unabhängigkeit Rumäniens; Unabhängigkeit und Gebietserweiterung für Serbien und Montenegro.
2) Gründung eines großen, unabhängigen Fürstentums Bulgarien, das jedoch der Hohen Pforte tributpflichtig bleibt; dieses Fürstentum sollte nicht nur die Regionen zwischen der Donau und dem Haimos umfassen, sondern auch Ostrumelien, Westthrazien und Makedonien mit Ausnahme von Thessaloniki und der Chalkidiki – Gebiete mit dichter griechischer Bevölkerung.
3) Reformen und Privilegien für die Bewohner von Bosnien-Herzegowina, sowie die exakte Anwendung des »Organischen Gesetzes« auf Kreta.

An der griechischen Frage zeigt Rußland kein Interesse. Die panslawistischen Bestrebungen und insbesondere die Favorisierung Bulgariens ließ keinen Spielraum für Angebote an Griechenland, ja, nicht einmal in Bezug auf Makedonien und Thrazien, beides seit dem Altertum griechische Regionen. Damit wäre Griechenland dazu verurteilt worden, auf seine engen Grenzen beschränkt zu bleiben. Ein Zufall will es jedoch, daß sich am Tage der Unterzeichnung des Abkommens von San Stefano, am 21. Februar/3. März 1878, die Empörung der Griechen in Makedonien in einem Aufstand der Region Olymp-Pieria entlädt, der vom »Makedonischen Komitee« in Athen organisiert worden war. Dieser Aufstand, im Stillen von der griechischen Regierung gebilligt und von Freiwilligen aus dem freien Griechenland unterstützt, wird innerhalb von zwei Monaten unterdrückt. Dennoch bricht gleich darauf, Ende April, im westlichen Makedonien, ein neuer Aufstand aus, erfaßt die Regionen um den Prespa-See, von Morichowo und Monastir und dauert als Kleftenkrieg bis November 1878 an.

Das Gleichgewicht zwischen den kleinen und größeren Ländern im mittleren und südöstlichen Europa und im Vorderen Orient ist durch das Abkommen von San Stefano gestört. Der russische Koloß drückt mit seinem Gewicht auf das Osmanische Reich, sein Schatten breitet sich auch über die Balkanhalbinsel aus; vermöge des großen bulgarischen Fürstentums steht der Zar unmittelbar vor Konstantinopel. Sobald allerdings die Bedingungen des Abkommens bekannt wurden, gerieten, wie zu erwarten war, zwei große europäische Mächte in Unruhe: Zunächst Österreich-Ungarn, dem der Zugang nach Thessaloniki durch die Entstehung eines bulgarischen Staates versperrt wurde; sodann auch England, das der Überzeugung war, die territoriale Ausdehnung dieses neuen Staates stelle eine unmittelbare Bedrohung für das Osmanische Reich dar.

Aus diesem Grunde bestanden beide Mächte – wobei Österreich von Deutschland unterstützt wurde – auf einer Revision des Abkommens. Ein englisch-russisches Geheimprotokoll, das am 18./30. April in London unterzeichnet wurde, ebnete den Weg für die Fragen, die auf dem bald stattfindenden Berliner Kongreß behandelt werden sollten. Beide Regierungen beschlossen darin die Revision des Abkommens von San Stefano, nachdem sie sich über folgende Punkte geeinigt hatten: Beschränkung Bulgariens auf das Gebiet zwischen Donau und Haimos, Gründung eines autonomen Fürstentums Ostrumelien; Thrazien und Makedonien sollten weiterhin türkische Provinzen bleiben.

Darüberhinaus wurde am 23. Mai/4. Juni 1878 in Konstantinopel eine englisch-türkische »Verteidigungs-Allianz« unterzeichnet; nach diesem Vertrag wird, gegen eine jährliche Steuer, den Engländern Zypern abgetreten; von dort aus können sie den türkischen Regionen in Kleinasien im Falle einer Bedrohung durch Dritte – gemeint war Rußland – zu Hilfe eilen. England geht also der Türkei gegenüber politische und wirtschaftliche Verpflichtungen ein, aber es fügt – nach Gibraltar und Malta – der Kette seiner strategischen Stützpunkte im Mittelmeer ein weiteres Glied ein. Diese neue Basis sicherte England in gewisser Weise den Weg nach Indien und diente als Ausgangspunkt für den nächsten Schritt, die Installierung in Ägypten. England wird sich erst zu Beginn des 1. Weltkrieges, am 5. November 1914, der jährlichen Steuer an die Türkei entledigen.

Der Berliner Kongreß beginnt einige Tage nach dem Abschluß der englisch-türkischen Vereinbarung, am 1./13. Juni 1878. Beteiligt sind die Vertreter sechs großer Staaten: Deutschlands, Österreich-Ungarns, Großbritanniens, Italiens, Rußlands und der Türkei; den Vorsitz hat der deutsche Reichskanzler Otto von Bismarck. Es werden vor allem die Vereinbarungen des englisch-russischen Protokolls vom 18./30. April bestätigt. Darüberhinaus werden Serbien, Montenegro und Rumänien zu unabhängigen Staaten erklärt. Rußland tritt die Dobrudscha an Rumänien ab und erhält dafür Bessarabien; Österreich-Ungarn besetzt, einem Vorschlag Englands zufolge, Bosnien und die Herzegowina auf unbestimmte Zeit – unter dem Vorwand, dort Ruhe und Ordnung wiederherzustellen, in Wirklichkeit aber, um ein Gegengewicht gegen den russischen Einfluß im östlichen Teil der Balkanhalbinsel zu schaffen. Auf diese Weise verlor das Abkommen von San Stefano, das ein riesiges Bulgarien von der Donau bis zum Olymp vorgesehen hatte, seine Wirksamkeit.

Nach dem russischen Mißerfolg in Berlin konzentriert sich der Blick Österreichs noch stärker auf den Süden, auf den Hafen von Thessaloniki. Die Grundlagen der österreichischen Ostpolitik werden im deutsch-österreichischen Vertrag vom 7. Oktober 1879 festgelegt. Die Kurzformel lautet: »Drang nach Osten«. Die Politik Österreichs erweckt den Neid Italiens, das nach dem Mißlingen seiner Absichten in Tunis seine Aufmerksamkeit ostwärts, auf die albanische Küste richtet.

Griechenland hatte vergeblich darauf bestanden, dem Berliner Kongreß seine Belange und seine Probleme durch griechische Repräsentanten vorzutragen, zumal diese eine solche Schärfe erreicht hatten, daß sie zu Aufständen nicht nur in Makedonien, sondern auch in Epirus, Thessalien und auf Kreta führten. Schließlich werden, auf Intervention des französischen Vertreters Waddington hin, Thessalien und der größte Teil von Epirus Griechenland zugesprochen; doch diese in einer Sitzung getroffene Entscheidung wird als solche nicht rechtskräftig formuliert. Artikel 24 des Berliner Abkommens verwies auf die Regelung der griechisch-türkischen Grenzen, auf Verhandlungen zwischen beiden Staaten, und sah eine Intervention der Großmächte nur für den Fall vor, daß sich eine Einigung als unmöglich erweisen sollte. Dieser Artikel gestattete es der Türkei, die endgültige Regelung der Frage hinauszuzögern, was für die wirtschaftliche und poltitische Situation des griechischen Staates nachteilige Folgen hatte.

Schließlich wurde nach drei Jahre währenden harten diplomatischen Kämpfen und Verhandlungen Thessalien und ein kleiner Teil des Epirus – hauptsächlich die Region Arta – Griechenland zugesprochen (1881). Die griechischen Ansprüche auf den Epirus riefen den Widerstand Italiens hervor, das die Ansicht vertrat, die muselmanischen Albaner im Epirus würden eine griechische Herrschaft ablehnen. In Wirklichkeit handelte es sich dabei – seit 1879 – um die ersten Anzeichen der imperialistischen Ziele Italiens, die auf Albanien gerichtet waren und um eine erste Orientierung auf ein neues Römisches Reich hin. So war es erklärlich, daß die italienische Propaganda sich gegen Griechenland richtete, zumal eine Anzahl angesehener Albaner mit dem griechischen Gesandten in Konstantinopel Kontakt aufgenommen hatte und die Gründung eines griechisch-albanischen Königreiches unter der Krone Georgs I diskutierte.

Das kleine griechische Königreich wird also mitten in einer sehr schwierigen Phase der Orientfrage mit den nationalistischen Zielen der Slawen auf dem Balkan sowie mit kaum verhüllten imperialistischen Intentionen der Großmächte konfrontiert.

Wirtschaftlicher Aufschwung des griechischen Staates

Eine kurze Bilanz zeigt, daß ein halbes Jahrhundert nach dem Ausbruch der griechischen Revolution die Bevölkerung des Landes (Peloponnes, Mittelgriechenland, Inseln) von 938.765 (1821) und 753.400 (1828 kurz vor Beendigung der Revolution) bis 1870 auf 1.457.894 (nach der Eingliederung der Ionischen Inseln) angewachsen war. Eine Aufschlüsselung nach Berufen ergibt folgendes Bild:

Bauern	47,18 %
Freie Berufe (Ärzte, Rechtsanwälte etc.)	18,66 %
Industrie und Handwerk	8,65 %
Seeleute	4,52 %
Arbeiter	4,07 %
Kaufleute	3,41 %

Griechenland ist also im wesentlichen ein Agrarland. Die Anbaufläche wird auf 11 Millionen Stremmata geschätzt, davon 7 Millionen Getreideanbau, 3 Millionen Weinbau, Oliven, Feigen und Maulbeerbaumplantagen. Ein beachtlicher Teil des Bodens blieb ungenutzt. An zweiter Stelle stehen die freien Berufe – ein ungesundes Phänomen, in dem sich der alte Drang der Griechen nach vermeintlich höheren, wissenschaftlichen Berufen ausdrückt, der sich mit einer gewissen Verachtung der anderen, niedriger bewerteten Berufe paart. Dieser Drang zeigt sich auch in der erstaunlichen Steigerung der Zahl von Schülern und Studierenden, die von ca. 10.000 im Jahre 1830 auf 93.588 im Jahre 1874 – davon 1.352 Studenten – zunimmt.

Industrie ist so gut wie überhaupt nicht vorhanden, denn einerseits verfügt das Land nicht über die Voraussetzungen dazu, andererseits neigen die Kapitalbesitzer eher zu Unternehmungen, die kurzfristig zu befriedigenden Gewinnen führen. Die Versuche einiger Regierungen, kleinere industrielle Einheiten zu bilden, schlugen trotz finanzieller Anreize und Privilegien fehl. Freilich mangelte es an den notwendigen Behörden und an Trägern für eine breite industrielle Entfaltung, sowie an einer stabilen Steuerpolitik. Erst viel später, nachdem einige Voraussetzungen erfüllt waren, wie eine gewisse Veränderung der Lebensbedingungen, Bevölkerungszunahme, Erhöhung der landwirtschaftlichen Produktion, Verbreitung des genossenschaftlichen Geistes und technische Fertigkeiten, wurden einige Betriebe mit Privatkapital gegründet. So werden nach 1860 in Piräus, Patras, Nauplia und Syros kleine Betriebe für Wein- und Papierproduktion sowie für Baumwollverarbeitung eröffnet; das Parlament beschließt verschiedene Maßnahmen zugunsten der Industrie; fortschrittliche Geister weisen auf die Notwendigkeit eigener Ministerien für Landwirtschaft und Industrie, sowie einer Agrarbank hin, doch finden ihre Vorschläge keinen Anklang.

1872 werden in Ermupolis auf Syros die handbetriebenen Maschinen durch Dampfmaschinen ersetzt; hier, sowie im Piräus werden die ersten Leuchtgaswerke installiert. Das nächste Jahr ist reich an industriellen Aktivitäten: In Lavrion (Attika) wird die Gesellschaft »Bergbaubetriebe von Lavrion« der französisch-italienischen Gesellschaft »J. Serpieri und Roux de Fraisinent et Cie« gegründet, ebenso die Aktiengesellschaft »Griechische Pulverwerke« sowie Papierfabriken, Garn- und Textilfabriken, Glasmanufakturen und verschiedene chemische Fabriken; die »Bank für Industriekredite« wird eröffnet. Schon 1869 empfahl der englische Bergbauingenieur Colin Freyer, der bei der im gleichen Jahr gegründeten »Griechischen Bergbaugesellschaft« angestellt war, dem Verwaltungsrat unter Vorsitz von Markos Renieris die Nutzung der Braunkohle von Kimi (Euböa), um die metallhaltigen Mineralien des Landes zu verwerten und die Metallurgie zu entwickeln. Doch die Gewinnung dieser Braunkohle wurde erst nach dem 2. Weltkrieg in Angriff genommen. Trotz mancher Widerstände werden die ersten Grundlagen für die industrielle Entwicklung durch Privatinitative gelegt.

Die zuständigen staatlichen Stellen verfügten weder über Industrialisierungspläne noch über qualifizierte Mitarbeiter, die die nötigen Impulse hätten geben können. Die Zeitung »Aion« (Jahrhundert) berichtete in diesem Zusammenhang am 25. November 1868, daß bei den Ausgaben des Innenministeriums unter der Rubrik »Aktivierung der Industrie« 2.400 Drachmen als für diesen Zweck genehmigt angeführt wurden, während 42.500 Drachmen als Ausfallgarantie oder Subvention für eine durch Griechenland reisende italienische Theatergruppe angesetzt waren. Diese Tatsache wird wie folgt kommentiert: »... niemand darf sich also wundern, wenn unser Vaterland dazu verurteilt ist, Schulden auf Schulden zu häufen und zum Spott anderer Staaten jeden Augenblick vom Bankrott bedroht ist.«

Im Jahre 1875 sind, verteilt auf dreißig Städte, 89 mit Dampfkraft arbeitende Fabriken in Betrieb, entsprechend 1887 Pferdestärken. Sie hatten etwa 26 Millionen Drachmen gekostet und beschäftigten 7.342 Arbeiter. Es wurden hauptsächlich Agrarerzeugnisse im Wert von 42 Millionen Drachmen zu Halb- und

Fertigprodukten im Wert von 51 Millionen Drachmen verarbeitet. Die wichtigsten Manufakturen waren Baumwollspinnereien und -webereien, Gerbereien, Mühlen, Ölpressen, Maschinenbaubetriebe und Weinbaubetriebe. Vor allem die Textilfabriken und die Weinbaubetriebe tätigten bemerkenswerte Exporte. Von 1865 bis 1875 nahm auch die Aktivität der Bergbaubetriebe zu; 2000 Arbeiter werden hier beschäftigt, ein Teil der gewonnenen Metalle und Mineralien wird in rohem oder in bearbeitetem Zustand exportiert.

Dieser Aufschwung hat die Belebung des Handels zur Folge, zumal Griechenland einen beträchtlichen internationalen Seeverkehr betreibt. Der Handel steigt von 141.923.108 Drachmen im Jahre 1865 auf 195.853.066 Drachmen im Jahre 1874 nach folgender Aufstellung:

	Import	Export
1865	90.251.389 Drachmen	51.671.719 Drachmen
1874	120.367.159 Drachmen	75.485.907 Drachmen

Das wichtigste Exportland ist England; es folgen Österreich, die Türkei, Frankreich, Rußland, Italien, Belgien und Ägypten.

Im gleichen Jahr, 1874, zählt die Handelsflotte 5.202 Schiffe mit insgesamt 250.077 Tonnen und 25.838 Seeleuten, was jedoch kein bedeutender Fortschritt war. Viele der seit der Befreiung gegründeten Aktiengesellschaften standen mit der Schiffahrt und ihren Risiken in Zusammenhang; von 50 Gesellschaften im Jahre 1875 waren 10 Schiffsversicherungsgesellschaften, 16 hatten industriellen Charakter, 18 waren Bergwerksgesellschaften und 5 Banken.

Der wirtschaftliche Aufschwung des Landes und der rege Kapitalverkehr jener Periode lassen sich am besten an den Leistungen der »Nationalbank von Griechenland« ablesen. Ihr Aktienkapital betrug bei ihrer Gründung durch Georgios Stavru 5 Millionen Drachmen; 1878 erreichte es 18 Millionen Drachmen. Auch der Staatshaushalt entwickelte sich relativ günstig.

Staatsbudget

	Einnahmen	Ausgaben
1833	7.950.383 Drachmen	12.982.693 Drachmen
1865	27.295.947 Drachmen	27.811.655 Drachmen
1875	40.326.575 Drachmen	51.226.970 Drachmen

Ein großes Hindernis für die Entfaltung von Landwirtschaft und Industrie ist der Mangel an Straßen und Eisenbahnlinien. Allerdings ist ein langsamer Fortschritt zu verzeichnen.

Geistiges und kulturelles Leben in Griechenland – Ende des 19. und Anfang des 20. Jahrhunderts

Dem wirtschaftlichen Fortschritt des Landes entspricht eine ermutigende Entwicklung im Bereich von Literatur und Kunst wie auch in den Wissenschaften. Es ist eine Zeit, in der die Erinnerung an die heroischen Kämpfe von 1821 und die Lobeshymnen der Philhellenen noch lebendig sind. Seit 1830 war der Stolz der Griechen verletzt: Der deutsche Historiker Fallmerayer hatte eine Theorie entwickelt, in der er die Herkunft der zeitgenössischen Griechen aus der klassischen Antike in Zweifel zog und sie von Slawen und Albanern herleitete. Zwar hatten andere deutsche Gelehrte, wie Zinkeisen und Hertzberg, der Theorie Fallmerayers widersprochen, doch die Griechen blieben in ihrem Stolz gekränkt: Es war nun Sache der griechischen Intellektuellen, die These Fallmerayers fundiert zu widerlegen. Dies ist einer der Gründe für die verstärkte Hinwendung zur Erforschung des mittelalterlichen und neueren Griechentums, während sich andere wiederum dem Studium der sprachlichen Entwicklung vom klassischen zum modernen Griechisch widmen.

Spyridon Sambelios verfolgt die Wurzeln des neuen Griechentums über Byzanz in die Antike; Konstantin Paparrigopulos demonstriert in seiner fünfbändigen Geschichte Griechenlands Kontinuität und Einheit der griechischen Nation; Konstantin Sathas stöbert in den Archiven Venedigs für die Erforschung der griechischen Vergangenheit wertvolles Material auf; Spyridon Lambros setzt die Quellenforschung in Archiven und Bibliotheken im In- und Ausland fort; schließlich begründet Nikolaos Politis die griechische Volkskunde, indem er, ebenfalls um die Kontinuität des Griechentums zu belegen, seine Bräuche und Sitten, Überlieferungen und Sprichwörter erforscht; er lenkt die Aufmerksamkeit der Griechen auf die Schätze der Volkstradition und zeigt den jungen Literaten, besonders den Dichtern, die neuen Möglichkeiten des Ausdrucks und weist auf die Volkslieder, die Volksdichtung und auf die Volkssprache, die *Dimotiki* hin.

Die Dichter, damals noch durch den französischen »Parnaß« beeinflußt, richten ihre Aufmerksamkeit immer mehr auf das tägliche Leben, nehmen von der larmoyanten Thematik der Romantiker Abstand und sind vor allem an der Form des Gedichts, am sorgfältig gefeilten Vers interessiert. Als Ausdrucksmittel benutzten sie die lebendige Volkssprache. Bereits 1879 schreibt Emmanuil Roïdis, einer der schärfsten kritischen Geister des Jahrhunderts, daß man in der antikisierenden, der sogenannten »reinen« Sprache, der *Katharevussa,* in der er selbst schrieb, keine Gedichte machen könne.

Es beginnt nun eine harte Diskussion unter griechischen und nichtgriechischen Intellektuellen, wie z.B. Krumbacher und Legrand, über die bilinguale Situation der Griechen, in der das Buch von Jannis Psycharis »Meine Reise« (1888), das in *Dimotiki* geschrieben ist, eine wichtige Etappe darstellt. Psycharis verteidigt leidenschaftlich die Sprache des Volkes und rückt damit, trotz mancher extremer Standpunkte, das große Problem der nationalen Sprache ins allgemeine Bewußtsein. Eingebunden in die zeitgenössische Wirklichkeit reflektiert dieses Werk die Träume und Hoffnungen der Griechen, besonders die Politik der »Megali Idea«. Wie alle liberalen Geister, so hegt auch Psycharis Sympathie für die mutige und fortschrittliche Persönlichkeit von Charilaos Trikupis. Doch der Politiker selbst war überzeugt, daß die Ansichten von Psycharis, obwohl sie trotz gewisser Übertreibungen der Wahrheit sehr nahe kämen, aus historischen Gründen nicht voll akzeptiert werden könnten; Trikupis' Theorie zufolge würde sich die Lösung des Sprachproblems allmählich ergeben: Mit dem Zeitablauf, durch die wissenschaftliche Diskussion, durch die Vertiefung der Sprache und durch ihre Anpassung an die jeweiligen Gegebenheiten und die Idiome sowie an die wechselnden Bedürfnisse. Die gleichen Ansichten in dieser Frage sollte später auch Veniselos vertreten.

Politis und Psycharis, besonders ersterer, beeinflussen eine Gruppe von Dichtern und Prosaisten der sogenannten Generation der Achtziger Jahre, mit Kostis Palamas, dem nach Solomos größten griechischen Dichter an der Spitze. Palamas artikuliert den neuen Geist, der Staat und Nation beherrscht: Er orientiert sich an den Ursprüngen des Volkslieds, an Solomos und an der Ionischen Schule. In imaginativen lyrischen Bildern besingt er nicht nur seine subjektiven Erlebnisse, sondern auch die Abenteuer der Nation, ihre Größe und ihren Verfall (»Die Augen meiner Seele«, »Der Dodekalogos des Zigeuners«, »Die Flöte des Königs«).

Andere Dichter, wie G. Drossinis, J. Polemis und die jüngeren wie M. Malakassis, L. Porfyras sowie Prosaschriftsteller wie A. Eftaliotis, A. Pallis und die späteren G. Xenopulos, P. Nirvanas (letztere sind die Begründer des neuen griechischen Theaters und des neuen Romans), A. Karkavitsas, D. Vutiras, A. Travlandonis, Pinelopi Delta, bereichern mit ihren Werken die gesprochene Sprache des Volkes und erheben sie zur Sprache der Literatur. Die lyrische Tradition der Ionischen Inseln wird parallel dazu fortgesetzt mit S. Martzokis, L. Mavilis und M. Siguros. Der puristischen Hochsprache bleiben die Romanciers D. Vikelas, G. Visyinos, I. Kondilakis und die beiden Verwandten aus Skiathos, A. Papadiamantis und A. Moraitidis treu. Sie alle behandeln hauptsächlich die Sitten und Gebräuche des Volkes. Die beiden letztgenannten sind von tiefer Religiosität.

Wie in der Literatur, so ist auch in den übrigen Künsten der Einfluß Westeuropas evident. Nach der Gründung der Athener »Technischen Hochschule« auch »Schule der Schönen Künste« genannt (1836), und besonders nach der Revolution von 1843 kommt eine Anzahl ihrer Absolventen als Stipendiaten in die großen europäischen Zentren, hauptsächlich nach München, der Heimat des ersten Königs von Griechenland. Der Neoklassizismus, der damals – wie fast überall – auch in der Münchener Schule herrscht, übt einen starken Einfluß auf die griechische Malerei, die Architektur und die Bildhauerei aus. Die jungen griechischen Künstler werden aber auch durch die bei den Griechen allgemein herrschende Bewunderung der Werke ihrer ruhmreichen Ahnen in diese Stilrichtung gelenkt. Neoklassizistisch waren außerdem die ersten Bauten, mit denen die deutschen Architekten Schaubert, Klenze, Gärtner (Königlicher Palast), der Däne Hansen (Universitätsgebäude) und später Ziller u.a. Athen geschmückt hatten. Unter den griechischen Architekten, die bemerkenswerte Bauten schufen, ist Kaftanzoglu (1811 – 1880) zu nennen, der die Technische Hochschule, die Kirchen der Hl. Irene und des Hl. Konstantin sowie die katholische Kirche des Hl. Dionysios (in Zusammenarbeit mit Klenze) u.a. erbaute, sowie Stamatis Kleanthis, der seine Inspiration von den byzantinischen Formen und aus der Renaissance bezieht (Palast der Fürstin von Placentia, das heutige Byzantinische Museum). Beide stammen aus dem noch unterworfenen Makedonien.

Neoklassizistisch geprägt ist auch der Stil von Privathäusern und Monumenten. Von Athen als dem Zentrum verbreitet sich der Neoklassizismus nicht nur in jede Ecke des griechischen Königreiches, sondern selbst in die noch türkisch besetzten griechischen Gebiete, bis an die nördlichen Grenzen Makedoniens; neoklassizistisch ist z.B. der Entwurf von Kaftanzoglu für die Mädchenschule in Monastir. Heute noch trifft man in vielen griechischen Städten und Kleinstädten auf neuklassizistische Häuser, meist von namenlosen Baumeistern errichtet, die mit dem Blick auf Athen, das Zentrum des alten und des neuen Griechentums, die dortigen Bauten, so gut sie konnten, kopierten.

Die Bildhauerei entwickelt sich vor allem in der zweiten Hälfte des 19. Jahrhunderts unter dem Einfluß jüngerer Künstler, die in Bayern oder in Italien studiert hatten. Bemerkenswert sind hier G. Vitalis (1838–1901), dessen »Kleopatra« sich in Leningrad befindet, D. Philippotis (1839 – 1919) und G. Chalepas (1854–1938), deren Werke sich durch Ausdruckskraft und Geistigkeit auszeichnen. Von schrecklicher innerer Unruhe gequält verbringt Chalepas die längste Zeit seines Lebens in der psychiatrischen Klinik. Sein vollkommenstes Werk ist die »Schlafende«, die als bedeutendste Schöpfung der modernen griechischen Bildhauerei gilt.

Was die Malerei betrifft, so war sie, wie schon erwähnt, im 18. Jahrhundert durch Künstler vertreten, die auf den venezianisch besetzten Ionischen Inseln lebten und durch die italienische Kunst, besonders durch ihre religiöse Thematik, beeinflußt worden waren. Diese Tradition wird auf den Ionischen Inseln auch in der ersten Hälfte des 19. Jahrhunderts fortgesetzt, aber auch beim Porträt. In der zweiten Hälfte des 19. Jahrhunderts tauchen verschiedene Maler auch in anderen Regionen Griechenlands auf. Die meisten haben in München studiert, so z.B. N. Lytras (1832 – 1904) aus Tinos, dessen Werk trotz realistischer Akribie durch einen idealisierenden, romantischen Stil geprägt ist; ein ebenso großer Künstler ist N. Gisis (1842–1900), der seine Motive aus der Geschichte Griechenlands nach 1872 schöpft. Der dritte große Maler, G. Volonakis (1839–1907), ist durch seine Seestücke berühmt.

V. Politische und militärische Unruhen in Griechenland (1881 – 1900)

Griechenland nach dem Berliner Kongreß (1878 – 1882)

Die kritische Phase in der Orientfrage, die unerfüllten griechischen Ansprüche, die Ausgaben für den Militärhaushalt und die Schulden der Türkei gegenüber wegen Thessalien und Epirus – all dies zwang Griechenland dazu, Anleihen aufzunehmen, die es jedoch nicht in die Lage versetzten, seine wirtschaftlichen Schwierigkeiten zu bewältigen. Die mit einem großen Defizit konfrontierte Regierung mußte den Geldumlauf erhöhen, was inflatorische Folgen hatte.

Hinzu kam, daß die türkischen Grundbesitzer aus Thessalien, wie fünfzig Jahre zuvor die aus Attika und Euböa, es vorzogen, in die Türkei abzuwandern und ihre großen Besitzungen zu verkaufen. Diese waren bis dahin von griechischen Leibeigenen, den Kolligi, bearbeitet worden. Von 24.548 Familien in Thessalien waren um 1889 11.006 Kolligi und 459 bezahlte Landarbeiter. So hinterließen die Türken in Griechenland ein soziales Problem der Landbevölkerung, das erst viele Jahre später unter der Regierung von Eleftherios Veniselos gelöst werden sollte (1917).

Die Eingliederung Thessaliens brachte ein weiteres Problem mit sich: Die kleinen Ledermanufakturen und Schlachtereien in Pilion (besonders in Makrinitsa), wie auch die Textil- und Färbereibetriebe am Pindos, in Agis und in Tirnavos mußten erhalten und möglichst gefördert werden. Im allgemeinen waren diese Manufakturen im Tal des Pinios, deren Wurzeln bis tief in die Antike reichten, jetzt durch die Konkurrenz der sich sprunghaft entwickelnden europäischen Industrie vom Verfall bedroht. Der Journalist Eftaxias, ein Mann mit politischer und wirtschaftlicher Erfahrung, riet im Mai 1884 dazu, junge Leute aus Weber- und Färberfamilien nach Frankreich und Deutschland zu schicken – wo neben der großen Industrie noch der handwerkliche Familienbetrieb blühte – um sie in die Geheimnisse der neuen Techniken einweihen zu lassen. In der Heimat hätten sie dann zu Anregern einer praktischen Schule und damit zur Hefe für eine zukünftige, gut ausgebildete Schicht von Webern und Färbern werden können. Dieser gescheite Gedanke fand jedoch keinen Anklang.

Die Verschiebung der nördlichen Grenzen von Othris bis an den Olymp beflügelte die Hoffnungen der Griechen und ihren Glauben an die Zukunft der Nation, denn Makedonien, die Heimat Philipps II und Alexanders des Großen war nun näher gerückt. Die Einverleibung Thessaliens und der Region von Arta bringt Griechenland fast 300.000 Einwohner zu den 1.679.470 (Zählung von 1879) sowie 13.394 Quadratkilometer (12.258 Thessalien und 1.136 Arta) fruchtbaren Boden mit neuen Reichtumsquellen, deren Nutzung beträchtliches Kapital von Auslandsgriechen, vor allem aus Konstantinopel, ins Land zieht.

Die Handels- und Industrieaktivitäten nehmen wenn auch langsam zu. 1879 kommt es aufgrund von Lohnforderungen zum ersten Arbeiterstreik in den Gerbereien und Werften von Syros. Es ist das Verdienst der Regierung Kumunduros, die Grundlagen für zwei große öffentliche Vorhaben gelegt zu haben: Sie schloß den Vertrag über den Bau des Kanals von Korinth und der Eisenbahnlinien Athen-Patras, Athen-Larissa, Larissa-Volos. Kumunduros führt auch den ersten systematischen Zolltarif ein und gibt der Schiffahrt eine einheitliche Ordnung.

Außenpolitisch verfolgt Kumunduros die Linie einer Annäherung an Rußland, eine Politik, die ihm nach der Krise von 1877/78 als angebracht erscheint. Trotz der Geschicklichkeit, mit der er die Verhandlungen über die Eingliederung neuer Gebiete geführt hatte, war Kumunduros die Zielscheibe heftiger Angriffe, sowohl in der Presse, wie auch im Parlament, unter anderem, weil er die neue Grenzführung – diesseits von Ioannina – akzeptiert hatte, ohne das Parlament einberufen zu haben. Bei diesen Angriffen spielte der Führer der Opposition, Charilaos Trikupis, eine wichtige Rolle, allerdings wohl mehr aus politischem Kalkül denn aus Überzeugung.

Diese Kontroverse und ähnliche Auseinandersetzungen wegen wirtschaftlicher und militärischer Fragen führt dazu, daß das politische Leben des Landes sich nunmehr auf ein Duell zwischen Kumunduros und Trikupis beschränkt; kurzfristige Regierungen wechseln einander ab; im Februar 1882 bildet Trikupis die Regierung mit der längsten Amtszeit seit der Inthronisierung Georgs I: Sie hält sich drei Jahre und einige Monate. Kumunduros stirbt verbittert im Frühjahr 1882. Danach tritt Theodoros Dilijannis an die Spitze der Opposition, und bis zum griechisch-türkischen Krieg 1897 wechseln sich nun Trikupis und Dilijannis in der Führung der Regierung ab. Bemerkenswert für die griechischen Verhältnisse ist es dabei, daß beide jeweils starke Mehrheiten erreichen.

Mit dem Tode von Kumunduros verlor Griechenland einen fähigen Politiker, der zwei Jahrzehnte lang, sei es als Premier, sei es als Oppositionsführer, die politische Szene geprägt hatte. Er hatte nicht gezögert, in kritischen Augenblicken die Verantwortung großer Entscheidungen auf sich zu nehmen, wobei sein Wagemut durch seine Intelligenz in Schranken gehalten, durch Besonnenheit und Flexibilität gemäßigt wurde. Kumunduros war ein liberaler Geist, mit noblem Charakter und Glauben an den Parlamentarismus. Dennoch blieb auch er nicht vom Bazillus politischer Ämterpatronage verschont, von dem in den nächsten Jahren selbst Trikupis befallen werden sollte.

Die Regierungen Trikupis und Dilijannis zwischen 1881 und 1886

Seinem Vorgänger an Wagemut ebenbürtig, geleitet von Patriotismus und dem festen Wunsch, den Staat schrittweise zu erneuern, war Trikupis ein Mann mit außerordentlicher Willenskraft und hohem Ehrgeiz. Er mißbilligt die schlechten Gewohnheiten der Vergangenheit, die zahlreichen und vielfältigen Willkürakte der allzuvielen Parteien sowie die Einmischung des Hofes in die Politik. Er verwirft den Kauf von Stimmen durch die Gewährung persönlicher Vorteile an die Wähler und hat den Mut, seinen Wählern und seinen Mitarbeitern ohne Ausflüchte eindeutig mit »ja« oder »nein« zu antworten. Er fördert die Entwicklung des Landes durch organisatorische Maßnahmen im Bereich der Wirtschaft und des öffentlichen Dienstes durch Realisierung eines umfassenden Programms öffentlicher Arbeiten – den Bau von Straßen, Häfen, Eisenbahnlinien usw.; er ersetzt die »Dekati« durch die sogenannte Viehsteuer; sie brachte jedoch dem Staat keinen Vorteil, wohl aber den Großgrundbesitzern in Thessalien, da sie sich auf die Stückzahl des Viehs bezog, nicht aber auf die Größe des Besitzes und damit die Bauern belastete.

Trikupis versuchte, wie ehemals Kapodistrias, die Lebensbedingungen der Landbevölkerung zu erleichtern, die unter Wucher und Raubüberfällen zu leiden hatte; die Wucherer machten oft mit den staatlichen Steuereinnehmern gemeinsame Sache und unterhielten sogar zu den Richtern beste Beziehungen, während die Räuber und andere der Justiz entkommene Elemente mit lokalen Parteipolitikern unter einer Decke steckten, ein Klima der Anarchie schufen und das Land in den Augen der zivilisierten Welt in Mißkredit brachten; die Beamtengehälter und das Vermögen der Bürger benutzten diese Politiker, den Gesetzen und Institutionen des Staates zum Trotz, wie ihr Eigentum. Dieses Bild bot Griechenland, als der abscheuliche Mord an englischen Reisenden in Dilessi (April 1870) geschah; es war ein Bild, wie es Edmond About in seinem Buch »Les rois des montagnes« beschreibt.

Trikupis, der den griechischen Staat reorganisieren und modernisieren wollte, war nicht bereit, diesen Zustand hinzunehmen. Er wollte aus Griechenland einen starken und zuverlässigen Träger der Zivilisation in der Region machen; hierbei konnte er mit der Unterstützung der geistigen Elite und aller liberalen und fortschrittlichen Kräfte des Landes rechnen.

Sein innenpolitisches Programm ist von der außenpolitischen Zielsetzung nicht zu trennen; sie gipfelt in der »Megali Idea«, das heißt in dem Wunsch, die von den Türken besetzten griechischen Regionen zu befreien: Trikupis hoffte, daß die europäischen Großmächte, besonders England, von der zivilisatorischen Rolle der griechischen Nation im Vorderen Orient überzeugt, den griechischen Ansprüchen am Ende doch wohlwollend gegenüberstehen würden. Er betrieb diese Politik mit friedlichen Mitteln, indem er die politischen und diplomatischen Wandlungen und Entwicklungen in Europa und im Osten zu nutzen suchte. Zugleich wollte er seine Ansprüche durch eine starke Armee stützen; aus diesem Grunde übernahm er selbst auch das Kriegsministerium.

Trikupis wie auch Georg I waren beunruhigt durch die Infiltration der Slawen, besonders der Bulgaren, in Makedonien. Sie erblickten in der panslawistischen Bewegung eine Bedrohung und neigten deshalb eher zu einer Verständigung mit der Türkei; dies wurde jedoch durch die Haltung der Hohen Pforte dem Patriarchat gegenüber, dessen Privilegien sie einschränkte, sowie durch die beunruhigende Lage auf Kreta behindert.

Um seine großangelegten Pläne zu realisieren, war Trikupis gezwungen, neue Steuern aufzulegen und Kredite aufzunehmen, Maßnahmen, die bei einem großen Teil der Bevölkerung auf Ablehnung stießen und von der Opposition in demagogischer Weise gegen ihn ausgespielt wurden. Man hängte ihm den Beinamen »Steuerpresser« an. So konnte sein Gegner Theodoros Dilijannis mit dem Versprechen, keine neuen Steuern zu erheben und keine weiteren Kredite aufzunehmen, das Kabinett Trikupis am 7. April 1885 stürzen.

Trikupis wird in einem kritischen Augenblick zum Rücktritt gezwungen, bevor er den Staat auf einen befriedigenden Kurs hat bringen können. Es ist der Vorabend politischer Erschütterungen und wichtiger diplomatischer Veränderungen in der Balkanpolitik. Die Bulgaren, die den großbulgarischen Traum des Vertrages von San Stefano nicht vergessen haben, zielen auf die Annexion des autonomen Ostrumelien, wo aber außer den Türken auch 250.000 Griechen leben; darüberhinaus ist ihr Blick auf Makedonien gerichtet, dem aber durch die Angliederung Thessaliens auch die Griechen nähergerückt sind. Trikupis sagte im Juli 1880: »Die Zukunft Griechenlands liegt in Thessaloniki.« Nach dem Besitz von Makedonien, zumindest nach dem seines nördlichen Teils, streben, wie schon erwähnt, auch die Serben, in Erinnerung an den großen aber ephemeren Staat von Duschan (1331 – 1355). Ehrgeizige Pläne in Bezug auf Thessaloniki hegte auch Österreich-Ungarn, vor allem nach dem Erwerb von Bosnien und der Herzegowina.

Dem ersten Fürsten von Bulgarien, Alexander Battenberg (1879 – 1886) gelang es bei einer Reise nach England, Premierminister Salisbury und andere Politiker von der Notwendigkeit zu überzeugen, ein Großbulgarien zu gründen, das die gefährliche Umarmung durch Rußland abwehren, einen Damm gegen dessen Aufmarsch in Richtung auf die Ägäis bilden und ein Hindernis für die panslawistischen Träume darstellen würde. Das Ausscheren des bulgarischen Prinzen aus der russischen Einflußsphäre wird im Jahre 1883 deutlich. Die zwei russischen Minister der bulgarischen Regierung treten zurück, während in Ostrumelien, vor allem in der Industriestadt Sliven, sich bulgarische Patrioten im Zeichen der Union mit Bulgarien erheben; die Revolte wird organisiert; am 6./18. September 1885 wird der prorussische Hegemon von Ostrumelien, Gabriel-Pascha, festgenommen und bis zur türkischen Grenze gebracht, wo es ihm freigestellt wird, nach Konstantinopel zurückzukehren. Der Staatsstreich war ohne Blutvergießen gelungen, die Union unter Battenberg wird proklamiert; unter dem Druck des Parlamentspräsidenten Stambulow besucht Battenberg am 9. September Philippupolis und ordnet für alle Fälle die Generalmobilmachung an.

Durch diese Ereignisse wurden die entsprechenden Klauseln des Berliner Vertrages aufgehoben; die Reaktionen waren verschieden. Der Sultan, der überrascht war und Komplikationen scheute, vermied in Albanien und Makedonien Konsequenzen zu ziehen. Der englische Premier Salisbury akzeptierte nicht ungern die Veränderung. Der Zar jedoch drückte seine Unzufriedenheit aus: Er strich den Namen seines Vetters Battenberg aus der Offiziersliste der russischen Armee und beorderte sämtliche russischen Offiziere aus Bulgarien zurück. Die Reaktionen Griechenlands und Serbiens sind noch massiver: Sie verlangen territoriale Gegenleistungen auf Kosten der Türkei, um das durch die Besetzung Ostrumeliens von den Bulgaren gestörte Gleichgewicht der militärischen Kräfte auf dem Balkan wiederherzustellen. Die Kreter nutzen die Gelegenheit, um erneut die Union mit Griechenland zu proklamieren, während Dilijannis militärische Vorbereitungen für ein etwaiges Eingreifen im türkisch besetzten Teil von Epirus trifft. Tatsächlich initiierte und organisierte die Regierung Dilijannis bereits seit Monaten kriegsfördernde Massenkundgebungen und Manifestationen in der

Hoffnung, dadurch von den Großmächten die Einwilligung zur Eingliederung des gesamten Epirus, wie es im Berliner Kongreß beschlossen worden war, zu erzwingen.

Die Serben wiederum, die gewisse Differenzen mit Bulgarien hatten, erklärten diesem den Krieg, wurden aber in der Schlacht von Sliwniza (4. November 1885) geschlagen und hinter die Grenze zurückgedrängt. Die Intervention Österreichs rettete Serbien vor einer noch größeren Katastrophe (Waffenstillstand von Pirot, 16. November). Schließlich legt der Vertrag von Bukarest (19. Februar/3. März 1886) beide Länder auf den territorialen status quo vor dem Kriege fest.

Die Regierung Dilijannis, unentschlossen und isoliert, fährt fort, mit zwecklosen und aufrührerischen Kundgebungen Zwischenfälle an der türkisch-griechischen Grenze zu provozieren. Wirtschaftlich erschöpft, ist sie unfähig, die mobilisierten Streitkräfte, vor allem in puncto Hygiene, ausreichend zu versorgen. Schließlich wird sie durch eine Küstenblockade der Großmächte (26. April/8. Mai 1886) gezwungen, die Mobilmachung aufzuheben. Die Regierung tritt daraufhin zurück, wenig später übernimmt Trikupis erneut die Staatsgeschäfte; einige Monate vorher war er, der sich gegen die Mobilmachung gestellt hatte, als »von den Engländern gekauft« verschrien worden.

Gerade in diesem Augenblick hält Trikupis die Zeit für gekommen, das politische Leben zu sanieren, den politischen Parteien edlere Zielsetzungen zu geben. Durch seine Autorität gelingt es ihm, sich in einem Parlament, das zum größten Teil aus Anhängern von Dilijannis besteht, durchzusetzen und mit erstaunlicher Mehrheit ein neues Wahlgesetz durchzubringen. Es erweiterte die engen Wahlkreise zu größeren Wahlgebieten und beschränkte damit die Zahl der Abgeordneten auf hundertfünfzig. Mit dieser Reform hoffte Trikupis zweierlei zu erreichen: Erstens durch größere Wahlgebiete bessere Abgeordnete zu finden und zweitens die Macht der lokalen Parteikader, d.h. der Wahlagenten zu brechen, so daß die Bürger sich dadurch eine persönliche und verantwortliche Meinung von den Politikern bilden könnten. Trikupis wollte günstigere Voraussetzungen für die neuen Parteien schaffen, die prinzipien- und nicht personenbezogen sein sollten. Eine Ausnahme hatte bisher – allerdings auch nur bis zu einem gewissen Grade – die Partei von Trikupis selbst gebildet, die sich an liberalradikalen Prinzipien orientierte.

Doch seine Bemühungen waren vergeblich; die Macht der politischen Faktoren in der Provinz blieb unverändert, da sie nun vom Zentrum aus gelenkt wurden; unverändert blieb auch die Praxis des politischen Kuhhandels zwischen Parteiführern, Abgeordneten und Regierung; die Parteienkämpfe führten zu Entgleisungen, die Parteien blieben weiterhin personenbezogen.

Das Erneuerungsprogramm von Trikupis von 1887 bis 1890

Die Wahlen vom 4. Januar 1887 brachten Trikupis die absolute Mehrheit, d.h. 90 von 150 Parlamentssitzen, die es ihm ermöglichte, seine im April 1885 unterbrochene schöpferische Arbeit fortzusetzen. Trikupis blieb ohne nennenswerte innere und äußere Schwierigkeiten während derr ganzen Legislaturperiode 1887 – 1890 an der Macht, was in der Geschichte des Landes noch nicht vorgekommen war. So konnte er ohne ernsthafte Ablenkungen kraftvoll und methodisch sein Programm betreiben.

Zunächst mußte er die klägliche wirtschaftliche Lage, die durch die enormen Kosten der überlangen Mobilmachung durch die vorige Regierung verursacht worden war, bewältigen. Das Defizit betrug im Jahre 1886 ganze 66 Millionen Drachmen, die 36 Millionen der öffentlichen Anleihen nicht mitgerechnet; die regelmäßigen Einnahmen erreichten 63 Millionen Drachmen. Der Bankrott schien demnach unvermeidlich. Trikupis begegnet den dringensten Problemen zunächst durch eine Auslandsanleihe in Höhe von 19 Millionen Francs und einige provisorischen Inlandsanleihen; anschließend greift er zu drakonischen Sparmaßnahmen und zur Einführung indirekter Steuern.

Nach Kapodistrias war Trikupis der erste griechische Staatsmann, der sich vorgenommen hatte, das Land wirklich zu modernisieren. An der Schaffung einer gebildeten Beamtenschaft interessiert, verabschiedet er das Gesetz über den Befähigungsnachweis bei der Einstellung von Beamten und über die Dauer ihrer Beschäftigung. Bis zu jener Zeit wurden von den Beamten weder besondere Fähigkeiten noch – selbst für höhere Posten – Hochschulbildung verlangt. Trikupis selbst gab mit seiner persönlichen Ausstrahlung, seinem Ethos, seinem Pflichtbewußtsein und seinem Fleiß den Beamten ein Beispiel.

Zum Bau von Plätzen, Eisenbahnlinien und Brücken holt er französische Ingenieure nach Griechenland. Bisher hatte es nur die Eisenbahnlinie Athen-Piräus gegeben. Trikupis beauftragte eine englische Gesellschaft mit dem Bau der Linie Piräus-Athen-Larissa, die in Zukunft Griechenland mit dem europäischen Eisenbahnnetz, das bis Makedonien reichte, verbinden und damit dem Westen näher bringen sollte. Auch auf der Peloponnes werden Eisenbahnlinien gebaut. So wurde der größte Teil des Eisenbahnnetzes im modernen Griechenland während der beiden Amtszeiten von Trikupis (1882 – 1885 und 1887 – 1890) konstruiert. Diese öffentlichen Aufträge verschafften vielen Menschen, die infolge der internationalen Krise arbeitslos geworden waren, wieder Arbeit.

Die besondere Aufmerksamkeit von Trikupis gilt den Streitkräften. Er ist der Ansicht, daß die nationalen Ansprüche sich auf eine nach europäischem Muster organisierte Armee stützen müßten und nicht auf pompöse Reden und Manifestationen eines lärmenden Patriotismus; er beruft französische Offiziere unter dem Befehl von General Vosseur und reorganisiert die Offiziersschule, an der sich von nun an nur Kandidaten mit Abitur bewerben dürfen; er gründet eine Schule für Unteroffiziere und eine für Reserveoffiziere und führt die allgemeine Wehrpflicht ein. Auch mit der Reorganisierung der Marine werden französische Offiziere – unter Admiral Lejeune – beauftragt; die Kriegsflotte wird durch den Kauf der Kreuzer »Hydra«, »Spetsai« und »Psara« verstärkt, wofür Trikupis 26 Millionen Francs eines neuen Kredits von 135 Millionen Francs verwendet; eine Seekadettenschule wird gegründet.

In der Außenpolitik vertritt Trikupis die Ansicht, daß die unorganisierten

Revolten auf griechischem, von den Türken besetztem Boden, besonders die unentwegten Revolutionen auf Kreta, weit davon entfernt seien, ein adäquates Mittel für die Durchsetzung der nationalen Ziele zu sein, sondern vielmehr die normale Entwicklung des griechischen Königreichs behinderten und es in die Katastrophe zu führen drohten. Er ist überzeugt davon, daß allein die griechische Regierung befugt sei, die Geschicke der Nation zu lenken und die Linie der Außenpolitik zu bestimmen. Dies trug ihm heftige Kritik und Bezeichnungen wie »Verräter«, »Gendarm der Türkei« und »Kommissar Englands« ein.

Bei seinen Bemühungen, Griechenland zu einem vorbildlichen Staat in der Region zu machen, erkennt Trikupis die Notwendigkeit, das Interesse und das Vertrauen der Großmächte zu gewinnen, um ausländische Investitionen, besonders aus England heranzuziehen. Für ihn, wie seinerzeit für Mavrokordatos, gab es keinen Zweifel, daß Griechenland die Unterstützung Englands, das im Mittelmeer dominierend war, brauchte.

Die diplomatische Aktivität von Trikupis blieb nicht auf die Größmächte beschränkt, sondern erstreckte sich auch auf die Hauptstädte der anderen Balkanstaaten, auf Montenegro, Serbien und besonders auf Bulgarien. Letzteres erschien nach der Annexion von Ostrumelien und nach seinem militärischen Triumph in Sliwniza als die stärkste christliche Macht auf dem Balkan. Trikupis besuchte 1891 als Oppositionsführer den mächtigen Premierminister Stambulow, um sich mit ihm über eine gemeinsame politische Haltung der Türkei gegenüber zu verständigen. Stambulow aber gab der Hohen Pforte die von Trikupis vorgetragenen Ansichten weiter, um ihr zu schmeicheln und um »Berats«*) für die Nominierung neuer bulgarischer Bischöfe in Makedonien gegen das Ökumenische Patriarchat zu erhalten.

Im wirtschaftlichen Bereich zeigten die Bemühungen von Trikupis um die Entwicklung der Landwirtschaft und der Industrie positive Ergebnisse: Die Wirtschaft belebt sich, wenn auch langsam, obwohl es noch an allen Ecken und Enden mangelt. In einem unsignierten Artikel der Zeitung »Akropolis« vom 5. Januar 1893 heißt es: »Wir sind nicht arm an Reichtumsquellen und könnten die wirtschaftliche Krise überwinden, ja wir könnten sogar in Wohlstand und Reichtum leben, wenn wir unsere Landwirtschaft und unsere Industrie entwickeln würden ... ziehen Sie zur Stimulierung der Produktion Kapital ins Land, gewähren Sie alle Vorteile, alle Garantien, die man verlangt!« Im Oktober des gleichen Jahres wird der Kanal von Korinth eröffnet, der den Weg nach Griechenland in die Türkei für große und kleine Schiffe wesentlich verkürzt.

Die vierjährige Amtszeit der Regierung Trikupis verlief ohne besondere innere oder äußere Erschütterungen. In jener Zeit erhielt Athen neuen Glanz durch Feierlichkeiten wie das fünfzigjährige Jubiläum der Universitätsgründung (1837 – 1887), das fünfundzwanzigjährige Jubiläum der Regierung Georg I (1862 – 1887), die Olympische Ausstellung (1882) und die Hochzeit des Thronfolgers Konstantin mit Sophia, der Schwester Kaiser Wilhelms (1889) – eine Liebeshei-

*) Berat: Entscheidung des Sultans bezüglich der Verleihung einer Würde oder Ordens.

rat, die, obwohl nicht von politischer Zweckmäßigkeit diktiert, später, während des ersten Weltkrieges, nicht ohne Einfluß bleiben sollte.

Die griechischen Regierungen 1889 – 1895 und ihre Probleme

Von dieser Zeit an (1889) bis zu den Balkankriegen (1912 – 1913) beschäftigen drei brennende Fragen des Vorderen Orients die Diplomaten der Großmächte: Kreta, Armenien, Makedonien. In der Tat beginnt es im Jahre 1889 auf Kreta von neuem zu gären; Trikupis aber bewahrt die Ruhe und rät zur Mäßigung, da die Umstände ungünstig sind. Sein Wille, den Frieden zu halten, ist vom allgemeinen Interesse der gesamten Nation diktiert. Zur gleichen Zeit sieht er sich mit den Versuchen der Hohen Pforte, die Privilegien des Ökumenischen Patriarchats zu beschneiden und den Bemühungen Bulgariens, in Makedonien zwei bulgarische Erzbischöfe einzusetzen, konfrontiert. Seine Haltung ruft die heftige Reaktion der Opposition hervor. Politische Persönlichkeiten wie K. Kumunduros, N. Levidis, D. Rallis und andere üben hitzige Kritik an Trikupis, die auch vor demagogischen Beschimpfungen und Beleidigungen nicht zurückschreckt. Auch die wirtschaftlichen Schwierigkeiten, die das schöpferische Werk von Trikupis behindern, weiß die Opposition zu nutzen; sie wirft ihm vor, Projekte in Angriff genommen zu haben, die die wirtschaftlichen Möglichkeiten des Landes und die Kräfte des Volkes überstiegen. Die positive Wirkung dieser Vorhaben auf die Ankurbelung der Wirtschaft und auf die Überwindung der Krise wird dabei nicht berücksichtigt. Die Wirtschaftslage war in der Tat bedrohlich: Die öffentlichen Schulden überstiegen 700 Millionen Francs, was eine Geldentwertung nach sich zog; schließlich kam es zu einer Währungskrise.

Mitten in dieser düsteren Atmosphäre finden die Wahlen vom 14. Oktober 1890 statt. Eine große Mehrheit spricht sich für Dilijannis aus. Trikupis hatte geglaubt, daß die Verwirklichung seiner großangelegten Pläne in kurzer Zeit Früchte tragen und die wirtschaftliche Situation wesentlich verbessern würden, doch er hatte sich geirrt. Ungeduldig und wankelmütig, durch die Propaganda der Opposition beeinflußt, wandten sich die Wähler von ihm ab.

Die neue Regierung unter Dilijannis erweist sich jedoch ihrerseits als unfähig, die Wirtschaftskrise zu meistern. Das Land gleitet in eine Rezession. Die Regierung läßt sich zu leidenschaftlichen politischen Kämpfen hinreißen – es wird sogar erwogen, Trikupis vor Gericht zu stellen. Währenddessen arbeiten die Bulgaren, von England, Rußland und zuweilen auch von Österreich unterstützt, systematisch an der inneren Organisierung ihres Landes, schaffen sich die disziplinierteste und größte Armee auf der Balkanhalbinsel, was ihnen die Bezeichnung »Preußen des Balkans« einbrachte, und intensivieren die Propaganda in Makedonien. Die Wirtschaftskrise in Griechenland spitzt sich zu, die griechischen Kurse im Ausland fallen, die Drachme wird abgewertet. Zur gleichen Zeit kommt es zu einem plötzlichen Rückgang der Ausfuhr von Korinthen, dem Hauptprodukt der Peloponnes; die Steigerung der Lebenshaltungskosten auf dem Lande führt zu einer ersten Emigrationswelle, hauptsächlich in die Vereinigten Staaten.

Beunruhigt durch die Situation muß König Georg I die Unfähigkeit der Regierung feststellen; schließlich fordert er Dilijannis auf, seinen Rücktritt einzureichen, und als dieser sich weigert, entläßt er ihn (17. Februar 1892). Es wird eine Interimsregierung unter Konstantopulos gebildet und Wahlen für den 3./15. Mai ausgeschrieben.

Das Wahlergebnis ist ein Triumph für Trikupis. Er versucht durch eine neue Anleihe in London, der wirtschaftlichen Schwierigkeiten Herr zu werden, doch die englischen Bankiers fordern als Bedingung eine internationale Kontrolle. Nach einem Jahr tritt Trikupis im Mai 1893 zurück, um im Dezember wieder an die Macht zu kommen; er wagt es, durch Gesetz die Zinsen der öffentlichen Schulden auf 30 % zu limitieren, was im Grunde einem Staatsbankrott gleichkommt. Die Folge ist Ärger und Mißgunst der Großmächte. Besonders Deutschland verteidigt die Interessen seiner Anleiher mit Entschiedenheit. Eine weitere Folge ist die Stärkung der Opposition unter Dilijannis, der die Wahlen am 16. April 1895 gewinnt. Trikupis zieht sich nach Cannes zurück, wo er verbittert am 30. März 1896 stirbt, gerade als in Athen die ersten Olympischen Spiele der Neuzeit ausgetragen werden.

Die »Nationale Gesellschaft« und der griechisch-türkische Krieg von 1897

Die Regierung Dilijannis ist nicht in der Lage, die Frage der öffentlichen Schulden auf befriedigende Weise zu lösen. Darüberhinaus wird sie durch die dauernde Rivalität zwischen England und Rußland im Osten hin und her gerissen. In jener Zeit sind ernste Umwälzungen im Gange. Deutschland und Rußland ziehen die Türkei in ihre Einflußsphäre, während England, damit unzufrieden, die Armenier zu revolutionären Bewegungen ermutigt, die von den türkischen Kurden in Blut erstickt werden (August – September 1894). England drängt jetzt auf Reformen zugunsten der Armenier, aber im nächsten Jahr werden diese aufs neue in Trapezunt und Konstantinopel massakriert, womit die armenische Frage in unmenschlicher Weise abgeschlossen ist.

Offen bleibt die Kretische und Makedonische Frage. Während auf Kreta zwischen 1894 und 1896 neue Unruhen ausbrechen, verstärkt sich in Makedonien die bulgarische Propaganda; die Bulgaren beginnen mit der Entsendung irregulärer Truppen *(Comitadjis)*, um die christliche Bevölkerung einzuschüchtern und den Boden für die Expansion Bulgariens zu ebnen. Österreich und England stehen dieser Politik Bulgariens positiv gegenüber. Die griechische Regierung, wirtschaftlich erschöpft, militärisch schwach und politisch isoliert, ist nicht in der Lage, die Griechen auf Kreta und noch weniger in Makedonien, deren Lage ausgesprochen schwierig ist, zu ermutigen. Enttäuscht gründen einige junge Offiziere, unter ihnen L. Photiadis, G. Suliotis, C. Pallis, P. Melas am 4./17. September 1895 die »Nationale Gesellschaft«, deren Hauptziel es ist, das Land auf einen Krieg hin zu organisieren, die Moral der unterjochten Griechen zu stärken und sie schließlich zu befreien. Die Gesellschaft findet die Zustimmung der Intellektuellen und vieler Politiker, die ihr beitreten. Aber ihre Ungeduld läßt sie allzu übereilt die Verwirklichung ihres Programms betreiben. Überzeugt davon, daß man die Gewalt, die die Bulgaren in Makedonien anwenden, mit Gewalt beantworten müsse, stellt die Gesellschaft bewaffnete Gruppen unter dem Befehl von Brufas, Varveris, Papadimas, Velentsas, Sarantis, Gulas und Grutas, insgesamt 400 Mann, zusammen, die 1896 in Makedonien eindringen; sie schlagen sich an verschiedenen Orten mit den Bulgaren, aber auch mit den Truppen der Türken, die die Partisanen bekämpfen und die Ordnung wiederherzustellen suchen.

Zur gleichen Zeit landen andere Freiwillige mit Kriegsmaterial auf Kreta, wo die Lage sich von Tag zu Tag verschärft hatte. Die Zusammenstöße zwischen Griechen und Türken, die Brandschatzung des griechischen Stadtteiles von Chania und die Massakrierung der Einwohner am 23. Februar/4. März 1897 sowie andere Greueltaten rufen in Griechenland große Empörung hervor und bringen die Regierung Dilijannis in eine schwierige Lage. Die Kreter besetzen das Kap zwischen Chania und Suda und rufen den Anschluß Kretas an Griechenland aus. Die Opposition unter D. Rallis droht der unentschlossenen Regierung mit einer Revolution, während der Politiker G. Theotokis der Regierung zum Vorwurf macht, daß sie die Kriegsflotte noch nicht nach Kreta entsandt hat.

Dilijannis fehlte der Mut zur energischen Reaktion auf die demagogischen Angriffe der Opposition, auch wagte er andererseits nicht, die Kreter davon zu unterrichten, daß seine Regierung nicht in der Lage war, sie zu unterstützen; er vermochte es auch nicht, die Kriegshysterie des Volkes zu dämpfen und sich bei den aufgebrachten Offizieren der »Nationalen Gesellschaft« durchzusetzen. Obwohl mititärisch unvorbereitet und politisch isoliert, läßt sich die Regierung von der öffentlichen Meinung und der Opposition mitreißen und entschließt sich, auf Kreta zu intervenieren. Am 1./13. Februar wird Oberst Timoleon Vassos, Feldadjutant des Königs, an der Spitze einer Armee-Einheit von 1500 Mann nach Kreta entsandt; er hat den Auftrag, die Insel im Namen des Königs zu besetzen und die Türken aus den Festungen zu vertreiben. Diese unvorsichtige Entscheidung überraschte die Großmächte, die, um die Explosion eines Krieges zu vermeiden, unter der Bedingung des Abzuges der griechischen Flotte und Armee, Kreta die Autonomie versprechen. Dieses Angebot, das einen ehrenvollen Abzug ermöglicht hätte, wurde abgelehnt; am 5. April 1897 bricht der Krieg aus, nachdem die Hohe Pforte sich einige Tage zuvor der Neutralität der anderen Balkanvölker versichert hatte.

So brachten die Unentschlossenheit der Regierung, die Unverfrorenheit der Opposition und die Hysterie des Volkes die kleine, schlecht organisierte griechische Armee, der es an Kriegsgerät, einem fähigen Führungsstab und an Operationsplänen mangelte, in den Kampf mit der großen, disziplinierten, von deutschen Offizieren gut organisierten und zum Teil auch befehligten türkischen Armee. Wie zu erwarten war, bestand dieser Krieg, trotz des heroischen Kampfes einiger griechischer Einheiten unter tapferen Offizieren aus einer Reihe aufeinanderfolgender Niederlagen im Epirus und Thessalien; er wurde nach einem Monat durch die Intervention der Großmächte beendet (Waffenstillstand am 7./20. und 8./21. Mai). Der Friedensvertrag (22.November/4. Dezember 1897) sah eine geringe Modifizierung der griechisch-türkischen Grenze zugunsten der Türkei, eine Kriegsentschädigung in Höhe von 4 Millionen türkischer Lire und eine internationale wirtschaftliche Kontrolle über Griechenland vor.

Im September des nächsten Jahres tragen neue türkische Massaker an Griechen und an einigen britischen Soldaten in Iraklion dazu bei, daß die Großmächte den Rückzug der türkischen Truppen aus Kreta verlangen und auch erreichen. Im November gab es nicht einen türkischen Soldaten mehr auf der Insel; am 9./21. Dezember 1898 geht der griechische Prinz Georg (ein Neffe des Königs) als Hochkommissar der Großmächte in Kreta an Land.

Bis zur Vereinigung der Insel mit Griechenland sollte es nun nicht mehr lange dauern. Für ihre Verwirklichung hatte sich bereits ein junger dynamischer Kreter wirkungsvoll eingesetzt. Es war der Rechtsanwalt aus Chania, Eleftherios Veniselos. Er gibt seinen Beruf auf und widmet sich ganz der Politik. Bemerkenswerte Klarsicht, ein lebhaftes Temperament und Entschlossenheit kennzeichnen ihn. Er ist Träger des neuen, liberalen Gedankenguts und eng mit seinem griechischen Vaterland verbunden. Veniselos tritt im rechten Augenblick auf. Griechenland befindet sich in einer kritischen Lage ohne Vertrauen in die Zukunft, ohne Kapital und kräftige Wirtschaftsunternehmer; auf dem Lande herrschen schwere Lebensbedingungen, die die Einwohner zur Auswanderung – hauptsächlich in die Vereinigten Staaten – zwingen; die Emigrationswelle verstärkt sich zunehmend zwischen 1899 und 1907.

Dritter Teil

Griechenland von 1900 bis heute

I. Griechenland am Anfang des 20. Jahrhunderts

Die Makedonische Frage – Propaganda und Aktivitäten der Bulgaren in Makedonien

Erschüttert durch die Niederlage von 1897 suchen die Griechen nach den Ursachen der Katastrophe und nach Möglichkeiten zu ihrer Überwindung. Die Verantwortung für den Ausbruch des Krieges wird ausschließlich der »Nationalen Gesellschaft« angelastet, die sich, nachdem der neue Premierminister Georgios Theotokis mit ihrer Auflösung gedroht hatte, selbst auflöst. Das hindert jedoch die jungen Offiziere, die sie gegründet hatten, nicht daran, den Kontakt untereinander aufrechtzuerhalten und ihre Sorge über das Schicksal der Griechen in Makedonien zu bekunden. In der Tat hatten die Bulgaren nach der Besetzung Ostrumeliens mit einer intensiven und systematischen Arbeit begonnen: Sie gründen in Zusammenarbeit mit ihrem Exarchat und unter dessen Einfluß Schulen, Waisenhäuser usw. Diese propagandistischen Aktivitäten breiten sich aus, stoßen jedoch etwa an der Grenze des heutigen griechischen Makedonien bei Kastoria, Monastir, Stromnitsa, Jevjeli, Meleniko auf eine starke Wand der Abwehr. Hinter dieser Linie behindert eine große Zahl griechischer Schulen in Städten und Dörfern das Eindringen bulgarischer Propaganda.

Seit 1899 richten sich die Aktionen der bulgarischen *Comitadjis*, die nun durch Offiziere der regulären Armee befehligt werden, hauptsächlich gegen die türkischen Gendamerien, die albanischen Feldwachen (Seïmenis) und die albanischen Grundstücksverwalter (Subachis), d.h. gegen die Vertreter der Türkischen Herrschaft. Sie geben vor, für die Autonomie Makedoniens zu kämpfen, ihr Ziel ist jedoch die Einverleibung der Region durch Bulgarien. Die Bulgaren treten auch als Beschützer der Christen auf, ungeachtet ihrer Nationalität. Dementsprechend fühlen sich die Griechen anfangs durch diese Taktik nicht gestört und es gelingt den Bulgaren, Teile der griechischen Bevölkerung auf ihre Seite zu ziehen: Griechen transportieren aus Griechenland Waffen für sie, und bulgarische Armeeführer finden in Griechenland Zuflucht. Doch ihr wahres Ziel wird offenbar, als in den Bezirken von Skopje und Monastir Serben und Griechen, die diesem Ziel entgegengetreten sind, umgebracht werden.

Die Lage ist wirklich kritisch; in Griechenland und in Serbien – das auf den Besitz des heutigen Jugoslawisch-Makedonien abziehlt – kommt Unruhe in der Bevölkerung auf. Patriotische Verbände organisieren in Athen Protestkundgebungen gegen die blutigen Aktivitäten der *Comitadjis*, zelebrieren Gedenkmessen für die Opfer, unterstützen die Flüchtlinge. Aber das offizielle Griechenland, noch gelähmt durch die Niederlage von 1897 und bedacht, neues Mißgeschick zu vermeiden, bleibt untätig und begnügt sich mit einer Zuschauerrolle, während der griechische Konsul in Monastir in seinen Berichten immer wieder vergeblich die griechische Regierung über die zunehmend wirksamere Propaganda der Bulgaren in Makedonien unterrichtet.

Der Versuch der Bulgaren, 1902 eine Revolution in der Region von Dzumaja, Razlok und Petric (innerhalb der heutigen bulgarischen Grenzen) zu entfachen, mißlingt; tausende von Bauern flüchten auf bulgarischen Boden. Im April 1903 sprengen bulgarische Terroristen im Hafen von Thessaloniki das französische Dampfschiff »Guadalquivir« sowie die Osmanische Bank und unternehmen eine Reihe weiterer Sprengstoffattentate auf Eisenbahnbrücken, Bahnhöfe, Tunnel und Reisezüge. Im Juli des gleichen Jahres versuchen die Bulgaren mehrere Aufstände in den Regionen von Kastoria, Florina (Griechisch-Makedonien), Monastir, Resna, Achris, Prilep, Kirtsovo (Jugoslawisch-Makedonien) zu provozieren, um die Bevölkerung von ganz Makedonien in eine Revolution mitzureißen. Doch diese schlecht organisierte bulgarische Bewegung, bekannt unter dem Namen »Ilinden« (Feiertag des Propheten Elias), wird schnell durch die türkische Armee niedergeschlagen und hat die Zerstörung der griechischen Kleinstadt Kruschowo (im heutigen Jugoslawien) sowie den Brand und die Plünderung anderer Ortschaften zur Folge.

Der griechisch-bulgarische Konflikt in Makedonien (1904 – 1908)

Die Gefahr einer bulgarischen Herrschaft hatte die Griechen seit 1900, besonders im westlichen Makedonien, beunruhigt. Diese Befürchtungen bewegen vor allem zwei Männer – den Bischof von Kastoria, Germanos Karavangelis, und den Sekretär im griechischen Konsulat von Monastir, Ion Dragumis. Beide sind sich deutlicher als alle anderen der schwierigen Phase, die das Griechentum durchmacht, bewußt; sie schaffen die Grundlage für die Organisierung der Griechen in Makedonien, um den Bulgaren Widerstand leisten zu können. Ion Dragumis schreibt in seinem bewegenden Buch »Märtyrer und Heroenblut«: »Sie dachten damals, daß alle Gemeinden, die außerhalb des griechischen Königreichs geblieben waren, sich zu einem einzigen Staat zusammenschließen sollten. Warum sollten sie die Freiheit allein von Griechenland erwarten? Sie sollten so handeln, als gäbe es Griechenland nicht, dann würde dieses ihnen helfen.« Und das bewahrheitete sich auch.

Während Dragumis mit der Organisierung der Griechen in Makedonien beschäftigt ist, ermutigt Germanos die Landbevölkerung, gründet Komitees und versucht, die Zwistigkeiten zwischen den beiden großen bulgarischen revolutionären Organisationen – die eine strebte die Autonomie Makedoniens an, die andere dessen unmittelbare Annexion durch Bulgarien – zu nutzen. Die ersten revolutionären Einheiten werden von einheimischen Griechen gebildet. Aber auch der griechische Staat sowie die Serben, die sich besonders für die Regionen Skopje, Veles, Prilep und Monastir interessieren, sind nunmehr durch den expansiven Impetus der Bulgaren stark beunruhigt.

Die Bulgaren setzen ihre Aktivitäten fort und stecken Häuser in Brand, plündern, mißhandeln und töten vor allem Lehrer und Priester, um die Bevölkerung einzuschüchtern. Die griechische Regierung sieht sich angesichts dieser Tatsachen gezwungen, zum Schutz der bedrängten griechischen Bevölkerung ebenfalls irreguläre Truppen unter der Leitung von Offizieren der regulären Armee nach Makedonien zu entsenden, die dort auch neue Truppen aus einheimischen

Freiwilligen organisieren; diese Offiziere tarnen sich als Konsulatsbeamte, als Kaufleute oder Schuldirektoren. Das griechische Konsulat in Thessaloniki wird zum Zentrum, das Leitung und Koordination des Kampfes, den Waffentransport, die Pflege der Verletzten usw. übernimmt. In Zusammenarbeit mit dem Erzbistum erstreckt sich sein Geheimnetz zu den vier anderen griechischen Konsulaten in Makedonien, den Metropolien, den Bischofssitzen und Schulen. Griechen aus allen Berufen – Ärzte, Priester, Studienräte, Lehrer und Lehrerinnen, Bauern und andere einfache Leute – arbeiten opferwillig für den Widerstand. Der Beginn des Makedonischen Krieges (1904 – 1908), beflügelt die Hoffnungen der dort lebenden Griechen. Makedonien wird zum Schauplatz der Zusammenstöße zwischen griechischen und bulgarischen Partisanen.

Die Unruhen in Makedonien sowie das willkürliche Vorgehen der türkischen Truppen zur Wiederherstellung der Ordnung hatten Europa aufmerken lassen und heftige Proteste und Diskussionen in der Tagespresse hervorgerufen. Angesichts dieser Situation findet 1903 in Mürzsteg in der Steiermark ein Treffen der von ihren Außenministern begleiteten Kaiser von Österreich und von Rußland statt, die durch die geographische Lage ihrer Länder besonders an der Makedonischen Frage interessiert sind. Den dort gefaßten Beschlüssen gemäß werden Reformen in den Provinzen von Thessaloniki, Monastir und Skopje, unter der Aufsicht eines türkischen Inspektors durchgeführt; ihm zur Seite stehen politische Funktionäre aus Rußland und Österreich, während russische Offiziere in Thessaloniki, österreichische in Skopje, italienische in Monastir, französische in Serres und englische in Drama die einheimische Polizei organisieren und leiten. Die Anwendung des sogenannten Mürzsteg-Planes führte jedoch zur Verschlechterung der Situation, denn zu den ethnischen Differenzen kamen jetzt noch die Interessen und Rivalitäten der Großmächte, die durch ihre Offiziere in Makedonien eine nicht immer unparteiische Haltung annahmen.

Harte, wilde Zusammenstöße finden weiterhin zwischen griechischen und bulgarischen bewaffneten Gruppen, vor allem in der Region von Kastoria, beim Sumpfsee von Jenitsa und anderswo statt. Die türkische Armee verfolgt diese Gruppen und es gelingt ihr sogar, einige von ihnen, allerdings nicht ohne eigene große Verluste, zu zerschlagen. In den genannten Regionen zeichnet sich jedoch von Tag zu Tag deutlicher ein Erfolg der griechischen Gruppen ab. Noch in unseren Tagen sind die Namen einiger Führer bei älteren Bewohnern der Gegenden, wo sie gekämpft haben, lebendig: Pavlos Melas, Kostas Christu, Georgios Katechakis, Efstathios Kaudis, Tellos Agapinos und andere.

Die Erfolge der Griechen reizten die bulgarischen Nationalisten, die eine Reihe antigriechischer Kundgebungen in Varna, Sofia, Philippupolis, Stenimachos, Pyrgos u.a. organisierten; diese Kundgebungen beschränkten sich nicht auf Proteste und Resolutionen, sondern arteten in Plünderungen und Zerstörungen griechischen Besitzes und in Mißhandlungen von Griechen aus, die seit Jahrhunderten an den Küsten des Schwarzen Meeres und in Ostrumelien ansässig waren. Am härtesten wurde Anchialos betroffen, dessen Bewohner den Angreifern erbitterten Widerstand leisteten. Diese gewalttätigen Ausschreitungen wurden von der bulgarischen Regierung toleriert, mitunter sogar unterstützt. Viele

Bedrängte flüchteten auf dem Seeweg nach Griechenland; dort wurden sie von der Regierung mit ehemals türkischem Grundbesitz in Thessalien entschädigt. Dieser Grundbesitz war von wohlhabenden Griechen von den Türken erworben und später mit staatlicher Garantie an die Landwirtschaftskasse Thessaliens weiterverkauft worden, um schließlich unter Flüchtlinge und ärmere Bauern verteilt zu werden.

Die Berichte über die an Griechen in Makedonien verübten Gewalttaten fügten der bulgarischen Sache in der europäischen Öffentlichkeit erheblichen Schaden zu, während in Makedonien bei der um die Früchte ihrer Arbeit bangenden Landbevölkerung Angst und Verzweiflung um sich greifen. Viele Bauern aus den Gebieten von Prilep, Kastoria und Florina verlassen ihre Heimat und wandern in die Vereinigten Staaten aus.

Der Widerstand und die Erfolge der Griechen in Makedonien waren für diese eine wichtige Erfahrung und eine Erprobung ihrer Fähigkeiten. Griechenland ging aus den verschiedenen Kämpfen gegen die nationalistischen Ambitionen seine Nachbarn gestärkt hervor und sah sicherer in die Zukunft, wobei es auf die Eingliederung der griechischen Regionen, die sich in der Revolution von 1821 ebenso wie die Regionen im Süden erhoben hatten, seinerzeit aber die Freiheit nicht erlangten, hoffen konnte. Deshalb betrachtete man die Kämpfe in Makedonien auch als eine Fortführung des Freiheitskampfes von 1821.

Die Ereignisse in Makedonien riefen die Reaktion junger türkischer Offiziere hervor, die dort in verschiedenen befestigten Städten dienten und sich über die Einmischung der Europäer in die inneren Angelegenheiten der Türkei empörten. Sie glaubten, wenn sie selbst durch eine Revolution die mißliche Verwaltung der Hohen Pforte beseitigen würden, daß dann weder die Balkanländer noch die Großmächte einen Vorwand finden könnten, um in der Türkei zu intervenieren; so würde Makedonien der Türkei erhalten bleiben.

Die Revolution der »Jungtürken« in Makedonien (1908)

So brach im Juli 1908 in Makedonien die Revolution der »Jungtürken« aus, die die Verbrüderung aller Nationalitäten in Makedonien proklamieren, Religionsfreiheit, Gleichheit, Freiheit für alle sowie eine Verfassung versprechen. Der Ruf »Yaşasin hürriyet« (Es lebe die Freiheit) und die Marseillaise sind in den Städten Makedoniens zu hören. Die Bevölkerung befindet sich ungeachtet ihrer ethnischen Herkunft in einem wahren Delirium, überzeugt davon, daß ihre Qualen nun ein Ende haben. Die Revolution feiert überall Triumphe. Eine Generalamnestie wird verkündet. Die bulgarischen *Comitadjis* und die griechischen *Andartes* (Partisanen) sowie andere bewaffnete Gruppen verlassen ihre Verstecke, kommen von den Bergen herunter und bewegen sich frei in den Straßen der makedonischen Städte.

Die Gegenbewegung der »Alttürken« vom April 1909 in Konstantinopel wird niedergeschlagen. Der tyrannische Sultan Abd-ul-Hamid II wird als Verdächtiger in seine Residenz Gildiz in Thessaloniki, das Zentrum der »Jungtürken«, verbracht.

Die liberale öffentliche Meinung in Europa, besonders in Frankreich und England, begrüßt mit Begeisterung den Triumph der Jungtürken. Die europäischen Regierungen vertrauen auf deren demokratische, liberale Prinzipien und halten eine Intervention für unnötig; sie ziehen sogar ihre Offiziere aus Makedonien ab. Doch die Revolution der Jungtürken war nur scheinbar liberal, in Wahrheit war sie nationalistisch. Sie beabsichtigten lediglich Zeit zu gewinnen, um die anderen Nationalitäten beherrschen, die Privilegien des Patriarchats aufheben, die Repräsentantenzahl anderer ethnischer Gruppen im türkischen Parlament beschränken und alles in allem die anderen Volksgruppen neutralisieren und assimilieren zu können.

Die neue politische Linie der Jungtürken führt bald zur Enttäuschung in Makedonien. Die Interessensgegensätze zwischen den verschiedenen Gruppen brechen in voller Schärfe wieder auf. Erneut bilden sich Rebellen- und Banditengruppen und setzen sich in den Bergen fest. Auf dem Lande herrscht Unsicherheit, der Handel ist lahmgelegt. Auch die Bulgaren nehmen ihre Einschüchterungsaktivitäten wieder auf.

Die Lage auf Kreta und die Haltung der Jungtürken in der Kretischen Frage

Die griechische Regierung ist durch die Haltung der Jungtürken, die sie sogleich richtig einschätzt, beunruhigt. Ihre Aufmerksamkeit gilt nicht nur den Ereignissen in Makedonien, sondern auch den Vorgängen auf Kreta nach dem Eintreffen des Hohen Kommissars der Großmächte, des Prinzen Georg. Dort entwickelt sich alles immer mehr auf eine Vereinigung der Insel mit Griechenland hin:

1899 war Kretas Verfassung verabschiedet und 1901 die Amtszeit von Prinz Georg um weitere fünf Jahre verlängert worden. Veniselos jedoch sieht die Lösung der Kretafrage ausschließlich in der Vereinigung mit Griechenland. So tritt er am 23. März 1905 an die Spitze von 600 Revolutionären, die sich in der Ortschaft Therisso versammelt haben, und bildet dort eine provisorische Nationalversammlung. Die Vereinigungsbewegung breitet sich über die ganze Insel aus. Appelle Prinz Georgs und der Konsuln der Großmächte an die Revolutionäre, sich aufzulösen, sind vergeblich. Schließlich nimmt Veniselos Verhandlungen mit den Konsuln auf und setzt seine Ansichten über neue Reformen und neue Zugeständnisse durch. Prinz Georg tritt zurück und 1906 wird an seiner Stelle – auf den Vorschlag König Georgs hin, nicht auf den Rat der Großmächte – der ehemalige Premierminister Alexandros Saimis als Hoher Kommissar nominiert, der in Kreta begeistert empfangen wird. Eine Regierung wird gebildet, mit Veniselos als Premierminister, dem Saimis absolutes Vertrauen schenkt. Die nun möglichen Reformen führen zur besseren Organisierung der Verwaltung nach dem Modell des griechischen Staates. Griechische Offiziere übernehmen die Ausbildung der Zivilgarde und der Polizei auf der Insel: Veniselos steuert zielbewußt auf die Vereinigung hin.

Die Jungtürken sind, was die Kretische Frage betrifft, besonders empfindlich. Während sie weder auf die Unabhängigkeitsproklamation der Bulgaren noch auf die Annektierung von Bosnien und Herzegowina durch Österreich reagiert hatten, zeigen sie sich sehr aufgebracht, als die Kreter in Abwesenheit von Saimis die Union mit Griechenland ausrufen (23. September/6. Oktober 1908) und ein fünfköpfiges »Exekutivkomitee« im Namen König Georgs I die Verwaltung der Insel übernimmt.

Die griechische Regierung unter Theotokis sieht sich allgemeiner Kritik ausgesetzt. In der Türkei kommt es zu fanatischen antigriechischen Manifestationen, in der türkischen Presse erscheinen Artikel voll von Drohungen gegen die Kreter, vor allem aber gegen das griechische Königreich; die Haltung der Großmächte ist alles andere als wohlwollend. Zugleich erreicht die Empörung des griechischen Volkes ihren Gipfel und drückt sich in verächtlichen Äußerungen an die Adresse derjenigen Abgeordneten aus, die angesichts der plötzlichen Entwicklung auf Kreta unentschlossen bleiben. Durch diesen Sturm wird Theotokis zum Rücktritt gezwungen, Dimitrios Rallis bildet die neue Regierung. Der neue Ministerpräsident befürchtet die Zuspitzung der Lage auf einen neuen Krieg mit der Türkei hin und beeilt sich, dem türkischen Botschafter in Athen zu versichern, daß er die Revolutionäre auf Kreta nicht ermutigen und sich den Beschlüssen der Großmächte fügen werde.

Die ängstliche Haltung von Rallis sowie der mangelnde Mut seines Vorgängers Theotokis wurden vom Volk und von den Offizieren, von denen manche in den Sümpfen und auf den Bergen Makedoniens gekämpft hatten, scharf kritisiert. Wut und Verzweiflung schienen das Land direkt auf eine Revolution des Militärs hinzusteuern, ähnlich derjenigen der Jungtürken, von der die griechischen Offiziere beeindruckt gewesen waren. Diese sich abzeichnende Bewegung wurde, abgesehen von der fortdauernden Empörung des Militärs über die Kompromisse der Politiker, auch durch veränderte wirtschaftliche, politische und kulturelle Zugeständnisse im Lande begünstigt.

Ökonomische und politische Veränderungen der neugriechischen Gesellschaft

Zwischen 1890 und 1909 lassen sich in der neugriechischen Gesellschaft wichtige Veränderungen feststellen. Seit 1890 nimmt die Zahl der Arbeitslosen rasch zu, zunächst auf der Peloponnes durch die »Korinthen-Krise«, und danach auch in Zentralgriechenland und Thessalien: Reguläre Arbeitsplätze gibt es weder in der Industrie noch in der Landwirtschaft. Auf der Peloponnes herrscht der kleine landwirtschaftliche Besitz vor, in den anderen Regionen ein Teilpachtsystem. Völlig entmutigt durch Unterbeschäftigung und Arbeitslosigkeit, durch die Mißstände der staatlichen Organisation in Wirtschaft und Verwaltung, wie auch durch die ungewisse politische Lage suchen die Arbeiter den Weg in eine sichere Zukunft außerhalb des Landes; sie fliehen in die große Verlockung des Eldorados jener Zeit, in die Vereinigten Staaten von Amerika. Die Zahl der Auswanderer wächst von Jahr zu Jahr: Von 1.108 im Jahre 1890 steigt sie auf 39.135 im Jahre 1910 – ein spürbarer Aderlaß für das kleine Land.

Das Phänomen der Auswanderung ist sicherlich nichts Neues für Griechenland, doch bis in jene Zeit verließen meistens Seeleute von den kargen Inseln und Handwerker aus dem Bergland ihre Heimat. Jetzt sind es hauptsächlich Arbeiter und Bauern; durch ihre Auswanderung werden dem Land nützliche Hände, die zu seiner Entwicklung hätten beitragen können, entzogen. Die Geldüberweisungen an ihre Familien in Griechenland können das Defizit der nationalen Wirtschaft nicht ausgleichen. Während der zwölf Jahre von 1899 bis 1911 wanderten aus dem freien Griechenland fast 200.000 Menschen in andere Länder aus.

Vom Jahre 1898 an ist allerdings auch im Bereich von Handel und Industrie eine positive Entwicklung zu beobachten; fast wie eine Reaktion auf die schmachvolle Niederlage von 1897 zeichnet sich nun eine regere Aktivität ab. Industriebetriebe werden einer nach dem anderen in Piräus und in anderen Städten gegründet, in Patras (1898: 38.000 Einwohner), in Kalamata (14.000 Einwohner), in Volos (17.000 Einwohner) und in Korfu (18.500 Einwohner). Dennoch gibt es z.B. Telefonanschlüsse nur für einige zentrale öffentliche Dienststellen, für Bahnhöfe, Agenturen und einige wenige Privatpersonen. Die Industrie macht ihre ersten Schritte. An Kapital mangelt es. »Schafft eine *große* industrielle Gesellschaft« ist die Quintessenz einer Untersuchung von Anastassios Christomanos, Chemieprofessor an der Athener Universität. Darin wird die Einführung wissenschaftlicher Arbeitsmethoden gefördert, die ungenutzten Reichtumsquellen des Landes, wie das Blei von Lavrion und die Erze der Peloponnes werden aufgeführt und die Notwendigkeit einer chemischen Industrie zur Verarbeitung der Millionen Okaden (eine Oka = 1283 Gramm) Wolle, besonders in Thessalien, sowie der Kunstdüngerproduktion unterstrichen. Als Brennstoff für die Industrie wird griechische Braunkohle empfohlen.

Einzelne Unternehmer investieren ihr Kapital in die Gründung neuer oder in die Erweiterung bereits bestehender Betriebe; sie ersuchen den Staat um die Gewährung diverser Privilegien, hauptsächlich um die Einführung von Schutzzöllen, um gegen die Konkurrenz der entwickelten europäischen Großindustrie bestehen zu können. Nicht selten jedoch stellt dieser Schutz der einheimischen Industrie ein Spekulationsmittel der Unternehmer in bestimmten Branchen auf Kosten des Staates dar. Ein höherer Industrieangestellter gibt seiner Empörung darüber in einem Brief an die Zeitung »Akropolis« (14. Juli 1909) Ausdruck und wirft den Politikern Ignoranz und den Industriellen Habsucht vor: Fast alle Industrien bestehlen den Staat um Millionen, einen Staat, der selbst die Hunde und – besonders verwerflich – auch die Pflüge der Bauern mit einer Steuer belege.

Der Mangel an Arbeitskräften hat eine Steigerung der Löhne und eine Krise der Kleinbetriebe zur Folge; das Leben wird teurer, Bauern und Stadtbewohner werden zunehmend unzufriedener, ein allgemeines Mißbehagen breitet sich unter der Bevölkerung aus, die von der Verantwortungslosigkeit der politischen Parteien und der schlechten Verwaltung angewidert ist. Alle wünschen den Wechsel.

Die Politiker, die Griechenland zwischen 1898 und 1908 regieren, haben selten eine klare und präzise Vorstellung dessen, was getan werden muß. Die politischen Parteien, Werkzeuge von Nachkommen der revolutionären Oligarchie und personenbezogen, hatten die Zeichen der Zeit nicht begriffen oder nicht begreifen wollen. Die führende Rolle auf der politischen Bühne spielt Georgios Theotokis, der zwar im großen und ganzen mit Klarsicht und Besonnenheit regiert, zuweilen aber auch eine gewisse Trägheit und Unentschlossenheit an den Tag legt. Höflich und diplomatisch geschickt, führt er bei den parlamentarischen Debatten einen toleranten Ton ein; er vermochte es jedoch nicht, ein Wirtschaftsprogramm durchzusetzen, das dem ärmeren Teil der Bevölkerung Erleichterung verschafft hätte.

Theotokis wendet seine Aufmerksamkeit der Armee zu, ihrer Reorganisation, der Ausbildung ihrer Kader, ihrer Versorgung mit Kriegsmaterial, Kanonen und Munition etc.; aber als typischer Aristokrat aus Korfu vertritt er die Ansichten seiner Gesellschaftsschicht und akzeptiert willig die Wünsche des Hofes; so ernennt er Kronprinz Konstantin zum Befehlshaber der Armee, was dem Einfluß der Dynastie auf die Streitkräfte Vorschub leistet und erhebliches Mißfallen im Offizierskorps hervorruft. Auch wurden – abgesehen von drei oder vier Günstlingen des Hofes – keine Offiziere nach Frankreich oder Deutschland zur Fortbildung geschickt.

In den jüngeren Politiker- und Intellektuellenkreisen war man mit Theotokis unzufrieden, da er die Wandlung der Lebensumstände, die sich allmählich differenzierende Wirtschafts- und Gesellschaftsstruktur nicht wahrnahm. Um die Staatsfinanzen stand es schlecht, das Defizit sollte vor dem Volk geheimgehalten werden; der Staat steuerte einmal mehr auf einen Bankrott zu, obwohl sich die nationale Wirtschaftskraft des Landes in gutem Zustand befand. Die Entfaltung der Handelsschiffahrt, das von den Ausgewanderten nach Amerika in die Heimat überwiesene Geld, die Aufwertung der Drachme nach 1906 – all das trug allmählich zur Hebung des Lebensstandards breiter Teile der Bevölkerung bei und begünstigte das Entstehen einer Mittelschicht.

Die Bevölkerungszahl der Städte wächst; Kaufleute, Handwerker, Industrielle gründen zur Wahrung ihrer Interessen Zünfte, Verbände, Kammern und Gesellschaften, die Industriearbeiter schließen sich zu Gewerkschaften zusammen. Bereits seit Ende des 19. Jahrhunderts treten in Patras, Pyrgos, Korfu, Athen die ersten Gruppen mit republikanischer, sozialistischer, ja selbst anarchistischer Ideologie auf, verfügen über eigene Zeitungen und geben revolutionäre Flugschriften heraus. Im thessalischen Volos läßt sich zu Beginn des 20. Jahrhunderts eine rege politische und kulturelle Aktivität der Arbeiterverbände beobachten. In den Räumen des Arbeiterzentrums werden Vorträge über verschiedene politische, literarische und soziale Themen gehalten. Die Arbeiter werden sich ihrer zunehmenden Macht bewußt und bemühen sich um die Durchsetzung ihrer Interessen und folglich um ihre Partizipation an der Verwaltung des Staates. Auch die Bauern wollen ihrer Stimme Gehör verschaffen. Ernste Unruhen finden bei der Landbevölkerung während der »Korinthen-Krise« zwischen 1898 und 1906 statt. Zwischen 1905 und 1910 kommt es in Thessalien zu einem Bauernaufstand.

Es ist die Zeit, in der die sozialistischen Ideen von Marx und Engels in den

Balkan eindringen. In Griechenland verspüren jüngere Politiker den tiefgreifenden Wandel. Im Oktober 1906 schließen sich einige von ihnen zu einer »Die Japaner« genannten Gruppe zusammen. Führend sind hier Stefanos Dragumis und Dimitrios Gunaris, ein Abgeordneter aus Patras. Gunaris ist davon überzeugt, daß die alte regierende Oligarchie das Land ausbeutet, daß das Problem des Landes hauptsächlich sozioökonomischer Natur und folglich nur durch radikale Reformen zu lösen sei. Er trägt den neuen Geist, das Recht auf Kritik, ins Parlament hinein, doch führt er den begonnenen Kampf nicht zu Ende und tritt schließlich zu denjenigen über, die er früher verurteilt hatte.

Eine andere Gruppe junger Wissenschaftler, die in Westeuropa – überwiegend in Deutschland – studiert hatten, die sogenannten »Soziologen«, wurde von Alexandros Papanastassiu, dem späteren Initiator des republikanischen Regimes, angeführt. Dieser verkündet die marxistische Theorie, nach der die Gesellschaftsorganisation, das politische Regime und die Administration durch die Produktionsmittel bestimmt werden. Diese Wissenschaftler führen die im Westen verbreiteten Ideen in Griechenland ein, ohne sie zu modifizieren, ohne zu berücksichtigen, daß in Griechenland die objektiven Bedingungen, d.h. eine Großindustrie und bedeutendes Großkapital noch nicht existieren und sich noch kein nennenswertes Bürgertum etabliert hatte. Die »Soziologen« erkennen zwar bald diese Lage, dennoch beeinflussen ihre revolutionären Ideen nicht nur die Arbeiter, Bauern und Kleinbürger, sondern auch Offiziere, soweit diese Ideen die Notwendigkeit von Reformen betreffen. Die Partei der »Soziologen« basierte auf einem völlig neuen Reformprogramm; ihre Analyse und Interpretation der sozialen Phänomene wirkten sich auf die Modernisierung der Wirtschaft und der alten Institutionen sowie auch auf die weitere Umformung der neugriechischen Gesellschaft aus.

Zu diesen jungen Wissenschaftlern gehört auch der Pädagoge Alexandros Delmusos; nach dem Studium in Deutschland wird er Direktor der Mädchenschule in Volos (1908 – 1911), wo er sich um die Modernisierung der Bildung durch neue Lehrsysteme bemüht, u.a. durch die Pflege der Volkssprache, der *Dimotiki*, und durch die Vermittlung der Kenntnisse von der jahrtausendealten griechischen Literatur. Diese, für jene Zeit völlig neuen Versuche, seine Vorträge in den Arbeiterzentren von Volos und Larissa, sowie der Vertrieb sozialistischer Blätter, trugen ihm die heftige Kritik der konservativen Kreise von Volos ein, was zur Schließung der Mädchenschule führte. Gegen Delmusos wurde Anklage vor dem Schwurgericht in Nauplia erhoben, das ihn jedoch freisprach (April 1914). Diese Ereignisse, die die griechische Gesellschaft stark beschäftigten, wurden die »atheistischen« genannt. Delmusos wird später, 1917 – 1920, zum Inspekteur des Bildungswesens ernannt und ist der wichtigste bildungspolitische Berater von Veniselos. In jener Zeit wird die Volkssprache als die offizielle Sprache in den ersten Klassen der Volksschule eingeführt.

Der »Militärische Bund« und die Revolution von Gudi (1909)

Alle diese noch neuen und unbestimmten Kräfte voll kämpferischen Geistes blicken mit Vertrauen auf die Zukunft der Nation und lehnen sich gegen die dieser zugefügten fortgesetzten Demütigungen und gegen den blinden Gehorsam der Regierungen dem Hof gegenüber auf. Sie bilden auf natürliche Weise einen starken Kern, der die Situation grundlegend verändern sollte, was aber nur um den Preis einer Revolution zu erreichen war. Die Initiative ging, wie bei allen Staatsstreichen in Griechenland, von der Armee aus. Bereits während der Amtszeit von Theotokis hatten sich höhere und niedere Offiziere zu einem »Militärischen Bund« zusammengeschlossen, dessen Ziele die Erhöhung der Haushaltsmittel für die Armee, ihre bessere Organisierung und Versorgung, die Entfernung der Prinzen aus dem Heer u.a. waren. Sowohl im Heer wie in der Marine stieg die Mitgliederzahl des Bundes schnell an. In der Nacht vom 14. auf den 15. August 1909 fand der Staatsstreich in Gudi bei Athen statt. Als Premierminister Dimitrios Rallis mit den Revolutionären verhandelt wollte, war es bereits zu spät.

Die Offiziere wußten das Volk hinter sich, das von so vielen nationalen Erniedrigungen, von den suspekten Parteiintrigen und der Demagogie der politischen Führer angewidert war. Die Bevölkerung von Athen und Piräus verlangte in einer von den Militärs organisierten und kontrollierten Kundgebung am 14. September 1909 sofortige und wirksame Reformen:

1. Die Einführung einer Einkommenssteuer,
2. den Schutz der Produktion,
3. die Umbenennung der Beamten in Diener des Volkes,
4. die Verbesserung der Lage der Arbeiter,
5. die Verurteilung des Wuchers.

Der Anführer der Bewegung, Artillerieoberst Nikolaos Sorbas, ist ein fähiger Offizier, doch als Politiker ungeeignet. Durch die Hinhaltetaktik des Hofes und der alten Parteipolitiker vergehen einige Monate ohne konkrete Ergebnisse. Die Regierung Kyriakulis Mavromichalis, die die Regierung Rallis ablöst, kooperiert trotz der Ehrenhaftigkeit ihres Chefs mit den alten Politikern, denn sie vertritt den gleichen Geist und die gleichen Interessen; eine Ausnahme bildet der Wirtschaftsminister Athanassios Eftaxias. Die Revolution war also trotz ihrer hochgespannten Ziele und Hoffnungen in Gefahr. Die nutzlos verrinnende Zeit drohte den »Militärischen Bund« zu zersetzen. Zu diesem Zeitpunkt faßten einige Offiziere, die nach Kreta entsandt worden waren, um dort die Zivilgarde zu organisieren, den Entschluß, Eleftherios Veniselos, seit 1909 Regierungschef der Insel, nach Athen zu holen; sie hatten seine Geisteskraft und sein Geschick zu bewundern gelernt.

Eleftherios Veniselos an der Macht

Veniselos rät zur Durchführung von Wahlen, um ein neues Parlament zu bilden, dessen Aufgabe es wäre, die Verfassung zu revidieren und die nötigen Reformen zu verwirklichen.

Aus diesen Wahlen geht Veniselos als Sieger hervor und mit ihm neue Politiker aus dem städtischen und ländlichen Bereich, die Träger des revolutionären Geistes sind; mit diesen bildet Veniselos am 5. Oktober 1910 die Regierung.

Die Vertreter der Großmächte in Athen beobachten interessiert den neuen Regierungschef mit dem Äußeren eines Universitätslehrers, der es voll Selbstvertrauen erreicht hatte, selbst bei Hofe geschätzt zu werden und die alten politischen Parteien zu verdrängen. Der österreichische Botschafter schreibt am 28. Oktober 1910, Veniselos sei eine Art Volkstribun und fast der Diktator Griechenlands. Die Begeisterung des Volkes, das ihm überall zujubele, sei beeindruckend. Selbst in dem Hofe nahestehenden Kreisen erwecke Veniselos Sympathien. – Die Anhänger der alten Parteien freilich hassen ihn.

Hauptziel von Veniselos ist es, den Staat zu modernisieren und Gerechtigkeit und Gesetz in der griechischen Gesellschaft zu verankern. Er bewirkt die Revision bestimmter Verfassungsartikel, so z.B. des sogenannten Artikels »über das Eigentum«, er führt die Unkündbarkeit der Beamten ein, gründet das Höchste Verwaltungsgericht. Weitere Ziele, die er sich setzt und auch erreicht, sind die Sanierung der politischen und sozialen Institutionen, ein systematisiertes Programm im Arbeitsbereich, die Gewährleistung einer wirksamen Verteidigung durch eine fähige Armee und Marine. Die Angehörigen der Streitkräfte bleiben von nun an in ihren Kasernen und begnügen sich mit den ihnen übertragenen Aufgaben. Französische Offiziere unter General Eydoux übernehmen die Ausbildung der Armeekader, englische Seeoffiziere unter Tufnell die Reorganisation der Marine. Veniselos schenkt der Wirtschaft seine besondere Aufmerksamkeit und es gelingt ihm, durch seine Sparpolitik den Haushalt von 135.000.000 Drachmen mit einem Aktivsaldo von 1.180.000 Drachmen abzuschließen. Die Steuerflucht der finanzkräftigen Bürger wird bekämpft, die Zuckersteuer um 50 % gesenkt. Zugunsten der Landwirtschaft werden verschiedene Maßnahmen getroffen: Die Ernennung von landwirtschaftlichen Kontrolleuren (Agronomen) in allen Regionen, die Propagierung neuer Anbaumethoden und die Einführung besserer Maschinen, die Gründung von Fachschulen, gut organisierter Agrarverbände, einer Kasse für den Weinbau usw. Er führt die Enteignung der Großgrundbesitzer in Thessalien durch und verteilt 300.000 Stremmata an 4.000 Bauernfamilien. So leitet die Regierung Veniselos eine neue agrarpolitische Ära ein. Schließlich verdankt man Veniselos die Einführung von Arbeitsgesetzen, noch bevor die sozialen Fragen der Arbeiter sich in drängender Weise manifestiert hatten. Mit der Klarsicht eines wirklichen Staatsmannes bemühte sich Veniselos rechtzeitig um die Lösung sozialer Probleme und umging damit die gefährlichen Stürme, die seit einiger Zeit in anderen Staaten Europas tobten.

Eleftherios Veniselos war ein Bahnbrecher. Seine Partei, die Partei der Liberalen, war die fortschrittlichste ihrer Zeit und hatte kluge und fähige Männer in ihren Reihen die mit schöpferischem Elan zu ihrer Entwicklung beitrugen. Später trennen sich diese Männer von der Partei und wurden selbst zu Führern anderer Parteien. Diese wurden zwar getreu Veniselos' politischen Prinzipien gegründet, verloren jedoch zunehmend den unmittelbaren Kontakt zu den Problemen und den dringenden Bedürfnissen des griechischen Volkes. Die liberale Partei ist die erste griechische Partei, die sich stetig entwickelt, und die eine, wenn auch nur rudimentäre, innere Organisation besitzt; sie stützt sich auf ihre Clubs, in denen sich ihre Anhänger treffen und sich an diversen Diskussionen beteiligen.

II. Ein Jahrzehnt der Kriege (1912 – 1922)

Der erste Balkankrieg (1912 – 1913)

Gerade in dieser Zeit, in der Griechenland sich reorganisiert und konsolidiert, brechen an verschiedenen Punkten des Osmanischen Reiches Unruhen aus, die zum größten Teil Reaktionen auf die nationalistischen Tendenzen der Jungtürken sind. Die Bewohner des Dodekanes beschweren sich über die Aufhebung ihrer Privilegien, die Kreter protestieren gegen die Ernennung muselmanischer Richter, die katholischen und muselmanischen Albaner im nördlichen Albanien revoltieren, fügen sich aber nach gewissen Zugeständnissen. Selbst Italien läßt, hingerissen von der größenwahnsinnigen Vision eines römischen Reiches und trotz der offiziellen Anerkennung des Prinzips der territorialen Integrität der Türkei vom 27. Mai 1911 die Region von Tripolis und die Kyrenaika in Libyen besetzen. Anschließend führt es in der Ägäis Kriegsoperationen gegen die Türken durch und besetzt im April/Mai 1912 den Dodekanes, den es auch behält, obwohl der italienische Regierungschef Giolitti versprochen hatte, ihn zu evakuieren, sobald sich die Türken von Libyen zurückgezogen hätten.

Nun ist auch für Griechenland offenbar der Augenblick gekommen, sich zu beteiligen: Der Sturm nähert sich dem Balkan. In Paris und Athen befürchtet man, daß Österreich-Ungarn nach Albanien und auf Thessaloniki hin vordringen werde. Daß das auch in der Tat das Ziel Wiens war, geht aus dem Bericht des österreichischen Botschafters in Athen vom 16. Februar 1912 hervor: »Wenn unsere Monarchie in Thessaloniki gewaltsam Fuß faßt, wird sie eine Bresche in Makedonien schlagen, das von den Griechen eingekreist ist; es steht traurig um ihre panhellenischen Träume.« Er hat sich nicht vorstellen können, wie schnell und wie bitter seine Hoffnungen zunichte werden sollten.

Zur gleichen Zeit führen Serbien und Bulgarien intensive Verhandlungen über das Schicksal der Balkanhalbinsel, die in das Abkommen vom 22. Februar 1912 münden, das eine gemeinsame Front gegenüber der Türkei sowie die Aufteilung ihres europäischen Territoriums vorsieht. Am 16./29. Mai 1912 folgt die Unterzeichnung eines ebenfalls gegen die Türkei gerichteten dreijährigen Verteidigungsbündnisses zwischen Griechenland und Bulgarien, das jedoch keinen Bezug auf eine etwaige Verteilung von Territorien nimmt. Alle diese Verhandlungen werden unter strenger Geheimhaltung geführt, sodaß die Botschafter der Großmächte in den Hauptstädten des Balkans nichts Präzises in Erfahrung bringen konnten, obwohl ihnen sicher nicht verborgen blieb, daß Verhandlungen stattfanden. Zu den drei genannten Balkanländern gesellt sich Montenegro, das als erstes mit den Kriegshandlungen gegen die Türkei am 26. September 1912 beginnt. Am 4. Oktober folgen Bulgarien und Serbien, am 5. Oktober Griechenland.

Die griechische Armee durchquert Makedonien und gelangt nach mehreren Schlachten in zwanzig Tagen vor Thessaloniki. Der Kommandant des Dritten Korps der türkischen Armee, Hussein Tachsin Pascha, kapituliert und übergibt die Stadt den Griechen; es ist der 26. Oktober, der Tag des Heiligen Dimitrios, des Stadtpatrons von Thessaloniki. Am nächsten Tag bittet der bulgarische General Todorov, dessen Truppen in die gleiche Richtung marschiert sind, um die Erlaubnis, zwei Bataillone in der Stadt ausruhen zu lassen; dieser Bitte wird entsprochen. Aber es dringen auch andere, kleinere bulgarische Einheiten sowie Irreguläre (Comitadjis) ein. Das Kampieren dieser Truppen in Thessaloniki, das neben Konstantinopel ein Hauptziel der bulgarischen Ambitionen darstellte, bezweckte nichts anderes, als die griechische Regierung bei der ersten Gelegenheit unter Druck setzen zu können, um ihr die alte Hauptstadt Makedoniens zu entreißen.

Parallel hierzu befreien andere Einheiten der griechischen Armee Epirus und seine Hauptstadt Ioannina am 21. Februar/6. März 1913. Sie dringen nach Norden vor und besetzen Argyrokastro am 21. März/2. April 1913, setzen ihren Marsch jedoch nicht bis Avlona fort, weil Österreich und Italien, die einen Zugang Griechenlands zur Adria nicht wünschen, sich widersetzen.

Die griechische Flotte, die einzige des Balkans, beherrschte von Anfang an die gesamte Ägäis, befreite die Inseln Thassos, Chios, Limnos, Samos und Lesbos und versperrte dem Gegner die Meerengen der Dardanellen. In zwei Siegen am 3. Dezember 1911 (Seeschlacht von Elli) und am 5. Januar 1913 (Seeschlacht von Limnos) verhindert sie die gegnerischen Ausbruchsversuche.

In ähnlich raschem Tempo dringen die Montenegriner nach Rogani und Novi Pasar vor, die Serben nach Skopje und Monastir, die Bulgaren, die über die größte Armee verfügen, nach Saranta Ekklesiai und Adrianopel, das sie nach monatelanger Belagerung besetzen, worauf sie sich eilig in Richtung auf die legendäre Hauptstadt des Byzantinischen Reiches hinbewegen; doch im Vorort Tsataltza treffen sie auf den verbissenen und gut organisierten Widerstand der Türken. Am 20., November/3. Dezember wird dort der Waffenstillstand unterzeichnet.

Am 3./16. Dezember 1912 beginnen in London die Verhandlungen über den Friedensvertrag, der am 17./30. Mai 1913 unterzeichnet wird. Nach Artikel 4 tritt der Sultan den Siegern alle Territorien der europäischen Türkei westlich der Linie Enos – Midia, mit Ausnahme Albaniens, ab. Tatsächlich warf er damit den Verbündeten, deren Bündnis sicherlich nicht auf uneigennütziger Freundschaft basierte, einen Zankapfel hin.

Die Ansprüche der bulgarischen Vertretung bei den Friedensverhandlungen waren inakzeptabel: »Thessaloniki oder Krieg.« Dem unwiderruflichen Entschluß Griechenlands, die Stadt unter allen Umständen zu behalten, wird auch dadurch Nachdruck verliehen, daß König Georg I sich in Thessaloniki niederläßt. Dort wird er im Februar 1913 von einem Geistesgestörten ermordet. Den Thron besteigt Konstantin I (eigentlich Konstantin XII nach Konstantin XI Paläologos 1449 – 1453).

Der zweite Balkankrieg (1913)

Der Konflikt zwischen Griechen und Bulgaren, der auch bei Zwischenfällen in

Thessaloniki offen zutage tritt, weckt das Interesse der rivalisierenden Großmächte, für den einen oder anderen Balkanstaat Partei zu ergreifen. Serbien hatte konkrete Gründe, sich gegen Bulgarien zu wenden, woraus eine militärische Vereinbarung zwischen Griechenland und Serbien vom 19. Mai 1913 zu erklären ist, die eine gemeinsame, gegen Bulgarien gerichtete Haltung in der Frage der Verteilung der Territorien vorsieht.

Dessen ungeachtet beschließen König Ferdinand von Bulgarien und seine Generäle, auf das zahlenmäßige Übergewicht ihrer Truppen vertrauend, ihre Ansprüche durch einen Blitzkrieg gegen ihre ehemaligen Verbündeten durchzusetzen. Am 16. Juni greifen bulgarische Truppen in der Nähe von Jevjeli die serbischen Verbände und bei Eleftherai-Pravista die griechischen Streitkräfte an. Der Krieg zwischen den ehemaligen Alliierten hatte begonnen. Die griechischen Wachbataillone in Thessaloniki umzingeln die bulgarischen Widerstandsgruppen in der Stadt, während andere vom Süden her in verschiedenen Gebieten Makedoniens vorrücken. Nach harten Kämpfen in Kilkis, Doirani, Veles, Stromnitsa, Kresna werden die Gegner auf ihre alten Grenzen zurückgeworfen.

In Westthrazien landen griechische Einheiten, die Dedegatz (Alexandrupolis), Porto Lago und Makri besetzen. Währenddessen nehmen die Türken die Gelegenheit wahr und erobern Ostthrazien mit Adrianopel zurück, während die Rumänen die Grenze überqueren und ungehindert bis Sofia vorstoßen. König Ferdinand von Bulgarien, hilflos vor der Katastrophe, die er selbst ausgelöst hatte, bittet nun die Großmächte um Intervention. Der Krieg wird durch das Abkommen von Bukarest am 10. August 1913 beendet. Griechenland bekommt das südliche Makedonien, d.h. die Region unterhalb der Bergkette von Veles mit dem Fluß Nestos als östliche Grenze sowie die östlichen Ägäischen Inseln. Durch ein Zusatzprotokoll, das in London unterzeichnet wird, wird die Gründung eines unabhängigen albanischen Staates beschlossen; sechs Monate später wird durch die Resolution von Florenz am 19. Dezember 1913 – auf Insistieren der italienischen und der österreichischen Diplomatie – diesem neuen Staat der nördliche Epirus hinzugefügt, mit Korytsa, Argyrokastro, Delvino, Leskoviki, Agii Saranta, Moschopolis, Chimara, Pogoni – Städten, in denen insgesamt 120.000 Griechen leben, mit drei griechischen Bistümern, 376 Kirchen, 360 Schulen und 22.000 Schülern. Die Großmächte bestehen darauf, daß die griechischen Truppen sich aus diesen Territorien zurückziehen, was trotz tiefster Enttäuschung auch geschieht. König Konstantin solidarisiert sich mit den Gefühlen des Volkes und protestiert bei dem deutschen Botschafter gegen diesen Beschluß, der Griechenland in die Arme der Entente Cordiale, d.h. in die der Tripel-Allianz treibt. Die Griechen in Nordepirus reagieren mit der Bildung einer provisorischen Regierung in Argyrokastro. Als Premierminister fungiert Georgios Chr. Sografos, der am 4./17. Februar 1914 die Autonomie von Nordepirus ausruft und den Kampf gegen die albanische Besatzung aufnimmt; doch im Oktober des gleichen Jahres muß diese Regierung sich den Beschlüssen der Großmächte fügen.

Die Ausdehnung des griechischen Staates verdoppelt sich nahezu mit den siegreichen Kriegen von 1912 – 1913, von 64.786 km^2 auf 108.606 km^2; die Bevölkerung steigt von 2.666.000 auf 4.363.000. Die Eingliederung Südmakedoniens mit den Zentren Thessaloniki, Veria, Naussa, Edessa, Kavala mit verhältnismäßig entwickelten Industrien beleben die griechische Wirtschaft. Das gleiche gilt auch für die großen Inseln der Ägäis, deren Produkte, obwohl sie noch auf primitive Weise gewonnen werden, hinzukommen, so z.B. das Öl aus Thassos und Lesbos, Mastix aus Chios. Dagegen war ein großer Teil des Bodens in Makedonien und Epirus Eigentum einiger türkischer Beis und der Klöster des Hl. Berges Athos, so z.B. auf der Chalkidiki und auf Thassos; diese Ländereien wurden lediglich für die Viehzucht genutzt und blieben größtenteils unbearbeitet. Die Siege der griechischen Armee und der dadurch erreichte Machtzuwachs des griechischen Staates machten aus dem ehemals kleinen Land einen zu beachtenden Faktor in Südosteuropa.

Aber die Situation hatte sich auch nach den zwei Kriegen noch nicht entspannt. Die Türkei läßt die Befestigung der Meerengen unter der Leitung des deutschen Generals Liman von Sanders, Inspekteur des Heeres, verstärken. Sie übt zugleich systematischen Druck auf die Griechen aus und verdrängt viele von ihnen aus Thrazien und den kleinasiatischen Küstengebieten. Gerade in dieser Zeit löst die Rivalität zwischen Deutschland und Österreich einerseits sowie Frankreich und England andererseits den ersten Weltkrieg aus. Als Anlaß für den Kriegsausbruch dient die Ermordung des Thronfolgers von Österreich-Ungarn in Sarajewo.

Griechenland und der Erste Weltkrieg (1914 – 1918)

Die Menschheit erlebt Tage der Angst und des Schreckens. Auf internationaler Ebene formieren sich immer deutlicher die gegnerischen Blöcke. Würde Griechenland, das jetzt dringend Ruhe und Ordnung bedarf, um sich reorganisieren zu können, seine Neutralität wahren können? Und welche Stellung würde es bei einer etwaigen Beteiligung in diesem internationalen Konflikt einnehmen? Veniselos hatte zu Beginn des Krieges im Einverständnis mit König Konstantin der Entente angeboten, ihr sämtliche Streitkräfte zu Lande und zur See zur Verfügung zu stellen. Doch die Engländer hatten diesen Vorschlag abgelehnt, weil sie zunächst versuchen wollten, die Türkei und Bulgarien auf ihre Seite zu ziehen.

An den griechischen Grenzen sieht es düster aus. Im Norden kämpft Serbien heldenhaft gegen die Angreifer. Im Osten tritt – als neue Gefahr – die Türkei als Verbündeter der Mittelmächte in den Krieg ein (28. Oktober 1914). Der englische Premier erklärt eine Woche später, der Sultan hätte sich selbst sein Grab gegraben; einige Monate später, im Januar 1915, beginnen die Operationen der Entente an den Dardanellen. Von diesem Augenblick an hegen der Zar und die russische Diplomatie die große Hoffnung, als legale Erben der byzantinischen Kaiser nun an die Stelle der Türken zu treten und Kreuz und Doppeladler auf der Hagia Sophia hissen zu können. Die Wünsche der Russen und die Träume der Griechen stießen in diesem Augenblick der Geschichte zusammen. Griechenland befürchtet die russische Beteiligung am Krieg, während Rußland den

Kriegseintritt Griechenlands wünscht.

Thessaloniki wird zum größten Versorgungshafen für Serben, Engländer und Franzosen, die Stützpunkte für ihre Operationen bei den Dardanellen auf der griechischen Insel Limnos haben. Die Entente wünscht sich die Griechen als Verbündeten, ohne ihnen jedoch irgendwelche Garantien zu geben, da man Bulgarien nicht vor den Kopf stoßen wollte, man war sogar bereit, den Bulgaren die Region von Kavala im griechischen Makedonien zuzusprechen, um sie auf die Seite der Entente zu ziehen.

Veniselos unternimmt alle möglichen Anstrengungen, um König Konstantin und den Generalstab, allerdings gegen die Bedenken der Befehlshaber Viktor Dusmanis und Ioannis Metaxas, auf einen Kriegseintritt an der Seite der Entente hin zu orientieren. Er ist überzeugt, daß der Krieg mit einem Sieg der Entente enden werde und daß Griechenland seine nationalen Ansprüche würde befriedigen können. Aber die militärischen Erfolge der Deutschen und Österreicher, die Niederlage der Verbündeten in den Dardanellen, lassen bei einem Teil der Griechen und besonders bei der königlichen Familie Zweifel aufkommen; sie alle glauben bereits an einen deutschen Sieg.

Die Regierung ist geteilter Meinung und setzt sich für eine Neutralität ein, jedenfalls solange wie die Ergebnisse der militärischen Operationen und die diplomatischen Verhandlungen noch kein klares Bild ergeben. Diese Meinungsverschiedenheiten der Minister sind ein Vorzeichen jenes destruktiven Zwistes, der Griechenland bald zerreißen sollte. Hof, Regierung, Parlament und auch das Volk erleben unruhige, angstvolle Stunden. Die Phase der harmonischen Zusammenarbeit zwischen dem König und Veniselos ist vorbei. Politische Leidenschaften und Günstlingswirtschaft beginnen von neuem und drohen, das Erreichte wieder zu gefährden. Es beginnt ein verwirrendes Hin und Her von Botschaftern der Großmächte, Unterredungen mit Regierungsmitgliedern, Intrigen, Pressionen. Einigen Vertretern der Großmächte gelingt es, Zeitungen in Athen und Thessaloniki zu bestechen, um die öffentliche Meinung in der gewünschten Richtung zu beeinflussen.

Zur gleichen Zeit erreichen Unterdrückung und Vertreibung der Griechen an der kleinasiatischen Küste tragische Ausmaße. Die Verfolgung der Griechen wird von deutschen Militärkreisen angestiftet, die auf diese Weise die türkische Küste zu sichern glauben. Im September 1915 mobilisiert Bulgarien und erklärt Serbien, das mit Griechenland durch das Verteidigungsabkommen verbunden ist, den Krieg. Auch Griechenland mobilisiert. Der Krieg erreicht nun das Herz des Balkans und rückt Griechenland immer näher. Veniselos, sensibel, ungeduldig und unbeugsam, ergreift die Initiative und regt England, Frankreich und Rußland zur Anwendung ihres seit langem erarbeiteten Planes an, so schnell wie möglich eine Armee von mindestens 150.000 Mann in Thessaloniki landen zu lassen, um Griechenland in den Stand zu setzen, seine Verpflichtungen Serbien gegenüber zu erfüllen. Veniselos hatte, wenn auch nur im Privatgespräch, den König über diese Absichten informiert, erhielt jedoch dessen Zustimmung nicht.

Am 5. Oktober 1915 beginnt in Thessaloniki die Landung der englischen und französischen Truppen. Ende Januar 1916 waren 125.000 Franzosen und 100.000

Engländer, die Männer der technischen Hilfsdienste nicht eingerechnet, gelandet. Thessaloniki und Umgebung ist in ein geschlossenes Heerlager verwandelt.

Die Landung der alliierten Verbände in Thessaloniki löste den heftigsten Protest der Opposition und des Königs gegen das Vorgehen von Veniselos aus und hatte dessen Sturz zur Folge. Es ist der Auftakt des inneren Zwistes. Die Verbündeten in Thessaloniki unter dem Befehl des reizbaren und mißtrauischen Generals Sarrail beklagen sich über den systematischen Widerstand der griechischen Militärbehörden und werfen diesen eine deutschfreundliche Haltung vor. Man muß jedoch erwähnen, daß die englischen und die französischen Soldaten, verärgert durch die Neutralität Griechenlands, der Bevölkerung gegenüber ein demütigendes und brutales Verhalten an den Tag legten. Einige dieser Soldaten beteiligten sich auch an zweifelhaften Handels- und Geldgeschäften.

Bereits im Oktober 1915 stoßen die Truppen der Entente an der griechisch-bulgarischen und der serbisch-bulgarischen Grenze mit dem Feind zusammen. Im November ist die Lage in Serbien hoffnungslos. Tausende von serbischen Flüchtlingen, Soldaten und Zivilisten, kommen erschöpft und ausgehungert in Thessaloniki an, lebendige Bilder des Krieges, der unmittelbar vor der Tür steht. Vom 30. Dezember an bombardieren deutsche Flugzeuge die Stellungen der Alliierten in Thessaloniki. Im Mai 1916 setzen die Mittelmächte die griechische Regierung unter Skuludis in Kenntnis, daß sie in das östliche Makedonien vordringen und aus Gründen der militärischen Sicherheit die Schlucht von Rupel besetzen würden. Die Regierung Skuludis ist durch diese Ankündigung wie gelähmt und gibt in ihrer Verwirrung nach. Bulgarische Truppen rücken auf griechisches Territorium vor und besetzen kampflos die Festung Rupel. Engländer und Franzosen argwöhnen Intrigen der Regierung und der griechischen Behörden in Thessaloniki und verhängen den Belagerungszustand über die Stadt. Die Beziehungen zwischen Griechenland und der Entente spitzen sich zu, die Invasion der Bulgaren ins östliche Makedonien bringt Mißhandlungen der Einwohner und die Kapitulation des vierten Armeekorps von Kavala und dessen Gefangennahme und Deportation nach Deutschland mit sich. Rumänien tritt nun an der Seite der Entente in den Krieg ein. Die Griechen, insbesondere die Einwohner von Thessaloniki, sind durch die dramatischen Ereignisse erschüttert und befürchten, daß die Neutralität des Landes den Verlust von Makedonien zur Folge haben könnte. So bilden am 17./30. August 1916 die Bewohner von Thessaloniki und andere Griechen ein »Komitee für die Nationale Verteidigung«, das die Interessen der Alliierten unterstützt.

Veniselos an der Seite der Entente

Veniselos, enttäuscht von dem Beharren des Königs auf der Wahrung der Neutralität, berät sich mit Admiral Pavlos Kunduriotis und General Danglis und fährt am 13./26. September 1916 mit Kunduriotis nach Chania auf Kreta, wo einige Tage später auch Danglis eintrifft. Dort bilden sie eine provisorische Regierung, bekannt als das »Triumvirat«, dem sich das »Komitee für die Nationale

Verteidigung« in Thessaloniki unterstellt. Die Spaltung des Staates und der Nation in zwei Lager ist vollzogen. Am 26. September/9. Oktober 1916 begibt sich Veniselos nach Thessaloniki, das Triumvirat übernimmt die Regierung.

Die Anwesenheit von Veniselos in Thessaloniki ist für die aktivistischen Kreise in Serbien und in Italien, die in Makedonien an die Stelle der Griechen zu treten hofften, ein Ärgernis. Zwischen Italienern und Griechen herrscht scharfe Spannung, denn Italien sah nach der erwarteten Niederlage von Österreich-Ungarn in Griechenland den einzigen ernsthaften Rivalen für seine wirtschaftliche und territoriale Expansion in Richtung Osten. Aus diesem Grunde sind die Italiener auch die einzigen Verbündeten, die die Regierung von Veniselos nicht anerkennen und die revolutionären griechischen Behörden ignorieren. Sie nutzen die Entzweiung der Griechen, um im Mai 1917 Nordepirus und Ioannina zu besetzen. Auch Rußland ist bis zum Sturz des Zaren (März 1917) und der bolschewistischen Revolution gegen den Eintritt Griechenlands in den Krieg, um seinen Zielen in Bezug auf Konstantinopel und die anderen türkischen Territorien unbehelligt näherzukommen.

Die Regierung der »Nationalen Verteidigung« war vor allem bemüht, eine Armee zu bilden, die imstande war, an der Seite der Alliierten zu kämpfen. Am 11. November 1916 erklärte sie Bulgarien den Krieg, im Dezember schickte sie die ersten Bataillone an die Front. Im April 1917 verfügt sie über 36 Bataillone mit 40.000 Soldaten und 1.450 Offizieren. Die Flotte besteht aus 11 Kriegsschiffen mit 1.046 Matrosen und 96 Offizieren.

Dennoch bleiben die französischen Militärs wegen des innergriechischen Zwistes mißtrauisch. Sie verhalten sich der griechischen Bevölkerung und den Soldaten gegenüber weiterhin mit der Überheblichkeit von Eroberern. General Sarrail selbst, der in Makedonien in trauriger Erinnerung blieb, gibt das Beispiel für dieses Benehmen. Die griechischen Einheiten waren über die ganze Front verteilt und unterstanden dem Befehl der Engländer und Franzosen, die auch die Operation leiteten. Diese Situation änderte sich bis Ende des Krieges nicht.

Die Vertreibung König Konstantins

Die Ereignisse werden durch verschiedene Faktoren beschleunigt: Die schwankende und ungeschickte Haltung der rasch wechselnden griechischen Regierungen und die deutliche Reserviertheit König Konstantins der Entente gegenüber, die prodeutsche Einstellung einiger griechischer Politiker und Militärs, aber auch die unablässigen, kränkenden Interventionen der Diplomaten der Entente, besonders der französischen, hatten die Gemüter in Athen erhitzt und zu Zusammenstößen englisch-französischer mit griechischen Truppen geführt. In Zappio, Thissio und verschiedenen anderen Stadtteilen von Athen wurden diese Konflikte durch fanatische Gegner von Veniselos noch geschürt (18. und 19. November 1916). Die Veniselos-Gegner lassen ihrer Erregung freien Lauf und es kommt zu Verfolgungen und Verhaftungen Andersdenkender sowie zur Diffamierung geachteter Persönlichkeiten. Selbst die Kirche, vertreten durch den

Erzbischof Theoklitos, läßt sich, anstatt vermittelnd und besänftigend zu wirken, von den Leidenschaften soweit mitreißen, daß sie Veniselos am 13./25. Dezember exkommuniziert. Mitten im 20. Jahrhundert kommt es zu Szenen, die an den Obskurantismus der letzten Verfallszeit von Byzanz erinnern und die Ehre der Kirche beflecken.

Unter diesen Umständen ist eine Versöhnung der beiden rivalisierenden Lager so gut wie ausgeschlossen. Das Triumvirat erklärt Konstantin für entthront. Das in Zappio vergossene Blut, die Tatsache geheimer Kontakte des griechischen Hofes mit Deutschland und die dringende Notwendigkeit, unter Veniselos möglichst viele Truppen zu mobilisieren, veranlassen den neuen französischen Ministerpräsidenten Ribot, den Nachfolger von Briand, in Übereinstimmung mit den anderen Mächten eine drastischere Politik gegenüber König Konstantin anzuwenden: Am 29. Mai/11. Juni 1917 landen französische Truppen in Athen und zwingen den König ultimativ zur Abdankung zugunsten seines zweiten Sohnes Alexandros. Konstantin muß Griechenland verlassen. Das Volk nimmt in bewegenden Kundgebungen Abschied von ihm.

Die Griechen sind nun wieder unter einer Regierung vereint, doch die Spaltung in zwei Lager wurde nicht überwunden. Im südlichen Griechenland gewinnt der König an Popularität, während Veniselos Sympathien verliert, weil er sich allzu offenkundig auf die Bajonette der Entente stützt.

Die Regierung von Veniselos 1917 – 1920

Im nächsten Monat (14./27. Juli) bildet Veniselos eine neue Regierung bzw. eher eine getarnte Diktatur: Allen Feinden der Entente wird der Kampf angesagt, eine Generalmobilmachung wird angeordnet, harte Maßnahmen werden getroffen, um mögliche Reaktionen der militärischen und politischen Gegner abzufangen; die Unkündbarkeit der Richter wird aufgehoben, damit Gegner des Regimes entfernt werden können; Militärs und Politiker (unter ihnen Dimitrios Gunaris und Ioannis Metaxas) werden ins Exil geschickt, oder unter Hausarrest gestellt. Universitätsprofessoren mit royalistischer Gesinnung werden entlassen. Einige kleine Revolten der Armee, z.B. in Lamia und in Theben, werden brutal niedergeschlagen. Ihre Anführer standen in Verbindung mit Griechen, die sich in die Schweiz abgesetzt hatten und von dort aus heftige Kampagnen gegen Veniselos gestartet hatten, was den nationalen Interessen natürlich schadete.

Veniselos entläßt ca. 570 Richter und andere Justizbeamte, 6.500 Zivilbeamte, 2.300 Offiziere und 3.000 Unteroffiziere und Soldaten der Gendarmerie und etwa 880 Marineoffiziere. Ein ungeschicktes Vorgehen, das weitere Folgen haben sollte. Darüberhinaus wird eine strenge Zensur verhängt und jeder, der sich als Oppositioneller verdächtig macht, deportiert. Veniselos reorganisiert nun den wirtschaftlichen Sektor, den er in trostlosem Zustand vorgefunden hat. Seiner Regierung gebührt das Verdienst, als erste für die Entwicklung des Tourismus, der »Fremdenindustrie«, wie sie genannt wurde, Sorge getragen und ein entsprechendes Gesetz verabschiedet zu haben. Er entfaltet eine große Aktivität, um die Industrie zu entwickeln, indem er durch Gesetze die Gründung und Organisierung neuer Industriebetriebe begünstigt, während er gleichzeitig die Bedingungen am Arbeitsplatz gesetzlich festlegt. Ein anderes Gesetz sieht den Schadensersatz bei Arbeitsunfällen vor. Weiter läßt er Fachschulen gründen und die Ausbildung von Ingenieuren, Monteuren, Technikern und Architekten an der Technischen Hochschule organisieren. Die industrielle Aktivität wird durch den ersten Weltkrieg beschleunigt, die Zahl der Fabrikschornsteine in Piräus, Phaliro und Eleusis steigt. Verschiedene Großbetriebe werden gegründet, so für die Produktion von Wein, Alkohol, Farben, Kunstdünger, Glas, Zement, schwefelhaltigem Kupfer. Einige dieser Betriebe, wie z.B. die Weinkellereien, werden in erster Linie gegründet, um die Bedürfnisse der alliierten Truppen im Gebiet von Thessaloniki, die große Mengen konsumieren, zu befriedigen. In einem Artikel der Zeitung »Akropolis« (2./15. Mai 1918) wird auf die günstigen Bedingugnen für die griechische Industrie im Vorderen Orient und besonders in Kleinasien hingewiesen, wo so gut wie keine Industrie existiert.

Der wissenschaftliche Fortschritt und die chemischen und technischen Erfindungen veranlassen die griechische Industrie zur Erneuerung des Maschinenbestands; die griechischen Produzenten müssen sich auf dem Stand der wissenschaftlichen Entwicklung halten, wenn sie neben der ausländischen Konkurrenz bestehen wollen.

Jetzt, wo die durch den Krieg entstandenen Schwierigkeiten dazu zwingen, schenkt man den reichen Braunkohlevorkommen, die bis dahin wenig bekannt und genutzt wurden, mehr Aufmerksamkeit. So wächst die Braunkohleproduktion von 14.000 Tonnen im Jahre 1896 auf 84.466 im Jahr 1916 und auf fast die doppelte Menge, 153.240, im Jahr 1917. Auch die Zahl der Beschäftigten im Bergbau steigt – von 66.112 im Jahr 1914 auf 513.074 im Jahr 1916. Die griechische Braunkohle ermöglicht der Industrie nicht nur den Fortbestand, sondern auch eine Erhöhung ihrer Produktion. Nach der Zählung vom 20. Oktober/2. November 1917 sind in Griechenland 2.213 Fabriken mit insgesamt 36.124 Arbeitern in Betrieb. Folgende Übersicht gibt die Aufteilung nach Betriebsgrößen und Branchen wieder:

Kleinbetriebe (zwischen 1 und 6 Arbeiter)	1.188	3.579	Beschäftigte
Mittlere Betriebe (zwischen 6 und 25 Arbeiter)	743	8.845	"
Großbetriebe*)	282	23.700	"
Metallverarbeitung	3	253	"
Maschinenbau	132	2.820	"
Bauwirtschaft	13	1.293	"
Garnspinnereien und Webereien	173	10.680	"

*) Unter den Großbetrieben nehmen die Garn- und Textilfabriken den ersten Platz ein, den zweiten die Nahrungsmittelfabriken; es folgen die Betriebe für chemische Produkte und Maschinenbau. Die durchschnittliche Arbeiterzahl pro Betrieb beträgt 84. Eine systematische Betriebszählung findet erst 1920 statt.

Ernährung	1.244	10.136	Beschäftigte
Chemie	132	2.967	"
Leder und Lederverarbeitung	134	1.553	"
Papier und Druck	117	1.617	"
Bekleidung	13	423	"
Holz und Holzprodukte	135	1.235	"
Zigaretten	28	2.458	"
Stromerzeugung	19	689	"

Die Zahl der Arbeiter nimmt zu und unter dem Einfluß der europäischen sozialistischen Bewegungen werden sie sich ihrer gesellschaftlichen Macht bewußt, organisieren sich in Berufsverbänden und tragen ihre Forderungen vor. 1915 vertreten zwei sozialistische Abgeordnete die Interessen der Arbeiter und der ärmeren Volksschichten im Parlament. Zwischen 1915 und 1920 finden in Athen und in Thessaloniki vier Kongresse der sozialistischen Organisationen (aus Athen, Piräus, Patras, Volos, Larissa, Thessaloniki, Korfu, Lesbos) statt, 1918 wird der erste panhellenische sowie der erste sozialistische Arbeiterkongreß – beide in Athen – durchgeführt. 1920 folgt der erste panhellenische Kongreß der Eisenbahnarbeiter und -angestellten, während 1919 wegen der Preissteigerungen der erste Generalstreik organisiert wird. Die Arbeiterbewegung wird von Jahr zu Jahr aktiver, besonders seitdem in Moskau die Bolschewiken an der Macht sind. Zur gleichen Zeit wird die sozialistische Arbeiterbewegung Griechenlands gegründet, die im April 1920 der Dritten Internationale beitritt und ihren Namen in Kommunistische Partei ändert. Eine neue gesellschaftliche und politische Kraft tritt damit auf den Plan, die sich deutlich im politischen Leben des Landes bemerkbar macht und große Erschütterungen in der Entwicklung der griechischen Gesellschaft verursachen sollte.

Veniselos hat auch auf dem Gebiet der Landwirtschaft große Anstrengungen unternommen und sich für eine kohärente Agrarpolitik eingesetzt. Er richtet das »Ministerium für Landwirtschaft und öffentlichen Grundbesitz« ein, gründet 1917 die Schule für Forstwissenschaft und 1920 die Landwirtschaftsschule, aus der viele junge Agrarwissenschaftler hervorgehen, deren Arbeit dem Staat und den Bauern zugute kommt. Darüberhinaus regelt er durch Dekrete die Frage des Großgrundbesitzes und dessen Verteilung an mittellose Bauern. Dieser Grund und Boden wurde von den Besitzern nicht immer landwirtschaftlich genutzt; er wurde an Bauern verpachtet oder auch unbebaut liegengelassen. Die gleiche Frage der Verteilung des Grundbesitzes tauchte fünf Jahre später in sehr viel schärferer Form wieder auf, als die ersten Wellen der aus Kleinasien Vertriebenen nach Griechenland kommen.

Veniselos setzt trotz der Störmanöver seiner Gegner schrittweise die Generalmobilmachung durch und entsendet 90 Bataillone, d.h. 10 Divisionen, an die Front; die Alliierten verfügen über 19 Divisionen – 8 französische, 6 serbische, 4 englische, 1 italienische. Dadurch wird eine zahlenmäßige Überlegenheit gegenüber den Mittelmächten hergestellt: 280 Bataillone der Alliierten stehen nun 260 Bataillonen der Mittelmächte gegenüber. Diese rasche Mobilmachung der

Griechen wirkte sich bei der siegreichen Offensive in Skra im Mai 1918 aus. Das Prestige von Veniselos steigt, die Kampfkraft der griechischen Armee findet die Anerkennung von General Guillaumat, eines kühlen, ehrlichen und klugen Soldaten, der sich vorteilhaft von seinem Vorgänger unterscheidet. Es folgt nun die Generaloffensive entlang der makedonischen Front unter General Franchet d'Esperay, die mit dem großen Sieg der Alliierten und der Kapitulation der Bulgaren endet (30. September 1918). Das Ende des Krieges ist greifbar nahe, der englische General Milne schreibt an seinen griechischen Kollegen, General Danglis: »Ohne die Hilfe der griechischen Streitkräfte hätten wir diesen Sieg nicht erringen können.« Das Leben der griechischen Soldaten in den Gräben der makedonischen Front und ihre Kontakte zu den Alliierten beschreibt Stratis Myrivilis in seinem Roman »Das Leben im Grabe« (1924).

Dem Sieg an der makedonischen Front kommt für die weitere Entwicklung des europäischen Krieges große Bedeutung zu: Die Flanken der Türkei in Thrazien und die Österreichs an seinen südlichen Grenzen sind entblößt; beide kapitulieren: Die Türkei am 30. Oktober, Österreich am 13. November 1918. Veniselos hatte recht behalten. Die innere Spaltung der Griechen blieb jedoch bestehen, er vermochte sie nicht zu überbrücken. Beeinflußt durch Ratschläge von Schmeichlern wenden sich sogar viele seiner Anhänger von ihm ab. Die politische Leidenschaft sollte dem griechischen Volk wieder einmal zum Verhängnis werden.

Während die Verluste der griechischen Armee verhältnismäßig gering waren, (sie werden auf 5.000 Tote und Verwundete geschätzt), ist die Zahl der Opfer bei der Zivilbevölkerung enorm hoch. Man schätzt, daß während des Krieges 900.000 Griechen in Kleinasien infolge von Exekutionen und Deportationen umgekommen sind, während 450.000 vertrieben werden oder unter dem Druck des Terrors nach Griechenland fliehen. Ebenso sind in Ostmakedonien, das die Bulgaren besetzt hatten und zu bulgarisieren versuchten, an die 45.000 Griechen umgebracht oder in Konzentrationslager im Inneren Bulgariens verschleppt worden, wo sie an Mißhandlungen und Hunger starben.

Während die Innenpolitik von Veniselos zwischen 1917 und 1920 einige Schwächen aufweist, ist seine Außenpolitik durch große Erfolge gekennzeichnet, und das trotz der Hindernisse, die die Großmächte ihm in den Weg legten. Nach Beendigung des Krieges werden in den Sälen und Kulissen des Friedenskongresses von Versailles heftige Diskussionen zwischen den um den größtmöglichen Einfluß im Nahen Osten rivalisierenden Mächten geführt. Veniselos zeigt sich bei diesen, sechs Monate währenden Verhandlungen unermüdlich tätig; er kann bereits aus unanfechtbarer Autorität heraus handeln. Er stützt sich auf gut vorbereitete Dokumente und verficht mit großer geistiger Gewandtheit die griechischen Positionen; er verfügt über alle notwendigen Informationen und beherrscht perfekt die Materie.

Im Abkommen von Neuilly (27. November 1919) wird Griechenland Westthrazien zugesprochen, im Abkommen von Sèvres (10. August 1920) Ostthrazien – mit Ausnahme von Konstantinopel – sowie die Souveränitätsrechte über die ganze Region von Smyrna, die ihm nach fünf Jahren definitiv gehören sollte, wenn sich die Bevölkerung durch Plebiszit dafür aussprechen würde. Weitere internationale Akte, die in Sèvres unterzeichnet werden, legen die Einflußsphären fest: Frankreich in Kilikien, Italien in den Regionen von Antalya und Konia (Ikonion).

Die griechischen Forderungen in Bezug auf Nordepirus und den Dodekanes treffen jedoch auf den Widerstand des italienischen Imperialismus, da die beanspruchten Gebiete aus der Sicht einer Restauration des Römischen Reiches strategische Punkte und gegebenenfalls Ausgangsstellungen für eine italienische Expansion auf den Balkan und nach Kleinasien darstellten. Schließlich wird am 10. August 1920 zwischen Griechenland und Italien eine Vereinbarung unterschrieben, nach der Italien auf den Dodekanes verzichtet, mit Ausnahme der Insel Rhodos, die nach fünfzehn Jahren aufgrund eines Plebiszits mit Griechenland vereinigt werden sollte. Von Nordepirus ist nicht mehr die Rede.

Veniselos befindet sich im Zenit seiner diplomatischen Erfolge. Doch zwei Tage nach der Unterzeichnung des Vertrages von Sèvres unternehmen zwei griechische royalistische Offiziere an der Gare de Lyon in Paris einen Mordanschlag auf ihn, verletzen ihn jedoch nur am Arm. Das Attentat hat schlimme Folgen in Athen: Fanatische Veniselisten dringen in die Häuser von führenden Politikern der Opposition ein und plündern sie, während Männer der Öffentlichen Sicherheit Ion Dragumis, den ehemaligen Botschafter Griechenlands in St. Petersburg, ermorden. Dragumis war durch seine patriotischen Aktivitäten in Makedonien zu Beginn des Jahrhunderts sowie als Schriftsteller bekannt. Das Attentat auf Veniselos hatte in einem für Griechenland kritischen Augenblick die Leidenschaften von neuem entfacht.

Der Zug nach Kleinasien (1919 – 1922)

Veniselos war von den Großmächten beauftragt worden, griechische Truppen nach Smyrna zu entsenden, um dort die Ordnung zu erhalten und den Schutz der griechischen Bevölkerung zu gewährleisten. So befanden sich seit dem 14. Mai 1919 griechische Soldaten in Kleinasien, deren eigentliche Aufgabe es war, die Eingliederung dieses Gebietes, das 15 Jahre später, dem Vertrag von Sèvres entsprechend, zu griechischem Territorium werden sollte, vorzubereiten. Die Versuchung war unwiderstehlich: Trug nicht schon diese Mission als solche die faszinierende Vision des byzantinischen Reiches in sich? Andererseits erhebt sich die Frage, hatte dieses gewagte Unternehmen überhaupt irgendwelche Erfolgschancen? Tatsache ist jedenfalls, daß die verbündeten Großmächte Griechenland in ein Abenteuer stürzten, und die Griechen in der Folgezeit nicht nur nicht unterstützten, sondern im Gegenteil alles zu ihrer Vernichtung unternahmen, sobald die griechischen Interessen ihre eigenen zu stören begannen. Wie auch immer, die griechischen Truppen standen in Kleinasien, während in Griechenland und in Europa rasche politische Umwälzungen stattfanden.

Zwei Mittelmeer-Anlieger, Frankreich und Italien, widersetzten sich entschieden den griechischen Forderungen, da sie ihre wirtschaftlichen Interessen tangiert sahen. Beide Mächte betrachten den Vertrag von Sèvres als diplomatischen Sieg Englands und Griechenlands als dessen Satelliten, der sich für Englands Interessen in dieser Region engagiert. Die Beziehungen Frankreichs und Italiens zu Griechenland sind so gespannt, daß es nur eines geringen Anlasses bedarf, um Feindseligkeiten auszulösen. Beide, vor allem Frankreich, nehmen die innere Spaltung der Griechen, die nicht ohne Zutun der Großmächte entstanden war und die bis zur Verblendung gesteigerten politischen Emotionen, sowie bestimmte innenpolitische Ereignisse – den unerwarteten Tod von König Alexandros und die Wahlniederlage von Veniselos am 1. November 1920, was die Rückkehr König Konstantins zur Folge hatte, der nach Ansicht der Entente dieser gegenüber feindselig eingestellt war – zum Vorwand, sich aus der Bindung zu lösen und ihre offizielle Haltung Griechenland gegenüber zu ändern.

Am 22. November, also zwei Tage vor dem Referendum über die Rückkehr König Konstantins, beanstandeten England, Frankreich und Italien – auf Initiative Frankreichs – in einer Note an die griechische Regierung die unredliche Haltung Konstantins und erklärten, daß die drei Mächte sich im Falle einer Rückkehr des Königs nicht weiter an die Solidarität mit der griechischen Regierung gebunden fühlen würden. Sicherlich hatte jenes plötzliche Umschwenken zu diesem Zeitpunkt (Veniselos, der einzige fähige Politiker, der die schweren Probleme hätte bewältigen können, war dadurch entmachtet) verhängnisvolle Folgen für die Entwicklung der griechischen Angelegenheiten.

Nach der Beendigung des Krieges in Europa alleingelassen, sehen sich die Griechen mit dem Widerstand der Türken in Kleinasien konfrontiert, der von einem energischen und fähigen hochrangigen Offizier, Mustafa Kemal organisiert wird. Frankreich und Italien verständigen sich mit ihm und ziehen ihre Truppen aus den Besatzungszonen zurück, Frankreich aus Kilikien (Februar/März 1921), Italien aus Antalya (April 1922). Frankreich überläßt den Türken sogar das gesamte Kriegsmaterial, wohl wissend, daß dieses gegen die Griechen benutzt werden würde. Die Kriegsindustrie der Großmächte belieferte zudem die Türken mit der darüberhinaus benötigten Ausrüstung. Die Haltung der Großmächte Griechenland gegenüber verschärft sich zunehmend: Sie erkennen den Vertrag von Sèvres nicht mehr an und unterbinden die griechische Kontrolle der hauptsächlich unter französischer Flagge fahrenden Handelsschiffe, die Munition und anderes Kriegsmaterial in türkische Häfen bringen. Der endgültige Sturz des Zarenregimes befreit die Türken überdies vom Alptraum eines russischen Anspruchs auf Konstantinopel; auch die russischen Truppen, die sich von Trapezunt, dem Pontosgebiet, aus Armenien und dem Kaukasus zurückziehen, hinterlassen reiches Kriegsmaterial, das gegen die griechischen Truppen in Kleinasien eingesetzt wird.

Um sich gegen ihre Gegner zu behaupten, sind die Griechen gezwungen, im Juni 1920 und im März und Juni 1921 ins Innere des Landes Richtung Ankara vorzustoßen. Parallel laufende Operationen werden im Juli 1920 in Ostthrazien durchgeführt, die zur Besetzung der Region und zur Gefangennahme des türkischen Befehlshabers Tzafer Tajar führen.

Gegen Ende Juni 1921 startet der griechische Generalstab eine neue Offensive in Richtung auf Ankara, den sogenannten »Zug am Fluß Sangarios«, der zunächst siegreich verläuft; doch die Griechen müssen durch unfruchtbare, wüstenartige Ebenen marschieren, die Frontlinie dehnt sich lang aus und wird demzufolge geschwächt; die Expedition mißlingt, die griechische Armee weicht auf neue Positionen zurück, die ebenfalls eine ausgedehnte Frontlinie von 600 km bilden. Die Versorgung der Truppen ist schwierig, die Versorgungskonvois sind den Überraschungsüberfällen türkischer irregulärer Truppen, der *»Tsetes«*, ausgesetzt.

Griechenland, international isoliert, ist durch die Mobilmachung und den kostspieligen Krieg wirtschaftlich überfordert. Der plötzliche Entschluß, den Nennwert des Papiergeldes zu halbieren, was einer Anleihe von 1 1/2 Milliarden Drachmen entpsrach, reicht nicht zur Bewältigung der Situation aus. Volk und Armee sind nach zehn Jahren Krieg (von 1912 bis 1922) erschöpft. Mitten in dieser Atmosphäre inneren Haders und frenetischer politischer Emotionen erkennen die verantwortlichen Politiker nicht alle Veränderungen, die sich in der internationalen Politik ergeben haben, und zeigen in dieser höchst dramatischen Situation weder Geistesgegenwart noch Mut und Realitätssinn.

Die Nation treibt in die Katastrophe. Seit Monaten verharrt die griechische Armee nur noch defensiv in ihren Stellungen, während am 13. August 1922 der Gegner die Initiative ergreift, die schwache Frontlinie auf einer Breite von etwa 36 Km durchstößt, mit der Folge, daß die gesamte Front zusammenbricht. Die griechischen Truppen treten überall den Rückzug an und verlassen schließlich Kleinasien. Ein trostloser Flüchtlingszug griechischer Familien, die vor den Grausamkeiten der Türken fliehen, begleitet sie. Mehrere tausend Griechen werden massakriert.

Die türkischen Greueltaten, die Vernichtung der Griechen von Smyrna und die Zerstörung der Stadt, die in Brand gesetzt wird, die Katastrophe, mit der die Tragödie des Griechentums in Kleinasien endet, ereigneten sich vor den gleichgültigen Augen der Flottenführer der zivilisierten Staaten Europas. George Horton, der amerikanische Konsul in Smyrna schrieb, daß sich all dieses »im Jahr des Herren 1922 wegen der Rivalitäten und der gegensätzlichen kommerziellen Interessen einiger christlicher Mächte und der von ihnen den Türken gewährten moralischen und materiellen Hilfe« ereignete.

Die meisten Kriegsgefangenen sterben auf dem Weg zu den Deportationsorten im Inneren des Landes. Ihr Schicksal schildert später, im Jahre 1931 Ilias Venesis in seinem Buch »Nummer 31.328«* als sein eigenes qualvolles Erleben. Die übrigen kleinasiatischen Griechen, die die Massaker überlebt hatten, wurden nach dem Friedensvertrag von Lausanne (1923) gegen in Griechenland lebende Türken ausgetauscht. Auf diese Weise wurden wieder Teile der griechischen Bevölkerung entwurzelt und die uralte griechische Besiedlung Kleinasiens beendet, die eine Quelle der ökonomischen, militärischen und politischen Kraft des

*) In bewegender Weise schildert alle diese Tragödien auch das Buch »Grüß mir die Erde, die uns beide geboren hat« (Matomena Chomata) von Dido Sotiriu (1962)(Köln 1985). Anm. der Rd.

mittelalterlichen Griechentums dargestellt hatte und in neuerer Zeit die zweite Lunge der griechischen Nation gewesen war.

Diese Katastrophe war der Preis des Zerwürfnisses zwischen König Konstantin und Veniselos. Sie war ebenso eine Folge der Einflußnahme der Großmächte auf die Geschicke des neuen Griechentums. Es ist dessen schwerste Prüfung seit dem Fall von Konstantinopel im Jahre 1453. In Südosteuropa ist nun eine neue Situation entstanden, die bald zu neuen Problemen und diplomatischen Aktivitäten führen sollte. Zu erwähnen ist die pedantische Präzision, mit der Griechenland seine Versprechungen einhielt und die Tilgung der Auslandsanleihe sicherte, obwohl es an schlechten Beispielen nicht fehlte: Die Großmächte verweigerten die Kredite von 1918, die Nachbarn, obwohl unter internationaler Kontrolle, suspendierten die Tilgung ihrer Schulden oder leisteten sie in entwerteter Währung. Griechenland erstattete der Entente mehr zurück, als es von den Alliierten bekommen hatte.

III. Griechenland nach der Niederlage in Kleinasien bis zum Zweiten Weltkrieg (1922 – 1939)

Die Revolution von 1922. Die Ausrufung der Republik (1924)

Nach dem Rückzug der griechischen Streitkräfte aus Kleinasien rufen einige Offiziere, die mit Teilen ihrer Truppen nach Chios und Lesbos übergesetzt waren, unter der Führung von Nikolaos Plastiras, Stylianos Gonatas und Alexandros Chatzikyriakos, empört über die Urheber der Katastrophe, die Revolution aus und zwingen König Konstantin zur Abdankung und zum Verlassen des Landes (14. September 1922). In ihrer Verlautbarung vom 25. September 1922 versprechen die Offiziere Griechenland ehrenhaft und provisorisch zu regieren und dafür zu sorgen, daß diese Übergangsphase so schnell wie möglich beendet wird. Die Regierungsmitglieder werden verhaftet und vor ein Militärgericht gestellt. Als verantwortlich für die Katastrophe werden sie vom Kriegsrat zum Tode verurteilt. Exekutiert werden Ministerpräsident Petros Protopapadakis, Dimitrios Gunaris und drei weitere Minister sowie der Oberbefehlshaber der Armee Georgios Chatzianestis (15./28. November 1922).

Die Situation in Griechenland ist am Ende des Jahres 1922 trostlos: Anderthalb Millionen elende und mittellose Vertriebene strömen obdachlos durch die Straßen der Dörfer und Städte, den Schutz des Staates und der Gesellschaft erflehend. So trägt Griechenland, das besiegt ist und durch die verhängnisvollen Folgen eines erschöpfenden Krieges wirtschaftlich am Abgrund steht, auch noch die Last einer plötzlichen enormen Überbevölkerung (anderthalb Millionen Vertriebene bei einer Bevölkerung von 4,5 Millionen). Die Flüchtlinge konzentrieren sich vor allem auf die Städte und können, bei fast leeren Staatskassen, nicht einmal mit dem Lebensnotwendigsten versorgt werden. Zudem stand der Winter vor der Tür. Die Anführer der Revolution entfalteten angesichts dieser katastrophalen Situation eine bewundernswerte Aktivität. Besorgt um eine rasche Normalisierung des politischen und sozialen Lebens, war ihre erste Amtshandlung die Amnestie für politische Vergehen. Inzwischen wird am 11. Oktober der Waffenstillstand von Mudania unterzeichnet, der als Grenze zwischen Griechenland und der Türkei in Thrazien den Fluß Evros bestimmt. Nach 14 Monaten wird im Januar 1923 in Lausanne die Vereinbarung über den Bevölkerungsaustausch und am 24. Juli schließlich der Friedensvertrag unterzeichnet. Griechenland wird durch Veniselos vertreten, der die griechischen Positionen mit seinem bekannten diplomatischen Geschick vertritt.

So endet nach elf Jahren der Kriegszustand für Griechenland. Der einzige Gewinn all dieser Abenteuer ist die Rückgabe von Westthrazien an das griechische Mutterland, eine Region von 8.796 km^2 mit 202.650 Einwohnern. Von nun an sucht Griechenland unter den neuen Gegebenheiten nach neuen Orientierungen. Doch ein weiterer dramatischer Zwischenfall wirkt sich aus: General Tellini, der Chef der italienischen Vertretung bei der Internationalen Kommission für die Grenzziehung zwischen Griechenland und Albanien, wird zusammen mit vier weiteren Mitgliedern der Kommission auf griechischem Boden, unweit des albanischen Territoriums von Unbekannten ermordet. Man vermutet, daß es sich um albanische Agenten der faschistischen italienischen Regierung handelte. Mussolini nimmt den Zwischenfall zum Anlaß, Korfu zu bombardieren und zu besetzen (31. August 1923). Es war die erste bewaffnete Aktion des faschistischen Regimes im Sinne einer dynamischen Expansion auf dem Balkan.

Frankreich und England intervenieren in dieser Angelegenheit zugunsten Mussolinis und erlegen Griechenland eine Geldstrafe von 50.000.000 italienischen Lira auf. Der Völkerbund verliert durch sein passives Verhalten in dieser Angelegenheit viel an Prestige und Autorität. Ein neuer Absolutismus, brutaler als der alte, zeichnet sich bereits ab.

In Griechenland folgt eine Periode der Revolten und Unruhen – eine Reihe militärischer Coups; verschiedene ehrgeizige republikanische Offiziere, wie Theodoros Pangalos und Georgios Kondylis mischen sich in die Politik ein und stiften große Verwirrung. Unzufrieden mit dieser Einmischung der Armee in die Politik und mit der Cliquenbildung innerhalb der Truppe rufen einige Offiziere unter Führung der Generäle G. Leonardopulos und P. Gargalidis, mit indirekter Unterstützung des Generals Ioannis Metaxas, dem Chef der »Freien Unabhängigen«-Partei und Royalisten am 22. Oktober 1923 eine Gegenrevolution aus. Sie wird im Keim erstickt, 1.284 Offiziere werden aus der Armee ausgestoßen.

Diese Revolte rief die heftige Reaktion der führenden Militärs der Revolution von 1922, besonders der republikanischen Offiziere, hervor, die trotz der entgegenstehenden Meinung von Veniselos König Georg II absetzen (18. Dezember 1923) und die Republik ausrufen (25. März 1924). Bei dieser gewaltsamen Konstituierung der Republik spielt der Chef der »Demokratischen Union«, Alexandros Papanastassiu, ein integrer und ehrenwerter Politiker, die führende Rolle.

Vier unruhige Jahre (1924 – 1928)

Von dieser Zeit an sind die Veniselos-Gegner ohne Führung und das politische Leben wird von verschiedenen Parteien, die aus der Spaltung der Liberalen hervorgegangen sind, bestimmt. Die Führer dieser Parteien, aus der unmittelbaren Umgebung von Veniselos hervorgegangen, bekämpfen einander oft mit unlauteren Mitteln und zögern nicht, die tätige Hilfe ehrgeiziger Offiziere in Anspruch zu nehmen, die in Wirklichkeit die Herren der Lage sind.

Die erste republikanische Regierung unter Papanastassiu bestand vier Monate und sieben Tage und traf unter anderem folgende Maßnahmen: Einführung von Renten für die Kriegsopfer unter den Militärs und die Verabschiedung des Gesetzes über die Wasserversorgung Nordgriechenlands. Außerdem geht die Gründung der Universität von Thessaloniki auf die Regierung von Papanastassiu zurück. Doch ihm war nicht die Zeit gegönnt, bestimmte soziale Fragen zu regeln, für die er sich mit voller Kraft einsetzte, wie z.B. die Verbesserung der Arbeitsbedingungen und die Anhebung der sehr niedrigen Löhne. Die Unzufriedenheit der Arbeiter äußerte sich während seiner Amtszeit in einer Reihe von

Streiks.

Von den nachfolgenden Regierungen ist die von Andreas Michalakopulos (September 1924) die bemerkenswerteste. Sie nimmt einen Kredit von 12.300.000 Pfund für die Bewältigung des Flüchtlingsproblems auf, über den später zu sprechen sein wird, löst das Problem der Wasserversorgung Athens und schenkt der systematischen Ausbildung höherer Offiziere besondere Aufmerksamkeit. Zu diesem Zweck holt sie den französischen General Girard nach Griechenland, gründet die Kriegsschule und weitere Schulen zur Anwendung moderner Militärtechnik und das Ausbildungszentrum für höhere Offiziere. Dem Wirken dieser Regierung wird am 25. Juni 1925 durch den Staatsstreich von General Pangalos ein Ende gesetzt, der, nachdem er eine revolutionäre Regierung gebildet hat, mit einem gefälschten Referendum die Macht an sich reißt. Seine Machtbesessenheit bringt ihn dazu, für Staat und Nation ungünstige Abkommen zu unterschreiben, so z.B. den Bündnisvertrag mit Jugoslawien, durch den diesem inakzeptable Privilegien in der Freizone von Thessaloniki, bei der Eisenbahnlinie Thessaloniki – Jevjeli usw. zugestanden werden, Privilegien, die mit den griechischen Souveränitätsrechten unvereinbar waren. Die folgenden Staatsstreiche, die Beteiligung der Politiker daran, die Einmischung der Militärs in die Politik und die fortgesetzten aufständischen Verschwörungen in der Armee untergraben die Staatsautorität und mindern das internationale Ansehen Griechenlands.

In dieser Zeit tritt nach innerparteilichen Auseinandersetzungen die kommunistische Partei als Gegner der bürgerlichen Parteien in die politische Arena. Sie nutzt die politisch und wirtschaftlich ungeordnete Lage, die durch die häufigen Aktivitäten des Militärs verschlimmert wird und die ungelösten großen sozialen Probleme, um ihre Ideen eines proletarischen Internationalismus zu propagieren.

Die Pangalos-Diktatur wird nach vierzehn Monaten (22. August 1926) von General Kondylis gestürzt. Es folgen Wahlen (7. Novembr 1926), bei denen keine Partei die absolute Mehrheit erreicht, dafür aber erstmals zehn Abgeordnete der Kommunistischen Partei ins Parlament einziehen. Das Volk, müde und angewidert von den unaufhörlichen Militärputschen, fordert endlich eine stabile Regierung.

Die sogenannte »Einheitsregierung« unter Alexandros Saimis wird gebildet, an der Veniselos-Anhänger (Kafandaris, Michalakopulos) und Veniselos-Gegner (Metaxas) beteiligt sind. Die Zusammenarbeit ist besonders im Bereich der Landwirtschaft fruchtbar. Das Landwirtschaftsministerium leitet der in diesem Bereich erfahrere Alexandros Papanastassiu, der Chef der Bauern- und Arbeiterpartei. Er gründet die Landwirtschaftsbank (Georgiki Trapesa) um die Kreditvergabe an die Bauern zu verbessern, die Abteilung für Agrikultur und Forsten an der Naturwissenschaftlichen Fakultät von Thessaloniki und fördert die Gründung von Agrargenossenschaften und von Landwirtschaftskammern. Dieser besondere Stellenwert der Landwirtschaft ist ein Teil des allgemeinen Wirtschaftsprogramms der Regierung, dessen Ergebnis der späteren Regierung Veniselos zugute kommen sollte.

Bemerkenswert sind ferner die Maßnahmen, die Wirtschaftsminister G. Kafandaris traf, um den Staatshaushalt zu stabilisieren, was angesichts der Probleme, die sich durch die Eingliederung der Vertriebenen und die gleichzeitige Notwendigkeit der Stabilisierung der Drachme stellten, nicht leicht war. Es gelang durch die Aufnahme eines Kredites von 9.000.000 £ am Londoner Kapitalmarkt unter der Schirmherrschaft des Völkerbundes; vorher war es notwendig, die Einwilligung der Regierungen von England, Frankreich und der USA einzuholen. Trotz der ungünstigen Bedingungen – der Zins wurde auf 7,05 % festgesetzt – war dieser Kredit immer noch günstiger als derjenige aus dem Jahr 1924 in Höhe von 12.300.000 £ der sogenannte »Flüchtlingskredit«, dessen Nominalzins von 7 % sich schließlich auf 8,71 % belief. Der neue Kredit erfüllte zudem durch adäquate Verwendung einen wirklich produktiven Zweck, was ihn von den in der Vergangenheit aufgenommenen Krediten unterschied. Zur gleichen Zeit wurde auch die »Bank von Griechenland« gegründet.

Doch dieses ökonomische Einvernehmen zwischen Veniselos-Anhängern und -Gegnern ließ sich nicht fortsetzen. Parteiinteressen und persönliche Feindschaften brachten die Regierung um ihre Stabilität. Ihr Schicksal war besiegelt, als Veniselos, getrieben von politischem Tatendrang nach drei Jahren der Selbstexilierung in Westeuropa am 19. April 1927 nach Griechenland zurückkehrte. Der größte Teil des Volkes setzte seine Hoffnungen auf seine außerordentliche Persönlichkeit mit den bewundernswerten Fähigkeiten. Veniselos erklärte jedoch, daß er sich von der Politik zurückgezogen habe. Trotzdem kommentierte er alten Freunden gegenüber die jeweiligen Probleme, die die Regierung beschäftigten. Diese Einmischung von Veniselos führte zum Rücktritt des Wirtschaftsministers und Chefs der Progressiven Liberalen, Kafandaris, und schließlich der ganzen Regierung.

Die am 19. August 1928 aufgrund des Mehrheitswahlsystems in ruhiger Atmosphäre durchgeführten Wahlen geben der Bevölkerung die Gelegenheit, Veniselos mit überwältigender Mehrheit ihr Vertrauen auszusprechen: Seine Partei, die Liberalen und ihre Mitkämpfer gewinnen 223 der 250 Parlamentssitze, bzw. 61,02 % der Stimmen. Die Veniselos-Gegner, die bei den Wahlen von 1926 42 % erreicht hatten, bekommen diesmal 33,03 % und die Kommunisten 1,41 % (1926: 4,38 %). Noch niemals bisher hatte die politische Mitte einen solchen Erfolg erzielt. Es war der Sieg einer Person, nicht einer Partei.

Die politischen Parteien und die Außenpolitik

Bevor wir uns der Betrachtung der Regierung Veniselos zuwenden, noch einige Bemerkungen zur politischen Struktur und dem ideologischen und materiellen Wandel, der in Griechenland seit der Niederlage in Kleinasien stattgefunden hatte. Die politischen Parteien kranken weiterhin an ihren alten Schwächen; es mangelt an Organisation, an realitätsbezogenen, ernsthaft durchdachten Programmen; ihre Namen sind fast nur dekorative Etiketten; die Parteitätigkeit entfaltet sich beinahe ausschließlich im begrenzten Rahmen der Politik und bezieht sich nur gelegentlicch auf soziale Probleme, wenn diese brennend geworden sind; bindende Prinzipien für die Parteimitglieder fehlen. Die rivalisierenden Politiker überbieten sich beim Stimmenfang an Demagogie. Das Bild einer Partei wird hauptsächlich durch die Persönlichkeit ihres Vorsitzenden geprägt. Jeder Parteichef ist meist von einer undurchdringlichen Camarilla umgeben, die das Aufkommen neuer Kader unterbindet. In dieser politischen Landschaft dominieren die Juristen – »Dikigorokratia«; Vertreter niedriger Einkommensschichten, Bauern, Arbeiter und andere Lohnabhängige fehlen. Nur wenige Politiker nehmen sich die Zeit, sich mit den Bedürfnissen und Problemen des Volkes zu beschäftigen. An das Volk denken sie erst am Vorabend der Wahlen, wenn sie in ihre Wahlkreise reisen, um Stimmen zu fangen. Das Gefälligkeitsprinzip (Klientelgesellschaft) hat wie ein Bazillus das politische Leben befallen, den gesamten staatlichen Organismus vergiftet und die Beamtenschicht korrumpiert. Diese Situation schreckt seriöse und ehrliche Persönlichkeiten, die der Nation gerne ihre Dienste anbieten würden, ab.

Eine andere Gruppe in der neugriechischen Gesellschaft bilden die Offiziere außer Dienst, eine Sondergruppe, die im Laufe der Zeit immer größer wird. Viele von ihnen werden von der gerade an der Macht befindlichen Partei in verschiedene öffentliche Ämter oder in Banken eingesetzt. Das Eindringen der Militärs in die Verwaltung und den Staatsapparat nimmt mit dem Mißlingen verschiedener Putschversuche und der Entlassung von Offizieren der jeweils besiegten ideologischen Gruppe zu. So wird also das politische Leben des Landes von Juristen und Offizieren beherrscht.

Die Regierungstätigkeit, die auf die Lösung der inneren Probleme gerichtet ist, wird durch den mangelhaft funktionierenden Verwaltungsapparat, der aufgrund der jeweils neuen Einstellungen von Personal dem Parteieinfluß unterliegt, erschwert. Nach jeder Amtsübernahme sorgt jeder einflußreiche Politiker dafür, so viele seiner Anhänger wie möglich in wichtigen oder unwichtigen Stellen unterzubringen. Eine Eignungsprüfung für Beamte ist unüblich, so sind auch die meisten Beamten ungeeignet, und der Bürger muß sich selbst unablässig um seine Angelegenheiten kümmern, oder besser, sie in die Hände der Abgeordneten oder Parteikader seiner Region legen. Die Beamten wiederum sind aus Angst oder aus Opportunismus den Politikern ebenfalls behilflich, wobei sie vor allem ihren eigenen Vorteil im Auge behalten. Nicht einmal die Erschütterung der kleinasiatischen Katastrophe, die Griechenland an den Rand des Abgrundes brachte, bewirkte eine Erneuerung des politischen Lebens.

Dagegen ist in der Außenpolitik ein neuer Faktor zu erkennen. Nach der Katastrophe von 1922 und dem Bevölkerungsaustausch mit der Türkei und mit Bulgarien wird die »Megali Idea« aufgegeben und Griechenlands Haltung gegenüber der Türkei geändert. Schon einige Jahre später, 1930, wird Veniselos in realistischer Einschätzung der Verhältnisse den Mut haben, sich über bittere Reminiszenzen hinwegzusetzen und mit der Türkei einen Friedens- und Freundschaftspakt zu schließen. Einziger Wunsch der griechischen Regierungen ist es nun, das Erworbene zu erhalten. Ihre Politik ist also eindeutig defensiv und ihr Hauptaugenmerk richtet sich dabei auf die nördliche Grenze. Überzeugt davon, daß der Völkerbund eine friedliche Existenz sichert, vernachlässigt man dabei, die Streitkräfte mit modernen Waffen auszurüsten und notwendige Befestigungsanlagen zu errichten. Man ist ohnehin mit wichtigen und ernsten Problemen beschäftigt, vor allem mit der Vertriebenenfrage, d.h. mit dem größten Flüchtlingsstrom, den ein Staat in jener Zeit zu bewältigen hatte.

Die Integration der Vertriebenen aus Ostthrazien und Kleinasien

Im Zuge des Bevölkerungsaustausches zwischen Griechenland und der Türkei strömen 1.500.000 Menschen aus Thrazien und Kleinasien nach Griechenland. In dieser Zahl inbegriffen sind 170.000 griechische Flüchtlinge aus Bulgarien, die gemäß dem griechisch-bulgarischen Vertrag von Neuilly vom 27. November 1919 nach Griechenland kamen, sowie die Flüchtlinge aus dem Kaukasus, aus Südrußland, Jugoslawien, Albanien und vom Dodekanes. Darüberhinaus nahm Griechenland 50.000 armenische Vertriebene auf. Die meisten der griechischen Flüchtlinge aus Bulgarien, die seit dem Altertum an der Schwarzmeerküste in ihren Heimatstädten wie Sosopolis, Pyrgos, Anchialos, Messimvria ua. oder auch im Inneren des Landes, in Philippupolis, Stenimachos usw. gelebt hatten, sowie die meisten aus der Türkei (Ostthrazien und Kleinasien) vertriebenen Griechen wurden in den bisher von Bulgaren und Türken bewohnten Ortschaften in Griechisch-Makedonien angesiedelt; die Bulgaren und Türken wiederum ließen sich in den ehemals griechischen Regionen Bulgariens und der Türkei nieder. Die kleine Zahl von Serben, die während des ersten Weltkriegs zwischen 1914 und 1918 nach Makedonien geflüchtet war, kehrte nach Jugoslawien zurück, während die griechischen Bewohner von Skopje, Krosovo, Prilep, Monastir usw., allmählich in die Dörfer und Städte Griechisch-Makedoniens strömten, hauptsächlich nach Thessaloniki; hier leben sie noch heute und pflegen in ihren Vereinen und Verbänden die Sitten und Gebräuche ihrer fernen Heimatorte. Diejenigen Griechen, die freiwillig in Bulgarien und Jugoslawien blieben, werden allmählich von der fremden Umgebung assimiliert.

Es ist das erste Mal in der griechischen Geschichte seit der Antike, daß sich die griechische Bevölkerung hauptsächlich auf der griechischen Halbinsel konzentriert und sich endgültig dort niederläßt. Aus Konstantinopel und Umgebung kamen 200.000 Griechen, die jedoch nicht Hals über Kopf flüchten mußten. Sie ließen sich in verschiedenen Städten nieder, ohne den Staat mit besonderen Problemen zu belasten. Die anderen 1.300.000 bedurften staatlicher Hilfe und Fürsorge. Ihre Ernährung, ihre Beschäftigung und ihre Eingliederung als nützliche Staatsbürger mußten gewährleistet werden. Bei diesem ungeheuren Unternehmen der Ansiedlung der Vertriebenen leistete der Völkerbund wertvolle Hilfe. Neben seinem moralischen Beistand stellte er Griechenland die benötigten technischen und wirtschaftlichen Experten zur Verfügung. Ein Kredit von 12.300.000 £ wurde aufgenommen, das Internationale »Komitee für die Eingliederung der Flüchtlinge« wurde gebildet, das in sieben Jahren, von Ende November 1923 bis Ende des Jahres 1930 in enger Zusammenarbeit mit den griechischen Behörden seine Arbeit bewältigte. Für die Ansiedlung der geflüchteten Bauern wurden 3.518.471,339 £ aufgewendet, davon 1.033.265,186 £ für den Aufbau neuer Dorfsiedlungen, 564.121,953 £ für die Ausstattung mit Tieren, 122.680,407 £ für Geräte und landwirtschaftliche Maschinen, 641.733,895 £ als Vorauszahlungen in Ware und Geld. Darüberhinaus sind 376.864,446 £ für gemeinnützige Arbeiten, für die medizinische Versorgung, Landvermessung und Verwaltung usw. ausgegeben worden. Die Unterbringung der 143.239 Bauernfamilien war im Juni 1926 beendet. Es war die größte Um-. und Ansiedlungsaktion, die bis zu diesem Zeitpunkt stattgefunden hatte.

Die Flüchtlinge passen sich ihrer neuen Heimat schnell an; sie entfalten in allen Bereichen des wirtschaftlichen Lebens eine rege Tätigkeit und arbeiten zum allgemeinen Nutzen mit den anderen Griechen zusammen. Die Geburtenhäufigkeit steigt: Von 5,76 auf 1000 Einwohner im Jahre 1922 auf 13,18 im Jahe 1931. Der kultivierte Boden beträgt 19.000km^2, im Vergleich zu 12.000 im Jahr 1923. Bezeichnend ist die Zunahme der landwirtschaftlichen Maschinen. Die Getreideproduktion steigt von 624.000 Tonnen im Jahr 1923 auf 880.000 Tonnen im Jahr 1928 und der Wert der gesamten landwirtschaftlichen Produktion von 7 auf 12 Milliarden Drachmen.

Die griechischen Regierungen sorgten dafür, daß die Flüchtlinge in fruchtbaren Gegenden angesiedelt werden, sei es in Makedonien und in Westthrazien, oder auch in Städten. Zunächst versuchte man, sie auf den von den Türken verlassenen Ländereien zu installieren; da es dort jedoch relativ wenige Siedlungen gab, wurden hunderte neuer Ortschaften gebaut, von denen einige sich später zu bemerkenswerten ökonomischen Zentren entwickelten. Der Staat verteilte den Grund und Boden und stellte auch die allernotwendigsten Mittel für dessen Bearbeitung zur Verfügung.

Besonders in diesen Regionen wurde ein intensives staatliches Beschäftigungsprogramm durchgeführt (Straßen- und Brückenbau, Hafenarbeiten u.a.). Neue Methoden zur Verbesserung des Bodens und der Bewässerung werden angewandt, vor allem in den drei nördlichen Tiefebenen von Serres, Drama und Thessaloniki. Man leitet die Flußabläufe des Axios, Strymon und anderer Flüsse um, deren Überschwemmungen bis dahin die Felder in weitem Umkreis vernichtet hatten, man legt Seen, wie den Achinos, den Jenitsa, den Artzan, den Amatovos trocken und verteilt das gewonnene Land sowohl an Flüchtlinge wie auch an Autochthone. Artesische Brunnen, Wasserleitungen und Sanierungsarbeiten zur Bekämpfung der Malaria, von Typhus und Tuberkulose sowie neue medizinische Einrichtungen, Apotheken usw. werden gebaut.

Die großen Bewässerungsanlagen verändern die äußere Geostruktur Makedoniens. Der Deutsche Stephen Ronart schreibt in seinem Buch »Griechenland von heute«, 1935: »Der Hellenismus hat mit der Rettung seiner Flüchtlinge vor Untergang und vor Verderben sich selbst gerettet und moralisch wieder aufgerichtet, aber gleichzeitig auch sein ganzes nationales Gefüge neu und fester als je vorher geschlossen.

Die makedonische Frage, das verworrene, langjährige Problem der Diplomatie Europas wurde durch die Niederlassung von zwei Dritteln der dreihunderttausend zugekommenen griechischen Familien mit einem Schlage bleibend, für immer unanfechtbar gelöst; neun Zehntel der Bauern und ein großer Teil der Städter fanden ihr neues Heim in Makedonien, von wo Mohammedaner und Bulgaren im Wege der Austauschaktion abgewandert waren (...)

Einem richtigen, übersichtlichen Bilde dieser wahrhaft gigantischen Arbeiten auf diesen weiten Territorien ist einzig am Besten nur durch ihr Überfliegen gerecht zu werden. Die größte Zahl der Reisenden sucht heute noch Griechenland zumeist von Westen her am Wasserwege auf und betritt griechischen Boden von einem Hafen aus; wer aber im Flugzeug über Italien von Rom oder Brindisi aus in nicht ganz vier Stunden Fahrt mit kurzer Zwischenlandung in der Hauptstadt Albaniens, Tirana, die Adria überquerend und die zerklüfteten, pittoresken epirotischen Berge, mit ihrem tiefblautransparenten Ochrida-See, der weitschimmernden Silberfläche des Maliksees, dann von 4000 Metern Höhe langsam über MaKedonien nach Saloniki herabgleitet, sieht allmählich diese Ebene teppichartig zu sich empor wachsen: Weite fruchtbare, bebaute Gefilde, wo früher Sumpfland und Fieberschwaden lagen, scharfkantig umrissene Felder, vom dunklen Braun bis zum hellen Grün getönt, übersät mit den weissleuchtenden Flecken der Siedlerdörfer, durchzogen von den hellen Straßenbändern, durchschnitten, schnurgerade zum Meere hin von den dunklen Entsumpfungskanälen, und all dies abgegrenzt vom weitausgreifenden, tiefblauen Kreissegment des Saloniki-Golfes – ein Wunderwerk menschlicher Energie und Leistung (...)

In diesem Augenblick der Depression und Demoralisierung kam mit dem plötzlichen, unabwendbaren Zwang, für die noch unglücklicheren Brüder sorgen zu müssen, der erste Ruck der Selbstbesinnung; mit der Erkenntnis des wunderbaren Erfolges in dieser Hilfe kehrte auch das Selbstbewußtsein wieder, wuchs die Schaffenslust und Tatkraft wieder an, in noch erhöhtem Mahse als zuvor.«

Diese Leistung war wirklich ein Friedenswerk. Auch im Süden Griechelands werden ähnliche Arbeiten vorgenommen; die Griechen gelten als Träger des Fortschritts in Südosteuropa und dem östlichen Mittelmeerraum. Die Verpflanzung der Vertriebenen hat auf die Wirtschaft Griechenlands im allgemeinen positive Folgen. Die Bevölkerungszahl der Städte steigt, Handel und spezialisierte Industrien erleben einen Aufschwung, wie z.B. die Textilindustrie, die Teppichweberei, die Ziegel- und Keramikindustrie.

Griechenland schreitet auf dem Wege der Industrialisierung voran. Im Jahr 1922 befand es sich in einer sehr schwierigen Situation, aber im selben Jahr werden durch das Gesetz Nr. 2948 Maßnahmen zur Förderung der Industrie ermöglicht und trotz der politischen Instabilität, trotz des Mangels an Verkehrswegen, an Facharbeitern und Krediten für die Industrie, trotz des Fehlens einer klaren diesbezüglichen Politik kann sich die Industrialisierung doch entfalten. Die Erfolge, die sich trotz der ungünstigen Voraussetzungen auf diesem Gebiet einstellten, sind nur der Initiative der griechischen Kapitaleigner und Unternehmer zuzuschreiben.

1923 beschleunigt sich die Industrialisierung zusehends. Der Staat fördert die Expansion industrieller Anlagen durch die zwangsweise Enteignung von Grundstücken, die an Fabrikgelände angrenzen sowie durch internationale Vereinbarungen über den Schutz von Fabrikationsmarken, von Erfindungen, Patenten usw.. Hinzukommt, daß durch die restriktive Einwanderungsmaßnahmen anderer Staaten, insbesondere der USA, die Zahl der griechischen Auswanderer abnimmt, was der Industrie zugute kommt. Während im Jahr 1921 noch 28.502 Personen nach Amerika ausgewandert waren, sind es 1922 nur noch 3.457. Das Arbeitsrecht wird verbessert, so wird z.B. die Arbeitszeit allmählich auf acht Stunden pro Tag begrenzt, zuerst im Bergbau und der metallverarbeitenden Industrie.

In der Teppichherstellung macht sich ein deutlicher Fortschritt bemerkbar: Die aus Kleinasien vertriebenen Griechen bringen sowohl für die Teppich- wie auch für die Keramikfabriken beachtliche Traditionen mit, die bis ins Mittelalter zurückreichen. So wachsen diese Branchen auch rapide und machen Griechenland von 1926 an zu einem ernstzunehmenden Konkurrenten für die Länder des Orients, besonders für die Türkei. 1927 sind 4000 einfache Fabriken, die Teppiche herstellen, in Betrieb, davon zwei Drittel in Athen und Piräus, ein Drittel auf dem Lande. Dieser Industriezweig beschäftigt 10.000 Arbeiter; 80 % der Produktion wird in die USA exportiert, der Rest wird im Inland und in andere europäische Länder verkauft. 1929 wird die »Organisation für griechische Teppiche« gegründet sowie die »Organisation für den Tourismus«. Bei der Pflege der von den Vertriebenen mitgebrachten handwerklichen Traditionen und der Volkskunst spielte die Malerin Angeliki Chatzimichali eine wesentliche Rolle, die sich der Erforschung griechischer Volkskunst und des Handwerks widmete. Sie übte belebenden Einfluß auf viele Volkskünstler, Maler, Dekorateure u.a. aus.

Die Internationale Messe von Thessaloniki und die Akademie von Athen, beides Institutionen, die im Jahre 1926 gegründet wurden, haben ebenfalls zur Stimulierung des wirtschaftlichen Fortschritts beigetragen; sie verleihen Preise an Industrielle, aber auch an Landwirte, die sich auf ihrem Gebiet hervorgetan haben. Maßgeblicher Faktor der Entwicklung des Landes ist die Steigerung der landwirtschaftlichen Produktion. Der ehemalige Minister P. Vurlumis schreibt am 12. März 1928 in der Zeitung »Eleftheron Vima« über die industrielle Entwicklung, sie habe in den sieben Jahren von 1920 bis 1927 größere Fortschritte gemacht, als in dem Zeitraum seit dem Unabhängigkeitskampf von 1821 bis 1920. Die Zahl der Arbeiter wuchs von 50.000 auf 100.000 im Jahr 1928, was den Lebensunterhalt für ungefähr 50.000 Familien sicherstellte. Eine weitere wichtige Maßnahme war die Werbung für Agrarprodukte und Industriegüter: Das Gesetz vom 23. März 1932 sah die Organisierung einer Dauerausstellung griechischer Erzeugnisse in Athen vor.

Geistiges Leben und Literatur

Auch das geistige Leben entwickelt sich stetig und intensiv. 1926 werden die Universität von Thessaloniki als zweite Hochschule des Landes sowie zahlreiche moderne Schulen gegründet.

Die neugriechische Literatur erlebt eine bemerkenswerte Blüte, aber auch der antike Geist wird durch Aufführungen des altgriechischen Theaters und die Wiedereinführung der Festspiele von Delphi zu neuem Leben erweckt. In diese Periode gehören die Schriftsteller Stratis Myrivilis (1892 – 1969) – sein bekanntestes Buch ist der bereits erwähnte Roman »Das Leben im Grabe« –, Fotis Kontoglu (1895 – 1965) mit einer Neigung zum Mystizismus und dem abenteuerlichen Leben der Seeleute, der große Lyriker Angelos Sikelianos (1884 – 1951), der inspiriert durch die altgriechische Tragödie und die delphische Idee die »Delphischen Spiele« initiierte, der weltberühmte kretische Schriftsteller Nikos Kasantzakis (1883 – 1957), ein tiefer und vielschichtiger Denker; ferner der Dichter Kostas Karyotakis (1896 – 1928), dessen tiefer Pessimismus ihn zum Sarkasmus und schließlich in den Selbstmord trieb. In die gleiche Epoche gehören auch Kostas Uranis (1890 – 1953), Kostas Varnalis (1884 – 1974), dessen Engagement der Arbeiterklasse gilt; schließlich Konstantin Kavafis (1863 – 1933), einer der größten Dichter unserer Zeit, aus Alexandria; die Symbolik seiner sparsamen suggestiven, bis zur Perfektion durchgearbeiteten Gedichte voller Aktualität, hat ihre Wurzeln in der hellenistischen Zeit. Hier müssen auch zwei Kritiker genannt werden, Jannis Apostolakis (1886 – 1974) und Photos Politis (1890 – 1934), die durch ihr strenges, manchmal sogar überzogenes Urteil die literarische Produktion anregen.

Betrachtet man alle Komponenten dieser Evolution, so kann man feststellen, daß es sich zum erstenmal in der griechischen Geschichte um ein Zusammenwirken aller dem Griechentum innewohnenden Kräfte und Möglichkeiten handelt, das sich nun auf ein kompaktes Ganzes konzentriert und endlich von jener permanenten Tendenz des Auseinanderstrebens befreit ist, die ihm bisher durch Armut und schwere Lebensbedingungen aufgezwungen worden war. Das neue Griechentum bewegt sich auf seine definitive Gestalt zu. Das Zusammenwachsen der Vertriebenen mit den Autochthonen hat darauf eine enorme Wirkung, wie der nun folgende Aufschwung beweist. Dieser Aufschwung fällt zum Teil mit der Regierungszeit von Veniselos (1928 – 1932) zusammen.

Die Regierung Veniselos (1928 – 1932)

Veniselos schreibt für den 21. April 1929 Wahlen zur Bildung des Senats aus, des zweiten gesetzgebenden Gremiums mit 120 Mitgliedern, das bereits in der Verfassung von 1927 vorgesehen war. Die Partei von Veniselos erhält 54,58 % der Stimmen, also die absolute Mehrheit, wie er sie schon in den Parlamentswahlen von 1928 erreicht hatte.

Die Rückkehr von Veniselos in die politische Arena stößt auf die Ablehnung der Opposition, aber auch einiger seiner ehemaligen Anhänger, was erneut zur Spaltung der politischen Kräfte führt. Die Autorität der Veniselos-Partei schwindet unaufhörlich und die bewußt demokratischen, aber uneinigen Kräfte sind nicht in der Lage, aus ihren Reihen einen Kandidaten für die Präsidentschaft zu benennen. Veniselos selbst designiert als Kandidaten den alten Alexandros Saimis, der für seine konservativen Ansichten bekannt ist. Seine Wahl ist ein erstes Anzeichen der Restauration.

Die Politiker Papanastassiu und Kafandaris werfen Veniselos bereits Anfang 1930 Machtkonzentration vor, während Savitsianos die Regierung der Verschwendung bezichtigt; sie bliebe untätig angesichts der sich abzeichnenden Weltwirtschaftskrise. Doch sind die Leistungen der Regierung Veniselos in 52 Monaten – vom Juli 1928 bis November 1932 – beachtlich.

Außenpolitisch gelingt es Veniselos, das Land aus der internationalen Isolierung herauszuholen. Die neuen Verhältnisse berücksichtigend, die durch den ersten Weltkrieg und den Aufstieg Mussolinis entstanden waren, versucht er aus dessen Bemühungen, in den Balkan einzudringen und die kleinen Staaten, die außerhalb der französischen Einflußsphäre geblieben waren, für sich zu gewinnen, für Griechenland Nutzen zu ziehen. Er vermeidet es, die Frage des Dodekanes anzuschneiden und verbindet sich mit Italien durch den Vertrag vom 23. September 1928 über »Freundschaft, Versöhnung und Regelung der Rechtshilfe«. Dadurch wird Jugoslawien, das in jener Zeit die militärisch stärkste Macht auf dem Balkan und begünstigter Alliierter Frankreichs ist, gezwungen, seine bis dahin arrogante Haltung Griechenland gegenüber zu revidieren und sich für eine Annäherung zu interessieren. Das Ergebnis ist der griechisch-jugoslawische Freundschaftsvertrag vom 27. März 1929.

Die Annäherung an Italien bedeutet jedoch nicht, daß Veniselos sich an dieses binden wollte. Er vermied hiermit lediglich die gefährliche Umarmung, die Griechenland zum Gegner Frankreichs und der Kleinen Entente gemacht hätte. Sein Bestreben ist darauf gerichtet, seinem Land gewisse Stützen und eine Ausgangsbasis für neue politische Orientierungen zu schaffen. Das war eine Politik, die sich an den Realitäten orientierte. Veniselos begreift, daß nach der Katastrophe in Kleinasien und dem Bevölkerungsaustausch zwischen Griechenland und der Türkei eine Politik der »Megali Idea« utopisch ist. Er betrachtet eine Wiederherstellung freundlicher Beziehungen zur Türkei als den Eckpfeiler seiner nationalen Politik. Eine Gefahr kann nur aus dem Norden kommen, und die Aufmerksamkeit der Nation mußte sich auf die nördlichen Grenzen des Landes richten. So entschließt er sich zu einer mutigen Tat: Er, der ehemals die Vision der »Megali Idea« gehegt und sie zu realisieren versucht hatte, schlägt der Türkei den griechisch-türkischen »Freundschafts-, Neutralitäts- und Schiedsspruch«-Vertrag vor und erreicht es, daß dieser mit Kemal Atatürk am 30. Oktober 1930 unterzeichnet wird. Am gleichen Tag werden zwei weitere Vereinbarungen geschlossen, nämlich über die Begrenzung des Rüstungswettlaufs auf See und über die Erweiterung der Handelsbeziehungen zwischen beiden Staaten. Diese Vereinbarungen fanden bei beiden Völkern einen positiven Widerhall. So begann die griechisch-türkische Freundschaft unter günstigen Vorzeichen. Ähnliche Bemühungen von Veniselos, mit türkischer Vermittlung die Differenzen mit Bulgarien zu regeln und freundschaftliche Beziehungen zu knüpfen, schlagen jedoch fehl, da Bulgarien die Verhandlungen verschleppt und schließlich die Reparationszahlungen an Griechenland einstellt. Dennoch gelingt es Veniselos dank seines internationalen Prestiges und seines diplomatischen Geschicks auf der Alliierten-Konferenz in Den Haag die Frage der Reparationszahlungen Deutschlands, Österreichs, Ungarns und Bulgariens in für Griechenland positiver Weise zu regeln. In der Zypernfrage mißbilligt Veniselos den Aufstand der Zyprioten im Oktober 1931, um die griechisch-britischen Beziehungen nicht zu belasten.

Als innenpolitische Leistungen der Regierung Veniselos sei die Fortführung der wasserwirtschaftlichen Regulierung der Ebenen von Thessaloniki, Serres und Drama genannt, sowie die Trockenlegung des Sees von Jenitsa, der Bau neuer Verkehrswege, Straßen, Eisenbahnlinien, Hafenanlagen; ebenso die Maßnahmen auf dem Gebiet des Gesundheitswesens (Kampf gegen Malaria und Tuberkulose) und der Agrarwirtschaft (Gründung verschiedener Forschungszentren zur Steigerung und Verbesserung der Agrarproduktion), der Beschaffung zusätzlicher Arbeitsplätze für Vertriebene (zumeist Bauern) und die Gründung der Agrarbank (Agrotiki Trapesa), der eine besonders große Bedeutung zukommt. Sie ist kein Privatunternehmen, sondern eine autonome Einrichtung, die in ständigem Kontakt und in Zusammenarbeit mit staatlichen Stellen steht. Sie gewährt den Bauern und den landwirtschaftlichen Genossenschaften Kredite, beliefert sie mit Saatgut, fördert die Trockenlegung von Sümpfen etc..

Das fundamentale Problem Griechenlands nach dem großen Krieg von 1914 – 1918 war die Intensivierung der landwirtschaftlichen Produktion sowie die Organisierung ihrer Verteilung; die Mehrheit der Bevölkerung waren Bauern, die weder Felder noch Einkommen hatten, weder Geräte noch Maschinen, und die auch die modernen Anbaumethoden nicht beherrschten. Viele dieser Bauern waren verschuldet, und ihnen mußte geholfen werden. So war die Einrichtung landwirtschaftlicher Schulen äußerst wichtig.

Auf dem Bildungssektor bemüht sich Veniselos neben der Gründung von Schulen und Bibliotheken um eine wirkliche Bildungsreform. Er reorganisiert die beiden Universitäten, gründet Berufsschulen und technische Mittelschulen mit landwirtschaftlicher, industrieller, kommerzieller Orientierung. Damit beabsichtigt er, die jungen Leute von dem herkömmlichen, klassischen Bildungsweg abzubringen, der, wie er meinte, ganze Armeen von Arbeitssuchenden hervorbrachte, von Menschen, die keine Voraussetzungen für die praktische Arbeit besaßen und damit zur Vergrößerung des intellektuellen Proletariats beitrugen. Veniselos führte die *Dimotiki*, die gesprochene Sprache, als Unterrichtssprache für die ersten vier Klassen der Volksschule, sowie für den Unterricht des Neugriechischen an den Gymnasien ein.

Die Gründung des Staatsrates mit dem Juristen K. Raktivan als erstem Präsidenten geht ebenfalls auf Veniselos zurück. Dieser Rat hatte die Funktion eines Obersten Verwaltungsgerichtes, mit der Aufgabe, bei Willkürakten der Behörden einzugreifen. Doch ist auf den liberalen Veniselos auch das Gesetz 4229 vom 25. Juli 1929 zurückzuführen, »bezüglich von Maßnahmen zur Sicherung der gesellschaftlichen Ordnung und zum Schutz der Bürgerfreiheiten«, das ein Verbot der Verbreitung kommunistischer Ideen und die Auflösung der entsprechenden Organisationen vorsah.

Durch ein systematisches Programm der Konzentrierung finanzieller Mittel sowie einer vernünftigen Ausgabenbegrenzung entwickeln sich die Staatsfinanzen so günstig, daß auf neue Steuern verzichtet werden kann. Der Staatshaushalt ist ausgeglichen, ja in gewissen Bereichen sind sogar Überschüsse zu verzeichnen, was die Inangriffnahme großer öffentlicher Arbeiten und gemeinnütziger Einrichtungen ermöglicht. Dennoch gab es nicht wenige, die Veniselos vorwarfen, ein vom Größenwahn getriebener Verschwender zu sein. Nichtsdestoweniger wurde durch diese großen öffentlichen Arbeiten die Arbeitslosigkeit beseitigt, das Geld in Umlauf gebracht und eine Atmosphäre des Optimismus geschaffen. Veniselos fördert dieses Klima durch Ansprachen voller Zukunftsvertrauen – selbst dann noch, als die große Weltwirtschaftskrise bereits die Vereinigten Staaten befallen hat und bald darauf die großen Länder Europas, Deutschland, Großbritannien und Frankreich erreicht.

Es war nicht zu erwarten, daß sie Griechenland verschonen würde. Im März 1932 sind die ersten Anzeichen spürbar – so der rasche Preisanstieg, der die Bevölkerung beunruhigt. Die Gefahr eines wirtschaftlichen Zusammenbruchs zeichnet sich ab. Die Presse beschäftigt sich intensiv mit der Wirtschaftslage, Kritik an der Politik von Veniselos wird laut, Maßnahmen zur Überwindung der Krise werden vorgeschlagen. Alles ist umsonst. Das Wirtschaftsjahr 1931/32 schließt mit einem Defizit von 240.000.000 Drachmen, das mit den Reserven der vorhergegangenen Jahre gedeckt werden kann. Veniselos aber, beeinflußt durch das Beispiel Großbritanniens, das die Golddeckung aufgibt und den Zwangsumlauf der Banknoten einführt (20. September 1931) muß einsehen, daß die Krise auch Griechenland erreicht hat. So trifft er Maßnahmen zum Schutz der einheimischen Währung, um deren Abfluß von Devisen zu verhindern, die Inflation zu bekämpfen und die Währungsstabilität zu erhalten.

Er vertraut weiterhin auf die wirtschaftliche Zukunft des Landes, so z.B. in seiner Rede vom 15. November 1931, und wirft der oppositionellen Presse vor, mit ihren übertriebenen Äußerungen die Stabilität der nationalen Währung zu gefährden. Doch die Lage verschlechtert sich. Die Bemühungen von Veniselos, beim Völkerbund einen Kredit von 80 Millionen Dollar zu erwirken, schlagen fehl. So dekretiert er am 25. April den Zwangsumlauf von Banknoten und suspendiert den freien Devisenhandel. Am 1. Mai 1932 ist er gezwungen, ein provisorisches Schuldmoratorium für Gold zu verhängen, was den Protest der Botschafter Großbritanniens, Frankreichs und Italiens zur Folge hat, da die Zinszahlungen unterbrochen werden. Im September 1932 gelingt es dem Finanzminister Varvaressos in London einen Kompromiß mit den Obligationsträgern zu schließen, demzufolge Griechenland für 1932 – 1933 30 % der Kreditzinsen in Gold bezahlen soll. Die Oppositionsparteien, vor allem die Volkspartei unter dem Vorsitz von Panagis Tsaldaris üben scharfe Kritik am Finanzgebaren des Staates. Die Regierung der Liberalen gerät ins Wanken. Aber Veniselos, der unbedingt an der Macht bleiben will, läßt sich dazu hinreißen, das Verhältniswahlsystem, das er selbst unter dem Vorwand, es führe zur Anarchie, im Jahe 1928 abgeschafft hatte, wieder einzuführen.

Der Weg zur Diktatur

Die politischen Diskussionen erreichen häufig eine würdelose Schärfe voller Injurien und Verleumdungen, was Veniselos, um die Zügellosigkeit der Presse einzudämmen, zu verschiedenen Maßnahmen veranlaßt. Jedoch nimmt die Erregung, je näher der Wahltermin rückt, immer mehr zu. Aus den Wahlen am 25. September 1932 geht die Volkspartei als Sieger hervor, ohne jedoch die absolute Mehrheit erreicht zu haben. So bildet Tsaldaris am 4. November 1932 die Regierung, an der sich die kleineren politischen Gruppen von Kondylis, Metaxas und Chatzikyriakos beteiligen. Die Regierung bleibt nur zwei Monate im Amt. Am 16. Januar 1933 übernimmt Veniselos erneut die Regierungsgeschäfte und schreibt für den 5. März Neuwahlen aus. Diese enden wieder mit einem Sieg seiner Gegner Tsaldaris, Metaxas, Kondylis und Chatzikyriakos.

Am Tage darauf findet ein von General Plastiras organisierter Staatsstreich statt. Plastiras erklärt den Parlamentarismus, der den Kommunismus ermutige, für gescheitert. Doch die Reaktion von Armee und Volk führt zum Mißlingen dieses Staatsstreiches und Plastiras flieht ins Ausland. Der Coup scheint von verschiedenen Veniselisten – und offensichtlich auch von Veniselos selbst – ermutigt worden zu sein, wobei allerdings die Haltung einiger höherer Offiziere zögernd war. Die mißliche innenpolitische Lage war teils auf die ständige Einmischung der Armee in die Politik schon seit 1922 zurückzuführen, was wiederum durch die Politiker selbst verursacht worden war, die den Opportunismus der höheren Offiziere gefördert hatten und das Abwägen der Chancen einer militärischen oder politischen Bewegung zur Richtschnur ihres Handelns machten.

Am 6. Juni 1933 findet ein Attentat auf Veniselos statt, organisiert vom Kommandanten der Sicherheitsbehörde, I. Polichronopulos selbst; doch negative Auswirkungen hatte er nur für die Regierung Tsaldaris. Der Mordanschlag auf Veniselos und die Rangliste der Offiziere sind die Themen, die die innenpolitische Diskussion des Landes beherrschen. Das einzige bemerkenswerte außenpolitische Ereignis ist der Balkanpakt zwischen Rumänien, Jugoslawien, der Türkei und Griechenland. Zweck dieses Abkommens ist die gegenseitige Garantie der Grenzen auf dem Balkan; Veniselos mißbilligt in einer Reihe von Artikeln diesen Pakt, denn er war der Ansicht, daß Griechenland dadurch in einen Krieg mit einer außerbalkanischen Großmacht hineingezogen werden könnte. Wie unter anderem Masarakis Ainian und I. Melas in ihren Schriften festhalten, wird das Land durch die zunehmende Emotionalisierung innerhalb und außerhalb des Parlaments sowie dadurch, daß auf beiden Seiten die Radikalen an Einfluß gewinnen, ins Chaos und in die Diktatur gedrängt.

Der Staatsstreich vom 1. März 1935 und seine Folgen

Am 1. März 1935 findet wieder ein (trotz langer Vorbereitung schlecht organisierter) Staatsstreich statt, der sich für die politische und soziale Entwicklung des Landes als bedeutsam erweisen sollte. Höhere Offiziere mobilisierten die meisten Schiffe der Kriegsmarine, einige Heereseinheiten in Athen sowie das 4. Armeekorps in Kavala. Veniselos selbst und Plastiras waren die Initiatoren dieses Putsches unter dem Vorwand, die Demokratie sei in Gefahr. Der Staatsstreich wurde außerdem von den Parteien, die aus der liberalen Partei von Veniselos hervorgegangen waren, unterstützt.

Die Regierung Tsaldaris ruft auf Anregung des stellvertretenden Ministerpräsidenten und Verteidigungsministers G. Kondylis sowie des neuen Ministers ohne Geschäftsbereichs, Ioannis Metaxas, sofort das Kriegsrecht aus, verfügt die provisorische Zensur und verbietet das Erscheinen der veniselistischen Zeitungen; ihr gelingt es, in wenigen Tagen den Putsch niederzuschlagen. Metaxas und vor allem Kondylis kontrollieren die Lage, Tsaldaris dagegen hat bei den Mitgliedern seiner Regierung an Autorität verloren. Mehrere höhere Offiziere flüchten nach Bulgarien, viele werden verhaftet und zum Tode oder zu lebenslänglicher Haft verurteilt bzw. degradiert. Auch Veniselos wird zum Tode verurteilt, aber es gelingt ihm, mit dem Panzerkreuzer »Averof« nach Kassos zu fliehen, das damals unter italienischer Oberhoheit stand. Unter den Anhängern von Veniselos verurteilt allein Michalakopulos den Putsch und wird demzufolge nicht zur Verantwortung gezogen. Die anderen mit Veniselos verbundenen Politiker werden fast alle zu langjährigen Freiheitsstrafen verurteilt; andere wiederum, wie Kafandaris, Papanastassiu, Sofulis und Mylonas werden freigesprochen. Dieser Putsch fand in einer international angespannten Atmosphäre statt und stieß auf ein Volk, das in seiner Mehrheit von den Militärputschen der »Erlöser der Nation« genug hatte.

Dieser Putsch war der größte Fehler von Veniselos, ein Makel seiner bis dahin so brillanten Laufbahn. Er versetzte der Demokratie und dem Parlamentarismus in Griechenland den Todesstoß und brachte das Land in Aufruhr; in mehreren Städten werden Prozesse gegen die an der Revolte beteiligten Offiziere und Unteroffiziere aus Heer und Marine fortgesetzt; durch ein konstitutionelles Dekret wird zeitweilig die Unkündbarkeit der Beamten, sogar die der Richter, aufgehoben; Universitäsprofessoren, Justizbeamte und andere Beamte werden relegiert oder entlassen, Regierungsbeamte nehmen ihre Posten ein; Komitees zur Säuberung des Offizierskorps werden eingesetzt; sie stoßen die an dem Putsch beteiligten Offiziere aus, ebenso solche, die als Veniselisten gelten. Auf diese Weise müssen ca. 1000 Offiziere den Dienst quittieren – die meisten von ihnen Republikaner. Die politische Kluft riß weiter auf, was natürlich nicht zur Lösung der innen- und außenpolitischen Probleme beitrug: »Das politische Leben ist faul bis auf die Knochen«, schreibt in seinem Tagebuch am 8. April 1935 der zukünftige Diktator Ioannis Metaxas. Dieser kleine, gedrungene Mann mit dem ruhigen und väterlichen Aussehen eines friedfertigen Bürgers, den Grundsätzen der Monarchie verbunden, besaß einen eisernen Willen und wußte seinen Ehrgeiz und seine Pläne bestens zu verbergen.

In dieser Situation sind als einzige die beiden Generäle Metaxas und Kondylis zur Ausschreibung von Wahlen entschlossen. Metaxas spricht sogar die Frage der Staatsform an, d.h. konkret, er befürwortet die Rückkehr König Georgs II auf den Thron. England hatte bereits auf diplomatischem Wege wissen lassen, daß es eine Restauration der Dynastie begrüßen würde. Am 14. Mai hebt die Regierung das Kriegsrecht auf und kündigt für den 9. Juni Wahlen zur Bildung einer Nationalversammlung an. Der Vorsitzende der Volkspartei, Tsaldaris, ist krank und steht unter dem Einfluß von General Kondylis. Die Opposition erklärt, da die Regierung die für freie und geheime Wahlen geltenden Bestimmungen nicht respektiere, wolle sie an den Wahlen nicht teilnehmen. In der Tat sprach man von garantierter politischer Freiheit und Meinungsfreiheit, doch hat es kleinere und größere Fälschungen, vor allem auf dem Lande, gegeben. So kam es dazu, daß Tsaldaris fast einstimmig gewählt wurde – seine Partei erhielt 254 der 300 Parlamentssitze, die Partei von Kondylis 33, Metaxas 7; dazu kamen sechs unabhängige Abgeordnete.

Die Wiederherstellung der Monarchie in Griechenland – Verwirrung bei den politischen Parteien

Kurz nach den Wahlen spricht sich Kondylis für die Rückkehr des Königs aus und engagiert sich aktiv in dieser Richtung; er beeinflußt seinen politischen und militärischen Freund Tsaldaris, der müde von den hitzigen Intrigen des politischen Lebens in einem Gespräch erklärt, daß es unwichtig sei, ob in Griechenland die Demokratie unter parlamentarischer oder monarchischer Staatsform stehe, denn das Übel sei anderswo zu suchen: In der Verkommenheit und Korrumpierung des parlamentarischen Systems. Gutwillig, aber krank und ohne Autorität, war Tsaldaris nicht der Mann der Stunde. Der ehrgeizige Kondylis nutzt seine Schwäche und bereitet seinen Sturz vor.

Am 3. Oktober 1935 starten die Italiener eine Offensive gegen Äthiopien – der Krieg nähert sich den strategisch wichtigen Küsten Griechenlands. Sieben Tage später, am 10. Oktober, fordern mit Billigung von Kondylis einige hohe Offiziere – Brigadegeneral A. Papagos, Vizeadmiral P. Ikonomu und der Chef der Luftwaffe G. Reppas – als Vertreter der Streitkräfte des Landes den Rücktritt der Regierung, weil diese die Rückkehr des Königs noch nicht herbeigeführt hätte.

Kondylis nutzt die Situation, bildet eine Regierung, führt die Konstitutionelle Monarchie wieder ein und fungiert zeitweilig als Regent. Darauf verkündet er das Kriegsrecht und verhängt die Zensur. Die Reaktionen der Republikaner sind schwach: Einige Offiziere nehmen ihren Abschied, der Versuch einer Protestdemonstration wird unterdrückt, Georgios Papandreou wird festgenommen und nach Mykonos deportiert. Er hatte in einem Manifest das griechische Volk aufgerufen, sich gegen die Diktatur von Kondylis und gegen die Rückkehr des Königs zu stellen. Ein gleichlautendes Manifest hatte A. Mylonas herausgegeben und A. Papanastassiu hatte sich in diesem Sinne an die Streitkräfte gewandt.

Das a-posteriori-Plebiszit findet am 3. November statt und ist eine Wahlparodie: 97,80 % der Wähler sprechen sich für die Rückkehr des Königs aus. Venizelos akzeptiert den Wechsel der Staatsform unter der Bedingung einer Generalamnestie.

König Georg II, der am 25. November in Phaliro an Land geht, mit der ehrlichen Absicht, der König aller Griechen, und nicht nur einer Partei zu werden, entläßt Kondylis, beauftragt den Universitätsprofessor K. Demerdzis mit der Bildung einer provisorischen Regierung und gewährt die Generalamnestie. Danach löst er durch königliches Dekret am 17. Dezember die 5. Nationalversammlung auf; Neuwahlen werden für den 26. Januar angekündigt; das Verhältniswahlsystem soll angewandt werden. Die Wahlen werden in beispielhafter Korrektheit durchgeführt und bringen außer den beiden großen Parteien (126 Liberale, 72 Volkspartei) auch Vertreter von elf kleineren Parteien ins Parlament. Dieses Mal landet die Kommunistische Partei Griechenlands an vierter Stelle mit 5,76 % der Stimmen und 15 Sitzen. Da es den beiden großen Parteien unmöglich ist, allein eine Regierung zu bilden, können die Kommunisten die Rolle des Mehrheitsbeschaffers spielen.

Fünf Tage nach der Wahl, am 31. Januar 1936, stirbt General Kondylis. Sein Tod scheint die politische Szene von dem Alptraum zu befreien, den dieser ehrgeizige Mann mit den diktatorischen Tendenzen darstellte, er begünstigt jedoch den Aufstieg seines Rivalen Metaxas.

Bei diesen Wahlen tritt zum ersten Mal Panajotis Kanellopulos als Vorsitzender der Nationalen Einigungspartei (EEK) in Erscheinung. Der junge Universitätsprofessor, intelligent, gebildet und begabt als Redner, hat den Ehrgeiz, das griechische Volk dem ewigen, fatalen Antagonismus der beiden alten Parteien – der Liberalen und der Volkspartei – zu entreißen und einen Rechtsstaat mit moderner Administration zu schaffen. Seine Hoffnungen werden aber durch das Wahlergebnis enttäuscht, denn das griechische Volk, geführt von den lokalen Parteibossen, teilte seine Stimmen zwischen den beiden großen Parteien. Die Aufteilung der Parlamentssitze unter viele Parteien macht die Bildung einer kohärenten und stabilen Regierung unmöglich. Vergeblich hatte der König am 13. Februar die Parteichefs zu sich gerufen, sie auf den Ernst der internationalen Lage sowie auf die Kriegsgefahr hingewiesen, an ihren Patriotismus appelliert, sie aufgerufen zusammenzuarbeiten und dem strapazierten Land eine starke Regierung zu geben. Weder die anhaltende politische Verwirrung noch die Angst der Bevölkerung angesichts der internationalen Lage und der bedrohlichen Vorboten eines Weltkriegs vermochten die zerstrittenen Politiker zu einer Zusammenarbeit zu bewegen.

Im März tagt das Parlament und wählt den Liberalen Sofulis mit 157 gegen 137 Stimmen und mit der Unterstützung der Kommunisten zum Regierungschef. Kurz davor waren Koalitionsverhandlungen der Kommunisten mit der Volkspartei fehlgeschlagen. Doch eine Regierungsbildung ohne die Mitwirkung der Anhänger von Tsaldaris ist unmöglich. Sofulis ist gezwungen, im Plenum zu erklären: »In unserem Haß, in unseren Niedrigkeiten, in unserer übersteigerten Emotionalisierung, die uns zur Spaltung treibt, liegt die einzige Gefahr, die unsere Nation in die totale Katastrophe führen kann.« Die Militärs sind wieder am Zuge. Ioannis Metaxas, am 5. März in den Palast gerufen, erklärt, daß er eine Intervention des Militärs in das politische Leben des Landes nicht dulden werde und daß er es auf sich nähme, jede militärische Revolte niederzuschlagen. Am gleichen Tag wird er zum Minister für die nationale Verteidigung ernannt. Am 7. März scheitert ein neuer Versuch der Liberalen und der Volkspartei, eine Regierung zu bilden, am Widerstand der Radikalen beider Parteien, die ansonsten von gemäßigten und besonnenen Männern geführt werden. Es waren die Tage, in denen Hitler das entmilitarisierte Rheinland besetzte.

Die Diktatur vom 4. August 1936

Die folgenden Ereignisse festigen Metaxas' Regierungsposition und führen das Land letztendlich in die Diktatur. Am 18. März stirbt Veniselos in Paris, der größte Staatsmann des modernen Griechenlands, ein wegen seiner Klarsicht und seiner meisterhaften Beherrschung der Außenpolitik bewundernswerter Mann.

Am 13. April stirbt auch Premierminister Demerdzis. Der König ersetzt ihn, ohne mit irgendjemandem Rücksprache zu nehmen, durch Ioannis Metaxas. Schließlich, am 17. Mai, stirbt der Vorsitzende der Volkspartei Panagis Tsaldaris. Der Tod von Veniselos beendet eine von Leidenschaften und Fanatismus erfüllte Ära des griechischen politschen Lebens, während der Tod von Kondylis, Demerdzis und Tsaldaris den Aufstieg von Metaxas begünstigte, zumal die Bemühungen der Parteien um eine Regierungsbildung fehlgeschlagen waren.

Das Vertrauensvotum der politischen Parteien und ihrer Führer im Parlament am 25. April 1936 bringt Metaxas wieder ein Stück weiter auf seinem Weg zur politischen Macht. Gegen ihn stimmten A. Papanastassiu, A. Mylonas und G. Papandreou. Die Befürworter des Votums glaubten, die Regierung Metaxas werde ein provisorischer Ausweg aus der Krise sein und ihnen erlauben, ihr altes Spiel weiterzuspielen. Durch ihr unüberlegtes Verhalten und besonders durch das Vertrauensvotum legten sich diese Politiker selbst den Strick um den Hals. Die Tür zur Diktatur war aufgestoßen.

Bereits zu Beginn des folgenden Monats kommt es in Thessaloniki bei Demonstrationen von streikenden Tabakarbeitern zu blutigen Zusammenstößen (8. und 9. Mai); verschiedene Streiks anderer Arbeiter folgen mit neuen Zusammenstößen. Diese Ereignisse geben Metaxas den Vorwand, zusammen mit dem König die Errichtung eines diktatorischen Regimes ins Auge zu fassen. Ein weiterer Vorwand für Metaxas, die Unerläßlichkeit von Notverordnungen zu betonen, war auch die sich rapide verschlechternde internationale Lage und die drohende Kriegsgefahr. Zudem befand sich Griechenland tatsächlich in einer außenpolitisch schwierigen Situation: Die Besetzung Äthiopiens bringt das faschistische Italien der Realisierung eines weiteren, wichtigeren Zieles näher, nämlich der Vereinbarung mit Albanien (18. März), die es ihm ermöglicht, sich in dessen inneren Angelegenheiten einzumischen und sich, dem Beispiel des Römischen Reiches folgend, einen Stützpunkt auf dem Balkan zu schaffen. Am 4. Juli gibt der Völkerbund, indem er die Sanktionen gegen Italien wegen der Besetzung Äthiopiens aufhebt, seine Bankrotterklärung als Hüter und Garant der allgemeinen Sicherheit ab. Am 19. Juli ruft General Franco die Konterrevolution aus – in Spanien beginnt der Bürgerkrieg.

Am 24. Juli beschließt die konservative Allgemeine Griechische Arbeitergewerkschaft zusammen mit der Einheitsgewerkschaft der Kommunisten für den 5. August im ganzen Lande den Generalstreik. Hauptforderung ist die Suspendierung der Verordnung vom 21. Juli über die Zwangsschlichtung von Arbeitskonflikten. Es folgen verschiedene lokale Streiks in den industriellen Regionen von Lavrio, Piräus und an anderen Orten, die von blutigen Zusammenstößen begleitet sind. Am 28. Juli erklärt Sofulis vor der Presse, er werde nach Ablauf des Mandats von fünf Monaten, für die das Vertrauensvotum gelte, der Regierung Metaxas sein Vertrauen entziehen. Diese Erklärung beschleunigt die Proklamation der Diktatur: Metaxas, der sich keineswegs von der Macht zurückzuziehen wünscht, vor allem nachdem er seine Position gefestigt und einige Punkte seines Programms anzuwenden begonnen hatte, begibt sich zum König, zerstreut dessen Bedenken und setzt am 4. August um 22 Uhr, zwei Stunden vor dem Beginn des vierundzwanzigstündigen Generalstreiks mehrere Artikel der Verfassung unter dem Vorwand außer Kraft, der Kommunismus drohe, das Land in Blut zu ersticken. Gleichzeitig bildet er die Regierung um, läßt verschiedene Politiker der bürgerlichen Parteien verhaften und eine große Zahl von Kommunisten deportieren.

Die Presse funktioniert ab sofort nach dem Modell aller totalitären Staaten: Die Zeitungen publizieren ausschließlich Lobeshymnen auf die Regierung; der Mangel an Nachrichten nährt die Phantasie der Bevölkerung. Vertraulich verbreitete Gerüchte und leises Protestgeflüster dringen an die Ohren des Diktators und beunruhigen ihn; aber die Proteste der Politiker beim König bleiben ergebnislos. Sehr spät, im Januar 1937 – Papanastassiu war im November 1936 gestorben – vereinigen sich die noch lebenden Parteichefs, diskutieren und unterschreiben ein Protokoll über die Prinzipien, nach welchen sie die Verfassung revidieren würden, wenn man sie als Nachfolger der Diktatur dazu auffordern sollte. Aber innerhalb eines Jahres werden sie alle verhaftet und auf die Inseln deportiert. Tragisch ist der Fall von A. Michalakopulos. Dieser ehemalige Mitarbeiter von Veniselos handelt unabhängig von den anderen. Im Einvernehmen mit dem König und mit dem Botschafter Großbritanniens in Paris beabsichtigt er, die Diktatur gewaltlos abzulösen. In Athen eingetroffen, wird er verhaftet und krank nach Paros deportiert. Sein Tod im Mai 1938 ist ein schwerer Verlust; Michalakopulos, bekannt für seine Bescheidenheit und Kultiviertheit, war der einzige fähige Mann, der die Diktatur hätte ablösen können. Metaxas notiert vier Tage später in seinem Tagebuch: »Meine Seele ist unruhig und bewegt. Ich muß etwas erreichen. Aber wenn ich mich um einen Fingerbreit von der Diktatur entferne, erwartet mich der Parlamentarismus.« Das beweist, daß er nicht daran dachte, zur Demokratie zurückzukehren.

Antidiktatorische Bewegungen, Untergrundpresse, Geheimorganisationen, militärische Aktionen haben keinerlei Erfolgschancen, da alles streng durch die Geheimpolizei kontrolliert wird und die Organisatoren sofort identifiziert und neutralisiert werden.

Die Haltung der beiden großen europäischen Demokratien England und Frankreich ist der griechischen Diktatur gegenüber eher tolerant, wenn nicht gar wohlwollend. Im Juni 1938 verleiht die französische Regierung Metaxas das Großkreuz der Ehrenlegion. Dagegen hat – was zunächst befremdlich wirkt – die Regierung Metaxas ernsthafte Schwierigkeiten mit Hitlerdeutschland und dem faschistischen Italien.

Metaxas bleibt, obwohl er den westlichen Demokratien eine gewisse Sympathie entgegenbringt, nicht unbeeinflußt von den ideologischen Strömungen und den Institutionen der totalitären Staaten. Auch er möchte, wie Mussolini und Hitler, eine eigene Weltanschauung entwickeln und lanciert und progagiert die »dritte griechische Kulturepoche«, nach der ersten, dem antiken Hellas, und der zweiten, Byzanz. Er versucht, für diesen Gedanken im Volk eine Basis zu finden, indem er in verschiedenen Städten Reden hält, Arbeiter- und Sportorganisationen mobilisiert, Jubiläen zelebriert usw. Er versucht, die Jugend zu gewinnen, indem er die »Organisation der nationalen Jugend «(EON) gründet, was den Unmut der griechischen Pfadfinder und des Thronfolgers Paul hervorruft. Er organisiert auch Arbeitsbataillons in Nachahmung entsprechender, paramilitärischer Gruppen der totalitären Staaten, was Ausgaben in Millionenhöhe verursacht. Seine besondere Sympathie gilt der EON, wie aus seinem Tagebuch hervorgeht.

Die Diktatur vom 4. August sorgt für die militärische Bereitschaft des Landes, die Aufrüstung der Flotte, die Belieferung des Heeres mit modernem Kampfmaterial, die Befestigung der griechisch-bulgarischen Grenze, für die Erneuerung des Straßennetzes, den Abschluß von Arbeitsverträgen, beschließt Schlichtungsstellen zwischen Arbeitnehmern und Arbeitgebern, die Einführung des Achtstundentages, die Organisierung der sozialen Sicherheit, die Einrichtung eines Ministeriums für Fremdenverkehr, die Stabilisierung der Drachme in Bezug auf das Pfund Sterling etc. Bedeutsam ist auch das Gesetz »über die Regelung der landwirtschaftlichen Schulden«, sowie die Herausgabe einer »Grammatik der Volkssprache«. Metaxas zeigt Sympathie für die *Dimotiki* und weist wiederholt auf die Notwendigkeit hin, daß diese Sprache, in der die Nationalhymne Griechenlands verfaßt ist, auch erlernt werden kann.

Der Diktator wird währenddessen durch die diplomatischen Komplikationen und die Wechselfälle der internationalen Politik beunruhigt. Hitler, der den Mangel an militärischer Bereitschaft bei Engländern und Franzosen sowie deren innere und äußere Schwierigkeiten nutzt, unternimmt eine Blitzaktion: Die Invasion und den »Anschluß« Österreichs. Mussolini seinerseits, der es nicht wagt, seine Expansionsdrohungen in Richtung auf Frankreich zu realisieren, wendet sich nach Osten, also gegen den Balkan. Am 7. April 1939, am Karfreitag, läßt er seine Truppen in Albanien landen. König Ahmed Zogu von Albanien flieht nach Griechenland. Bereits in den ersten Maitagen beginnt Mussolini mit dem Kalten Krieg gegen Griechenland. Die Bevölkerung ist ängstlich und befürchtet das Schlimmste. Eine französisch-englische Note garantiert die Unverletzlichkeit Griechenlands, doch Mussolini gibt vor, keinerlei imperialistische Absichten zu heben.

Allmählich lockert sich der Zusammenhalt der im Balkanpakt zusammengeschlossenen Staaten. Die politischen Führer der nördlichen Nachbarn Griechenlands stellen sich auf die neuen Gegebenheiten ein, revidieren ihre Politik und passen sich allmählich den beeindruckenden Beispielen der Achsenmächte an. Ihr Chauvinismus flammt auf und sucht lohnende Betätigung. Es kommt zu einer Annäherung der beiden slawischen Balkanstaaten Jugoslawien und Bulgarien (Freundschaftspakt vom 29. Januar 1937); der englische Botschafter in Bulgarien, Sir Percy Lorraine, stellt, um dieses Land dem Einfluß der Achse zu entreißen, in Geheimverhandlungen den Bulgaren das griechische Westthrazien in Aussicht, falls sie sich auf die Seite Englands stellen würden.

Am 1. November empfängt der jugoslawische Premierminister Stojadinowitsch seinen bulgarischen Kollegen Kjosseivanoff in Niš; sie teilen in freundschaftlichem Einvernehmen griechisches Territorium unter sich auf: Die Bulgaren sollten Thrazien, die Jugoslawen Makedonien annektieren. Der Freundschaftsvertrag zwischen Bulgarien und Jugoslawien führt zur Annäherung zwischen Griechenland und der Türkei, aber der Tod des ehrlichen Verfechters der griechisch-türkischen Freundschaft Kemal Atatürk am 10. November 1939 und die allgemeine Entwicklung der internationalen Lage verleiten die Türken zu einer opportunistischen Politik, der Politik des Abwartens, in der die türkischen Diplomaten Meister sind. So erinnern sie sich trotz des Abkommens mit Griechenland ihrer früheren Waffenbrüderschaft mit Deutschland, die der deutsche Botschafter in Ankara, Franz von Papen (18. April 1939) wiederaufleben läßt; sie vermeiden es, sich an die Seite Griechenlands zu stellen, das nun isoliert ist. Doch Metaxas läßt sich weder von dieser Isolierung noch von der internationalen Lage erschüttern. Den Gelüsten seiner nördlichen Nachbarn setzt Griechenland eine feste Haltung entgegen. Es macht deutlich, daß es nicht bereit ist, auch nur einen Zollbreit seines Bodens aufzugeben. Die griechische Politik ist in diesem Punkt klar und eindeutig.

Die balkanische Allianz hatte aufgehört zu bestehen, während die Bedrohung Griechenlands durch Italien immer eindeutiger wird. Die italienischen Soldaten singen: »Sbarcheremo al Pireo e conquisteremo tutto l' Egeo« (wir landen in Piräus und erobern die ganze Ägäis) und Ähnliches. Marschall Badoglio spricht von der Ausdehnung der albanischen Grenzen; an der albanisch-griechischen Grenze finden Manöver statt; italienische Flugzeuge verletzen den griechischen Luftraum. Metaxas ordnet die Teilmobilmachung an. Die große europäische Tragödie beginnt mit dem Verschlingen der kleinen Staaten durch die totalitären Staaten Deutschland, die Sowjetunion und Italien.

IV. Griechenland während des Zweiten Weltkriegs 1939 – 1944

Griechenland angesichts des Krieges

1. September 1939: Hitler läßt ohne Kriegserklärung seine Truppen in Polen einmarschieren und polnische Städte durch deutsche Flugzeuge bombardieren. England und Frankreich erklären Deutschland, nachdem dieses sich geweigert hatte, seine Truppen zurückzuziehen, am 3. September den Krieg. Es folgt die vierte Teilung Polens zwischen Deutschen und Sowjets und der Überfall der Sowjetunion auf Finnland (30. November 1939), dessen heroischer Widerstand die Bewunderung der freien Welt hervorruft. Drei Monate später, am 12. März 1940 kapituliert Finnland und muß Ostkarelien abtreten. Die Sowjetuntion wird aus dem Völkerbund ausgeschlossen.

Am 9. April 1940 überfallen deutsche Truppen Dänemark und landen in Norwegen. Am 10. Mai verletzen sie das holländische und das belgische Territorium, umzingeln die Panzersperre der Maginotlinie, durchstoßen die Front an verschiedenen Punkten und strömen nach Frankreich hinein. Während der Krieg mit den großen Luftschlachten um England über dem Kanal tobt (10. Juli – 24. September) ergreift die Sowjetunion, die vorher Rumänien die Gebiete von Bessarabien und der Bukowina entrissen hatte, die Gelegenheit und annektiert die drei baltischen Republiken Litauen (3. August), Lettland (5. August) und Estland (6. August). Die Entwicklung an den europäischen Fronten und der Triumph der totalitären Staaten versetzt die Griechen in tiefste Sorge, mit Ausnahme einer unbedeutenden Anzahl von Anhängern des Faschismus. Der König und Metaxas bemühen sich um Neutralität, obwohl sie Sympathie für England und Frankreich haben. Die Griechen sind vor allem beunruhigt durch den imperialistischen Traum Mussolinis, der sie durch schriftliche und mündliche Beteuerungen einer heuchlerischen Freundschaft einzulullen versucht. Im Juli und August provozieren die Italiener eine Reihe von Zwischenfällen mit Griechen, während der Gouverneur von Rhodos, Cesare Maria de Vecchi, ein fanatischer Feind der Griechen, die Bevölkerung des Dodekanes schikaniert und beleidigt, besonders im religiösen Bereich. Der italienische Botschafter in Athen, E. Grazzi, ein Karrierediplomat, versucht alles, was in seiner Macht steht (wie er nach dem Kriege schreibt), um die zügellose Aggressivität des faschistischen Regimes zu mäßigen und den Frieden zu retten. Doch vergeblich. Seine faschistische Regierung betrachtet ihn als Gräkophilen und informiert ihn nicht über ihre geheimen Absichten. Italienische Flugzeuge bombardieren an verschiedenen Orten wiederholt griechische Marineeinheiten, die an den Küsten von Kreta (12. Juli 1940), in Naupaktos (31. Juli) und im Golf von Korinth (2. August) stationiert sind. Die italienische Regierung entschuldigt sich mit der Behauptung, die Piloten hätten die Schiffe für englische Kriegsschiffe gehalten. Gleich darauf startet die italienische Presse eine Verleumdungskampagne gegen Griechenland, das angeblich die albanische Minderheit unterdrücke und die Neutralität nicht beachte. Schließlich, am 15. August, dem hohen religiösen Feiertag Mariä Himmelfahrt, wird vor der Insel Tinos, dem allgriechischen Wallfahrtsort, der Kreuzer »Elli«, der zu Ehren des Fests vor der Insel lag, von einem unidentifizierten U-Boot torpediert. Metaxas äußert dem obersten Befehlshaber der Marine A. Sakellariu gegenüber: »Sie haben also doch mit den Operationen begonnen!«, während die italienischen Zeitungen über die Nationalität des U-Bootes rätseln. Die Griechen verlieren die Ruhe nicht und setzen die Mobilmachung allmählich fort.

Die Besonnenheit und die Würde des Diktators angesichts der gemeinsamen Gefahr trägt ihm die Sympathie des Volkes ein und schwächt die bisherige starke Ablehnung etwas ab. Die faschistische Gefahr eint alle Griechen. »Alle oppositionellen Strömungen gegen das Regime von Metaxas«, schreibt der italienische Botschafter, »waren wie durch den Wink eines Zauberstabes verschwunden.« Und weiter: »Ich hatte das deutliche Gefühl, daß mein Land im Begriff war, sich ohne ernsthafte Gründe in ein gefährliches und schändliches Abenteuer zu stürzen«. Mussolini aber, angestachelt durch die Erfolge des »Führers« in Zentraleuropa und in Rumänien, wo General Antonescu mit seiner Hilfe als Conducătorul an die Macht gekommen war, will selbst etwas tun, um seinen Einfluß auf dem südlichen Balkan zu festigen und ein Äquivalent zu den Aktivitäten Hitlers zu schaffen. Das Unternehmen gegen Griechenland betrachtet er als eine leichte Sache, durch die er seinem faschistischem Regime neuen Glanz zu verleihen hofft.

Mussolini ging so weit, daß er zwei Monate und zehn Tage nach der Torpedierung des Kreuzers »Elli« am 26. Oktober, zwei Tage vor dem Angriff, durch den italienischen Militärattaché den Oberbefehlshaber des Heeres, A. Papagos, zu beruhigen versuchte, indem er diesem versicherte, daß die Bewegungen der italienischen Truppen an der griechisch-albanischen Grenze nichts anderes als die üblichen Sommermanöver seien.

Der Angriff Mussolinis und Hitlers auf Griechenland 1940/41

Der Alptraum wurde Wirklichkeit: Um drei Uhr früh am 28. Oktober 1940 wird der italienische Botschafter Grazzi von seiner Regierung beauftragt, Metaxas das Ultimatum zu überreichen. Er weckt den Premierminister und übergibt ihm das Ultimatum, in dem Italien »zu seiner Sicherheit« fordert, Stützpunkte und verschiedene andere Orte des griechischen Territoriums, die es für nötig hielt, zu besetzen und bis zum Ende des Krieges zu benutzen. Die Antwort sollte vor sechs Uhr morgens erfolgen. Metaxas lehnt das Ultimatum unverzüglich ab und sagt mit bewegter, aber fester Stimme: »Alors, c'est la guerre«. Diese Weigerung ging als das legendäre »Ochi« (Nein) in die Geschichte ein.

Griechenland ist im Krieg mit Italien. General Papagos wird zum Oberbefehlshaber der Streitkräfte ernannt und verkündet die allgemeine Mobilmachung. Die Italiener, die Insuffizienz der griechischen Streitkräfte an den Grenzen nutzend, dringen in das Land ein und rücken mit 87.000 Mann entlang der Westküste bis zum Fluß Thyamis (Kalamas) und östlich durch das Pindos-Gebirge bis Samarina vor, während ihre Luftgeschwader die unbefestigten Städte Patras, Thessaloniki, Larissa, Korfu u.a. unablässig bombadieren, was viele Todesopfer bei der Zivilbevölkerung fordert.

Die Empörung in Griechenland ist ungeheuer. Das Volk setzt sich geschlossen gegen die Angreifer zur Wehr. Es ist das erste Mal seit den Balkankriegen, daß es sich in einer solchen Einheit zusammenfindet. Die Regierung mobilisiert gute Offiziere, die nach dem mißlungenen Staatsstreich von 1935 ihren Dienst hatten quittieren müssen und verlegt unverzüglich Truppen in die Grenzgebiete. Dort, an der Pindos-Front, versperren die griechischen Truppen den Italienern nicht nur den Weg, sondern sie gehen zum Gegenangriff über, schlagen die Invasoren in die Flucht, vernichten ganze Divisionen und machen tausende von Gefangenen. Die Italiener sind gezwungen, sich von der Küste zurückzuziehen. Die freien Länder feiern den Sieg Griechenlands als ersten Lichtstrahl in diesen finsteren Zeiten. Grazzi schreibt: »Das griechische Abenteuer ist ›Der Anfang vom Ende‹ der Hoffnungen der Diktaturen gewesen, die sich auf einen Blitzkrieg verließen; es war wie ein Signal des Umschwunges der Lage, die zur Endkatastrophe führen sollte. Es bedeutete außerdem für die faschistische Partei den beginnenden Abbau des Prestiges, das sie bis dahin bei den italienischen Massen genossen hatte.«

Am 18. November droht der Duce Griechenland damit, ihm »das Rückgrat zu brechen«; doch die Griechen setzen die Verfolgung der faschistischen Truppen jenseits der albanische Grenze fort, besetzen Koritsa (22. November) und andere kleinere Städte, wie Agii Saranta (6. Dezember), Delvino (7. Dezember), Argyrokastro (8. Dezember). Schließlich bleiben sie auf der Linie Chimara, Tepeleni, Klissura und Poghradetz stehen, um sich dort für den harten Winter einzurichten. Zur gleichen Zeit entfalten Einheiten der griechischen Marine, vor allem U-Boote, eine beachtliche Aktivität im Ionischen Meer und in der Adria. Jugoslawien fühlt sich ermutigt und die Türkei äußert ihre Begeisterung über die griechischen Siege.

Am 29. Januar 1941 stirbt Ioannis Metaxas, doch die Diktatur vom 4. August (1936) verschwindet nicht mit ihm, denn diejenigen, die sie unterstützen, agieren hinter den Kulissen weiter. Der König jedenfalls benutzt die Gelegenheit, um das Land wieder auf den Weg des Parlamentarismus zurückzubringen und ernennt den Direktor der Nationalbank A. Korysis zum Premierminister. Doch die nun folgenden Ereignisse übersteigen die Kraft von Korysis, der zwar ein ehrenhafter und kluger Mann war, dem jedoch die Fähigkeiten eines großen Politikers fehlten.

Die Deutschen stoßen, um das Prestige Mussolinis zu retten und sich zu Herren der neugeschaffenen Situation auf dem Balkan zu machen, durch Rumänien hindurch nach Bulgarien vor und besetzen die Flughäfen. Die Invasion in Griechenland ist nur noch eine Frage der Zeit. Angst greift in Griechenland um sich, vor allem in Makedonien und Westthrazien, die während des ersten Weltkrieges so viel zu leiden hatten. Die Angst nimmt noch zu, als die türkischen Minister in ihren Verlautbarungen nichts über die türkische Haltung im Falle einer deutschen Invasion in Griechenland erwähnen und als Bulgarien dem Dreierpakt vom 27. September 1940 zwischen Deutschland, Italien und Japan beitritt (Februar 1940).

Der italienische Diktator startet, um nach dem deutschen Unternehmen in Bulgarien nicht lächerlich zu erscheinen, nach systematischer Vorbereitung am 9. März 1941 eine große Offensive gegen die griechischen Truppen an der albanischen Front, die er großsprecherisch ankündigt. Starke, wohlausgerüstete Verbände werden mehrere Tage lang gegen die Griechen herangeführt, die ihre Positionen aber halten können. Mussolini selbst kommt an die Front und beobachtet die Kampfhandlungen. Am 23. März ziehen sich die italienischen Truppen demoralisiert in ihre Stützpunkte zurück, während der Diktator beschämt nach Rom zurückkehrt. Einige Tage davor hatte Großbritannien mit griechischem Einverständnis ein Expeditionskorps entsandt, das am Fluß Aliakmon und auf dem Vermion, wo man die Invasion der Deutschen erwartet, Stellung bezieht.

In der Tat ist der Augenblick für Hitlerdeutschland gekommen, die Ehre seines Verbündeten wiederherzustellen und die von der britischen Intervention bedrohten Ölquellen Rumäniens zu sichern. Die jugoslawische Regierung tritt am 25. März auf starken Druck Deutschlands an der Seite der Achsenmächte in den Krieg ein, gelockt durch die Aussicht auf die Zerstückelung Griechisch-Makedoniens. Glücklicherweise widersetzen sich das jugoslawische Volk und die Armee diesem ehrlosen Verhalten ihrer Regierung den Griechen – ihren Alliierten – gegenüber. In der Nacht vom 26. März wird die Regierung Zwetkowitz durch einen Militärputsch, den der englische Botschafter in Belgrad, Campbell, unterstützt, gestürzt; eine neue Regierung unter General Duschan Simowitz wird aus Vertretern aller Parteien gebildet; die Regentschaft wird aufgelöst und der achtzehnjährige König Peter für volljährig erklärt.

Am 6. April um 5.30 Uhr in der Frühe stattet der Botschafter Deutschlands, Ehrbach, dem Premierminister Korysis den fatalen Besuch ab; er überreicht ihm die Note der Kriegserklärung, während im gleichen Augenblick die deutschen Divisionen von Bulgarien aus Griechenland angreifen und andere in Jugoslawien eindringen. Die jugoslawischen Einheiten werden auseinandergetrieben, während die griechischen Einheiten an der griechisch-bulgarischen Grenze von den westlichen Einheiten an der albanischen Front abgeschnitten werden. Nach dreitägigen harten Kämpfen und nachdem sie den Deutschen bedeutende Verluste zugefügt haben, ergeben sie sich.

Die griechische Armee an der albanischen Front, bis dahin siegreich, ist gezwungen, am 17. April den Rückzug anzutreten. Die Italiener strömen in die von den Griechen verlassenen Stellungen, die griechische Verteidigung bricht zusammen, nur einigen Divisionen gelingt es, sich gemeinsam mit britischen Einheiten des Expeditionskorps an die südöstliche Küste zurückzuziehen und von da aus nach Kreta überzusetzen.

Ministerpräsident Korysis begeht Selbstmord. Eine neue Regierung wird unter dem Ministerpräsidenten Tsuderos gebildet. Am 23. April ziehen der König und die Regierung sich nach Kreta zurück, während im Epirus der Hauptteil der griechischen Streitmacht unter dem Befehl der Generäle Tsolakoglu, Bakos und Demestichas auf eigene Initiative die Kapitulation anbietet. Der Oberbefehlshaber Papagos tritt zurück. Aber die Bedingungen des Waffenstillstands werden von den Deutschen und den Italienern verletzt, den Protesten der griechischen Generäle, die sie unterschrieben hatten, zum Trotz. Dennoch bilden diese Generäle und andere Personen, um der Lage ihrer Vorstellung nach noch irgendwie Herr zu werden, mit der Genehmigung der Deutschen eine neue Regierung. Am 20. Mai wird Kreta durch ein gewagtes Fallschirmspringerunternehmen der Deutschen erobert. Georg II und seine Minister fliehen nach Ägypten.

Der Widerstand, den die Griechen den Deutschen entgegensetzen, hat die Verschiebung des Rußlandfeldzuges zur Folge, was ihre Zeitplanung durcheinanderbringt, wie die Deutschen selbst zugaben, sodaß sie sich im tiefsten Winter vor den Toren Moskaus und Leningrads befinden.

Die dreifache Okkupation durch Deutschland, Italien und Bulgarien

Mit der Invasion der Italiener und der Deutschen, der die Bulgaren folgen und Ostmakedonien und Westthrazien besetzen, bricht das Gebäude, das das griechische Volk sich in zwanzigjähriger Anstrengung seit der Kleinasiatischen Katastrophe errichtet hatte, zusammen. Armut und Elend herrschen überall. Neue Flüchtlingsströme aus den jetzt von den Bulgaren besetzten Gebieten, die meisten von ihnen zum zweiten oder dritten Mal vertrieben, überschwemmen Zentralmakedonien, Thessaloniki und andere Städte. Die drei Invasoren teilen das Land unter sich auf. Es folgen vier Jahre einer dreifachen Besatzung, die tragischsten seit der Gründung des griechischen Staates. Die Reserven an Lebensmitteln und Rohstoffen werden nach Deutschland und Italien abtransportiert oder fließen in den schwarzen Markt. Das Leben wird vom ersten Augenblick an Tag für Tag schwieriger, die Kommunikationswege sind zerstört, der Transport der Produkte ist gelähmt, das Brot, ein ungenießbares Mais-Mehl-Gemisch, wird in kleinen Rationen verteilt; der Mangel wird größer, die Preise schnellen in die Höhe. Fleisch, Öl, Eier, Käse, aber auch Obst und Gemüse sind fast verschwunden, die Gehälter der Angestellten können mit der Preissteigerung nicht Schritt halten. Unterernährung und Hunger sind die Folge. Die Deutschen geben Reichskreditkassenscheine aus, die Italiener drucken Papiergeld in griechischer Sprache, die sogen. »Mittelmeerdrachmen«. Mit dieser Währung essen und trinken sie, was sie wollen, oder kaufen die Waren, die sie auf den Märkten finden. Sie bevorzugen vor allem Textilien, Baumwolle und Tabak. Für den Unterhalt der Besatzungstruppen haben die Griechen die exorbitante Summe von 3 Milliarden Drachmen pro Monat zu zahlen. Die Drachme verliert täglich an Wert, die Wirtschaft des Landes verfällt. Die tägliche Sorge um das nackte Überleben stellt eine noch größere Angst dar als die Angst vor dem im allgemeinen unmenschlichen Verhalten der Besatzer.

Doch die Lebensbedingungen für die Griechen in Westthrazien, Ostmakedonien, auf Thassos und Samothraki, Regionen, die Hitler den Bulgaren überlassen hat, sind noch schlechter. Letztere fallen zum drittenmal innerhalb von dreissig Jahren in Griechenland ein, wo sie ein systematisches Programm der Entnationalisierung, der Vertreibung und der Vernichtung der einheimischen griechischen Bevölkerung praktizieren: Sie schließen Schulen und Kirchen, beschlagnahmen und rauben Vermögen, verhaften und exekutieren. Am 29. September 1941 massakrieren sie unter dem Vorwand, einen Aufstand niederschlagen zu wollen, in Drama, Doxato, Kavala und den umliegenden Dörfern etwa 15.000 Griechen.

Am 22. Juni greift Hitler mit Rumänien und Finnland als Alliierten die Sowjetunion an. Damit beginnt der größte militärische Zusammenstoß in der Geschichte Europas.

In Griechenland, wie in jedem besetzten Land, herrschen Chaos und Verzweiflung. Dennoch ist der Gedanke des Widerstands im Lande seit den ersten Tagen der Besatzung lebendig. Beeindruckend ist die Tat zweier junger Studenten, Manolis Glesos und Apostolos Sandas: In der Nacht des 30. Mai steigen sie durch einen unterirdischen Tunnel zur Akropolis hinauf, reißen die Hakenkreuzfahne von ihrem Mast herunter und verschwinden unentdeckt.

Im Juli finden die ersten geheimen Zusammenkünfte von Politikern und Militärs statt. Die Meinungsverschiedenheiten der Vertreter der einzelnen Gruppen verhindern die einheitliche Zusammenarbeit und die Koordinierung ihrer Aktivitäten. Doch eine gewisse Hoffnung keimt auf durch den erbitterten Kampf der Sowjets, durch den Eintritt der Vereinigten Staaten in den Krieg und durch das Treffen Roosevelt – Churchill und deren gemeinsame Erklärung über die Ziele und die Bedingungen des künftigen Friedens. Der außergewöhnlich harte Winter 1941/42 trifft die griechische Bevölkerung ohne Lebensmittel und ohne Brennstoff. Hunger und Kälte fordern viele Todesopfer. Die Hauptprodukte des Landes, Öl, Weintrauben, Feigen werden beschlagnahmt oder zu Niedrigstpreisen von den Besatzern gekauft. Die Konfiszierung der Rohstoffe, das Ausbleiben der Lieferungen aus dem Ausland und der Mangel an Brennstoff verhindern das Funktionieren der Industrie. Nur die für die Okkupationstruppen arbeitenden Fabriken sind noch in Betrieb. Abgemagerte Menschen jeden Alters, Abfallhaufen in der Hoffnung durchwühlend, eine Apfelschale oder Gemüsereste zu finden, sind ein gewohntes Bild. Leichen von Verhungerten sind vor allem in den Straßen Athens ein alltäglicher Anblick. Dennoch gibt das Volk in seiner Mehrheit die Hoffnung nicht auf.

Während der ersten fünfzehn Monate der Besatzung legen die Deutschen hinsichtlich der Juden keine offene Feindseligkeit an den Tag. Aber am Morgen des 11. Juli 1942, einem Samstag, werden die 44.000 Juden in Thessaloniki, die die Mehrheit der 62.000 Juden Griechenlands bilden, Demütigungen unterworfen und zur Zwangsarbeit geholt. Diskrete Schritte bei deutschen Behörden münden in Erpressungen und in der Einforderung riesiger Geldsummen von der jüdischen Gemeinde. Die antisemitische Kampagne wird fortgesetzt, man beginnt mit Enteignungen und der Requisition jüdischer Geschäfte. Vom 6. Februar 1943 an müssen die griechischen Juden den Judenstern tragen, ihre Geschäfte kennzeichnen und in die ihnen angewiesenen Gettos umsiedeln. Ihr Eigentum wird sequestriert, ihre alten und wertvollen Bibliotheken werden beschlagnahmt. Dann beginnt ihr Leidensweg, ihr Abtransport in die Konzentrations- und Vernichtungslager. 45.560 Juden wurden von Thessaloniki aus nach Birkenau, 441 nach Bergen-Belsen deportiert; insgesamt sind es 46.091, von denen ca. 2000 aus anderen Städten Makedoniens und Westthraziens stammen. Die gleichen Maßnahmen werden gegen die Juden in Südgriechenland getroffen, mit Ausnahme derjenigen, die die türkische, italienische, schweizerische, spanische oder argentinische Staatsangehörigkeit haben. Einigen Juden gelingt die Flucht in die Berge. Nur knapp 10.000 der griechischen Juden haben überlebt. In der Verfolgungszeit erwies das griechische Volk seinen jüdischen Mitbürgern Sympathie und Hilfe – davon zeugt auch die zu jener Zeit entstandene Literatur. Die Griechen verhalfen hunderten von verfolgten Juden zur Flucht in die Berge oder versteckten sie.

Der griechische Widerstand – Seine wichtigsten Organisationen

Die geheimen Zusammenkünfte der griechischen Politiker werden fortgesetzt, jedoch ohne Ergebnis. Zu den wichtigsten Themen, die sie beschäftigen, gehören die Aufrechterhaltung der Ordnung, die Bildung einer Einheitsregierung, die Frage der Rückkehr des Königs. Gegen Ende März 1942 wird Georgios Papandreou von den Deutschen verhaftet und die Gespräche werden unterbrochen. Im nächsten Monat wird Panajotis Kanellopulos gesucht; ihm gelingt die Flucht nach Ägypten, wo er zum Vizepremier der Exilregierung ernannt wird und außerdem das Kriegsministerium übernimmt. Die Flucht von Zivilisten und Offizieren, vor allem von den Inseln nach Ägypten nimmt zu, wo sich eine griechische Armee formiert.

Aber auch im besetzten Land, in den Städten und Dörfern, beginnen sich Widerstandsherde zu bilden. Weder Verhaftungen noch Folter oder Exekutionen können den Freiheitsdrang der Bevölkerung ersticken; er breitet sich im ganzen Lande aus. Die günstigste Region für einen Partisanenkrieg ist das westliche Griechenland vom korinthischen Golf bis zu den albanischen Bergen. Die Bodenbeschaffenheit, eine unendliche Reihe aufeinanderfolgender und sich kreuzender Bergketten – Pindos, Olymp, Vermion – mit den tiefen Schluchten und Abgründen, mit Flüssen und Nebenflüssen, mit Wäldern, engen und abschüssigen Hohlwegen und weiten, unfruchtbaren und schwach besiedelten Gegenden – die Naturbeschaffenheit bildet ein ideales Terrain für einen Partisanenkrieg. Die meisten jungen Leute in diesem Gebiet hatten im Augenblick der Kapitulation ihre Waffen versteckt, weil sie nicht glaubten, daß sie diese nicht mehr würden brauchen können. Die Entbehrungen, das grausame Vorgehen der Invasoren, der Kampf ums Überleben – all das führte sie selbstverständlich zum Widerstand. So lebt mitten im 20. Jahrhundert der Kleftenkrieg wieder auf, eine Kampfesweise, die aus der Beschaffenheit des Landes selbst entstanden war und die man seit der Gründung des griechischen Staates als barbarisch und unergiebig vernachlässigt hatte. Sie erweist sich für alle besetzten Länder als äußerst wichtig und effektiv.

In einer solchen Situation nutzt die Kommunistische Partei Griechenlands (KKE) die Meinungsverschiedenheiten und die Schwerfälligkeit der bürgerlichen Parteien, um ihre Stellung zu festigen und entfaltet eine große Aktivität. Schließlich war sie die einzige Partei, die über einen administrativen Mechanismus verfügte, der sich in der Illegalität bewährt hatte. Auf ihre Initiative hin wird im August 1941 die EAM (Nationale Befreiungsfront) gegründet, die Kommunisten, andere linke Gruppierungen und überhaupt diejenigen, die die Besatzer bekämpfen wollten, umfaßt. Diese Gruppen hatten nicht verstanden, daß die EAM von der KKE unterstützt und geleitet wurde, oder es gelang ihnen nicht mehr, sich ihr zu entziehen, nachdem sie bereits im Dezember 1942 ein breitgespanntes, ganz Griechenland umfassendes Netz organisiert hatte. Außerdem waren bereits ein Jahr davor, gegen Ende 1941, ihre ersten bewaffneten Gruppen zusammengestellt worden, die ELAS »Griechische Befreiungsarmee«. Währenddessen gründen griechische Armeeoffiziere die EDES, die »Nationale Demokratische Liga«, unter dem Befehl von Napoleon Servas, der im Sommer 1942 in die Berge geht, sowie das EKKA, das »Nationale und Soziale Befreiungskomitee« unter dem Obersten Psarros, dessen politischer Kopf G. Kartalis ist, ein ehrenhafter Mann mit progressiven Ideen. Schließlich entstehen verschiedene andere, kleinere Organisationen. Sie alle erreichen es jedoch nicht, Kampfeinheiten auch im Norden Griechenlands aufzustellen. Im westlichen Griechenland halten sie den Kontakt miteinander aufrecht und verbreiten ihre Ideen. Sie suchen die Massen zu begeistern, indem sie den erbittertsten Widerstand gegen die Besatzer ausrufen und politische und soziale Schlagworte von der Wiederherstellung der Demokratie, der Sanierung der politischen Sitten und Institutionen, der Anwendung der sozialen Gerechtigkeit nach der Beendigung des Krieges und ähnliches auf ihre Fahnen schreiben. Die EDES entsteht zu Beginn der Okkupation auf Initiative von N. Plastiras (9. September 1941) und erhebt den Anspruch, eine moderne, demokratische Organisation mit sozialistischem Inhalt zu sein, die zwischen den bürgerlichen Parteien und der Kommunistischen Partei angesiedelt werden soll. Sie ist in der Regel der Widerpart der EAM. Später jedoch teilt sie sich in einen rechten und einen linken Flügel. Von Mitte 1943 an verlassen einige Kader die EDES und dienen in den »Sicherheits-Bataillonen«, die mit dem Feind kollaborieren. Sie bilden eine neue EDES, die einige ihrer ehemaligen Mitkämpfer aufspürt, verhaftet und exekutiert.

Die Führer des EKKA lassen ihre Partisanen erst nach dem März 1943 auf den Bergen kämpfen, was bei der Bevölkerung negative Folgen für ihr Ansehen als Widerstandsgruppe hat. Sein Programm sieht zwei Phasen vor: Einziges Ziel muß zunächst die Befreiung vom fremden Joch sein; nach der Befreiung sollte der Kampf um die nötigen Sozialreformen beginnen. Das EKKA vermied jegliche Gewalt- und Terrorakte gegenüber der Bevölkerung und blieb, obwohl seine Führer und hauptsächlich die Offiziere unter ihnen nicht immer von den gleichen ideologischen und politischen Überzeugungen geleitet wurden, gegenüber den anderen Organisationen stets fair und bis zum äußeren konzessionsbereit, mit dem objektiven Ziel, einen Bürgerkrieg zu vermeiden. Die Führer des EKKA, sowohl der Politiker Kartalis wie auch Oberst Psarros, hatten die Gefährlichkeit der Situation in jener kritischen Periode klar erkannt. Das EKKA ist also ein wichtiger ausgleichender Faktor zwischen EDES und EAM. Doch das alliierte

Hauptquartier in Kairo unternimmt nichts, um diesen Faktor zu stärken.

Ideologische Unterschiede und persönliche Ambitionen verhindern die Zusammenarbeit der verschiedenen Partisanengruppen und die Bildung einer gemeinsamen Front gegen die Invasoren. Nichtsdestoweniger erweisen die Partisanen den Alliierten wichtige Dienste, indem sie die Bewegungen der deutschen Truppen durch Sabotageakte (z.B. Sprengung der Eisenbahnbrücke bei Gorgopotamos, die Operationen in der Region von Tempi, usw.) sowie durch Attakken gegen die deutschen Truppen in Städten, Häfen, Flughäfen behindern. Sie zwingen auf diese Weise die Deutschen und die Italiener, eine große Zahl von Divisionen in Griechenland zu stationieren.

Der griechische Widerstand erreicht seinen Höhepunkt, als Deutschland sich nach den Niederlagen an der Ostfront im Januar 1943 in der Umklammerung Rußlands befindet, während die Engländer und die Amerikaner ihre Aktivität im Mittelmeerraum forcieren. Die alliierten Siege in Afrika (Januar bis Mai 1943) und die Landung in Sizilien (Juli 1943) haben starke Auswirkungen auf Griechenland. Sabotageakte in den Städten, die Kämpfe in den Bergen gegen die drei Okkupanten, die Landung griechischer und alliierter Truppen auf den Ägäischen Inseln zwingen die Deutschen, ihre Positionen in Griechenland zu verstärken.

Ab Mai 1943 werden die westlichen Regionen des Landes vom korinthischen Golf bis zur albanischen Grenze befreit, während die makedonischen Berge völlig von den Partisanen beherrscht werden. Das Nahost-Hauptquartier der Alliierten mit Sitz in Kairo betrachtet diese mobilen Einheiten, die gegen den gemeinsamen Feind kämpfen, als seine Vorhut.

Politische und soziale Konflikte

Die italienische Kapitulation am 3. September 1943 ist ein wichtiges Datum in der Geschichte des Krieges in Griechenland. Sie bewirkte bei den italienischen Einheiten in Griechenland ein außerordentliches Chaos. Einige Einheiten, z.B. auf Kephalonia und Korfu unterstellen sich der Regierung Badoglio und widersetzen sich der Entwaffnung durch die Deutschen; sie werden vernichtet.

Andere Garnisonen an verschiedenen wichtigen Punkten des Festlands unterstellten sich ihren früheren Alliierten – oder sie laufen mitsamt ihren Waffen zu den griechischen Partisanen über. Die ELAS, verstärkt durch die italienischen Truppen und ihr Kriegsmaterial, sieht das Ende des Krieges nahen und hält den Augenblick für gekommen, sich im Lande durchzusetzen; die KKE glaubt dabei, daß, nachdem sie die Kontrolle über Griechenland erlangt haben würde, die Sowjets ihre Zurückhaltung, die auf die eigene kritische Lage zurückginge, aufgeben und sich stark für die Etablierung der KKE in Griechenland interessieren würde. Im Oktober 1943 beginnen die bewaffneten Auseinandersetzungen zwischen Partisanen der ELAS und der EDES. Die Situation nutzend beginnen am 16. Oktober die Deutschen mit 300.000 Mann ihre Offensiven gegen die 65 – 70.000 Partisanen. Es beginnt ein wilder und grausamer Zweifrontenkrieg zwischen den Partisanen verschiedener politischer Richtungen untereinander, sowie der Partisanen und der Bevölkerung gegen die Besatzer. Dieser Krieg setzt sich bis zum September 1944 fort.

Wenn man deutschen Quellen Glauben schenkt, sind zwischen Juni 1943 und September 1944 20.650 Griechen gefallen, 25.728 gefangengenommen und 4.795 exekutiert worden; andererseits sei die Zahl der bei Sabotageakten Umgekommenen außerordentlich groß gewesen. Über die Verluste der Deutschen gibt es keine sicheren Aussagen. Die Partisanen der ELAS (General Sarafis) erwähnen 16.062 gefallene Deutsche, 6.504 Verwundete und 1.878 Gefangene.

Der blutige Bruderkrieg wird in wechselnden Phasen bis zum 4. Februar 1944 fortgesetzt. Die ELAS versuchte, allerdings vergeblich, die Truppen der EKKA an sich zu ziehen. Dieser Bürgerkrieg wird sowohl von der Exilregierung in Kairo, wie von den Alliierten und auch vom griechischen Volk, das auf dramatische Weise darin verstrickt ist, verurteilt. Die ehemaligen Parteiführer Th. Sofulis, G. Kafandaris, S. Gonatas, A. Mylonas, G. Papandreou, P. Rallis, J. Sofianopulos telegraphieren in etwas verspäteter Sorge angesichts einer Situation, an deren Entstehung sie nicht ganz unschuldig waren, aus Athen am 19. Januar 1944 nach Kairo, daß es notwendig sei, »die bereits in Anarchie befindliche Partisanenbewegung ab sofort unter eine verantwortliche Führung zu stellen. Diese sehr nützliche Bewegung ist von ihrem Ziel abgewichen und läuft Gefahr – wenn das nicht bereits geschehen ist – sich aus einer Befreiungsbewegung zu einer die griechische Bevölkerung vernichtenden Kraft zu entwickeln.«

Die Deutschen beobachten aufmerksam die psychologische Situation der Griechen, die Leiden und Leidenschaften, den Ehrgeiz gewisser Persönlichkeiten und wenden geschickt das ewige »divide et impera« zu ihren Gunsten an. Das griechische Volk spaltet sich, man bezichtigt sich gegenseitig des Verrats; die feindlichen Lager des Volkes beginnen mit der gegenseitigen Vernichtung gerade in dem Augenblick, in dem sich der Sieg abzeichnet und die Besatzer sich auf den Abzug vorbereiten.

Ab Januar 1944 ist Griechenland ein riesiges Schlachtfeld tausenfachen Brudermordes. Mitte April greift die ELAS das Regiment 5/42 des EKKA an und schlägt es in die Flucht; Psarros und einhundertfünfzig Mann ergeben sich und sind seitdem spurlos verschwunden. Gleichzeitig herrschen im Vorderen Orient, wo sich die griechische Armee reorganisiert, ähnliche chaotische Zustände. Dort sind einige kampfstarke Armee-Einheiten gebildet worden, die Anfang 1944 folgende Zusammensetzung hatten: Zwei mit modernen Waffen ausgerüstete Brigaden, zwei unabhängige Infanterie-Bataillone, die berühmte »Heilige Kompanie«, ein Panzerregiment und einige Jagdgeschwader, die eine bemerkenswerte Aktivität entfalteten. Die Gesamtzahl dieser Truppen betrug über 30.000 Mann, darunter 2.500 Offiziere, ausgebildet in verschiedenen Kriegsschulen und vertraut mit den modernsten Militärtechniken. Ebenso beachtlich ist die Stärke der Seestreitkräfte: Sie bestehen aus mehr Einheiten als zuvor, ihre Besatzung, Offiziere wie Mannschaften, sind gut ausgebildet und kriegserfahren. Das zeigte sich in der aktiven Beteiligung einiger griechischer Einheiten an der Schlacht um El-Alamein (23. Oktober 1942) und der Teilnahme der griechischen Flotte an den Operationen der Alliierten im Ost-Mittelmeer. Dennoch waren Disziplin und Kampffähigkeit dieser Männer durch politische Diskussionen und das Wiederaufflammen des Konflikts zwischen Republikanern und Royalisten gefährdet. Es bildete sich eine große Zahl von Komitees und Geheimzirkeln; sie arbeiteten so geheim, nach dem verschwörerischen System der Dreier- und Fünfergruppen, daß es so gut wie unmöglich war, die Verfasser und Vervielfältiger ihrer Untergrundflugblätter zu entdecken.

Hauptthema der politischen Diskussionen war die Frage, ob der König vor einem Referendum nach Griechenland zurückkehren sollte (wofür Churchill plädierte). Diese politische und militärische Spannung entlud sich zuerst in Reibungen und Revolten bei Armee und Flotte, so am 23. Februar 1943. Nachdem radikale Elemente an Einfluß gewonnen hatten, und besonders nachdem das PEEA (Politisches Komitee für Nationale Befreiung) eine Art provisorischer Regierung der EAM auf den Bergen Griechenlands am 18. März 1944 gebildet hatte, gipfelte die revolutionäre Bewegung in der Armee in Aufständen einiger Einheiten in Armee und Flotte im April, die niedergeschlagen wurden.

V. Griechenland nach dem Zweiten Weltkrieg bis heute

Die Befreiung Griechenlands im Oktober 1944 und der griechische Bürgerkrieg 1944 – 1945 und 1946 – 1949

Während dieser Unruhen tritt E. Tsuderos in Kairo als Premierminister zurück und Sophoklis Veniselos bildet eine neue Regierung. Doch die Situation bleibt gespannt; Georgios Papandreou wird aufgefordert, nach Kairo zu kommen; ihm gelingt die heimliche Abreise von Lavrion in Attika. Nach abenteuerlicher Überfahrt landet er in Tschesme und gelangt von dort aus über Izmir, Ankara und Adana, am Ostersamstag, den 15. April nach Kairo. Bei seiner Ankunft erklärt er, er käme als »Kreuzfahrer der nationalen Einheit«, und daß »die Verewigung des Bruderzwistes das Unglück unseres Volkes verschlimmere und drohe, die Früchte der großen Opfer zu vernichten«. Am 23. tritt S. Veniselos zurück, am 26. wird Papandreou als Ministerpräsident vereidigt. Seine Devise ist: Ein Vaterland, eine Regierung, eine Armee. Der englische Botschafter bei der griechischen Regierung in Kairo Leeper charakterisiert ihn wie folgt: »Er ist groß und gutaussehend, weiß wovon er spricht und traut sich, es auszusprechen. Er ist der erste Grieche, der aus Griechenland angekommen ist, der mir den Eindruck einer Führerpersönlichkeit macht.«

Hauptprogrammpunkte Papandreous sind: Die Organisation der Streitkräfte, die Vereinigung der Partisanentruppen, die Beendigung des Terrors und die Herstellung der Sicherheit für die Bevölkerung, der Transport von Lebensmitteln und Medikamenten in das besetzte Griechenland, die Garantie der freien Meinungsäußerung in Bezug auf Staatsform, Gesellschaftsordnung und Regierung, strengere Strafen für Verräter und Nutznießer der Not des Volkes, sofortige Maßnahmen zur Linderung der herrschenden Notsituation, die Erfüllung der nationalen Rechte. Dieses Programm wird vom Nationalen Kongreß, der im Libanon tagte, an dem die Repräsentanten aller Parteien und der meisten Partisanenorganisationen teilnehmen (17. – 20. Mai 1944), gebilligt. Doch Verdächtigungen, Mißtrauen, Zögern, persönliche Interessen und Ambitionen trennen die Vertreter der Parteien. Am deutlichsten tritt die Angst vor der EAM zutage.

Am 24. Mai übernimmt die neue Regierung ihre Amtsgeschäfte; sie hat den Auftrag, den »nationalen Vertrag« des Libanon-Kongresses zu erfüllen. Die griechischen See- und Luftstreitkräfte kämpfen an der Seite der Alliierten, während eine griechische Brigade an der Italienschlacht bei Rimini teilnimmt. Es folgt am 26. September 1944 der Vertrag von Caserta, durch den die Partisaneneinheiten unter den Oberbefehl des englischen Generals Scobie gestellt werden. Ihnen wird verboten, die Macht in Griechenland zu übernehmen, ihr Aktivitätsradius sowie die Funktionen ihrer Führer Sarafis und Servas werden festgelegt und andere Militärkommandanten in Attika, der Peloponnes, Thrazien (und in Thessaloniki) eingesetzt. Zur gleichen Zeit teilen Stalin und Churchill bei ihrem letzten Treffen in Moskau die Einflußzonen auf dem Balkan unter sich auf. Griechenland fällt in die englische Einflußzone, was die Pläne der griechischen KP umstößt.

Nach dem Vormarsch der russischen Truppen auf dem Balkan sind die Tage der Besatzer dort gezählt. Anfang Oktober beginnen die Deutschen mit ihrem Rückzug gen Norden, um nicht eingekesselt zu werden, während am 18. Oktober der Kreuzer »Averof« unter dem begeisterten Jubel der Bevölkerung in Piräus landet; Ministerpräsident, Regierungsmitglieder und General Scobie steigen auf die Akropolis und hissen dort die griechische Fahne. Die Besatzungszeit war beendet.

Was für Auswirkungen hatte der griechische Widerstand auf die Besatzer? Zwischen 1941 und 1944 werden die Verluste der Deutschen durch die Angriffe der Partisanen auf 25.000 Mann geschätzt. Durch die Zerstörung der Brücke von Gorgopotamos wurde der Hafen von Piräus, der für die Versorgung der deutschen Truppen in Afrika mit Kriegsmaterial außerordentlich wichtig war, für sechs Wochen lahmgelegt. Andere Sabotageakte an Transportwegen im Juni und Juli 1943 hatten die Besatzer gezwungen, für einige Zeit zwei Brigaden von der Front in Sizilien abzuziehen und begünstigte damit wesentlich die Landung der Alliierten auf der Insel. Während des Jahres 1943 zwang die Aktivität der Partisanen die Italiener zur Aufstellung von dreizehn Brigaden in Griechenland und, nachdem diese kapituliert hatten, die Deutschen zur zusätzlichen Aufstellung von sechs Brigaden. Mehr als 150 Eisenbahnzüge wurden vernichtet oder beschädigt. Mehr als 100 Brücken sind gesprengt worden und mehr als 150 Schiffe mit insgesamt 68.000 BRT wurden versenkt oder beschädigt.

Doch die Opfer und die materiellen Schäden in Griechenland waren immens: 300.000 Hungertote neben den 16.000 Gefallenen; 7.000 kamen bei Bombardements und Schiffsuntergängen um, außerdem die 70.000 von den Deutschen, Italienern und Bulgaren Hingerichteten sowie die dezimierte Bevölkerung in 1.700 vernichteten Dörfern. Furchtbar sind ebenso die der Landwirtschaft und der Handelsmarine zugefügten Schäden. Durch die Inflation verlor die nationale Währung ihren Wert und die Ersparnisse der Bevölkerung lösten sich in Nichts auf. Das Nationaleinkommen sank um 41 % im Vergleich zu dem unter dem Existenzminimum liegenden Nationaleinkommen vor dem Krieg.

Das nationale Programm sieht die Bereinigung der Vergangenheit vor, die Wiederherstellung der Staatsfunktionen, die Sanierung der Wirtschaft, der Verwaltung, der Justiz und des Bildungswesens. Am 23. Oktober 1944 wird eine neue Regierung, ebenfalls unter Papandreou, vereidigt; sie ordnet die Demobilisierung der Partisanen im Zeitraum vom 1. bis 10. Dezember an; zur gleichen Zeit wird der Wehrdienstjahrgang 1936 zu den Fahnen gerufen, um eine provisorische »Nationalgarde« zu bilden. Doch bald darauf verlassen die Minister, die der KKE und der EAM angehören, die Regierung. In ihren Parteien dominieren die Radikalen, die – im Gegensatz zu den anderen kommunistischen Parteien Westeuropas – sich durch Gewalt und Revolution und nicht durch freie politische Auseinandersetzung durchsetzen wollen. Sie stellen die Bedingung, daß zugleich auch die Gendarmerien, die Gebirgsjäger und die »Heilige Kompanie« demobilisiert werden. Diese Bedingungen werden abgelehnt, die sechs Minister der Linken treten zurück, was zur Spaltung der Regierung führt (1. Dezember). Am 3. Dezember findet eine nicht genehmigte Großkundgebung der Anhänger der KKE und der EAM statt; es kommt zu den ersten Zusammenstößen; in Athen bricht der Bürgerkrieg aus und erfaßt das gesamte Land. Es gibt Tausende von Opfern in beiden Lagern; zu Hunderten werden von den Revolutionären Geiseln genommen und in Lager verschleppt – Verräter, Kollaborateure der Besatzungszeit und andere, die für solche gehalten wurden, exekutierte man.

Zur gleichen Zeit greift die ELAS die EDES im Epirus an und vernichtet sie. Wiederholte Versöhnungsversuche scheitern. Schließlich wird, um zu einer Lösung zu kommen, der Erzbischof Damaskinos als Regent vereidigt. Papandreou tritt am 3. Januar 1945 zurück und N. Plastiras übernimmt die Regierungsgeschäfte. Es folgt das Abkommen von Varkisa (12. Februar), mit dem die Amnestie verkündet und die Rückkehr zur Normalität ermöglicht wird. Bei all diesen Unruhen konnte es nicht ausbleiben, daß zahlreiche Kollaborateure und Nutznießer Gelegenheit fanden, sich als Patrioten und Eckpfeiler des Regimes aufzuspielen. Diese Situation und die Nichterfüllung der nationalen Ansprüche schafft die Atmosphäre des Mißtrauens und der Enttäuschung unter den Griechen. Es ist also kein Wunder, daß sich im Plebiszit vom 1. September 1946 die entmutigte und erschöpfte Bevölkerung zu 68 % für die Rückkehr König Georgs II aussprach.

Der Versuch der KKE, sich durchzusetzen, ruft neue Auseinandersetzungen hervor, die von 1946 bis 1949 das Land im Blut zu ersticken drohen. Befehlshaber der Regierungskräfte ist General Papagos, Sieger über die Italiener in Albanien; ihm gelingt es, im Grammos-Gebirge die kommunistischen Gruppen zu schlagen. Die Kommunistische Partei, die EAM, und andere linke Organisationen werden durch das Gesetz 509 am 27. Dezember 1947 aufgelöst und aus dem öffentlichen Leben ausgeschlossen. Der Bürgerkrieg fordert etwa 158.000 Opfer; auf 50.000 bis 100.000 Menschen wird die Zahl derer geschätzt, die Griechenland verließen und in die Nachbarländer auswichen.

Von da an prägt das Gespenst des Kommunismus das politische Leben in Griechenland, ein Viertel Jahrhundert steht im Zeichen der Angst, die aus dem Bürgerkrieg herrührt. So kommt es zunächst zu einer royalistischen Regierung unter Konstantin Tsaldaris, der sich vieler Dinge annimmt, ohne jedoch konkrete Ziele zu haben.

Griechenland im Lager der westlichen Demokraten

Zur gleichen Zeit gründen die Großmächte die UNO, um den Weltfrieden zu sichern und ein neues System der Zusammenarbeit zwischen den Nationen zu schaffen.

Großbritannien, wirtschaftlich erschöpft, erklärt im Februar 1947, daß es nicht in der Lage sei, seine Verpflichtungen gegenüber Griechenland und der Türkei zu erfüllen. In der Tat gibt England die Rolle, die es während der letzten 150 Jahre im Nahen Osten gespielt hatte, auf, deren Ziel es gewesen war, das Kolonialreich zu sichern und den russischen Koloß von den strategischen Punkten des imperialen Weges nach Indien fernzuhalten. Die von England geräumte Position wird von den USA eingenommen, die nun ihren politischen Einfluß in der neuralgischen Region des östlichen Mittelmeers ausüben.

Ebenso versuchen die Sowjets, ihren Einfluß auf dem Balkan und im östlichen Mittelmeer zu sichern. Erste Zeichen des Kalten Krieges werden im Nahen Osten sichtbar. Im Kontext des amerikanisch-sowjetischen Antagonismus und der Wirren der Nachkriegszeit entsteht die Truman-Doktrin (12. März 1947). Sie gewährt durch den Marshallplan Griechenland und der Türkei, wie auch anderen europäischen Ländern amerikanische Militär- und Wirtschaftshilfe. Der Plan fördert das Bündnis und den Zusammenhalt der westlichen Länder durch die NATO, begünstigt den Eintritt Deutschlands und Japans in die Völkergemeinschaft und sieht eine Wirtschaftshilfe für die unterentwickelten Länder vor. Durch die Truman-Doktrin gelangt Griechenland in die Einflußsphäre der USA, von wo es bis 1967 2,5 Milliarden Dollar als Wiederaufbauhilfe und zwei Milliarden als Militärhilfe erhält.

Der wirtschaftliche Aufbau

Aufgrund intensiver Bemühungen erreicht die griechische Wirtschaft zwischen 1950 und 1952 ihr Vorkriegsniveau, das parallel mit einem Bevölkerungszuwachs auf 7.630.000 im Jahre 1951 weiter ansteigt. Von da an nimmt das Nationaleinkommen jährlich um etwa 6 % zu, also etwa im gleichen Maß, wie in den meisten anderen Ländern Europas. Doch das Pro-Kopf-Einkommen bleibt zwischen 1950 und 1957 mit etwa 200 Dollar pro Jahr im Vergleich zu den anderen Ländern verhältnismäßig gering (z.B. Italien 350, Frankreich 630, Dänemark 1000, Vereinigte Staaten 1800). Positive Entwicklungen zeichnen sich in der Landwirtschaft und im Handel ab. Vor dem Krieg betrug die Getreideernte auf einem Areal von 8.500.000 Stremmata nicht mehr als 800.000 Tonnen mit einem Ertrag von 90 kg pro Stremma, während sich im Jahre 1955 die Produktion auf einer Anbaufläche von 10.350.000 fast verdoppelt hatte. Auch bei landwirtschaftlichen Erzeugnissen nimmt die Produktion zu: Bei Kartoffeln verdreifacht, beim Öl verdoppelt, bei Reis verzehnfacht und bei der Baumwolle vervierfacht sie sich nahezu. Die Tabakerzeugung steigt ebenfalls an, der Export in die Bundesrepublik Deutschland, die USA, nach Frankreich und in andere Länder wächst. Kritisch bleibt die Situation bei den Korinthen wegen der Konkurrenz der kalifornischen Rosinen. Dagegen steigt die Produktion von Sultaninen gemessen an der Vorkriegszeit um 30 %. Stark nimmt ebenfalls der Anbau von Obst zu, besonders von Zitrusfrüchten.

Auf dem industriellen Sektor zeichnet sich nach 1952 eine rasche Steigerung ab, besonders in der Metallverarbeitung und der Elektrifizierung, die höher liegt, als in den Westeuropäischen Ländern. Der Grund ist evident: Griechenland tritt nun in die Phase der Industrialisierung ein. Dennoch ist Griechenland 1955 noch ein Agrarland, da etwa 2/3 seiner Bevölkerung in der Landwirtschaft tätig sind. Im Bergbau verdoppelt sich die Gewinnung von Bauxit, während die Braunkohlegewinnung sich versiebenfacht.

Der Export zeigt eine steigende Tendenz, entsprechend steigen die Deviseneinnahmen. Zugleich steigt auch der Import von Industrieprodukten, u.a. auch von solchen, die in Griechenland selbst hergestellt werden. Die Tätigkeit der Handelsmarine erreicht fast das Niveau der Vorkriegszeit: Über 1.800.000 BRT verfügte sie vor dem Krieg, im Jahre 1955 über 400 Schiffe mit einer Gesamttonnage von 1.500.000 BRT, nicht gerechnet die Schiffe griechischer Reeder unter fremden Flaggen, die 10 Millionen BRT betragen und etwa 40.000 griechische Matrosen beschäftigen. Durch diese erstaunliche Zunahme der Aktivität der Handelsmarine steigt die Deviseneinfuhr konstant, die zusammen mit den Überweisungen der Auswanderer, den Devisen, die durch den Tourismus ins Land kommen und Devisen anderer Herkunft das Defizit der Handelsbilanz mindert und die Zahlungsbilanz verbessert. Der wirtschaftliche Aufschwung profitiert vom Ausbau des Straßen- und Eisenbahnnetzes und des Luftverkehrs; ferner durch die Sanierung der öffentlichen Finanzen, die Ausbalancierung der Handelsbilanz und die Stabilität des Geldumlaufs. Schließlich werden in zunehmendem Maße staatliche Kredite für öffentliche Bauvorhaben und Investitionsprogramme gewährt. Doch werden noch im Jahre 1955 40 bis 50 % dieser öffentlichen Kredite in den Bau von Wohnungen und Häusern investiert, das dreifache des europäischen Durchschnitts.

Ein Zeichen der Gesundung der Wirtschaft ist die Preisstabilität, die Steigerung der privaten Spartätigkeit und allgemein das wachsende Vertrauen in die wirtschaftliche Dynamik des Landes. Auswirkungen dieses Aufschwungs sind der Bau großer hydro- und thermoelektrischer Anlagen, großer und kleiner Bewässerungsanlagen, die Gründung von Werften, der Bau von Zuckerraffinerien, Düngemittelfabriken, Ölraffinerien usw..

Literatur und Kunst

Die Blüte der modernen griechischen Literatur beginnt mit ihren bedeutenden Repräsentanten, die gegen 1930 herangewachsen sind. Diese Generation erlebte ihre Kindheit in den Jahren des ersten Weltkriegs, während der Kleinasiatischen Katastrophe und der schwierigen und angstvollen Jahre, die darauf folgten. Zwischen 1930 und 1950 erlebten sie nunmehr bewußt die Weltwirtschaftskrise, die wechselvolle Entwicklung und Pervertierung von Werten und politischen Begriffen, den Triumph der rohen politischen und militärischen Gewalt, die Durchsetzung der absolutistischen Systeme von Faschismus und Nationalsozialismus, den Horror des zweiten großen Krieges und den Überfall des faschistischen Italien auf ihr Land; ferner den heroischen Widerstand des griechischen Volkes, den Angriff Deutschlands und die dreifache Besatzung – die deutsche, italienische und bulgarische, mit allen ihren entsetzlichen Auswirkungen.

Es ist verständlich, daß die Schiftsteller die erschütternden historischen Ereignisse, die sie erlebt hatten, in ihren Werken festhalten und ihre Erfahrungen reflektieren wollten. Die Werke dieser Generation sind tiefer und reicher als die der Schriftstellergeneration von 1880. Die Thematik ihrer Erzählungen und Romane sprengt den engen Rahmen der Sittengeschichte und der Landschaftsbeschreibung, um sich der Schilderung breiterer sozialer Schichten und der Probleme der griechischen Gesellschaft, sowie allgemein der menschlichen Psychologie zuzuwenden. Zu den wichtigsten Romanciers jener Zeit gehören Angelos Tersakis, Jorgos Theotokas, Ilias Venesis, Kosmas Politis, Jannis Beratis, Th. Petsalis, Pant. Prevelakis und T. Athanassiadis, die es in ihren Werken sogar zu epischem Atem bringen.

In der Lyrik wendet sich eine Gruppe von Dichtern mit Jorgos Seferis an der Spitze (Nobelpreis für Literatur 1963) von den früheren Versifikationformen ab, führt den ungebundenen Vers ein, läßt dem Ausdruck der Innenwelt freien Lauf, wirft die rationalistischen Elemente ab und sucht neue expressive Ausdrucksweisen durch die Imagination. Diese neue Orientierung der griechischen Lyrik trägt reiche Frucht durch Odysseas Elytis (Nobelpreis für Literatur 1979), Nikos Engonopulos, Andreas Empirikos, Jorgos Vafopulos, Jannis Ritsos, Nikiforos Vrettakos und andere. Mehr als alle anderen wird Seferis vom tragischen Weg der Griechen durch die Geschichte inspiriert, den er mit neuen Formen und Mitteln in moderner klassischer Einfachheit nachvollzieht.

Auch im Bereich der bildenden Künste gibt es Bemerkenswertes. Zwar entstehen in der griechischen Hauptstadt keine autochthonen Strömungen, man orientiert sich nach wie vor am Westen, wobei nicht mehr München, sondern Paris das Strahlungszentrum ist, vor allem nachdem die Bewegung des Impressionismus sich auf alle Kulturzentren der Welt ausgebreitet hat. Dieser hatte mit Verspätung, erst zu Beginn des 20. Jahrhundets, Griechenland erreicht. Konstantin Parthenis, der erste Vertreter des Impressionismus in Griechenland, ruft den Protest der traditionellen »akademischen« Künstler hervor, weckt aber die Unruhe anderer, junger Maler. Der Kontakt zum Westen wird zunehmend enger, in der Zwischenkriegszeit bilden sich verschiedene Künstlergruppen mit verschiedenen Auffassungen, wie z.B. die »Gruppe Kunst«, aus der die Gruppen »Lot«, »Fuge« und die etwas konservative Gruppe »Maler und Bildhauer« hervorgegangen sind. Die meisten Maler gingen über den Impressionismus hinaus, blieben aber weiterhin unter dem Einfluß der modernen europäischen Strömungen, so z.B. Ioannis Spyropulos und Spyros Papalukas. Zu erwähnen ist ferner eine Anzahl von Künstlern, die sich an der vernachlässigten byzantinischen Tradition und der Volkskunst orientierten, wie Fotis Kontoglu, Jannis Tsaruchis, Spyros Vassiliu. Zur damaligen Avantgarde gehörten N. Chatzikyriakos-Gikas und G. Gunaropulos.

Auch die Bildhauerei ist von Paris beeinflußt, wobei neoklassizistische bis abstrakt-moderne Tendenzen zu verzeichnen sind, wie z.B. bei K. Dimitriadis, A. Sochos, A. Apartis, N. Tombros. Als bekannter Graphiker ist D. Galanis, Kunstprofessor in Athen, zu nennen.

In der Architektur setzt sich die neoklassizistische Tradition, die auch die griechischen Architekten beeinflußt, am Anfang des Jahrhunderts fort. Nach dem ersten Weltkrieg greifen die Architekten zu den neuen Baumaterialien, vor allem zum Zement, und schaffen neue, den sozioökonomischen Bedürfnissen der Gesellschaft entsprechende Bauten, wie das große Mietshaus. Rationelle

Gesichtspunkte bestimmen auch die öffentlichen Bauten, wie Krankenhäuser, Laboratorien usw. mit ihrer einfachen und funktionellen Konstruktion. Die griechischen Architekten richten sich hauptsächlich an den Strömungen Westeuropas aus, dennoch suchen einige, wie z.B. A. Sachos und D. Pikionis ihre Inspiration bei der byzantinischen und der Volkstradition, in der Architektur der Inseln oder der alten Patrizierhäuser in Thessalien und Makedonien, die von den im Ausland zu Geld gekommenen griechischen Kaufleuten während des 18. und 19. Jahrhunderts erbaut worden waren.

Die Volkstradition bleibt rein erhalten im Handwerk: In der Weberei, der Stikkerei, der Holzschnitzerei, der Schmiedekunst, besonders der Gold- und Silberschmiedekunst und in der Keramik. Nach dem Krieg werden diese Zweige des Kunsthandwerks mit Erfolg betrieben und gelangen zu neuer Blüte. Ein wichtiges Zentrum der Gold- und Silberschmiede, wie auch der übrigen metallverarbeitenden Kunst, mit tiefen Wurzeln in der Vergangenheit, ist Ioannina, die Hauptstadt des Epirus. Das traditionelle Kunsthandwerk wird in Griechenland weiter gepflegt, beschäftigt zunehmend mehr Handwerker und gewinnt an Qualität.

Die politischen Ereignisse bis zur siebenjährigen Diktatur (21. April 1967)

Der folgende Abriß der letzten Jahre der politischen Geschichte Griechenlands trägt den Charakter einer Chronik ohne Anspruch auf erschöpfende Wertung von Ereignissen und Personen oder gar auf eine kritische Einordnung. Der zeitliche Abstand zu diesen Fakten ist noch zu kurz und die uns zugänglichen Quellen sind unzureichend.

Mit der Befriedung des Landes im Jahre 1949 scheint das politische Leben sich zu normalisieren, aber die Wahlen vom 5. März 1950 verschaffen keiner Partei eine stabile, regierungsfähige Mehrheit. Das Wahlgesetz wird – wie schon früher – von Zeit zu Zeit verändert und die Wahlen werden jeweils nach dem Mehrheitswahlsystem oder nach dem Verhältniswahlsystem abgehalten, entsprechend der Interessenlage der gerade an der Macht befindlichen Kräfte. Die aufeinanderfolgenden, kurzlebigen Regierungen und das Mißbehagen der Öffentlichkeit angesichts dieser Instabilität veranlassen den Marschall Alexandros Papagos, sein Amt niederzulegen und, dem Beispiel General de Gaulles folgend, sich zum Chef der Partei »Griechische Sammlung« zu machen, um die Spaltung des Volkes in Veniselisten und Royalisten zu überbrücken. Die Kommunistische Partei ist weiterhin verboten, aber ihre Anhänger und andere Linke sammeln sich in der EDA (Vereinte Demokratische Linke), die zuweilen auch von zahlreichen der durch die Programme und Zwistigkeiten der bürgerlichen Parteien enttäuschten Bürger gewählt wird. In der Tat hat sich die alte Struktur nicht geändert; ein Kenner der griechischen Wirklichkeit, der Journalist Marc Marceau schreibt: »Der Abgeordnete ist von der Wiege bis zum Grabe an seine Wähler gebunden, was meistens den Eindruck eines kuriosen Diener-Herr-Verhältnisses macht, aber sicherlich nicht eines gesunden, stabilen politischen Lebens. Für den Abgeordneten wird alles dadurch kompliziert, daß selbt die Parteien dem kontinuierlichen Druck griechischer und ausländischer Interessengruppen und kleiner Machtgruppierungen ausgesetzt sind und ihm nicht immer die beste Haltung aufnötigen.«

Das Ziel von Papagos ist eine Entspannung der konfliktgeladenen politischen Situation. Sein Ansehen als Sieger auf den albanischen Bergen und auf Grammos ist groß und seine Ziele finden offene Ohren; unterstützt vor allem durch Vertreter der Rechten und des Zentrums, gewinnt er die Wahlen vom 16. November 1952 und besetzt 247 der 300 Sitze im Parlament.

Zu diesem Zeitpunkt haben die Hilfeleistungen der USA für den Aufbau in Griechenland und ihr Interesse für die Zurückdrängung des sowjetischen Einflusses und des Kommunismus ihre volle Höhe erreicht. Ein neuer Wirtschaftsplan wird vom Koordinationsministerium unter Spyros Markesinis ausgearbeitet, den Amerikanern werden Militärstützpunkte zur Verfügung gestellt (Abkommen vom 12. Oktober 1952), das Land wird zum ständigen Mitglied des Antlantischen Bündnisses und knüpft gleichzeitig Beziehungen zu einigen Staaten des Ostens, insbesondere zu Jugoslawien, an. Die Beziehungen zu Großbritannien werden durch den Konflikt um Zypern getrübt: Die Zyprioten, mit dem Bischof von Kition und späteren Erzbischof von Zypern Makarios an der Spitze, streben nach Selbstbestimmung, die ihnen Engländer und Amerikaner als Sieger versprochen hatten, sowie nach der Vereinigung mit Griechenland. Sie stoßen auf die heftige Ablehnung der Engländer, deren Außenminister und späterer Ministerpräsident Sir Anthony Eden sich weigert, die Zypernfrage zu diesem noch zu irgendeinem späteren Zeitpunkt überhaupt zu diskutieren (Herbst 1953). Das ist nicht dazu angetan, die Geister zu beruhigen. Im April 1955 beginnt gegen die auf der Insel stationierten britischen Kräfte der bewaffnete Kampf der zypriotischen Geheimorganisation EOKA (Nationale Organisation der zypriotischen Kämpfer) unter dem Befehl von Digenis (Pseudonym des Obersten der griechischen Armee Georgios Grivas, zypriotischer Herkunft, der während der Besatzungszeit in Griechenland die Organisation »X« gegründet hatte). Dieser Kampf wird auf griechischer Seite streng diszipliniert und mit Geschicklichkeit geführt. Die Aktionen sind absolut geheim und bestehen in Überfällen und Sabotageakten gegen die militärischen Einrichtungen der Engländer und einer beharrlichen Aktivität im bewaldeten Troodos-Gebirge.

Um sowohl die griechischen Zyprioten wie auch die Regierung in Athen unter Druck zu setzen, droht England damit, die Insel zwischen Griechen und Türken zu teilen. Dabei wird ignoriert, daß 82 % der zypriotischen Bevölkerung Griechen und nur 18 % Türken sind. Dieses Verhalten Englands erweckt den türkischen Nationalismus und bereitet den Boden nicht nur für unablässige Unruhen auf der Insel, sondern auch für die Reibungen zwischen Griechenland und der Türkei (antigriechische Ausschreitungen in Istanbul, September 1955). Die Verträge von Zürich und London (1959), die von Griechenland, Zypern, der Türkei und dem Vereinigten Königreich unterschrieben wurden, vermochten die Konflikte nicht zu mildern (vgl. die Trübung der griechisch-türkischen Beziehungen im Jahe 1967, die beinahe zum Kriege geführt hätten); diese Verträge sahen auf Initiative Englands die Selbstbestimmung Zyperns vor, verweigerten ihm aber die Vereinigung mit Griechenland, was das eigentliche Ziel der Zyprioten gewesen war. Die Verträge sollten die Grundlage für eine endgültige Regelung des Zypernsproblems sein. So erlangte Zypern wie vorgesehen die Unabhängigkeit (16. August 1960) mit Erzbischof Makarios als erstem Präsidenten.

Der Weg bis zu dieser Regelung des Zypernproblems war lang und mühselig. Nach dem Tod von Papagos im Oktober 1955 wird die Regierung von Konstantin Karamanlis übernommen. Karamanlis hatte sich als Minister für Öffentliche Arbeiten hervorgetan; er war der erste aus Makedonien stammende Ministerpräsident. Ausgezeichnet durch Willensstärke, Initiativkraft und unerschütterliche Beharrlichkeit bei der Realisierung seiner Regierungsprogramme sowie durch Verantwortungsgefühl, wurde er auch der Gründer einer neuen Partei, der ERE (Nationalradikale Union), deren ideologischer Gehalt nahezu identisch ist mit demjenigen der Partei »Griechische Sammlung«. Unzufrieden mit den ungünstigen Regelung der Zypernfrage verbesserte er die Beziehungen Griechenlands zur Sowjetunion, zu Rumänien und Bulgarien.

Als Vorsitzender der ERE regierte Karamanlis Griechenland volle acht Jahre (1955 – 1963), eine Seltenheit im politischen Leben des Landes. Er sichert Griechenland eine im allgemeinen stabile Entwicklung und es gelingt ihm, nach den ersten zwei schwierigen Jahren einige wirtschaftliche Probleme mit Erfolg zu lösen. Er fördert den Tourismus, führt in einigen Bereichen Sparmaßnahmen durch, investiert Kapital in große hydroelektrische und andere öffentliche Werke, zieht ausländisches Kapital ins Land, verhindert die Steigerung der Löhne und Gehälter, um die Inflation einzudämmen (was natürlich die betroffenen Bevölkerungsschichten gegen ihn aufbringt), fördert die Entwicklung von Handel und Industrie und erreicht eine schrittweise Steigerung der Ausfuhren. Durch all diese Maßnahmen führt er das Land zu einer raschen Industrialisierung, seinem Hauptziel, und beschleunigt die wirtschaftliche Entwicklung. Auf diese Weise kann er ausreichende Kapital- und Devisenreserven anlegen, was ihm ermöglicht, die griechische Währung zu stabilisieren und große Investitionen zu tätigen, in der Landwirtschaft, im Städtebau, im Wege- und Straßenbau, für die Einrichtung eines Campus in Thessaloniki usw. Die günstige wirtschaftliche Entwicklung gibt der Regierung den Mut, sich mit der Europäischen Wirtschaftsgemeinschaft zu assoziieren (Juli 1961). Das Problem der Bildungsreform im Sinne des wissenschaftlichen und technischen Fortschrittes bleibt trotz der Bemühungen von Karamanlis bestehen. Er bereitet den Boden für die Gründung einer neuen Universität mit naturwissenschaftlicher Ausrichtung in Patras.

Die fast permamente landwirtschaftliche Krise bewirkt eine starke Landflucht und, da die Löhne niedrig bleiben, eine Abwanderung ins Ausland, besonders in die Bundesrepublik Deutschland, wo die Industrie sich rasch entwickelt und gute Arbeitsbedingungen bietet. Für Griechenland bringt das eine ernste Gefahr mit sich, da die Dörfer die besten Arbeitskräfte verlieren, die Städte von Handwerkern und Arbeitern entblößt werden. Dieses Problem besteht trotz aller Bemühungen für die griechischen Regierungen bis heute weiter. Die Zypern-Verträge von London und Zürich werden heftig kritisiert und schaffen Unzufriedenheit bei der Bevölkerung. Die in Bezug auf die Zypernfrage reservierte Haltung der Alliierten verstärkt die Opposition im Land. Unter anderem wirft die EDA der Regierung vor, den USA Raketenstützpunkte zur Verfügung gestellt zu haben und ihrer Politik blind zu folgen. Andere kleine Parteien der politischen Mitte vereinigen sich zu einer Partei, der »Zentrumsunion« und üben heftige Kritik an der Tätigkeit der Regierung. Vorsitzende der »Zentrumsunion« sind Sofoklis Veniselos und Georgios Papandreou, der der ERE den »unerbittlichen Kampf« ansagt, sie hart attackiert, besonders nach den Wahlen von 1961, wo er ihr in einigen Bezirken Wahlfälschung vorwirft. Darüberhinaus bezichtigt er sie skandalöser politischer Akte und Abkommen. Er weitet die Attacken auf andere Bereiche aus, zum Beispiel verlangt er mehr Haushaltsmittel für die Bildung und für die Anhebung der Löhne und Gehälter bereitzustellen. Es folgt die Ermordung des EDA-Abgeordneten Grigoris Lambrakis im Mai 1963 in Thessaloniki, die die Gemüter aufwühlt und die Position von Karamanlis schwächt. Wieder schlagen die politischen Leidenschaften hohe Wellen. Der Palast versucht die Emotionen noch zu verschärfen und sie in die Richtung eines Machtwechsels zugunsten des Zentrums zu drängen. Diese Tendenz wird noch gefördert durch die Reibungen zwischen dem Ministerpräsidenten Karamanlis und dem Palast, meist aus geringfügigen Anlässen.

Karamanlis tritt am 18. Mai 1963 zurück. Nach Neuwahlen kommt im Februar 1964 mit 53 % der Stimmen, d.h. 173 von 300 Parlamentssitzen, Georgios Papandreou an die Macht – S. Veniselos stirbt im gleichen Monat. Karamanlis zieht sich enttäuscht nach Paris zurück und läßt als seinen Stellvertreter in der Parteileitung Panagiotis Kanellopulos zurück. Im März stirbt König Paul, den Thron besteigt sein vierundzwanzigjähriger Sohn Konstantin.

Papandreou nimmt sich der Reorganisation des Bildungswesens an, macht breiteren Schichten eine höhere Bildung zugänglich, indem er Schulgeld und Prüfungsgebühren abschafft und Stipendien einführt; damit soll das wissenschaftliche und technische Potential des Landes gestärkt und modernisiert werden. Er gründet je zwei Universitätsfakultäten in Patras und in Ioannina, hebt die Gehälter der Beamten an, subventioniert bestimmte Agrarprodukte und trägt im allgemeinen Sorge für die Verbesserung der Lebensbedingungen der mittleren und unteren Schichten. Aber große Ausgaben, die Steigerung der Importe, die drohende Inflation und der Widerspruch einiger seiner Minister – besonders von Konstantin Mitsotakis, dem Finanzminister, bezüglich der Wirtschaftspolitik – die geheimen oder offenen Differenzen besonders mit dem Sohn des Premiers, dem ehemaligen Wirtschaftsprofessor an der Berkley-Universität Andreas Papandreou, schaffen im Lande ein Klima zunehmender Unruhe und bewirken die allmähliche Auflösung der Zentrumsregierung. Hauptursachen jedoch sind die Rivalitäten um die Nachfolge in der Parteiführung, haltlose Vorwürfe gegen Karamanlis, gegen den man einen Prozeß anstrengt, die ungleichmäßigen Gehaltserhöhungen der Angestellten, die Verhaftung demokratischer Offiziere, denen vorgeworfen wird, in der Gruppe »Aspida« (»Offiziere, rettet Vaterland, Ideale, Demokratie und Würde«) konspiriert und zudem Kontakte zu Andreas Papandreou unterhalten zu haben. König Konstantin, beunruhigt über die Lage, richtet strenge Briefe an den Ministerpräsidenten. Dies bewirkt den Bruch in den Beziehungen beider Männer, den Rücktritt von Papandreou (Juli 1965) und die scharfe Reaktion der Zentrumsunion auf die Intervention des Palastes. Einige Abgeordnete der Partei lehnen die Taktik ihres Vorsitzenden ab, trennen sich von ihm und bilden eine eigene Fraktion. Die Mitglieder dieser Gruppe, die »Abtrünnigen« genannt, bilden zwei kurzlebige Regierungen: Die Regierung von Stefanopulos, welche sich mit Unterstützung der ERE und einer Mehrheit von vier Stimmen fünfzehn Monate lang bemüht, das Land zu regieren, ohne jedoch fähig zu sein, der brennenden Probleme, der Reaktion des Zentrums und der sich ablösenden Streiks der Arbeiter und Angestellten Herr zu werden. Am 20. Dezember 1966 entzieht der Führer der ERE Panajotis Kanellopulos, der davon überzeugt ist, daß diese Regierung zur Bewältigung der Krise unfähig sei, ihr das Vertrauen und bewirkt ihren Sturz. Es folgt eine geschäftsführende Regierung unter Ioannis Paraskevopulos (24. Dezember 1966 bis 30. März 1967).

Während dieser Monate schwebt die Drohung einer Militärdiktatur über dem Land: Man spricht darüber in den Zeitungen, in den Kaffeehäusern, in den Büros und auf dem Land. In einer der Dezembernummern der Zeitung »To Vima« werfen empörte Studenten verschiedener politischer Richtungen in scharfen Formulierungen den politischen Führern vor, »auf die Barbaren wartend« – eine Anspielung auf das bekannte Gedicht von Kavafis – sich in fruchtlosen Dauerdebatten zu ergehen. In der Tat tragen die Politiker der Nation gegenüber eine schwere Verantwortung. Befangen in Parteiegoismen wollten sie nicht an das drohende Verhängnis glauben oder waren nicht mehr in der Lage dazu, etwas dagegen zu unternehmen. Die endlosen Debatten und Wortgefechte im Parlament, die Intrigen und suspekten Geschäfte hinter den Kulissen wirkten abstumpfend auf das Volk. Die »Feldwebellösung«, die Ordnung schaffen soll, wird von den Wegbereitern der Diktatur geschickt propagiert. Die Regierung Panajotis Kanellopulos, die am 3. April 1967 gebildet wird, löst das Parlament auf und schreibt Neuwahlen für den 28. Mai aus. Der Wahlkampf ist heftig, politische Manifestationen und in Tumulte ausartende Versammlungen lösen einander ab, die Presse schürt das Feuer, während sich die Gerüchte über einen bevorstehenden Militärputsch verdichten. In den Morgenstunden des 21. April nehmen sie konkrete Gestalt an: Ein Militärputsch unter Führung der Obristen Georgios Papadopulos, Stylianos Pattakos und Nikolaos Makaresos stürzt die Regierung Kanellopulos, setzt die elf wichtigsten Artikel der Verfassung außer Kraft und etabliert eine Militärregierung.

Sieben Jahre Militärdiktatur 1967 – 1974

Fortgesetzte politische Unsicherheit und Zwistigkeiten der Politiker hatten den Ehrgeiz einiger Offiziere geweckt, die (wie bereits Metaxas) die Politiker als Verderber der Nation verachteten und mit dem Vorwand akuter kommunistischer Gefahr eine Diktatur in einem Lande errichteten, das sich während des Zweiten Weltkrieges als Verteidiger der Menschenrechte hervorgetan hatte. Es ist eine neue Phase des alten Gegensatzes zwischen Politikern und Militärs, wobei letztere glauben, die Probleme des Staates wie einen gordischen Knoten mit dem Schwert lösen zu können.

Sofort werden Tausende von Menschen festgenommen, in die Gefängnisse gesteckt oder auf Inseln deportiert. Die drei Obristen stellen den jungen König vor vollendete Tatsachen, der schließlich nachgibt, nachdem der ihm vertraute Oberstaatsanwalt Konstantin Kollias zum Ministerpräsidenten ernannt worden ist. Die Obristen versuchen zunächst das Volk zu beruhigen, indem sie versichern, daß ihre Abwendung vom Parlamentarismus nur von kurzer Dauer sein werde. Mit der Zeit jedoch werden trotz des ausländischen Drucks ihre diesbezüglichen Beteuerungen immer seltener. Die Politiker der USA tolerieren jedoch, abgesehen von wenigen Persönlichkeiten, den Wechsel. Das Pentagon ist zufrieden, denn der Chef der Junta, Georgios Papadopulos, ist als ehemaliger Chef des Staatlichen Informationsdienstes (KYP), mit dem CIA in Kontakt und ein Mann ihres Vertrauens.

Liberaler Einstellung verdächtige Offiziere werden entlassen, das gleiche gilt für Richter, Universitätsprofessoren und Tausende von Beamten; die höhere geistige politische und militärische Schicht wird ausgeschaltet. Angst breitet sich aus. Der Weg, den die Diktatoren einschlagen und dem König Konstantin nunmehr folgen muß, führt zwangsläufig zur Abschaffung der Monarchie. Ein am 13. Dezember 1967 oberflächlich organisierter Gegenputsch des Königs unter Beteiligung von Kollias scheitert, die Verschwörer flüchten nach Italien. General Georgios Soitakis wird Regent und Georgios Papadopulos als Ministerpräsident vereidigt.

Der Druck des Auslandes bereitet der Diktatur keine ernsthaften Schwierigkeiten; das Aufbegehren der Bevölkerung und der Politiker wird immer heftiger. Die Diktatoren führen ein propagandistisch gut vorbereitetes Referendum (29. September 1968) über die künftige Staatsform durch, etwa 70 % sprechen sich für die Abschaffung der Monarchie aus, leere Versprechungen treiben die Demokraten zu Widerstandsaktionen wie dem Legen von Bomben in verschiedenen Gegenden Athens. Die Verhafteten werden gefoltert, um sie zur Denunziation ihrer Komplizen zu zwingen. Die Militärgerichte tagen in Permanenz, jedoch ohne Ergebnis. Einige Politiker glauben, daß man in Gesprächen und Verhandlungen mit den Militärs praktische Lösungen für die Wiederherstellung der Demokratie finden könnte. Um eine solche Lösung zu fördern, erklärt Karamanlis in Paris einen Tag nach dem Referendum, daß er bereit sei, für die Rückkehr des Landes zur politischen Normalität persönliche Hilfe zu leisten; seine Erklärung wird jedoch in der gleichgeschalteten griechischen Presse nicht veröffentlicht und bleibt ohne Echo.

Griechenland wird international isoliert. Die Diktatur wird angeklagt, die Menschenrechte zu verletzen und am 12. Dezember 1969 erklärt der Außenminister der Junta, Pipinellis, den Austritt seines Landes aus dem Europarat, um der bereits beschlossenen Verurteilung Griechenlands zuvorzukommen.

Der Druck des Auslands verstärkt sich, die Diktatoren wollen den Anschein erwecken, daß sie nach und nach die Demokratie wieder einführen wollen. Am

24. November 1970 wird aus 92 Mitgliedern verschiedener administrativer Einrichtungen das sogenannte »Kleine Parlament der Griechen« oder die »Beratende Kommission« gebildet. 1972 jedoch konzentriert Papadopulos mehr Macht auf seine Person, schickt den Regenten Soitakis nach Hause und übernimmt dessen Funktionen; gleichzeitig bekleidet er die Ämter des Ministerpräsidenten, des Verteidigungsministers, des Außenministers und für eine Weile auch des Bildungsministers. Offensichtlich verliert er jedoch allmählich an Boden und die Differenzen zwischen den Regierungsmitgliedern nehmen zu.

Bereits Anfang 1973 bricht die Wirtschaftskrise in Griechenland aus. Die Inflationsrate und die Rohstoffpreise steigen, die Möglichkeiten für die einkommensschwächeren Schichten, Wohnungs- oder Hauseigentum zu erwerben, oder gar selbst zu bauen, sinkt fast auf den Nullpunkt. Im Februar und im März 1973 beginnen die Studenten mit Protestkundgebungen, es kommt zu Zusammenstößen mit der Polizei, die Parole: »Die Macht dem Volk!« trübt die Scheinruhe der Diktatur. Der legale Ministerpräsident Panajotis Kanellopulos hatte ohnehin seit Beginn des Militärregimes mit allen Mitteln seine ablehnende Haltung der Junta gegenüber gezeigt. Das gleiche gilt für den Vorsitzenden der Zentrumsunion unter Georgios Papandreou und seinen Sohn Andreas. Die meisten Politiker und die Intellektuellen lehnen das Militärregime ab und geben ihrer Einstellung durch aktiven oder passiven Widerstand Ausdruck, so Jorgos Seferis, Georgios Mavros, Georgios A. Mangakis, Mikis Theodorakis.

Zunehmend jedoch findet jetzt die Lage in Griechenland lebhaftes Interesse im Ausland, das sich in Sympathiekundgebungen in verschiedenen europäischen Hauptstädten niederschlägt, in Leitartikeln der ausländischen Presse, in Rundfunk- und Fernsehinterviews. Europäische Sender wie die BBC, die Deutsche Welle und die ORTF informieren in speziellen, nach Griechenland gesendeten Programmen die griechische Bevölkerung, die sie insgeheim hört. Großes Unbehagen und Beunruhigung breitet sich in Griechenland aus, selbst in den Reihen der Armee. Im Mai 1973 wird eine geplante Rebellion der Marine aufgedeckt. Die verantwortlichen Offiziere werden festgenommen, allein der Besatzung des Zerstörers »Velos« gelingt die Flucht nach Italien. Die Diktatoren beschuldigen Karamanlis und den König, die Drahtzieher der Verschwörung zu sein, was beide zurückweisen. Danach schaffen die Diktatoren auch formell die Monarchie ab, rufen die Republik aus und wählen Georgios Papadopulos zum Staatspräsidenten, der am 29. Juli 1973 durch ein manipuliertes Referendum die Zustimmung der Bevölkerung erhält.

Der Präsident vereinigt so viele Befugnisse auf sich, daß er zum absoluten Regulator der Exekutive wird. Um die Bevölkerung davon zu überzeugen, daß er eine wahre Demokratie zu errichten wünsche, greift er zu spektakulären Taten: Er gewährt eine Amnestie, befreit politische Gefangene, lockert die Zensur und bildet eine Regierung unter dem Vorsitzenden der »Progressiven Partei«, Spyros Markesinis, der Wahlen in Aussicht stellt. Diese bizarre Situation dauert drei Monate, bis sich Mitte November 1973 die Studenten der Athener Technischen Hochschule im Hochschulgebäude einschließen, Fahnen und Transparente hissen und Freiheit und Demokratie fordern. Viele Einwohner der Hauptstadt solidarisieren sich mit den eingeschlossenen Studenten, die drei Tage lang belagert werden, und helfen ihnen mit Nahrung und Medikamenten, bis in der Nacht zum 17. November 1973 unter Mißachtung der Unverletzlichkeit des Akademischen Raumes Panzer das Portal sprengen und den Aufstand niederwalzen. Die tragischen Szenen, die sich dort abspielten, sind bekannt und in ausländischen Filmen festgehalten.

Einige Tage danach, am 25. November, wird Papadopulos durch die Armee unter dem Befehl seines ehemaligen Kameraden Dimitris Ioannidis gestürzt; General Phaidon Gisikis wird zum Staatspräsidenten ernannt. Als Grund seines Vorgehens gab Ioannidis an, daß Papadopulos sich vom Geist des 21. April 1967 entfernt und persönliche Macht ausgeübt habe.

Die neue Regierung unter dem Ministerpräsidenten A. Andrutsopulos wird mit zahlreichen wirtschaftlichen, sozialen und nationalen Problemen konfrontiert; denen sie offensichtlich nicht gewachsen ist. Anfang April 1974 werden die Verhandlungen zwischen den beiden Bevölkerungsgruppen auf Zypern unterbrochen, und die griechisch-türkischen Beziehungen geraten in eine ernste Krise: Die Türken, die Schwäche des Regimes erkennend, nehmen eine provozierende Haltung ein und verlangen trotz der zahlenmäßig geringen türkischen Minderheit auf der Insel die Errichtung einer föderativen Regierung auf Zypern; zugleich erheben sie, nachdem vor der griechischen Insel Thassos Erdöl entdeckt wurde, Ansprüche auf die Ägäis. Es zirkulieren Gerüchte, daß die Regierung Andrutsopulos fallen werde und daß auf Zypern ein Putsch gegen den Präsidenten Erzbischof Makarios geplant sei. Und in der Tat wünscht die Junta, Makarios durch einen Mann ihres Vertrauens zu ersetzen und ein ihr ähnliches Regime auf der Insel zu installieren; auch den USA wäre das genehm, denn Zypern befindet sich in Bezug auf den Nahen Osten an einem strategisch wichtigen Punkt. So findet am 15. Juli 1974 unter Beteiligung griechischer Offiziere der zypriotischen Nationalgarde der Putsch gegen Makarios statt, was den Türken als Garantiemacht möglich macht, unter dem Vorwand, die verfassungsmäßige Legalität wiederherzustellen, zu intervenieren. Sie verletzen die Autonomie der Insel, erobern während ihrer Invasion beinahe 40 % des Territoriums, plündern das Eigentum griechischer Zyprioten, morden und nehmen viele von ihnen gefangen – die bis heute Vermißten werden auf mehrere Tausende geschätzt. 200.000 Menschen, d.h. fast die Hälfte der griechischen Bevölkerung, werden vertrieben und gezwungen, im freien Teil der Insel in Lagern das Leben von Flüchtlingen zu fristen. Den Türken wurde bei diesem Vorgehen keinerlei ernsthafter Widerstand von Seiten der Vereinigten Staaten und der NATO entgegengesetzt. Die Politik der USA und des Pentagon glich in Wirklichkeit der Politik Metternichs. Die großen Sicherheitsorganisationen und Verteidigungsbündnisse befanden sich in einer Lage, in der sie ähnlich reagierten wie der Völkerbund vor dem Zweiten Weltkrieg.

Die Tragödie Zyperns erschüttert die ganze griechische Nation. Die Generalmobilmachung wird angeordnet. Die Offiziere des Dritten Armeekorps an der nordöstlichen Grenze des Landes erkennen jedoch, daß die Krise unmöglich durch eine Marionettenregierung bewältigt werden kann, und fordern die Übergabe der Macht an die Politiker und die Bildung einer Regierung unter Konstantin Karamanlis.

So wird am 23. Juli nach sieben Jahren, drei Monaten und zwei Tagen das zweite autoritäre Regime, das Griechenland im Laufe von dreißig Jahren erlebt hatte, gestürzt; Konstantin Karamanlis kehrt nach Athen zurück und wird von der ganzen Nation jubelnd empfangen.

Die Zeit nach 1974

Die Regierung der Nationalen Einheit, die Karamanlis bildet, handelt großzügig; sie hebt die von der Diktatur erlassenen Verfassungsakte auf, setzt die Verfassung von 1955 wieder in Kraft – ausgenommen die Artikel über die Staatsform – prangert die laue, wenn nicht suspekte Haltung der USA und der NATO an, erklärt den Austritt Griechenlands aus der militärischen Organisation der NATO, regelt mit Umsicht viele dringende Probleme, erreicht, daß die Vereinten Nationen die türkische Intervention auf Zypern verurteilen, gewährt die Generalamnestie für alle politischen Opfer der Diktatur, beginnt mit der Säuberung des Staatsapparates, legalisiert die Kommunistische Partei, läßt die fünf Protagonisten der Junta verhaften, die vor Gericht gestellt werden, und schreibt für den 17. November 1974 Parlamentswahlen aus, die einwandfrei durchgeführt werden.

Karamanlis gewinnt als Vorsitzender der »Nea Dimokratia «(ND) die Wahlen mit 54,37 %; es folgen die »Zentrumsunion-Neue Kräfte« (EDIK-ND) mit Georgios Mavros an der Spitze, mit 20,42 %, die »Panhellenische Sozialistische Bewegung« unter Andreas Papandreou (PASOK) mit 13,58 % und die »Vereinigte Linke« unter Ilias Iliu, mit 9,47 %.

Am 8. Dezember findet das Referendum über die Staatsform statt, bei dem die Bevölkerung sich zu 69,2 % für die Republik ausspricht; zehn Tage später wählt das Parlament als vorläufigen Staatspräsidenten Michail Stassinopulos.

Karamanlis, der Jahre der Einsamkeit und Selbstbesinnung in Paris verbracht hat, kehrt reifer und erfahrener nach Athen zurück. Die Probleme, die vor ihm lagen, waren gewaltig; besonders jene, die die Haltung Griechenlands der Türkei gegenüber betrafen. Die Türkei hatte mit der Besetzung von 40 % des zypriotischen Territoriums (Linie Attila, 6. August 1974) die Empörung Griechenlands hervorgerufen und dessen Austritt aus der militärischen Organisation der NATO verursacht, zumal sie ungeachtet zahlreicher Resolutionen des Sicherheitsrates und der Vollversammlung der UN bis heute nicht bereit ist, ihre Truppen von der Insel abzuziehen.

Innenpolitisch versucht Karamanlis in seiner Eigenschaft als Vorsitzender seiner neuen Partei, der ND, die Voraussetzungen für die Begründung und das Funktionieren eines gesunden demokratischen Lebens zu schaffen; er wird nicht müde, ein gemäßigtes politisches Klima zu empfehlen: »Ich mißbillige den politischen Fanatismus, selbst wo er die Gestalt der Liebe annimmt, denn er verwirrt das Denken des Bürgers und macht ihn unfähig, vernünftig und verantwortungsbewußt zu urteilen.« So wird die KP Griechenlands zum ersten Mal seit dem Bürgerkrieg legalisiert. Die ersten politischen Schritte von Karamanlis gelten der Einführung einer neuen Verfassung, welche eine Verstärkung der Exekutive und die Wahl des Präsidenten der Republik durch das Parlament, und nicht durch das Volk, vorsieht. Konstantin Tsatsos wird zum ersten Staatspräsidenten gewählt (19. Juni 1975).

In einer Reihe von Gerichtsverfahren werden die Obristenführer zu lebenslänglichen Freiheitsstrafen verurteilt, andere Politiker und Militärs, die mit ihnen zusammengearbeitet haben, erhalten geringere Strafen. Die sogenannte »Entjuntaisierung« erstreckt sich auch in gewissem Umfang auf die Streitkräfte und die Verwaltung. Konspirative oder terroristische Reaktionen zugunsten der gestürzten Diktatur werden niedergeschlagen, während die Regierung, die mitunter heftiger Kritik seitens der Politiker der PASOK und der EDIK ausgesetzt ist, ihre Stabilität erhält. Die Haltung der linken Parteien EDA und KKE kann als tolerant bezeichnet werden.

Um einer sich im Osten abzeichnenden Gefahr begegnen zu können, schafft die Regierung das Vierte Armeekorps mit Sitz in Xanthi und befestigt die östlichen Inseln der Ägäis. Sie betreibt zugleich die Umstrukturierung der Streitkräfte; im Bereich der Kriegsindustrie werden Betriebe für den Zusammenbau und die Reparatur von Waffen und Flugzeugen gegründet (Tanagra 1978), um so die Unabhängigkeit der Landesverteidigung von der Haltung ausländischer Mächte zu erhöhen. Die besondere Aufmerksamkeit der Regierung gilt wirtschaftlichen Fragen, zumal sie aus vielen, vornehmlich politischen Gründen den Beitritt Griechenlands zur Europäischen Gemeinschaft anstrebt. Zur Vorbereitung des Landes als konkurrenzfähiger Einheit innerhalb der EG gehört auch die Erstellung eines neuen Fünfjahresplanes. Karamanlis unterstützt die Privatinitiative, doch sieht er von staatlicher Intervention in gewissen Fällen nicht ab, so z.B. bei der Nationalisierung von drei Großunternehmen – der Olympic Airways (Onassis), der Ölraffinerien von Aspropyrgos und des Bankenkonzerns von Andreadis, ja, er zögert nicht zu erklären, er würde in dieser Richtung noch weiter gehen, falls die Kapitaleigner ihre Industrie-Investitionen nicht intensivieren sollten. Diese und andere Maßnahmen im Bereich der Sozialpolitik erschrecken viele Industrielle und andere Vertreter des Großbürgertums, die ihn des Sozialismus bezichtigen. Doch weder die erhöhten Verteidigungsausgaben noch die Ölkrise, weder Preissteigerung noch Streiks vermögen ihn von seiner Politik der öffentlichen Investitionen abzubringen. Und es gelingt, die Inflation von 15 % im Jahre 1974 auf unter 11 % Ende 1976 zu drücken.

1977 kündigt Karamanlis wichtige Maßnahmen zur Verbesserung der sozialen Sicherheit und des Gesundheitswesens, besonders für die Landbevölkerung, an: Es sollen neue Krankenhäuser und 200 Gesundheitszentren gegründet, die Institution des staatlichen Landarztes geschaffen, das System der medikamentösen Versorgung bei den landwirtschaftlichen Gemeinden eingerichtet werden u.a. Im gleichen Jahr werden Medizinische Fakultäten an den Universitäten von Patras und Ioannina, eine Technische Hochschule in Chania und eine neue Universität in Iraklion (beide auf Kreta) gegründet. Die *Dimotiki* wird in der Volksschule und den Gymnasien sowie je nach Ermessen der Professoren an den Universitäten eingeführt. Weitere Beschlüsse der Regierung Karamanlis sind u.a.: Die Aufhebung der Mitgift-Bestimmungen, die Gründung des Ministeriums für Raumordnung, Wohnungsbau und Umwelt, die Eröffnung des Olympischen Stadions in Athen und der Vorschlag für die Durchführung der Olympischen Spiele in ihrem Ursprungsland.

In der Außenpolitik bemüht sich Karamanlis intensiv um die drei wichtigen Probleme des Landes – die Zypernfrage, die Beziehungen zur Türkei (Luftraum und Festlandsockel der Ägäis) und den Beitritt zur Europäischen Gemeinschaft. Um die Regelung dieser Fragen im internationalen politischen und diplomatischen Raum voranzutreiben, absolviert er mehrere Besuche in westeuropäischen Hauptstädten und auf dem Balkan und empfängt in Athen entsprechende Staatsmänner anderer Länder. Was die ersten zwei Probleme betrifft, so bleibt die Haltung der Türkei unverändert, trotz der mitunter irritierenden, abwechselnd ermutigenden oder entmutigenden Erklärungen türkischer Politiker und Diplomaten. Die ambivalente bis kühle Haltung der NATO (vgl. u.a. die zuweilen unglücklichen Erklärungen ihres damaligen Generalsekretärs Luns) und auch die Haltung der USA, deren Politiker hin und wieder eine protürkische Position einnehmen, schaden der prowestlichen Politik von Karamanlis und rufen bei einem großen Teil der griechischen Bevölkerung gegen die NATO und die USA gerichtete Gefühle und Reaktionen hervor. Mit der Begründung, daß die Lösung der Probleme des Landes eine Regierung mit erhöhter Autorität und einem erneuten Volksmandat benötige, schreibt Karamanlis nach Beendigung der vierjährigen Legislaturperiode für den Herbst 1977 Wahlen aus. Die Ergebnisse der Wahl vom 20. November bringen der Nea Demokratia 41,84 % der Stimmen und 172 der 300 Parlamentssitze (d.h. 12 % weniger als bei der Wahl von 1974). Die PASOK dagegen erhöht ihren Stimmenanteil auf 26,34 % (1974 – 13,58 %) und 93 Parlamentssitze; die EDIK erreicht 11,95 % (1974 – 20,42 %) und 15 Sitze. Sie löst sich aufgrund innerer Zwistigkeiten und wegen des Verlustes von Wählern schließlich auf.

Mit der neuen, umgebildeten Regierung setzt Karamanlis seine Bemühungen um die Erhaltung des Friedens auf dem Balkan sowie um die wirtschaftliche, technologische und kulturelle Zusammenarbeit zwischen den Balkanländern fort. Darüberhinaus weitet er seine Kontakte aus: Er besucht Moskau, Budapest, Prag (Oktober 1979) und Peking (November 1979), was zu Wirtschafts- und Handelsvereinbarungen führt. Diese Öffnung zu Staaten mit anderer Sozialordnung ruft die verschärfte Kritik der äußersten Rechten hervor, die Karamanlis eine »linkslastige« Politik vorwerfen. Die griechisch-sowjetische Annäherung wird auch von der Türkei mißbilligt, während der griechische Verteidigungsminister Averof im Parlament erklärt, es gäbe für Griechenland keine Gefahr aus dem Norden. Intensiviert wird auch die wirtschaftliche Zusammenarbeit mit den arabischen Ländern des Mittleren Ostens sowie mit den Staaten Nordafrikas. Die Regierung befürwortet die Räumung der arabischen Gebiete, die 1967 von Israel besetzt wurden sowie die Rückkehr der Palästinenser in ihre Heimatorte. Verschiedene Kontakte führen zur Unterzeichnung wirtschaftlicher und technologischer Vereinbarungen.

Weitere Reisen von Karamanlis nach Westeuropa haben den Zweck, den Beitritt Griechenlands zur Europäischen Gemeinschaft voranzutreiben; der griechische Premier gilt auf der diplomatischen Szene als einer der wichtigsten Politiker, die sich aus tiefer Überzeugung für die Einigung Europas eingesetzt haben. Für seine Verdienste wird ihm der Europäische Karlspreis der Stadt Aachen verliehen. Seine konsequenten und intensiven Bemühungen lassen ihn trotz vielfältiger Schwierigkeiten das gesteckte Ziel erreichen: Am 28. Mai 1979 wird in Athen in Anwesenheit von Staatspräsidenten und Regierungschefs der Mitgliedsländer der Europäischen Gemeinschaft der Beitrittsvertrag Griechenlands mit der EG unterzeichnet. Karamanlis unterstreicht in seiner Rede den »revolutionären Wandel«, der der »ewigen Einsamkeit« Griechenlands ein Ende setze.

Parallel dazu werden die Verhandlungen um die Wiedereingliederung Griechenlands in die militärische Organisation der NATO, sowie mit den Vereinigten Staaten über ihre Stützpunkte in Griechenland fortgesetzt. Der wirtschaftliche Fortschritt des Landes zeigt sich auf vielen Gebieten. Das Nationaleinkommen steigt, die Investitionen erhöhen sich um 5 %, die Spartätigkeit um 170 %. Im allgemeinen kommt es zu einer Verbesserung des Lebensstandards: Während die Preise in den ersten vier Jahren der Regierung Karamanlis um 62 % steigen, erhöhen sich die Arbeitseinkommen um 125 %. Doch auch negative Erscheinungen machen sich bemerkbar: Inflation, Steigen der Ölpreise, unausgeglichene Zahlungsbilanz und ein Preisanstieg um 20 % beschwören trotz der Warnungen des Regierungschefs vor übertriebenen Ansprüchen Streiks herauf. Zu diesem Zeitpunkt beschließt Karamanlis, den Dienst, den er 45 Jahre lang seiner Heimat als Abgeordneter, Minister und Ministerpräsident (1935 – 1980) geleistet hat, zu beenden: Er tritt von seinem Amt als Regierungschef zurück und läßt sich als Kandidat für das Amt des Staatspräsidenten aufstellen; am 5. Mai 1980 wird er zum Staatsoberhaupt gewählt. Chef der Nea Demokratia wird Georgios Rallis (Evangelos Averof unterliegt mit 84 gegen 88 Stimmen), ein redlicher und maßvoller Politiker, der am 10. Mai als Regierungschef vereidigt wird. Am 1. Januar 1981 tritt Griechenland als zehntes Mitglied der EG bei. Während der 17 Monate seiner Regierung betrieb Rallis die Förderung der Privatinitiative, die Liberalisierung des Handels, die Stärkung der Produktivität, um so Inflation und Stagnation zu bekämpfen. Er begrenzt die Finanzierung der öffentlichen Hand, um den Privatbereich und insbesondere die mittleren und kleinen Unternehmen sowie das Handwerk zu stärken und so die Möglichkeiten für neue Investitionen und für die Steigerung der exportorientierten Produktion zu erweitern; ebenso betreibt er eine Steuerminderung für die Lohnabhängigen und Einkommensschwachen. Ab 1. Januar 1981 wird die Fünf-Tage-Woche im Öffentlichen Dienst sowie die Anpassung der Löhne und Gehälter eingeführt. Entsprechend werden die Renten erhöht. Die Vorteile des Beitritts zur EG zeigen sich bald bei der Preisfestsetzung für die Agrarprodukte und deren Subventionierung.

Im Bildungsbereich, besonders bei der technischen Ausbildung, wird von der

Regierung spürbare Arbeit geleistet. Im Hochschulbereich, der wie auch in anderen europäischen Ländern viele Probleme birgt, ist die Lage schwierig, Unruhe macht sich bemerkbar, die Universitäten werden zu Stätten für die Stimmenjagd der Parteien, das Studium wird abgewertet.

In der Außenpolitik richtet sich die Regierung Rallis am Prinzip der friedlichen Koexistenz aus, d.h. an der gleichberechtigten Zusammenarbeit mit den Verbündeten und der Erhaltung des Kräftegleichgewichts zwischen Griechenland und der Türkei in der Ägäis. Aus Sicherheitsgründen kehrt Griechenland in die militärische Organisation der NATO zurück. Die Zypernfrage stellt nach wie vor ein großes Problem dar, die Reisen von Präsident Kyprianu nach Athen zur Koordinierung der diesbezüglichen Politik beider Regierungen werden von nun an häufig. Die ungelöste Zypernfrage stört die griechisch-türkischen Beziehungen erheblich, die weiterhin kühl bleiben. Die Türkei wendet mit Geschick ihre Lieblingswaffe, die Verzögerungstaktik, an und gibt sich abwechselnd unbeugsam und flexibel; sie nutzt ihre Position an der Südostflanke der NATO und schiebt die Gespräche zwischen beiden Volksgruppen auf der Insel von Jahr zu Jahr auf, mit dem Zweck, ihre Position auf Zypern zu festigen. Ein anderes Thema, das die Regierung Rallis beschäftigt, ist die Frage der amerikanischen Stützpunkte und deren Verbleib in Griechenland, eine Frage, über die monatelang in Athen verhandelt wird, ohne daß es jedoch zu einer Vereinbarung kommt; sie werden von der nächsten, der PASOK-Regierung, fortgesetzt.

Die Regierung Rallis wird dadurch geschwächt, daß geplante Vorhaben nicht ausgeführt werden, daß sich Meinungsverschiedenheiten zwischen Ministern und Abgeordneten ergeben; währenddessen gewinnt der Chef der größten Oppositionspartei, Andreas Papandreou an Popularität: Er verspricht unter anderem die Stärkung der Genossenschaften, die Abschaffung des Zwischenhandels, die Bekämpfung der Steuerflucht, die Sanierung der öffentlichen Verwaltung, die Dezentralisierung und Eindämmung der Bürokratie. In den Wahlen, die im Oktober 1981 stattfinden, erhält die PASOK 48,07 % der Stimmen, d.h. 172 der 300 Parlamentssitze, sowie 10 Abgeordnete im Europäischen Parlament. Es folgen die ND mit 35,87 % und 115 Sitzen im Parlament sowie 8 in Straßburg und die KKE mit 10,93 % und 13 Parlamentssitzen, 3 in Straßburg.

Mit der Erklärung, daß seine Regierung, die erste sozialistische in Griechenland, die Regierung aller Griechen sein werde, übernimmt am 21. Oktober Andreas Papandreou das Amt des Ministerpräsidenten; er ist ein beredter und gewandter Politiker, der sich aber gegen den Beitritt Griechenlands zur EG und gegen die NATO gestellt hatte. Diese Haltung, sowie seine Vorstellungen von einer unabhängigen Außenpolitik, besonders seine mißtrauische Haltung den USA gegenüber, ließen den Verdacht aufkommen, er suche eine Annäherung an den Ostblock.

Nach der Wahlniederlage weigert sich die Fraktion der ND, Rallis das Vertrauen auszusprechen, und der konservativere Evangelos Averof wird zum neuen Vorsitzenden gewählt, der die gemäßigte Politik von Rallis gegenüber der offensiven Haltung der Oppositionsparteien verworfen hatte.

Die Regierung Papandreou beginnt ihre Arbeit mit einer Reihe institutioneller gesetzlicher Maßnahmen, die auf die Verwirklichung des angekündigten Programms des »Wechsels«, ein Schlagwort der PASOK, abzielen. Während der ersten Jahre werden zahlreiche Gesetze verabschiedet; erwähnenswert sind folgende: Das Gesetz über die öffentliche Verwaltung, über die Zulassung der Zivilehe, über die Hochschulen, über die Gründung des Zentralen Gesundheitsrates, über die offizielle Anerkennung des Nationalen Widerstandes gegen die deutsche Besatzung, über die Aufhebung der Ämterhäufung im Öffentlichen Dienst, über die gewerkschaftlichen Freiheiten, über die Stärkung der lokalen Verwaltung auf Präfekturebene, über die Förderung der wirtschaftlichen, besonders der regionalen Entwicklung des Landes, über das Steuersystem, über die Rückkehr der politischen Flüchtlinge, über die Aufhebung der bisherigen Wahlordnung, derzufolge der Wähler das Recht hatte, den Kandidaten seiner Wahl auf der Liste anzukreuzen, über die Anhebung des Einkommens der unteren Beamtenschichten, über die Einführung des Ein-Akzent-Systems in der griechischen Orthographie.

Ministerpräsident Papandreou entfaltet eine intensive Aktivität im politischen Bereich. Er besucht Zypern (es folgt der Besuch des türkischen Ministerpräsidenten Bulent Ulusu im türkisch besetzten Teil der Insel), die Bundesrepublik Deutschland, Algerien, Jugoslawien, Bulgarien, Rumänien, und empfängt entsprechende Besuche ausländischer Politiker in Athen. Anfang 1982 verschlechtern sich die Beziehungen zwischen Griechenland und der Türkei aufgrund einer Reihe von Erklärungen türkischer Politiker und Diplomaten sowie von Verletzungen der griechischen Hoheitsgewässer und des Luftraums durch türkische Kriegsschiffe und Flugzeuge. Es handelt sich um provokative Versuche, in Griechenland eine Atmosphäre der Unruhe und Angst zu schaffen. In der Außenpolitik macht sich eine gewisse Unabhängigkeit Griechenlands in Bezug auf bestimmte Fragen griechischen oder internationalen Interesses innerhalb der NATO bemerkbar. Am 5. Mai 1982 erklärt Papandreou während eines Essens zu Ehren von Ceaucescu, daß die Außenpolitik Griechenlands mehrdimensional sei und daß er sich für einen atomwaffenfreien Balkan einsetzen werde. Vom Auswärtigen Ausschuß des Kongresses der USA wird das der amerikanischen Militärhilfe an Griechenland und die Türkei zugrundeliegende Verhältnis von 7:10 restituiert. Im Rahmen des NATO-Gipfeltreffens im Juni 1982 in Bonn treffen sich der griechische und der türkische Regierungschef und äußern den Wunsch nach einer Besserung der Beziehungen im Geiste des guten Willens und der Friedenssicherung. Dennoch werden die Verletzungen des griechischen Souveränitätsgebietes durch türkische Flugzeuge und Kriegsschiffe fortgesetzt; am 26. Juni erklärt der türkische Premier, daß zwischen ihm und Papandreou kein Moratorium vereinbart worden sei; währenddessen beharrt der türkisch-zypriotische Führer Denktasch auf der Teilung Zyperns in einen bizonalen Bundesstaat – eine Rückkehr zum Status vor dem Juli 1974 erklärt er für ausgeschlossen. Am 22. Juli wird das Moratorium zwischen Griechenland und der Türkei vereinbart.

Die OECD prognostiziert für Griechenland für das Jahr 1983 eine Ankurbelung der Wirtschaft, eine Verbesserung der Investitionstätigkeit und eine Erhöhung des Bruttosozialprodukts, während der Vorsitzende der ND, Averof, gegensätzliche Prognosen stellt. Ähnliche Zweifel äußert auch I. Pesmasoglu, Vorsitzender der Partei des Demokratischen Sozialismus (KODISO), ein überzeugter Anhänger des griechischen Beitritts zur EG. Mit der Zeit wird die Kluft zwischen den Ansichten von Regierung und Oppositionsparteien größer, die politischen Differenzen schärfer.

Unter strenger Geheimhaltung beginnen in Athen die griechisch-amerikanischen Gespräche über den Status der amerikanischen Stützpunkte in Griechenland; sie werden mit Unterbrechungen bis zum Mai 1983 fortgesetzt. Das Abkommen, das am 8. September unterzeichnet wird, sieht den Verbleib der Stützpunkte für weitere fünf Jahre bis zum 30. Dezember 1988 vor, sowie für ihre Entfernung vom griechischen Territorium einen Zeitraum von 17 Monaten, bis zum 30. Mai 1990.

Eine drastische Maßnahme auf wirtschaftlichem Gebiet ist die Abwertung der Drachme um 15,5 %, was, wie Wirtschaftsminister Arsenis im Januar 1983 erklärt, zur Steigerung der Exporte, des landwirtschaftlichen Einkommens, der industriellen Produktion und zur Minderung der Arbeitslosigkeit beitragen soll. Im März kündigt die Regierung an, die Wirtschaft des Landes mit 720 Millionen Drachmen unterstützen zu wollen, wovon 300 Millionen für den privaten Bereich und 420 Millionen für den öffentlichen Bereich bestimmt seien. Das Defizit in der Handelsbilanz beträgt 1982 1.854.000.000 Drachmen gegenüber 2.407.000.000 Drachmen im Jahre 1981.

Die Wirtschaftspolitik zielt auf die Bewältigung der Probleme kreditabhängiger Unternehmen, auf die Stärkung kleiner und mittlerer Betriebe, die Beseitigung des Zwischenhandels und die Belebung des genossenschaftlichen Geistes, vor allem im landwirtschaftlichen Bereich (letzteres wird der PASOK-Regierung als »Kollektivismus« angelastet). Bereits zu Beginn der Regierungszeit der PASOK verbreiten sich die Gerüchte – offenbar nicht unberechtigt – über den Abfluß von Kapital in Höhe von Millionen Drachmen ins Ausland, insbesondere in die Schweiz. Die angedrohte Kontrolle der Kapitalflucht läßt sich nicht realisieren. Ende Mai 1983 wird das Gesetz über die Vergesellschaftung von öffentlichen und gemeinnützigen Unternehmen, von Banken und Versicherungsgesellschaften im öffentlichen Bereich verabschiedet – trotz der Reaktionen der Arbeitnehmer und der politischen Parteien, die in der neuen Maßnahme eine Aufhebung des Streikrechts sehen. Die Arbeitslosigkeit, besonders bei den Jugendlichen, nimmt zu. Vertreter von Industrie und Handel äußern ihr Mißfallen über die wiederholten, ergebnislosen Treffen mit Vertretern der Regierung; sie werfen dieser vor, ihre Existenz durch die Gründung von staatlichen Monopolen und Genossenschaften vernichten zu wollen.

Am 1. Januar 1983 übernimmt Griechenland für ein halbes Jahr die Präsidentschaft in der EG. Trotz der Erklärung von Papandreou »wir sind entschlossen für die gesamte Gemeinschaft zu handeln und die Lösung von bestehenden Problemen breieteren Interesses voranzutreiben«, weichen eine Reihe seiner Vorschläge von den Positionen anderer Mitgliedsländer ab und werden nicht angenommen.

Während es im Mai 1983 zu neuen Verletzungen des griechischen Luftraums durch türkische Flugzeuge kommt, spricht sich die Generalversammlung der Vereinten Nationen (mit 103 Stimmen dafür, 5 Stimmen dagegen und 20 Enthaltungen) für einen Plan aus (den zweiten nach 1979), der den unmittelbaren Abzug der türkischen Besatzungstruppen aus Zypern vorsieht.

Im November 1983 erklären die türkischen Zyprioten den von ihnen besetzten Teil Zyperns zum »unabhängigen Staat«; es folgt dessen sofortige Anerkennung durch die Türkei, was heftige Reaktionen von Karamanlis und Papandreou sowie eine erneute Spannung in den griechisch-türkischen Beziehungen zur Folge hat. Dieser neue Willkürakt der Türken wird von den Vereinigten Staaten, von den Mitgliedern der Europäischen Gemeinschaft und von der Sowjetunion verurteilt; sie erkennen weiterhin die Regierung Kyprianu als die legale Regierung Zyperns an und fordern die türkische Führung auf, ihren Beschluß rückgängig zu machen, was diese jedoch, auch trotz der Resolution des Sicherheitsrats der UN vom 19. November, in der der türkische Schritt auf Zypern verurteilt wird, ablehnt.

Bibliographie

Ahmad Feroz, The Young Turks, Oxford 1969

Anastassopulos Georgios, Istoria tis ellinikis Viomichanias 1840 – 1940, B. 1 (1840 – 1884), B. 2 (1885 – 1922), B. 3 (1923 – 1940), Athen 1947

Ancel Jacques, La Macédoine, son évolution contemporaine, Paris 1930

Andréadès André, Les effets économiques et sociaux de la guerre en Grèce, Paris 1928

Andreas M. Andreadis, erga, epimelia K. Ch. Varvaressu, G. A. Petropulu, I. D. Pintu, Athen, B. 1 (1938), B. 2 (1939), B. 3 (1940)

Anonymos, I stratiotiki soi en Elladi, epim. Mario Vitti, Athen 1977

Arnakis Georgiades George, American Consul in a Cretan War: William J. Stillman, Austin, Texas, U.S.A. (o.J.)

Arnakis G. G./Vucinich Wayne S., The Near East in Modern Times, B. 1–3, Austin – New York 1969 – 1973

Bathe Rolf/Glodschey Erich, Der Kampf um den Balkan, Oldenburg – Berlin 1942

Baudino Carlo, Una guerra assurda: La campagna di Grecia, Milano – Varese 1965

Bitsios Dim., Krissimes ores, Athen (o.J.)

Botsas Eleutherios, Emigration and Capital Formation: The Case of Greece, "Balkan Studies" 10 (1969) 127 – 134

Brown Ashley, Greece Old and New, London 1927

Buchner Alex., Der deutsche Griechenland-Feldzug. Operationen der 12. Armee 1941, Heidelberg 1957

Campbell John/Sherrard Philip, Modern Greece, New York – Washington 1968

Candilis Wray O., The Economy of Greece, 1944 – 66. Efforts for Stability and Development, New York 1968

Capodistrias J., Correspondance, vol. 1–4, Genève – Paris 1839

Carey Jane Perry Clark/Carey Andrew Galbraith, The Web of Modern Greek Politics, New York – London 1968

Casson Stanley, Greece against the Axis, London 1941

Cavallero Ugo, Commando Supremo. Diario 1940 – 43 del Capo di S.M.G., Rocca S. Casciano 1948

Cervi Mario, Storia della guerra di Grecia, Milano 1965

– Dove va la Grecia? (Dal colpo di stato ad referendum), Milano 1968

– O ellino-italikos Polemos. Scholia tu Elliniku Geniku Epiteliu Stratu, B. 1–2, Athen 1967

Ciano Galeazzo, Diario 1939 – 1943, B. 1–2, 2. Aufl., Milano 1963

Chapuisat Edouard, La restauration hellénique, Genève 1924

Chondrokukis Dim., O Golgothas tis ellenikis dimokratias, Athen 1974

Chutas Stylianos, I ethniki antistassis ton Ellinon 1941 – 1945, Athen 1961

Constantinou Ioannis C., La politique étrangère des Etats – Unies envers la Grèce et la doctrine Truman, Athènes, 1974

Cosmin S. P., Dossiers secrets de la Triple Entente, Grèce, 1914 – 22, Paris 1969

Dakin Douglas, British and American Philhellenes during the War of Greek Independence, 1821 – 1833, Thessaloniki 1955
– The Greek Struggle in Macedonia 1897 – 1913, Thessaloniki 1966
Daphnis Grig., I Ellas metaxy dyo polemon 1923 – 1940, B. 1–2, Athen 1955
– Ta ellinika politika Kommata 1821 – 1961, Athen 1961
– Sophoklis Eleftheriu Veniselos, 1894 – 1964, Athen 1970
Davison Roderic, Reform in the Ottoman Empire 1856 – 1876, Princeton, New Jersey 1963
Delivanis D. J., The Greek Economy and the West, "Neo-Hellenika" 1 (1970) 202 – 212
Deny Jean, Souvenirs du Gâzi Moustafa Kemâl Pacha, Extrait de la »Revue des Etudes Islamiques«, Année 1927, Cahiers I à III, Paris 1927
Digaves K., Almanach 1984, Thessaloniki 1983
Dimaras C. Th./Koumarianou C./Droulia L., Modern Greek Culture. A Selected Bibliography (in English, French, German, Italian), Thessaloniki 1968
Dimaras C. Th., Histoire de la littérature néo-hellénique. Des origines à nos jours, Collection de l'Institut Français d'Athènes, 1965. Annexe: Bibliographie-Index – Table analytique (Collection de l'Institut Français d'Athènes, 1966)
Dontas Domna, Greece and the Great Powers 1863 – 1875, Thessaloniki 1966
Dragumis Nikolaos, Istorike Anamnissis, B. 1–2, Athen 1925
Driault E./Lhéritier M., Histoire diplomatique de la Grèce de 1821 à nos jours, Paris, B. 1 (1925), B. 2 (1925), B. 3 (1925), B. 4 (1926), B. 5 (1926)
Duroselle J.-B., Histoire diplomatique de 1919 à nos jours, 5. Aufl. Paris 1971
– L'Europe de 1815 à nos jours. Vie politique et relations internationales, Paris 1970
Dusmani Vikt., Istorike selides tas opias esissa, Athen 1946
Eady Charles, Greece and the Greek Refugees, London 1931
Ekdossis tu Elliniku Epiteliu., Dievthinsis Istorias tu elliniku stratu, Athen (o.J.)
Enepekidis Polychronis, I elliniki antistassis 1941 – 1944, Athen 1961
– I doxa ke o dichasmos. Apo ta mystika archia tis Viennis 1908 – 1916, Athen 1962
– I diogmi ton Evreon en Elladi 1941 – 1944. Epi ti vassi ton mystikon archion ton SS, Athen 1969
Eudes Dominique, I Kapetanii. O ellinikos emphylios polemos, Übers. G. Papakyriaki, 2. Aufl. Athen 1974
Evelpidis Chryssos, I georgia tis Ellados. Ikonomiki ke kinoniki apopsis, Athen 1944
– Ikonomiki ke kinoniki istoria tis Ellados, Athen 1950
– I chronia georgiki krissis is tin Ellada, Athen 1953
– I elliniki techni, Athen 1969
Filias I. Vassilis, Provlimata kinoniku metaschimatismu, Athen 1974
Filimon Ioan., Dokimion istorikon peri tis Ellinikis Epanastasseos, B. 1–4, Athen 1859 – 1954
Finlay George, History of the Greek Revolution, B. 1–2, Edinburgh – London 1861

Fokas Dim., Ekthessis epi tis drasseos tu V. N. kata ton polemon 1940 – 1944, B. 1–2, Athen 1953 – 1954
Formato Romualdo, L'eccidio di Cefalonia, 2. Aufl. Milano 1969
Frazee Charles, The Orthodox Church and Independent Greece 1821 – 1852, Cambridge 1969
Fusco Gian Carlo, Guerra d'Albania, Milano 1961
Genevoix Maurice, La Grèce de Karamanlis ou la démocratie difficile, Paris 1972
Gervinus G. G., Geschichte des neunzehnten Jahrhunderts, Leipzig, B. 5 (1861), B. 6 (1862)
Ghilardini Luigi, Sull'arma si cade, ma non si cede. I martiri di Cefalonia e di Corfù, Genova 1965
Gibbons Herbert Adams, Venizelos, Boston and New York 1920
Gonatas Styl., Apomnimonevmata ek tu stratiotiku ke politiku dimossiu viu tu apo 1897 mechri tu 1957, Athen 1958
Gordon Th., History of the Greek Revolution, B. 1–2, London 1844
Grazzi Emanuele, Il principio della fine (L'Impresa di Grecia), Roma 1945
Grenville I. A. S., Lord Salisbury and Foreign Policy. The Close of the 19th Century, London 1964
Grigoriadis Fivos N., Istoria tis Ellados 1909 – 1941, B. 1–4, Athen 1971 – 1972
Grigoriadis Solon N., Istoria tis synchronu Ellados, 1941 – 1967, B. 1–4, Athen 1973 – 1974
Grigoropulos Theodoros, Apo tin koryphi tu lofu. Anamnissis ke skepsis, 1914 – 1952 ke 1959 – 1962, Athen 1966
Grivas Georgios, (Dijenis), Apomnimonevmata Agonos EOKA 1955 – 1959, Athen 1961
Grivas George, The Memoirs of General Grivas, edited by Charles Foley, London 1964
Gyalistras S., Ethniki agones 1909 – 1959, Athen 1963
Hatzopulos A., Die Flüchtlingsfrage in Griechenland. Eine wissenschaftliche Behandlung des großen historisch-wirtschaftlichen Siedlungsproblemes. Beiheft der »byzantinisch-neugriechischen Jahrbücher«
Horton George, I katara tis Asias (I mastiga tis Asias), Indianapolis 1983
Iatridis I. O., Exejersi stin Athina, Übers. K. Tsambiris, Athen 1973
Ioannu Andreas, I elliniki sografiki, 19. eonas, Athen 1974
Istoria tu elliniku ethnus, »Ekdotiki Athinon«, B. 10–15, Athen 1974 – 1978
Jelavich Barbara, Russia and Greece during the Regence of King Othon 1832 – 1835, Thessaloniki 1962
Jordan William, Conquest without Victory, London and Auckland 1969
Kalantzi Evang., Saranta chronia anamnissis (1920 – 1961), Athen 1969
Kalevras Achil., I Ellas ke e idee. O stratos, i dimokratia, o Veniselos, Thessaloniki 1935
Kalojeropulos D. I./Sochos Chr., Levkoma Tinion Kallitechnon. I. N. Gysis 1842 – 1900, Athen 1925
Kanellopulos Panaj., Ta chronia tu megalu polemu 1939 – 1944. Istoriki anadromi ke kimena, Athen 1964

– Imerologio, 31. Martiu 1942 – 4. Iannuariu 1945, Athen 1977
Karajannis Georg., 1940 – 1952, to drama tis Ellados, epi ke athliotites, Athen (o.J.)
Karal E. Z.,La transformation de la Turquie d'un Empire Oriental en un état moderne et national, »Cahiers d'histoire mondiale« 4 (1958) 426 – 445
Karolidis P., Synchronos istoria ton Ellinon ke ton lipon laon tis Anatolis apo 1821 mechri 1921, B. 1–7, Athen 1922 – 1929
Kastrinos Nikos S., Al. Papanastassiu. O anamorfotis ke i dimokratia, Athen 1975
Kavvadias Epam., O navtikos polemos tu 1940, opos ton esissa. Anamnissis, 2 Martiu 1935 – 25 Martiu 1943, Athen 1950
Kitsikis Dim., Propagande et pressions en politique internationale. La Grèce et ses revendications à la Conferénce de la Paix, 1919 – 1920, Paris 1963
– I Ellas tis 4. Avgustu ke e megale dynamis, Athen 1974
– Sygritiki istoria Ellados ke Turkias ston 20. eona, Athen 1978
Knös Börje, L'histoire de la littérature neo-grecque. La période jusqu'en 1821, Stockholm – Göteborg – Uppsala 1962
Kokkinos D., I dyo polemi 1940 – 1941, B. 1–2, Athen 1945 – 1946
Konomos Dinos, I Eptanissos kata tin italikin katochin (1941 – 1943), Athen 1962
Kophina G. N., Istoria Dimossion Ikonomikon, Artikel »Ellas« in: Megali Elliniki Enkyklopedia Pyrsu
Kophos Evang., I epanastassis tis Makedonias kata to 1878, Thessaloniki 1969
Korantis L. I., Diplomatiki Istoria tis Evropis (1919 – 1955),
B. 1 (I cholenussa irini, 1919 – 1933), Thessaloniki 1968,
B. 2 (Pros tin avysson, 1934 – 1939), Thessaloniki 1971
Kordatos Jannis, Neoelliniki politiki istoria, Athen 1925
– Istoria tu elliniku ergatiku kinimatos. Me vassi agnostes pijes ke anekdota archia, 2. Aufl. Athen 1956
– Istoria tis neoteris Elladas, B. 1–2, Athen 1957
– Issagoji is tin istorian tis ellinikis kefaleokratias, Athen 1974
Korosis Athan., I polemi 1940 – 1941. Epitychie ke efthine, Athen, B 1 (1957), B. 2 (1958)
Kosmas Georg., I elliniki polemi. Valkanikos – Ellinoitalikos – Symmoritopolemos, Athen 1967
Kousoulas D. G., The Price of Freedom. Greece in World Affairs 1939 – 1953, Suracuse University Press 1953
– Revolution and Defeat. The Story of the Greek Communist Party, London 1965
Kyriakidis Epam., Istoria tu synchronu Ellinismu 1832 – 1842, B. 1–2, Athen 1892
Kyriakopulos Al./Manessis Aristov., Ekatontaetiris tu Syntagmatos 1864 – 1964, »Epist. Epetiris Scholis Nomikon Ikonomikon Epistimon«, 2 (1966) 15 – 81
Kyriazi Damianos, Zur Entwicklung des Gewerbes im heutigen Griechenland, Athen 1916
Kyrkilitsis Andr., E Trapese en Elladi, Athen 1934

Kyrris Costas P., Peaceful Co-existence in Cyprus under British Rule (1878 – 1959) and after Independence: An outline, Nicosia – Cyprus 1977
Kyru Alex., Elliniki exoteriki politiki, Athen 1955
– I valkaniki mas jitones, Athen 1962
Laskaris Mich., To Anatolikon Sitima, B. 1, Thessaloniki 1948
Laskaris St.-Th., Diplomatiki Istoria tis synchronu Evropis (1914 – 1939), Thessaloniki 1954
Lavagnini Bruno, La letteratura neoellenica, Milano, 3. Aufl., 1969
Leeper Reg., When Greek meets Greek, London 1950
Lentakis Andreas, Parakratikes organossis ke 21 Apriliu, Athen 1975
Letsas Alex., Ta dimiurgumena provlimata tis Ellados apo tin syndessin tis me tin Evropaikin Ikonomikin Kinotita, SD. aus: Epith. »Geoponika«, Nr. 108 – 109 (Jul. – Aug. 1963), Thessaloniki
Liddell Hart B. H., History of the Second World War, London 1970
Linardatos Sp., Pos eftassame stin 4. Avgustu, Athen 1966
– Apo ton emfylio sti Junta, B. 1–2, Athen 1978
Loverdo de Costa, La Grèce au combat. De l'attaque italienne à la chute de la Crète (1940 – 1941), Paris 1966
Makridis Dim., I anodiki poria tu ethnus ke tis ikonomias, »Deltion Empor. ke Viomich. Epimel. Thessalonikis«, März – April 1957
Manessis Aristovoulos, Deux états nés en 1830, Extrait des »Travaux et Conférences de la Faculté de Droit de l'Université de Bruxelles« 7 (1959) 1 – 82
Mansolas A., Apografika, istoriki apografiki epopsis peri Ellados, »Deltion tis epi tis Empsychosseos tis Ethnikis Viomichanias Epitropis«, 1 (Sept. 1877 – Dez. 1878) 34 – 53
Marcantonato Léon G., Les heures douloureuses de la Grèce libérée, Journal d'un témoin (octobre 1944 – janvier 1945), Paris 1947
Marceau M., La Grèce des Colonels, Paris 1967
Markesinis Sp. V., Politiki istoria tis Neoteras Ellados, 1828 - 1964, B. 1–4, Athen 1966 – 1969
– I synchronos Ellas, 1920 – 1936, Athen B. 1–4, 1973 – 1978
Masarakis-Enianos Alex., Istoriki meleti 1821 – 1897 ke o polemos tu 1897 (meta parartimatos 1898 - 1903), B. 1–2, Athen (o.J.)
– Apomnimonevmata, Athen 1948
Maurer Georg, Das griechische Volk, Heidelberg 1835
Medlicott W. N./Dakin D./Lambert M. E., Documents on British Foreign Policy, 1919 – 1939. First Series, Volume XVII, Greece and Turkey, 1921 – 1922, London 1970
Melas Michail, Anamnissis enos presveos, Athen (o.J.)
Mendelssohn Bartholdy Karl, Geschichte Griechenlands, B. 1–2, Leipzig 1870
Metaxas Messinesis Nyssis, Georgios Stavros ke ethniki Trapesa, Athen 1956
Meynaud J. u.a., Politikes dynamis stin Ellada, 2. Aufl., Teil 1–2, Athen 1974
Michalakopoulos André, Greek Fire, London 1943
Michalakopulos Andr., Mikte Selides. Selides tu viu tu./Nomike diatrive, Athen 1967

Miller William, The Ottoman Empire and its Successors, 1801 – 1927, 4. Aufl., Cambridge 1936
– A History of the Greek People (1821 – 1921), With an introduction by G. P. Gooch, London 1922
Modis Georgios, Makedonikos agon ke Makedones archiji, Thessaloniki 1960
Molho Michael, In memoriam. Hommage aux victimes juives des nazis en Grèce, B. 1, Salonique 1948
Moskof Kostis, I ethniki ke kinoniki synidissi stin Ellada 1830 – 1909, Thessaloniki 1972
Myers E. C. W., I elliniki periploki, Athen 1975
Mystika Archia Foreign Office. Fakellos Ellas, Athen 1972
Neoklassiki architektoniki stin Ellada, Ausg.: Emporiki Trapesa tis Ellados, Athen 1967
Nikolinakos Marios, Antistassi ke antipolitevsi 1967 – 1974, Athen 1975
Notaras Mich. I., I agrotiki apokatastassis ton prosfygon, Athen 1934
O'Ballance Edgar, The Greek Civil War, 1944 – 1949, London 1966
Palmer Alan, To Makedonikon metopon ke o ellinikos dichasmos, Übers. N. K. Paparrodu, Athen (o.J.)
Pangalos Theod., Ta apomnimonevmata mu 1897 – 1947. I tarachodis periodos tis televteas pentikontaetias, B. 1 (1897 – 1913) Athen 1950, B. 2 Athen 1959
Papadakis V. P., Diplomatiki Istoria tu elliniku polemu 1940 – 1945, Athen 1957
– Histoire diplomatique de la question Nord-Epirote (1912 – 1957), Athènes 1958
Papadopoulos G. S., England and the Near East 1896 – 1898, Thessaloniki 1969
Papagos Alexander, Griechenland im Kriege, 1940 – 1941, Bonn 1954
– O Ellinikos stratos ke i pros polemon proparaskewi tu. Apo Avgustu 1923 mechri Oktovriu 1940, Athen 1945
Papandreou Georg., I apelevtherossis tis Ellados, Athen 1954
Paparrigopulos Konst., Istoria tu elliniku ethnus, B. 5–6, 6. Aufl., Athen 1936
Papulas Anast., I agonia enos ethnus, B. 2, Athen 1926
Pellion, La Grèce et les Capodistria pendant l'occupation française de 1828 à 1834, Paris 1855
Pentzopulos Thomas, 1941 – 1950, Trajiki poria, Athen 1953
Petropoulos John Anthony, Politics and Statecraft in the Kingdom of Greece, 1833 – 1843, Princeton, New Jersey 1968
Pétrovitch Stévan, L'Union et la Conférence balkaniques, Paris 1934
Pilikas Sp., Apomnimonevmata tis ypurjias Spyridonos Pilika, Athen 1893
Pipinelis T., I monarchia en Elladi 1833 – 1843, Athen 1932
– Istoria tis exoterikis politikis tis Ellados 1923 – 1941, Athen 1948
– Georgios II, Athen 1951
Politis Linos, Geschichte der Neugriechischen Literatur, (Athen 1978) Köln 1984
Ponqueville F. C.-H., Histoire de la régénération de la Grèce, B. 1–4, Paris 1824
Prevelakis Elevth., O Eleftherios Veniselos ke i valkaniki polemi, »Nea Estia«

77 (1965) 649 – 657
– I megali Kritiki epanastassi 1866 – 1869, Athen 1969
Price Ward G., The Story of the Salonica Army, London – New York – Toronto 1918
Psomiades Harry J., The Eastern Question. The Last Phase, Thessaloniki 1968
Purnaras Dim., Eleftherios Veniselos, B. 1–2, Athen 1959 – 1960
– Charilaos Trikupis. I soi ke to ergon tu, B. 1, Athen (o.J.)
Pyromaglos Komn., I ethniki Antistassis, Athen 1947
– O Georgios Kartalis ke i epochi tu 1834 – 1957, B. 1, 1934 – 1944. Symvoli is tin synchronon istorian, Athen 1965
– O Durios ippos. I ethniki ke politiki krissis kata tin Katochin, Athen 1958
Quack-Eustathiades Regine, Der deutsche Philhellenismus während des griechischen Freiheitskampfes 1821 – 1827, München 1984
Quinze ans de bibliographie historique en Grèce (1950 – 1964), avec une annexe pour 1965, édit. Comité national hellénique de l'»Association Internationale d'Etudes du Sud-Est Européen«, Athen 1966
Rallis Georgios I., Ores efthinis, Athen 1983
Rallis Konst., Psifos, ekloge ke synchrona eklogika systimata, Athen 1969
Raptarchis Pant., Istoria tis ikonomikis sois tis Ellados, B. 1 (1821 – 1862), Athen 1934
Resis Abert, The Curchill-Stalin Secret "Percentages" Agreement on the Balkans, Moscow, October 1944, "The American Historical Review" 83 (1978) 368 – 387
Ronart Stephan, Griechenland von heute, Amsterdam 1935
Sachinis Apostolos, To neoelliniko mythistorima, Athen 1958
Sakellariu Alex., I thessis tis Ellados is ton deftheron pangosmion polemon, Athen 1945
Sakellaropulos Konst., I skia tis Dysseos. Istoria mias Katastrophis, 2. Aufl., Athen 1961
Sarafis Stefanos, Apanta, B. 1, ELAS, Athen 1964, B. 2, Istorikes Anamnissis. Apo ta pedika tu chronia os tin katochi, Athen 1964
Sarrail (Général), Mon commandement en Orient (1916 – 1918), Paris 1920
Sbarunis Athan., Melete ke anamnissis ek tu 2. pangosmiu polemu, Athen 1958
Seferis Jorgos, Meres tu 1945 – 1951, Athen 1975
Sideris A. D., I georgiki politiki tis Ellados kata tin lixassan ekatontaetian (1833 – 1933), Athen 1934
Sophocles S. M., A History of Greece, Thessaloniki 1961
Spais Leon., Peninta chronia stratiotis stin ypiressia tu ethnus ke tis dimokratias, Athen 1970
Stréit Georgios, Imerolojion – Archion, Athen B. I (1964), B II_1 (1965), B. II_2 (1966)
Sutsos I. A., I viomichania, »Deltion tis epi tis Empsychosseos tis Ethnikis Viomichanias Epitropis«, 1 (1877 – 1878) 1 – 10
Svolopulos Konst. D., O Eleftherios Veniselos ke i politiki krissis is tin aftonomon Kritin, 1901 – 1906, Athen 1974

– To valkanikon symfonon ke i elliniki exoteriki politiki, Athen (o.J.)
Svoronos Nicolas, Histoire de la Grèce moderne, Paris 1953
Ténekidès Georges, Chypre, Paris 1964
Thaden Edward C., Russia and the Balkan Alliance of 1912, The Pennsylvania State University Press, Clinton, Mass. 1965
Theodoulou Christos, Greece and the Entente, August 1, 1914 – September 25, 1916, Thessaloniki 1971
Theophanidu I., Istorikon archion Kolokotroni, B. 1–3, (o.O., o.J.)
Trikupis Spyr., Istoria tis Ellinikis Epanastasseos, B. 1–4, Athen 1879
Tsakalotos Thr., 40 chronia stratiotis tis Ellados, B. 1–2, Athen 1960
Tsakonas Dem., Geist und Gesellschaft in Griechenland, Bonn 1965
Tsatsos Konst., O agnostos Karamanlis. Mia prossopografia, Athen 1984
Tsatsos Them., E paramone tis Apeleftherosseos (1944), Athen 1973
Tsuderos Em. I., Ellinikes anomalies sti Messi Anatoli, Athen 1945
Tumpas I., Echthros en opsi. Anamnissis 2. pangosmiu polemu, Athen 1954
Tzortzatos Varnavas D., (mitropolitu Kitrus), I vassiki thesmi diikisseos ton orthodoxon patriarchion, meta istorikon anaskopisseon, Athen 1972
Vacalopoulos Apostolos, Origins of the Greek Nation 1204 – 1461, Rutgers University Press, New Brunswick, New Jersey 1970
– The Greek Nation 1453 – 1669, Rutgers University Press, New Brunswick, New Jersey 1976
– History of Macedonia 1354 – 1833, Thessaloniki 1973
Vakalopulos Apost. E., Istoria tu neu Ellinismu, Thessaloniki, B. 1 (1961, 1974^2), B. 2 (1964, 1976^2), B. 3 (1968), B. 4 (1973)
– Ta ellinika stratevmata tu 1821, Thessaloniki 1948, 1970^2
– Istoria tis Makedonias, 1354 – 1833, Thessaloniki 1969
– Istoria tis ellinikis epanastasseos tu 1821, Athen 1971
Vacalopoulos Const., L'économiste Français Arthémond de Regny et son rôle dans l'histoire financière de la Grèce (1831 – 1841), Thessaloniki 1977
– Lemaître et la crise financière de la Grèce (1842 – 1843), Thessaloniki 1978
Vakalopulos Konstant. A., Schessis Ellinon ke Elveton philellinon kata tin ellinikin epanastassi tu 1821, Thessaloniki 1975
– I epanastatimeni Ellada, ipirotiki ke Agäo, metaxy 1823 – 1829, Thessaloniki 1976
Vavaretos Achil., O Georgios Stavru ke i ethniki Trapesa, Athen 1967
Venizélos Heléna, A l'ombre de Venizélos. Préface de A. d'Ormesson, Paris 1955
Ventiris Georg., I Ellas tu 1910 – 1920, B. 1–2, Athen 1931
Vergopulos Kostas, Kratos ke ikonomiki politiki ston 19. eona, Athen 1978
Vlachos Georges, L'Histoire constitutionelle récente de la Grèce, »Revue internationale d'histoire politique et constitutionelle«, Nos 6–7–8 (1952 – 1953) 122 – 132, 181 – 192, 305 – 313
Voict F. A., The Greek Sedition, London 1949
Von Serbien bis Kreta, Erinnerungen vom Feldzug einer Armee im großen deutschen Freiheitskrieg, herausgegeben von einer Propagandakompagnie, Athen 1942

Vutieridis Ilias, Syntomi istoria tis Neoellinikis Logotechnias (1000 – 1930) 2. Aufl., Athen 1966
Woodhouse G. M., Apple of Discord, London 1948
– The Story of Modern Greece, London 1968
– Karamanlis, O anorthotis tis ellinikis dimokratias, Athen 1983
Xydis A. G./Linardatos S./Chatziarjyris K., O Makarios ke i symmachi tu, 3. Aufl., Athen 1974
Xydis Stephen, Greece and the Great Powers 1944 – 1947, Thessaloniki 1963
Young Kenneth, The Greek Passion, London 1969
Zakynthinos Dion., I politiki istoria tis Neoteras Ellados, 2. Aufl., Athen 1965
Zannas Alex., I katochi. Anamnissis-Epistoles, Athen 1964
Zavitsianos Konst., E anamnissis tu ek tis istorikis diafonias vassileos Konstantinu ke Eleftheriu Veniselu, opos tin esisse (1914 – 1922) Athen B. 1 (1946), B. 2 (1947)
Zografu Dim., Istoria tis ellinikis georgias (1821 – 1833), B. 1–3, Athen 1921 – 1923
– Istoria tis Ethnikis Trapesis, Athen 1925
Zolotas Xen., Griechenland auf dem Wege zur Industrialisierung, Leipzig 1926

Register

Vorbemerkung der Redaktion: Die Worte »Griechen« und »Griechenland« wurden nicht ins Register aufgenommen, da sie auf (fast) jeder Seite vorkommen.

M

N